KLARTEXT

Mirko Krüger

Tatort Gotha und Gothaer Land

Spaziergänge auf den Spuren spektakulärer Kriminalfälle in der Region

Bibliografische Information der Deutschen Nationalbibliothek
Die Deutsche Nationalbibliothek verzeichnet diese Publikation in der Deutschen Nationalbibliografie; detaillierte bibliografische Daten sind im Internet über http://dnb.dnb.de abrufbar.

Impressum

1. Auflage Juni 2021
Satz und Gestaltung: Joachim Bartels
Umschlagfoto: Dirk Bernkopf
Druck und Bindung: Multiprint GmbH, Kostinbrod 2230, Slavianska Str. 10 A, Bulgarien

ISBN 978-3-8375-2276-1

KLARTEXT

Jakob Funke Medien Beteiligungs GmbH & Co. KG
Jakob-Funke-Platz 1, 45127 Essen
info.klartext@funkemedien.de
www.klartext-verlag.de

Inhalt

Zum Geleit

Gotha, am 14. Dezember 1979. Wie an jedem Freitag versammeln sich die Mitglieder der SED-Kreisleitung zu ihrer wöchentlichen Dienstberatung. Eigentlich soll es an diesem Tag etwas zu feiern geben – und das ist die Planerfüllung. Gute zwei Wochen vor Weihnachten und Silvester zeichnet sich ab: Der Einzelhandel in Gotha steht bei der sogenannten Festtagsversorgung weit besser da als in den Vorjahren. Es gibt mehr Alkoholika, mehr Südfrüchte, mehr Weihnachtsbäume. Vor allem das Angebot an Bananen, die längst zum Symbol des Mangels in der DDR geworden sind, sticht aus dem Sitzungsprotokoll heraus. Satte 265 Tonnen hat der Staat auf den realsozialistischen Gabentisch gepackt; im Vorjahr waren es lediglich 234.

Doch die Freude ist ausgerechnet an diesem 14. Dezember getrübt. In der vorangegangenen Nacht sind im Schloss Friedenstein fünf Gemälde gestohlen worden. Seit dem Morgen läuft der Apparat von Polizei und Staatssicherheit auf Hochtouren. Noch ist niemandem bewusst, dass Gotha zum Schauplatz des schwersten Kunstraubs der DDR geworden ist. Noch kann niemand erahnen, dass zehn Jahre später die Mauer fallen wird und dass die Bilder sogar bis 2019 verschwunden bleiben.

Mitte der 1990er Jahre recherchierte ich erstmals zu diesem Gemäldediebstahl. Er hat mich seither nicht losgelassen. Ich sprach stets aufs Neue mit Zeitzeugen und mit Mitarbeitern der Stiftung Friedenstein, ich las Akten über Akten, ich befragte Staatsanwälte und Ermittler. Es war eine logische Folge, dass ich in andere Fälle abhanden gekommener Kunstwerke einzutauchen begann. Mit der Zeit galt ich wohl selbst als so etwas wie ein Experte. Ich wurde gebeten, Vorträge zu halten und Podiumsdiskussionen zu bestreiten. Kriminalisten und Anwälte kontaktierten mich, Kunstwissenschaftler und Politiker.

Meine Sache ist nicht, zu polemisieren. Ich halte nichts von Geschwurbel. Ich lasse lieber Fakten sprechen. Und diese Fakten sind gerade im Fall der aus dem Schlossmuseum geraubten Gemälde recht eindeutig. Obwohl seit Jahren enorme Sicherheitslücken bekannt waren, wurden sie nicht mit der erforderlichen Entschlossenheit beseitigt. Millionenwerte blieben somit ungeschützt. Im damaligen Polizei-Jargon ist von tatbegünstigenden Umständen die Rede. Das große Versagen der Staatsmacht war damit aber noch lange nicht vorbei; es setzte sich nach dem Einbruch fort. Bereits nach wenigen Wochen fiel der Kripo auf, dass einige Polizisten nur oberflächlich ermittelt hatten. Vor allem aber scheiterte die scheinbar allmächtige Staatssicherheit. Ihre Offiziere verfolgten ausgerechnet jene Spuren nicht, die sie direkt zum Täter geführt hätten.

Die Stadt und der Landkreis Gotha sind nicht allein mit dem spektakulären Kunstraub in die Kriminalgeschichte eingegangen. Bereits 1926 hatte der Hochstapler Harry Domela als Prinz von Preußen wochenlang die Gothaer genarrt. Ebenfalls in den Goldenen Zwanzigern soll Deutschlands gefährlichster Massenmörder in Friedrichroda und Gotha zugeschlagen haben. Schließlich fand das bekannteste Tötungsdelikt der DDR, der Kreuzworträtselmord, im Gothaer Land sein Finale. Der Täter wurde an seiner Arbeitsstelle festgenommen.

„Tatort Gotha und Gothaer Land" erzählt von großen und kleinen Fällen. Das Buch lädt ein zu einem bisher nicht dagewesenen Spaziergang durch die Region und ihre Geschichte. Sämtliche Kapitel folgen der historisch verbürgten Überlieferung. Deshalb werden immer wieder zeitgenössische Dokumente zitiert: Akten, Kirchenbücher, Chroniken ... All diese Passagen fließen meist direkt in den erzählerischen Text ein. Zur besseren Erkennbarkeit sind sie *in kursiver Schrift* gesetzt.

Authentische Kriminalfälle besitzen gegenüber erfundenen Geschichten einen wesentlichen Vorteil. Und das ist, so schrieb Friedrich Schiller anno 1792, der Vorzug der historischen Wahrheit. Dem ist nichts hinzuzufügen – außer einem Wunsch an alle Krimifans: Bleiben Sie behütet!

Mirko Krüger, im Mai 2021

Die sagenhafte Frau von Tenneberg lebt in der Erinnerung der Waltershäuser auch dank Sabine Backhaus weiter. Sie ist Gewandschneiderin und kostümiert sich ab und an als weiße Frau.

Die weiße Frau

Hoch über Waltershausen thront Schloss Tenneberg. Die einstige Nebenresidenz der Gothaer Herzöge wurde ausgangs des 20. Jahrhunderts immer mal wieder von Einbrechern heimgesucht. Die spannendste Kriminalgeschichte, die sich um das Schloss rankt, führt viel weiter zurück, ins 16. Jahrhundert. Völlig unverhofft war eine der sechs Ehefrauen des englischen Königs nach Thüringen geflüchtet. Von wegen! Sie entpuppte sich als Hochstaplerin.

Es gibt Geschichten, die spielen in Thüringen, und doch beginnen sie in weit entfernten Landen zu weit entfernten Zeiten. Diese Geschichte aus den Jahren 1558 bis 1560 ist eine solche. Sie nimmt ihren Lauf bereits zwei Jahrzehnte zuvor in England. Europa ist in jenen Jahren gekennzeichnet von heftigen Machtkämpfen zwischen dem reformatorischen und dem katholischen Lager. In England regiert Heinrich VIII. Bereits 1533 sagte er sich von der römischen Kirche los. Der Anlass war ein bezeichnender: Der Papst hatte versucht, die Scheidung der ersten Ehe des Königs zu verhindern. Für die Beendigung der folgenden beiden Ehen benötigte der Herrscher erst recht keinen päpstlichen Segen mehr. Die zweite Gattin hatte er köpfen lassen, die dritte war im Wochenbett verstorben. Nun, ausgangs der 1530er Jahre ist Heinrich VIII. das vierte Mal auf Brautschau. Welche Frau ist als nächste bereit, sich auf einen solchen Mann einzulassen? Für den König ist zumindest eines klar: Die Auserwählte muss einem Hause entstammen, das in diesen kriegerischen Zeiten eine starke Position innehat.

Die Wahl fällt auf das deutsche Herzogtum Jülich-Kleve-Berg, dessen Residenzstadt Düsseldorf ist. Der Herzog hat drei Töchter. Die älteste, Sibylle, ist mit dem Kurfürsten von Sachsen vermählt, also mit einem der einflussreichsten Vertreter des reformatorischen Lagers. Sibylle

hat bereits vier Kinder zur Welt gebracht. Zu ihnen gehört Johann Friedrich, er wird ab 1554 Herzog in Gotha sein. Sibylles jüngere Schwestern Anna und Amalia sind noch nicht vergeben. Der englische König darf eine der beiden als Braut auswählen. Allerdings sind ihm die Jungfrauen völlig unbekannt, nicht mal gesehen hat man sich. Welche der Schwestern würde besser zu ihm passen? Sich einfach mal auf die Schnelle besuchen und kennenlernen, das scheidet aus. Wer damals innerhalb Europas reisen möchte, ist nicht nur wochenlang unterwegs. Zugleich besteht immer die Gefahr, in feindliche Hände zu fallen. Auch das Medium der Fotografie ist noch nicht erfunden, von Facebook ganz zu schweigen.
Der wichtigste Vertraute des Königs ist Thomas Cromwell. Der Minister hat die entscheidende Idee: Er entsendet den Hofmaler Hans Holbein aufs Festland und lässt ihn beide Frauen porträtieren. Als Heinrich VIII. die Gemälde sieht, gibt die Schönheit Annas den Ausschlag. Daraufhin wird im Oktober 1539 der Heiratsvertrag aufgesetzt.
Doch schon bald folgt die große Ernüchterung. Am 1. Januar 1540 stehen sich die werdenden Eheleute das erste Mal persönlich gegenüber, auf englischem Boden. Heinrich VIII. ist augenblicklich enttäuscht. Der Hofmaler hatte ihr Porträt offenbar geschönt. Trotzdem lässt sich die Eheschließung nicht mehr aufhalten; sie erfolgt am 6. Januar. Doch wurde die Ehe überhaupt vollzogen, im Bett also? Heinrich VIII. stellt dies bereits nach kurzer Zeit in Abrede. Er möchte die Ehe annullieren lassen. Nach genau sechs Monaten und drei Tagen setzt er sein Ansinnen um.
Sowohl Holbein als auch Cromwell fallen in Ungnade. Der Maler darf fortan keine Mitglieder der königlichen Familie mehr porträtieren, immerhin aber bleibt er am Leben. Ganz anders ergeht es dem Minister. Der König lässt den ohnehin umstrittenen Cromwell drei Wochen nach Auflösung der Ehe hinrichten. Sein Schädel wird aufgespießt und zur Schau gestellt. Am gleichen Tag vermählt sich Heinrich VIII. erneut. Auch diese Verbindung soll nicht allzu lange bestehen. Heinrichs fünfte Ehefrau muss nach anderthalb Jahren aufs Schafott. Angeblich hatte sie eine sexuelle Affäre mit ihrem Cousin unterhalten.

So sah die wahre Anna aus. Der Kupferstich entstand zwar lange nach ihrem Tod, gibt aber das von Hans Holbein anno 1540 verewigte Antlitz originalgetreu wieder.

Was aber soll in diesen unsteten Zeiten aus Anna werden? Eine Heimkehr seiner Ex-Frau nach Deutschland lässt der König nicht zu. Andererseits kann er es sich aus politischen Gründen nicht leisten, mit dem Herzogtum Jülich-Kleve-Berg dauerhaft im Streit zu liegen. Heinrich und Anna finden einen Kompromiss. Sie erklärt, freiwillig in England bleiben zu wollen. Der König belehnt sie daraufhin mit einem Schloss in der Grafschaft Kent sowie mit jährlichen Zuwendungen. Entsprechend ihrem Stande umgibt sich Anna weiterhin mit Kammerfrauen. Ihre Zofen gehören dem niederen Adel an; sie stammen teils aus Deutschland.
Anna wird alle überleben, den König ebenso wie dessen fünf weitere Ehefrauen. Als sie 1557 stirbt, bestattet man sie in der Westminster Abbey. Die Nachricht verbreitet sich rasch auch an den deutschen Höfen.

Doch kann das alles überhaupt stimmen? War Anna wirklich gestorben? Im Dezember des Jahres 1558 erreichen den Gothaer Herzog ganz andere Informationen: Der Tod der einstigen Königin, die ja immerhin seine Tante ist, sei vorgetäuscht worden. Nur so war es ihr möglich, frei von Verfolgung in die Heimat zu fliehen.
Es ist eine angebliche Vertraute Annas, die Herzog Johann Friedrich II. davon berichtet. Sie gibt sich als irische Herzogin aus, auch sie heißt Anna. Zunächst tauschen Herzogin Anna und der Thüringer Regent nur Briefe aus. Sie hält sich in Eckartsberga auf, der Ort liegt an der heutigen Landesgrenze von Thüringen und Sachsen-Anhalt. Von hier ist es ein Katzensprung bis Weimar, wo der Bruder des Herzogs residiert. Gotha liegt nur 63 Kilometer Luftlinie entfernt. Dennoch ist Eckartsberga nach damaligem Verständnis das Ausland. Hier haben jene Dresdener Kurfürsten das Sagen, die den Vater von Johann Friedrich wenige Jahre zuvor weitgehend entmachtet hatten. Deshalb schreibt der Gothaer Herzog seiner neuen Bekannten, sie möge von Eckartsberga aus weiterreisen und in seinem Fürstentum ein neues Quartier nehmen.
Das Interesse von Johann Friedrich II. an der irischen Herzogin ist unglaublich groß. Zum einen erhofft er sich natürlich Aufklärung über

das Schicksal seiner Tante. Vermutlich locken ihn aber vor allem jene unglaublichen Schätze, die ihm die Irin in Aussicht stellt. 25 Fässer voll Gold wolle ihm seine Tante vermachen, berichtet sie, dazu haufenweise Edelsteine und Perlen. Für den unter ständigen Geldnöten leidenden Herzog muss dies geklungen haben, als hätte er das große Los gezogen.

Die Ereignisse nehmen einen schnellen Verlauf. Den ersten Brief der irischen Herzogin hatte der Gothaer am 17. Dezember erhalten, fortan wechselten fast täglich Schriftstücke hin und her. Während des Weihnachtsfests wird Herzogin Anna aufwendig umsorgt. Johann Friedrich II. lässt ihr Wildbret und rheinischen Wein zukommen. Außerdem schickt er ihr einige Ellen schwarzen Samt, sodass sie sich ein neues Gewand schneidern lassen kann. Dann, zu Jahresbeginn, stehen sie sich endlich gegenüber.

Die vermeintliche Herzogin Anna kommt ohne viel Federlesen zur Sache. Ja, ihr Name sei Anna. Sie sei aber keineswegs eine Vertraute der Königin. Sie selbst sei vielmehr die Königin und damit seine Tante.

Johann Friedrich II. glaubt ihr aufs Wort. Wie kann das sein? Ein Brief, den er einige Tage später an seinen jüngeren Bruder nach Weimar schreibt, verrät es. Nicht nur die Ähnlichkeit mit einem Bild aus dem Familienbesitz ist demnach groß. Noch dazu trägt Anna eine Narbe auf der Stirn. Von diesem Wundmal hatten die Brüder früher aus dem Mund ihrer Mutter Sibylle erfahren. Sie hatte in Kindheitstagen mit einer Schere nach ihrer jüngeren Schwester Anna geworfen.

Ist damit der ultimative Beweis ihrer Identität erbracht? Es scheint so. Sibylle kann nicht mehr befragt werden. Sie ist schon 1554 verstorben. Immerhin bleibt noch die Option, Anna mit ihrem in Jülich-Kleve-Berg regierenden Bruder und ihrer ebenfalls dort lebenden, jüngeren Schwester zu konfrontieren. Das aber, so meint der Gothaer Herzog gegenüber seinem Weimarer Bruder, sei keinesfalls ratsam. Fürchtet er, den versprochenen Reichtum teilen zu müssen? Oder ist Johann Friedrich II. gar bange, dass Heiratspläne vorzeitig publik werden könnten? Immerhin hatte Anna ihm gegenüber in Aussicht gestellt, dass sie eine Ehe zwischen dem unverheirateten

Bruder des Herzogs und der Tochter des französischen Königs anbahnen könne. Dies wiederum würde den politisch recht unbedeutenden Thüringern zu Machtzuwachs verhelfen.

Anna zieht auf Wunsch des Herzogs nach Gotha um. Auf der Festung Grimmenstein bewohnt sie mehrere Gemächer. Der königlichen Besucherin fehlt es an nichts, nicht einmal an den von ihr erbetenen Zitronen und Pomeranzen. Die Früchte werden in Nürnberg beschafft.

Am 12. Januar 1559 setzen Anna und Johann Friedrich II. ihre Unterschriften unter einen Schenkungsvertrag. Er sichert der herzoglichen Familie mehr als zwei Millionen Kronen in Gold zu. Am 8. Februar folgt eine zweite Schenkungsurkunde. Er vermacht im Fall von Annas Ableben all ihr Geschmeide den Thüringern; es geht um mehrere Truhen voller Gold- und Silberschmuck, voller Juwelen und Perlen.

Auf dem Gothaer Grimmenstein wohnte die Hochstaplerin zunächst wie eine Königin, dann musste sie in eine Arrestzelle umziehen.

Wo aber befinden sich diese Schätze? Und woher stammen sie überhaupt? Anna tischt dem Gothaer Herzog eine abenteuerliche Geschichte auf. König Heinrich VIII. sei in seinen letzten Lebenstagen voller Demut zu ihr gekommen. Er bat angeblich um Verzeihung für all das Übel, das er ihr angetan hatte. Als Zeichen seiner Reue vermachte er ihr einen Schatz, den ihre treuen Diener sogleich versteckt hätten. Nach dem Ableben des Königs anno 1547 stellte man sie unter Arrest. Erst zehn Jahre später gelang ihr unter Vortäuschung des eigenen Todes die Flucht. Natürlich hatte sie all dies von langer Hand geplant. Ihren Schatz, der allein aus 25 Fässern voller Gold bestand, ließ sie demnach bereits einige Zeit zuvor von Vertrauten nach Danzig verschiffen. Genau dorthin sei sie dann selbst geflohen. Doch o weh, das Gold war nicht hier angekommen, sondern in Königsberg. Dank der Hilfe des polnischen Königs, so erzählt Anna, habe sie den Schatz zwar zurückerhalten. Doch erneut sollte Ungemach über sie hereinbrechen. Auf der Weiterreise wurde sie in einer Herberge zwischen Warschau und Krakau von Raubrittern überfallen. Mehrere ihrer Begleiter kamen dabei ums Leben, fünf ihrer jungfräulichen Zofen wurden entführt. Sie selbst habe sich nur durch einen beherzten Sprung aus dem Fenster retten können. Lediglich das Hemd, das sie auf dem Leibe trug, sowie eine Tasche seien ihr geblieben – und irgendwie auch ein Großteil des Schatzes. Diesen nämlich habe sie bereits zuvor mit Fuhrwerken gen Augsburg auf die Reise gebracht. Nun sei es nur noch eine Frage der Zeit, bis sie von dort nach Gotha gelangen.

Tag um Tag vergeht, Wochen und Monate ziehen ins Land. Nichts passiert.

Spätestens im Mai 1559 beginnt der Herzog, Verdacht zu schöpfen. Er drängt Anna, endlich das Gold sehen zu wollen. Noch vermag sie, ihn hinzuhalten. Dann aber erhält Johann Friedrich II. einen Brief von seinem in Paris weilenden Bruder Johann Wilhelm. Bei Hofe habe er erfahren, dass es sich bei Anna um eine deutschstämmige Zofe der Königin handele. Sie habe der wahren Anna bis zum Tod treu gedient. Diese jahrelange Verbundenheit erklärt vieles. Als Zofe wusste sie zum einen sehr gut, wie man sich in höchsten Kreisen verhält. Zum anderen waren ihr offenbar die Familienverhältnisse der Königin bis ins Detail vertraut. Beides machte es ihr recht einfach, in die Rolle ihrer Herrin zu schlüpfen. Gut möglich auch, dass sie sich die bezeichnende Narbe auf der Stirn selbst beigebracht hatte.

Ist die falsche Anna damit enttarnt? Im Juli zieht sich die Schlinge um ihren Hals immer mehr zu. In Gotha trifft ein Abgesandter des Herzogs von Jülich-Kleve-Berg ein. Er erklärt Anna für eine Betrügerin.

Der gehörnte Johann Friedrich II. reagiert sofort. Er inhaftiert die Hochstaplerin. Sie muss ihre nobel ausgestatteten Gemächer mit einer kargen Zelle tauschen.
Schon bald wird die Betrügerin nach Walterhausen verlegt, auf Schloss Tenneberg. Aller paar Tage kommen Beauftragte des Herzogs, um sie zu verhören. Wen aber befragen sie wirklich? Die Gefangene gibt verschiedene Identitäten an. Mal will sie eine ostfriesische Gräfin sein, mal eine Gräfin zu Rietberg in Westfalen, mal die illegitime Tochter des Herzogs von Kleve mit einer Nonne. Nur in einem gleichen sich ihre Erzählungen. Die falsche Anna ist stets an den englischen Hof gekommen.

In diesem Eckturm von Schloss Tenneberg ist die Hochstaplerin der Sage nach eingemauert worden. Spätere Untersuchungen des Baukörpers lieferten dafür keinen Hinweis.

Der Herzog will's nun genau wissen. Er bestellt für den 28. August den Jenaer Scharfrichter nach Waltershausen. Unter der Folter, so meint er, werde die Hochstaplerin mit der Wahrheit herausrücken. Der Folterknecht bindet die Frau nackt auf eine schräg stehende Leiter. Er hängt Gewichte an ihre Beine; sie wird, so nennt man das, gestreckt. Die Gefangene bleibt bei ihrer Version, eine uneheliche Tochter des Herzogs von Kleve zu sein. Sie sei zwar nicht Anna, aber doch immerhin deren Halbschwester. Wer ist ihre Mutter, wollen die Verhörenden wissen. Sie verrät es nicht. Sie beruft sich auf einen Schwur, diesen Namen niemals preiszugeben.
Wieder vergehen Monate. Die falsche Anna bleibt in ihrer Zelle weitgehend unbehelligt. Am 28. Februar 1560 wird sie ein letztes Mal verhört. Die Befragung ergibt nichts Neues.
Das weitere Leben der falschen Anna ist nicht mehr durch Briefe oder andere Archivalien belegt. Zumindest der Volksmund überliefert ihr trauriges Ende. Die Hochstaplerin wurde angeblich in einem Eckturm des Schlosses eingemauert. Lediglich eine kleine Öffnung blieb erhalten, durch die man ihr Wasser und karge Speisen gereicht hat. Starb sie hier? Und wo wurde sie bestattet? Man weiß es nicht. Bekannt ist allein, dass rund 250 Jahre später Herzog August von Sachsen-Gotha und Altenburg der uralten Geschichte auf den Grund gehen wollte. Er ließ in Schloss Tenneberg nach jenem geheimnisumwitterten Verlies suchen. Gefunden wurde es nicht.

1853 sorgte der Schriftsteller Ludwig Bechstein dafür, dass die Geschichte der vermeintlichen Königin Anna erstmals weite Verbreitung fand. In jenem Jahr erschien sein „Deutsches Sagenbuch". Darin erzählte er vom Waltershäuser Schloss: *Auf Tenneberg geht ein Gespenst um in Gestalt einer weißen Frau; sie tritt aus einem Turme, darinnen bisweilen Lichtschein erblickt wird, und wandelt durch die Gemächer und hebt die Hand zum Haupt, als wolle sie dort etwas fassen, etwa eine Krone, und den Blick richtet sie suchend nach dem Boden. Wer sie war, wußte niemand, dunkle Gerüchte nur liefen um, sie sei König Heinrichs von England für tot ausgegebene Gemahlin Anna, geborene Prinzeß von Cleve. Andere sagten, sie sei nicht die wahre Königin Anna, sondern eine andere, die für jene sich ausgegeben, und deshalb werde sie gefangen gehalten. Viele aber waren der Meinung, wenn sie eine gemeine Betrügerin sei, so würde man von ihr nicht so viel Aufhebens machen. War jene Frau nun eine Königin oder war sie keine, das ist nie an den Tag gekommen, aber gequält ist sie worden und gemartert, irrsinnig ist sie geworden, und der Teufel hat sie auch gepeinigt und ihr hart zugesetzt, bis sie elend in ihrer Gefangenschaft gestorben. Nun wandelt sie als weiße Frau durch das schier öde Schloß und seine weiten Zimmer voll alter Jagdbilder und altmodischen Gerümpels – und sucht ihre verlorene Krone.*

TATORT

Die Festung Grimmenstein wurde 1567 geschleift. Schloss Friedenstein entstand im 17. Jahrhundert an gleicher Stelle.

Burg Tenneberg wurde im 12. Jahrhundert erstmals urkundlich erwähnt. Das heutige Schloss steht Besuchern als Museum offen.

Der leichtgläubige Herzog

Johann Friedrich II. führte den Titel eines Herzogs von Sachsen. Sein gleichnamiger Vater war noch Kurfürst von Sachsen sowie einer der politischen Anführer des protestantischen Lagers. Nach der Niederlage der Protestanten im Schmalkaldischen Krieg (1546/47) hatte die zu den Ernestinern gehörende Familie jedoch die Kurfürstenwürde sowie große Teile ihres Herrschaftsgebiets an die Albertiner verloren. Statt Wittenberg wurde Weimar zur neuen Residenz. Nach dem Tod des Vaters erkor Johann Friedrich II. den Gothaer Grimmenstein zu seinem Sitz.

Die Leichtgläubigkeit, mit der der Herzog 1558/59 der Hochstaplerin auf den Leim gegangen war, dürfte zu einem Gutteil dem vorherigen Verlust an Macht geschuldet sein. Offenbar erhoffte sich Johann Friedrich II. von der vermeintlichen Königin große Reichtümer und den erneuten Aufstieg zu einem bedeutsamen Adelshaus.

Wenige Jahre später erlag der Herzog erneut einem Schwindler. Ein Bauernsohn aus Sundhausen namens Hannes Müller – genannt Tausendschön – behauptete, dass ihm Engel erscheinen. Sie würden ihm die Zukunft prophezeien. Zur gleichen Zeit nahm der Herzog den vom Kaiser geächteten Ritter Grumbach bei sich auf. Der Ritter hatte zuvor mithilfe Hunderter Bewaffneter die Stadt Würzburg eingenommen und geplündert. Grumbach und Tausendschön redeten nunmehr dem Herzog ein, dass er mit ihrer Unterstützung die Kurwürde zurückerlangen könne. Letztlich endeten die sogenannten Grumbachschen Händel in einer militärischen Belagerung von Gotha anno 1566/67. Die Stadt ergab sich, Burg Grimmenstein wurde geschleift. Grumbach, Tausendschön und weitere Helfer des Herzogs starben durch die Hand des Henkers. Der Landesherr kam in Haft, in der er 1595 starb.

Johann Friedrich II. lebte von 1529 bis 1595.

Ernst der Fromme gilt als Sinnbild des aufgeklärten Landesvaters. Er hat das Herzogtum Gotha im 17. Jahrhundert maßgeblich modernisiert. Zugleich war er aber auch dem Aberglauben verfallen, dass Hexen und Zauberer ihr Unwesen treiben.

In einem Loch verscharrt

Am 23. Mai 1651 wurde eine angebliche Hexe tot in ihrer Arrestzelle auf Schloss Tenneberg entdeckt. Die Frau war am Vortag acht Stunden gefoltert worden. Herzog Ernst der Fromme nahm sich der Sache persönlich an. Er ordnete an, den Leichnam heimlich verschwinden zu lassen. Bereits einige Jahre zuvor hatte ein aus Waltershausen stammender Theologe eine Streitschrift wider das Foltern verfasst. Sie blieb unerhört.

Wenigstens 111 Frauen und Männer sind im Gebiet des heutigen Landkreises Gotha als Hexen und Zauberer verfolgt wurden. 47 von ihnen büßten mit ihrem Leben. Gut möglich, dass die Opferzahl weit höher ist. Die Aktenüberlieferung ist lückenhaft; selbst in den erhaltenen Dokumenten wird mitunter der Ausgang der Verfahren nicht angegeben.
Davon unbenommen haben die Verfolgten konkrete Namen, haben eine Herkunft, haben eine Geschichte. Etwa Regina und Veronika Henneberg aus Ernstroda. Mutter und Tochter wurden im Jahre 1670 beschuldigt, Nachbarn krank gehext zu haben. Unter der Folter gestanden beide Frauen, einen Bund mit Satan eingegangen zu sein.
Wie konnte es geschehen, dass sich Menschen selbst derart belasten?
Eine Antwort darauf hatte bereits 35 Jahre zuvor ein Theologe gegeben, der in Waltershausen aufgewachsen und in Gotha zur Schule gegangen ist. Zwischenzeitlich hatte es Johann Matthäus Meyfart zum Rektor der Erfurter Universität gebracht. Als solcher veröffentlichte er 1635 eine Streitschrift, die auf den ersten Blick

einen viel zu langen, noch dazu spröde klingenden Titel trägt: *Christliche Erinnerung, An Gewaltige Regenten und Gewissenhafte Praedicanten, wie das abschewliche Laster der Hexerey mit Ernst auszurotten, aber in Verfolgung desselbigen auff Cantzeln und in Gerichtshaeusern sehr bescheidentlich zu handeln sey.* Tatsächlich ist Meyfarts Buch so etwas wie eine Mischung aus Gänsehaut-Schocker und Streitschrift. Auf mehr als 200 Seiten beschreibt der evangelische Theologe detailliert, dass und wie Folterknechte ehrliche Menschen dazu bringen, die absonderlichsten Geständnisse abzulegen. *Allhier wird dargethan, daß durch Marterzwang und Sinnenbethörung viele unschüldige Personen in dem gewöhnlichen Hexen Proceß können um ihren redlichen Namen verdiente Ehr und liebes Leben gebracht werden.*

Meyfart berichtete aus eigener Erfahrung. An einer seiner vorherigen Wirkungsstätten, in Coburg, hatte er als geistlicher Beistand immer wieder gefolterten Menschen beiwohnen müssen. *Ich habe gesehen, wie der Hencker mit Peitschen geschlagen, mit Ruthen gestrichen, mit Schrauben gequetscht, mit Gewichten beschweret, mit Nägeln gestochen, mit Stricken umzogen, mit Schwefel gebrennet, mit Öl begossen, mit Fackeln gesenget!* Er erzählte davon, dass Knochen zertrümmert werden und dass Augen aus dem Schädel treten, dass Schienbeine zerquetscht werden und Adern platzen. Wenn sich Körper brechen lassen, so schlussfolgerte Meyfart, dann auch der Verstand. Unter der Folter würden sich viele Menschen aufgeben und aussagen, was immer man von ihnen hören möchte ...

Das Aufsehenerregende an Meyfarts Buch „Christliche Erinnerung" war nicht die Beschreibung der Folter an sich – sondern die radikale Abrechnung mit der allgegenwärtigen Praxis der Untersuchungsrichter. Gerade in Hexenprozessen, in denen es lediglich Anschuldigungen gab, nie aber faktische Beweise, kam erpressten Geständnissen eine zentrale Rolle zu. Die Richter, so schrieb Meyfart, gestehen dem *Hencker freye Macht* zu. Sein Gedankengang war in der Konsequenz radikal. Ohne Folter würde es keine Ge-

Johann Matthäus Meyfart war ein vehementer Kritiker der Folter. Im Pfarrgarten von Wandersleben erinnert eine Büste an ihn. Die Plastik stammt von Helga Viebig-Kruck.

ständnisse geben; damit wäre der wesentliche Funktionsmechanismus der wahnwitzigen Menschenjagd außer Kraft gesetzt.
Trotz dieser naheliegenden Erkenntnis sollte der Alltag der Strafgerichtsbarkeit noch für viele Jahrzehnte ein anderer bleiben. Weder Amtsrichter noch Scharfrichter und erst recht nicht die Gothaer Landesherren scherten sich um Meyfarts Kritik an Folter und Hexenverfolgung. Der Fall einer gewissen Margaretha Römelt steht dafür exemplarisch. Die Frau stammt aus Ruhla, sie lebt im Gebiet des zu Gotha gehörenden Amtes Tenneberg. 1651 wird Margaretha Römelt der Hexerei bezichtigt.
Der Ablauf der Untersuchung gegen vermeintliche Hexen und Zauberer ist zu jener Zeit genau definiert. Zunächst bleibt der oder die Beschuldigte auf freiem Fuß. Mehr oder weniger heimlich werden Zeugen verhört. Deren Aussagen bündelt der Amtsrichter und versendet sie an den Schöppenstuhl nach Jena. Dort beurteilen Juristen den Fall nach Aktenlage; normalerweise empfehlen sie daraufhin die Festnahme. So geschieht es auch bei Margaretha Römelt. Sie kommt auf Schloss Tenneberg in Haft. Das gütliche Verhör folgt, noch wird keine körperliche Gewalt ausgeübt. Die Beschuldigte bestreitet, mit dem Teufel im Bunde zu sein. Als nächstes wird sie mit den Zeugen konfrontiert. Sie bleibt bei ihrem Nein. Nun steht Aussage gegen Aussage. Mittlerweile zieht sich das Verfahren bereits über Monate hin. Wie weiter? Die Richtlinien sind eindeutig. Der Scharfrichter wird bestellt. Er zeigt der angeblichen Hexe die Folterinstrumente. Noch bleibt sie standhaft. Nun folgt der geistigen Folter auch die körperliche.
In einer Akte des Tenneberger Amtsarchivs wird der Ablauf der Tortur genau verzeichnet. Die Folter beginnt gegen 11 Uhr. Als erstes legt der Scharfrichter seinem Opfer Daumenschrauben an Händen und Füßen an. Rund eine halbe Stunde wird Margaretha Römelt derart gequält. Sie bleibt standhaft. Als nächstes spannt sie der Folterknecht rücklings auf eine schräg stehende Leiter. Er dreht ihre Arme nach hinten und zieht daran die Frau nach oben. Um die Qualen zu erhöhen, legt ihr der Scharfrichter zusätzlich Spanische

Stiefel an den Schienbeinen an. Sie quetschen die Beine eng zusammen. Zwei Stunden muss sie derart ausharren. Zwischenzeitlich bittet Margaretha Römelt um Wasser. Der Henker verfällt auf eine perfide Antwort: Er zwingt sie, extrem gesalzenes Wasser zu trinken. Von einer Salzsuppe ist in den Akten die Rede. Noch immer bestreitet die Beschuldigte, eine Hexe zu sein. Nun versucht der Scharfrichter, ihren Widerstand mit dem Abbrennen von Gänsefedern und Schwefel zu brechen. Er hält ihr die Flammen direkt vors Gesicht; die Frau atmet notgedrungen die giftigen Dämpfe ein. Als die Beschuldigte noch immer nicht bekennt, mit Satan im Bunde zu stehen, bindet man ihr einen Strick um den Kopf. Daran befindet sich ein Knebel, den der Henker immer fester zusammenzieht ...

Am Abend, gegen 7 Uhr, endet die Tortur. Hinter Margaretha Römelt liegen acht Stunden der Unbarmherzigkeit. Sie wird in ein Verlies gesperrt; bereits am nächsten Tag soll sie dem Scharfrichter erneut zugeführt werden. Zwei Musketiere halten Wache vor ihrer Zelle. Am Morgen bemerken sie, dass die angebliche Hexe verstorben ist.

Die Nachricht von ihrem Tod erreicht Ernst den Frommen in Gotha. Der Herzog verlangt die Untersuchung des Leichnams. Ein Barbier wird damit beauftragt. Er stellt fest, dass Margarethas Körper übersät ist mit Wunden. Stirn und Schläfen sind schwer verletzt, der Hals schlottert unnatürlich hin und her. Beide Arme waren ausgekugelt und wieder eingerenkt worden. Ihre Hände sind verdreht und die Beine blutunterlaufen. Dennoch hat der Barbier große Zweifel, dass *die Römeltin von der Tortur sollte gestorben sein.*

Der Tenneberger Amtsrichter nimmt außerdem die Aussagen der beiden Wächter zu Protokoll. Die Musketiere berichten, dass sie selbst während der Nacht laut vor der Zelle gebetet haben. Auch aus dem Gesangsbuch hätten sie der Inhaftierten vorgelesen, immer verbunden mit der Aufforderung an sie, ebenfalls zu beten.

Doch aus der Zelle sei nicht mal Gemurmel zu vernehmen gewesen. War Margaretha bereits tot? Oder weigerte sie sich ganz bewusst, nicht zu Gott zu sprechen?
Der Landesherr vermutet offenbar letzteres. Das jedenfalls geht aus einer Verfügung hervor, die er drei Tage nach dem Auffinden der Toten dem Tenneberger Amt zustellen lässt. Darin heißt es, dass *die Römeltin ohne äußerliche Verspürung einiger Bußfertigkeit und vor ihrem Ende zu Gott gerichteten Gebets* gestorben sei. Deshalb dürfe die Tote nicht christlich begraben werden. Stattdessen fordert der Landesherr, dass der Leichnam nachts an einen einsamen Ort gebracht wird. Der Richter soll den Leichnam *in ein wohl tief gegrabenes Loch verscharren lassen*.
Immerhin ordnet Ernst der Fromme an, die jungen, noch unerfahrenen Folterknechte zu ermahnen. Sie sollen bei der Wahl ihrer Mittel darauf achten, dass Beschuldigte nicht vorzeitig an den Folgen der Tortur sterben. An der Sinnhaftigkeit dieser brutalen Verhörmethode zweifelt der Landesherr freilich nicht. Damit steht sein Rechtsverständnis in einer Traditionslinie, die zurückreicht bis zu Martin Luther. Der Reformator war von der Sinnhaftigkeit der Folter zutiefst überzeugt. Zugleich meinte er, dass Frauen, die nicht mal unter der Folter gestehen, sich mit dem Teufel eingelassen zu haben, gerade durch ihr Leugnen überführt sind. *Denn solche Zauberinnen sind gar stumm und verachten die Pein; der Teufel lässt sie nicht reden. Solche Taten aber geben Zeugnis genug, dass man sie billig sollte hart strafen zum Exempel.*
Zu einem gänzlich anderen Schluss gelangte der evangelische Theologe Johann Matthäus Meyfart in seiner 1635 veröffentlichten Schrift „Christliche Regenten". Wenn Menschen von Menschen gequält werden, so meinte er, sei dies Satans wahrer Triumph. Noch aber sollte es fast 200 Jahre dauern, ehe die Folter im Kriminalprozess abgeschafft wurde. Erst im Jahre 1828 erließ Herzog Ernst von Sachsen-Coburg und Gotha ein entsprechendes Patent. In dem Gesetz heißt es schlicht und einfach: *Jede harte Behandlung der Gefangenen ... wollen Wir schlechterdings vermieden wissen.*

Martin Luther glaubte an die Existenz von Hexen. Er forderte: Betet gegen sie, damit sie entdeckt werden und ihren Lohn durch den Folterknecht haben.

TATORT

Die angebliche Hexe Margaretha Römelt stammte aus Ruhla (heutiger Wartburgkreis). Damals gehörte der westliche Stadtteil Ruhlas zum Gothaer Herrschaftsgebiet.

Auf Schloss Tenneberg wurde die Beschuldigte gefoltert, hier starb sie auch.

Mit Satan im Bunde

Im Jahre 1653 gab Herzog Ernst der Fromme seinem Herzogtum eine umfängliche Landesordnung. Sie regelte nahezu alle Fragen des öffentlichen Lebens. Der Gesetzestext wurde in den folgenden Jahren erweitert sowie um eine Prozessordnung ergänzt. In ihr findet sich ein Passus, der mit *Bestraffung zauberischer Händel* überschrieben wurde. Darin heißt es wörtlich:

Die so mit dem Teuffel Verbündnisse aufrichten oder unmenschliche Unzucht treiben, sollen, ob sie gleich mit Zauberey niemand Schaden zugefügt, mit dem Feuer vom Leben zum Tode gerichtet und gestraffet werden.

Da aber ausserhalb solcher Verbündnis oder Unzucht jemand mit Zauberey Schaden thäte, er sey groß oder klein, sol der Zauberer, Mann- oder Weibes-Person, mit dem Schwerd gestrafft werden.

Ingleichen sollen die, so sich unterstehen, aus der Teuffels-Kunst wahrzusagen oder mit dem Teuffel durch Crystalle oder in andere Wege Gespräche oder dergleichen Gemeinschafft zuhalten und sich von ihm geschehener oder zukünfftiger Dinge Bericht und Erforschung zuerholen, mit dem Schwerd gerichtet und gestrafft werden.

Uber das, so sich etliche ausser Gespräche oder Gemeinschaft mit dem Teufel sonsten anmassen würden, Crystallensehens, Wahrsagens, Segenssprechens oder Büssens der Schäden zupflegen, die sollen nach Unterschied und Umständen der Fälle mit Gefängnis, Landes-Verweisung oder wol gar Staupen-Schlägen belegt werden.

Ferner sol man die, so sich Raths bey den Crystallen-Sehern und Wahrsagern erholen, (...) gleichfals mit Gefängnis-Straffe oder namhaffter Geld-Busse, und so sie dasselbe mehrmals thäten, nach Gelegenheit auch Landes-Verweisung ansehen.

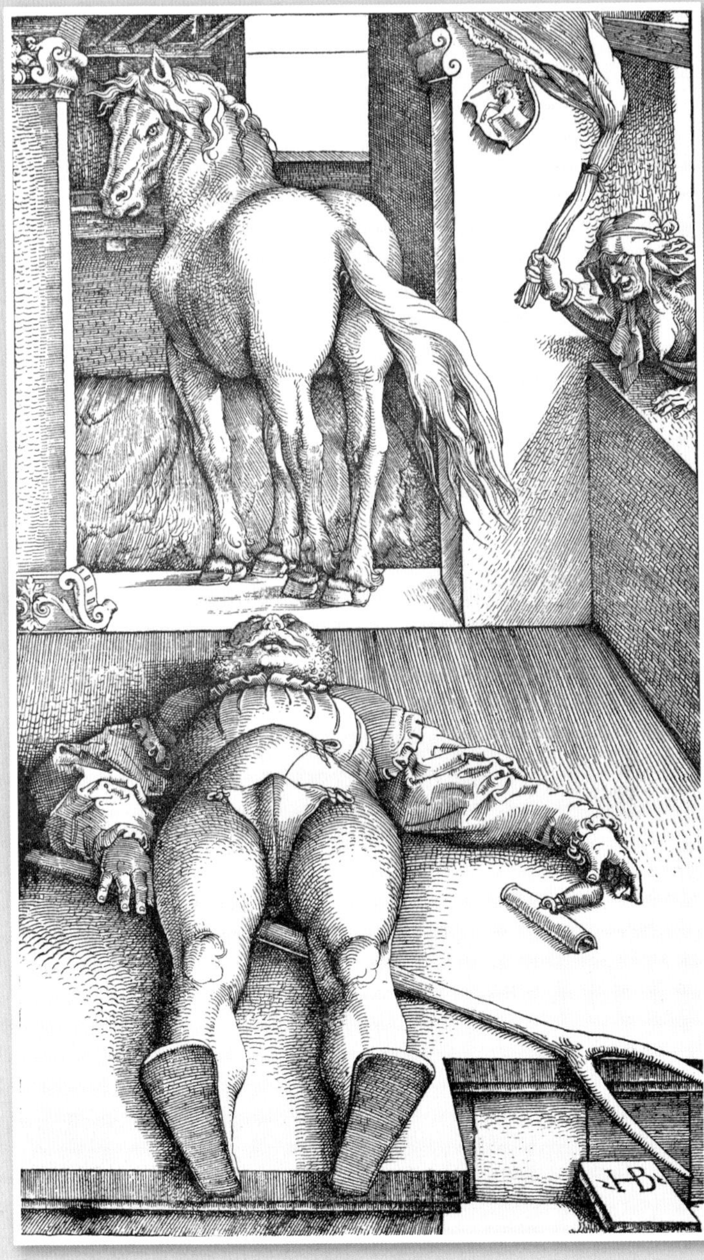

Der Hexenglauben war im 16. und 17. Jahrhundert weit verbreitet. Der Holzschnitt von Hans Brosamer zeigt einen Stallknecht, der von einer Frau verhext worden ist.

Der Hexenturm von Georgenthal war einst dreistöckig.

Sachsen-Ursel und der Hexenjäger

In Georgenthal wurde 1674 eine 80 Jahre alte Frau als Hexe angeklagt. Ihr Fall zeigt exemplarisch das damalige Rechtsverständnis auf. Es reichte aus, von Nachbarn mit übler Nachrede überzogen zu werden, um Ankläger, Folterknechte und Richter auf den Plan zu rufen.

Mitten in Georgenthal lässt sich die immergleiche Szene beobachten. Ausflügler, meist sind es Familien, fotografieren sich gemeinsam mit Plateosaurus. Eine lebensgroße Nachbildung des Sauriers markiert am Schlossplatz den Beginn des Saurierpfads. Der Weg ist mehr als vier Kilometer lang, er führt tief hinein in den Thüringer Wald. 20 verschiedenen Echsen lassen den Spaziergang zu einem kurzweiligen Ausflug in die Urzeit werden. Was vermutlich kaum einer der Wanderer weiß: Nur wenige Meter von Plateosaurus entfernt könnten sie auf gänzlich andere Weise in die Geschichte reisen. Allerdings sind derartige Ausflüge nichts für schwache Nerven – und erst recht nichts für Familien mit kleinen Kindern. Schließlich landet die Zeitmaschine im 17. Jahrhundert und damit in einer Periode, in der in Georgenthal immer wieder Scheiterhaufen loderten...

Keine 100 Meter Luftlinie sind es von Plateosaurus bis zum Hexenturm. Früher war er dreigeschossig und imposant anzuschauen. Nach seinem Rückbau blieb ein Gebäude zurück, das auf den ersten Blick an eine kleine Scheune erinnert. Wer ahnt schon, dass hinter den meterdicken Mauern einst Frauen und Männer monatelang eingesperrt worden sind. Wer weiß schon, dass sie hier zu absonderlichen Geständnissen gezwungen worden sind.

Zu Beginn des Jahres 1674 wird Ursula Pfeiffer in den Hexenturm gesteckt. Ihre Mitmenschen kennen die Inhaftierte als Sachsen-Ur-

sel. Sie ist 80 Jahre alt und verwitwet. Ihr Mann war Köhler im nahegelegenen Dietharz. Unklar ist, ob es einen konkreten Anlass für die Festnahme gegeben hatte. Die damals angelegte Untersuchungsakte lässt dies offen. Immerhin aber beginnt sie mit einer Einlassung des Amtschössers Johann Benedict Leo. Er steht dem Amt Georgenthal vor; seine Zuständigkeit erstreckt sich auch auf die umliegenden Dörfer. Leo vermerkt in der Akte, in den Gemeinden Tambach und Dietharz ginge das Gerücht um, dass Ursula Pfeiffer mit dem *Laster der Hexerey* behaftet ist. Deshalb habe er von *Amtswegen zur Sache thun, und genauere Kundschaft und Erforschung anstellen müssen, ob's Sache sey*. Mit anderen Worten: Gerüchte reichen aus, damit der Amtschösser ein Ermittlungsverfahren in die Wege leitet.
Der Fall der Sachsen-Ursel war weder die erste noch die letzte Hexenverfolgung im Amt Georgenthal. Wenigstens 59 Fälle aus dem 16. und 17. Jahrhundert sind bekanntermaßen überliefert. Dennoch ragt der Prozess gegen Ursula Pfeiffer heraus. Er markiert den Beginn eines regelrechten Hexenwahns, der das Amt zwischen 1674 und 1676 erfasst hatte. Allein in diesen drei Jahren strengte Johann Benedict Leo 25 Hexenuntersuchungen an. Er erwarb sich damit den Ruf, ein unbarmherziger Inquisitor zu sein. Über seine Motive lässt sich rückblickend nur mutmaßen. Wurzelte sein rigoroses Vorgehen letztlich im eigenen, familiären Leid? Welche Rolle spielte, dass seine Frau einen behinderten Sohn geboren hatte? Antwort gibt ein Schreiben Leos an Herzog Friedrich I. vom 10. Februar 1681. Unter anderem teilte er mit, er habe *einen gebrechlichen Sohn der von Hexerey wegen nun 14 Jahre einen elenden Zustand gehabt und nie ganz hinkommen kann, wo er nicht geführt und gepflegt wird*. Diese Erklärung erfolgte nicht aus allgemeiner Redseligkeit heraus. Vielmehr stand der Amtschösser zu jener Zeit selbst im Fokus einer Ermittlung. Amtsanmaßung und Urkundenfälschung in Hexenverfahren gehörten zu den Hauptvorwürfen gegen ihn.

Zurück ins Jahr 1674, zurück zum Verfahren gegen Ursula Pfeiffer. In ihm hält sich Leo offenbar strikt an die Vorgaben des sogenannten

Hexenhammers. Die ausgangs des 15. Jahrhunderts verfasste Schrift ist das Handbuch der Hexenjäger. Es gibt bis ins Detail den Ablauf des Verfahrens vor. An dessen Beginn steht stets die Vernehmung von Belastungszeugen. Zu denen, die Ursula Pfeiffer der Hexerei bezichtigen, gehören ihre Stieftochter und deren Mann sowie weitere, als ehrbar geltende Bürger. Die Anschuldigungen sind alles andere als harmlos. Fünf Hauptvorwürfe kristallisieren sich heraus; jeder einzelne reicht aus, ein Todesurteil zu begründen.
Erstens: Ursula Pfeiffer soll zwei ihrer Enkel verzaubert und getötet haben. Als Beweis führen die Eltern an, dass die Hexe ihre Kinder nach einem Streit am Kopf berührt hatte. Kurz danach haben sich die Knaben benommen, als hätten sie Heuschrecken im Kopf. An diesem Ungezieferseien sie elendiglich verstorben. Darüber hinaus soll die Sachsen-Ursel der Familie allerhand Läuse und Ameisen angehext haben.
Zweitens: Ein Soldat bezeugt, dass ihn die alte Frau auf ein Bein geschlagen habe. Wenig später sei es lahm geworden.
Drittens: Der Schultheiß von Dietharz sagt aus, dass Ursula Pfeiffer wiederholt seine Pferde verzaubert hat. In einem Fall waren die Pferde nicht mehr zu bändigen. In einem weiteren Fall soll sich Sachsen-Ursel in einen Fuchs verwandelt haben. Dergestalt habe sie die Pferde so stark erschreckt, dass sich diese nicht mehr von der Stelle bewegen wollten.
Viertens: Ein Viehhirte will die angebliche Hexe dabei beobachtet haben, wie sie auf einer Kuh durch den Wald geritten ist. Dabei habe sie einen großen Nebel um sich verbreitet, um nicht erkannt zu werden. Außerdem gaben einige Kühe angeblich keine Milch mehr, nachdem Sachsen-Ursel sie berührt hatte.
Fünftens: Mehrere Zeugen erzählen, dass die Witwe mit Satan im Bunde steht. Sie hat demnach damit geprahlt, in der Walpurgisnacht auf dem Hexentanzplatz gewesen zu sein. Darüber hinaus sei eines Abends ein feuriger Schein auf ihr Haus zugefahren. Dies war gewiss Satan, der sie besucht hatte.
Der Amtschösser nimmt nicht nur diese Aussagen ins Protokoll auf, sondern auch ein Schreiben des Dietharzer Ortsvorstands. Er be-

zeugt *im Nahmen einer gantzen Gemeinde allhier*, dass Ursula Pfeiffer seit 24 Jahren *von jedermann, Jung und Alten, vor eine Unholden und Hexe ist titulirt und gescholten worden*. Das Papier endet mit der Bitte, *man wolle diesem unseren aus offenen Herzen gethanen Zeugniß guten Glauben beymessen*.

Mit all diesen Informationen wendet sich Johann Benedict Leo an den Schöppenstuhl in Jena. Dem Gremium gehören Rechtsgelehrte der dortigen Universität an. Wann immer in den Thüringer Herzogtümern ein schwerwiegender Kriminalfall untersucht werden soll, wird ein solcher Schöppenstuhl in das Verfahren eingebunden. Er soll mit seiner juristischen Kompetenz die Arbeit der Laienrichter vor Ort maßgeblich unterstützen. Die Jenaer schicken ihr Gutachten per Boten zurück nach Georgenthal. Sie fordern den Amtmann auf, die Beschuldigte zu verhören. Sofern Ursula Pfeiffer die Vorwürfe bestreiten würde, soll sie den Zeugen gegenübergestellt werden.

Die Beschuldigte wird daraufhin mit sage und schreibe 200 vorformulierten Fragen konfrontiert. Sie sind zumeist nach einem einfachen, immergleichen Schema aufgebaut. Der Amtmann greift jeden einzelnen Vorwurf der Zeugen auf und fragt Sachsen-Ursel, ob diese wahr seien. Das Verhör ist so angelegt, dass die Beschuldigte fast immer lediglich mit Ja oder Nein zu antworten hat. Nur wenige Fragen werden offen gestellt. So will Benedict Leo wissen, wo, wann und von wem sie das Hexen gelernt habe. *Da behüte mich unser Herrgott vor, ich weiß nichts von Hexen*, antwortet die 80-Jährige. Natürlich bestreitet sie auch all die konkreten Vorwürfe. Schließlich fragt Leo, ob es wahr sei, dass die Witwe in ihrem Dorf immer mal wieder als alter Drachen und Hexe beschimpft worden sei. Ja, das stimmt, bestätigt sie. Daraufhin entgegnet der Amtmann listig, wieso sie gegen diese Beschuldigungen nicht vorgegangen sei, wenn sie doch angeblich ein reines Gewissen habe. Sachsen-Ursel ist um eine Antwort nicht verlegen: *Ich müßte viel Heu haben, wenn ich den Leuten die Mäuler alle verstopfen wollte*.

Ihre Schlagfertigkeit vermag Ursula Pfeiffer nicht zu helfen. Das Verfahren nimmt weiter seinen empfohlenen Verlauf. Die vermeintliche

Hexe wird jedem einzelnen Zeugen gegenübergestellt. Sie stehen sich von Angesicht zu Angesicht gegenüber, Auge in Auge. Kein Zeuge widerruft. Alle wiederholen, was sie bereits zuvor zu Protokoll gegeben haben. Damit steht Aussage gegen Aussage. Tatsächliche Beweise gegen Ursula Pfeiffer gibt es freilich nicht. Aber noch sind nach damaligem Rechtsverständnis längst nicht alle Mittel ausgereizt. Wieder wendet sich der Amtmann an den Jenaer Schöppenstuhl, wieder erhält er eine formale Antwort. Die Beschuldigte sei nunmehr unter Androhung der Folter zu verhören. Für den Fall, dass sie noch immer nicht gesteht, soll der Scharfrichter mit seinen Instrumenten zum Zuge kommen. Sofern die Beschuldigte nunmehr bekennt, sei drei Tage darauf ein erneutes Verhör geboten – ausdrücklich ohne Folter. Dann möge sie ihr Geständnis bestätigen. Erst danach sei das Urteil zu sprechen.

Mittlerweile ist Sachsen-Ursel seit Monaten in Haft. Die letzten Tage durfte sie aus Rücksicht vor ihrem hohen Alter in der Landsknechtstube des Schlosses verbringen. Auch diese Stube ist eine Arrestzelle, jedoch etwas komfortabler als der Hexenturm. Am 24. März, in aller Frühe, bringt man Ursula Pfeiffer wieder in den Turm. Um 5 Uhr beginnt das Verhör. Gleich zu Beginn wird sie vom Amtmann *zum freywilligen Getändnis beweglich vermahnt und vor Schärfe treulich verwarnt*. Doch Sachsen-Ursel denkt überhaupt nicht daran, sich selbst der Hexerei zu bezichtigen. Das Protokoll vermerkt daraufhin, sie sei derart verstockt, dass man sie nach einer Stunde dem Scharfrichter überantwortet habe. Hans Nicol Messing stammt aus Ohrdruf. Er übt seinen Beruf seit drei Jahrzehnten aus, er gilt als einer der erfahrensten Folterknechte in Thüringen.
Messing führt die Beschuldigte zunächst nach draußen, vor die Tür. Er entkleidet sie bis aufs Hemd, er schert ihr den Schädel kahl. Kaum sind sie wieder im Hexenturm, beginnt die eigentliche Tortur. Der Scharfrichter legt ihr Daumenschrauben und Spanische Stiefel an, er bindet ihr die Arme nach hinten und zieht sie daran in die Höhe. Noch berühren ihre Füße den Boden, noch hat sie etwas Halt. Der

Amtschösser und weitere Gerichtspersonen sind die ganze Zeit anwesend, sie führen ein Protokoll. Nach etwa einer halben Stunde beginnt die 80-Jährige zu sprechen. Sie sei keine Hexe und auch keine Zauberin. Selbst wenn man sie in Stücke reißen würde, könne sie nicht gestehen, was nicht sei.
Johann Benedict Leo bleibt unerbittlich. Er hält ihr vor, dass die Anschuldigungen derart schwer sind, *daß man ihr sogleich nicht glauben könne*. Daraufhin zieht der Scharfrichter die Seile noch fester an. Nun hängt die Frau an ihren Armen schwebend in der Folterkammer.
Minute um Minute vergeht, Stunde um Stunde. Immer wieder prasseln Fragen auf die Gefolterte ein. Sie bleibt bei ihrem Nein. Einige Tage später wird der Amtschösser notieren, er habe *gemeint, es würde, weil sie keine sonderliche Empfindsamkeit an sich merken lassen, alles vergebens seyn*. Warum bricht er die Folter nicht ab? Weshalb lässt er die alte Frau weiter quälen? Kennt der Hexenjäger wirklich kein Erbarmen?
Irgendwann hält die alte Frau all die Schmerzen und den quälenden Durst nicht mehr aus. Gut möglich, dass sie ahnt, nie wieder frei zu kommen. Entweder stirbt sie nach vielen weiteren Qualen unter der Folter – oder aber die Tortur hat sofort ein Ende und sie kommt auf den Scheiterhaufen. Letzteres erscheint ihr offenkundig als die geringere Pein. So beginnt Sachsen-Ursel doch noch zu gestehen. Sie erzählt und erzählt. Sie offenbart weit mehr, als man bisher vorgeworfen hat. Ja, sie sei vom Teufel heimlich verführt worden. Viele Jahre sei das schon her. Zwei Wochen habe sie damals in der Köhlerei ihres Mannes am Tambacher Nesselberg verbracht. Die Geschäfte liefen gut; abends wurde eifrig dem Wein und Bier zugesprochen. Eines Nachts sei ein Knecht zu ihr gekommen und habe es mit ihr getrieben. *Er sey ein junger Kerl und noch stoppelbärtig gewesen, und habe sich Abraham genannt (...) Aus der Tränkrinne am Nesselberg habe er Wasser auf ihr Haupt gesprützt, und Sie in sein des Teufels Nahmen getauft.*
Auch von der Walpurgisnacht erzählt Sachsen-Ursel. Da sei Abraham erneut gekommen, um mit ihr zu essen, zu trinken und zu tanzen.

Sachsen-Ursel gestand, mit Satan ein intimes Verhältnis gehabt zu haben. Der Holzschnitt „Teufelsbuhlschaft" stammt aus dem 15. Jahrhundert.

Gar herrlich sei dies gewesen. *Sie wäre in der Luft so hinweg geflogen, ihr Buhl habe sie abgeholt.* Zehn Mal will sie an Hexentänzen teilgenommen haben.
Woher wusste sie, dass Abraham der Teufel war, will der Amtschösser wissen. Anfangs habe sie nicht geglaubt, *daß es der Sathan sey, aber nacher habe sies an ihm gefühlt*, antwortet sie. Sein Glied sei kalt gewesen und sah aus wie ein Horn. *Er hab's über eine Stunde mit ihr getrieben.* Später sei ihr noch aufgefallen, dass ihr Geliebter keine normalen Füße gehabt hatte, sondern Klauen wie ein Rind.

Als Teufelsbuhlin hat Sachsen-Ursel ihr Leben unwiderruflich verwirkt. Das wissen nicht nur die Amtspersonen und der Folterknecht, das weiß auch die Beschuldigte. Insofern dürfte ihr von nun an alles egal sein; sie könnte auch die anderen gegen sie erhobenen Vorwürfe einfach bestätigen. Genau dies geschieht aber nicht. Ursula Pfeiffer gesteht lediglich einige der angeblichen Hexereien, etwa, dass sie sich in einen Fuchs verwandelt hat. Anderseits bestreitet sie, das Pferd des Dietharzer Schultheißen verzaubert zu haben.
Die 80-jährige Frau aus Dietharz wird zum Tode durch das Feuer verurteilt und in Georgenthal auf dem Scheiterhaufen verbrannt. Ihre Akte schließt mit einer Kostenaufstellung. Sie verrät unter anderem, dass während der Exekution 13 Amtspersonen und Geistliche zugegen waren. Um sie standesgemäß zu bewirten, wurden 17 ½ Maß Wein und 26 Kannen Bier aufgetischt. Offenbar besaßen die Hexenjäger ähnliche Vorlieben wie Satan. Auch ihm hatte Sachsen-Ursel an ihrem ersten gemeinsamen Abend reichlich Wein und Bier eingeschenkt.
Johann Benedict Leo hält schriftlich fest: *Weil es denn nun so weit kommen, habe ich meines Theils dem gerechten Gott zu danken.*
In den folgenden Jahren hat er noch häufig Gelegenheit sich als Hexenjäger zu profilieren. Alles in allem 40 Hexenuntersuchung führt Leo in seiner Amtszeit. Dann aber, an der Jahreswende 1680/81 wendet sich das Blatt. Die herzogliche Regierung in Gotha strengt eine Untersuchung gegen ihren Georgenthaler Amtschösser an.

Der Grabstein von Johann Christian Leo, Sohn des Amtschössers, steht an der Friedhofsmauer von Georgenthal. Der Junge starb als Dreizehnjähriger anno 1675, in der Hochphase der durch seinen Vater angestrengten Hexenverfolgung.

Nunmehr stellt sich heraus, dass Leo immer wieder Aussagen und Unterschriften gefälscht hatte. Damit, so resümiert der Historiker Roland Füssel, „lenkte er den Lauf der Verfahren in die von ihm gewünschte Richtung und führte somit eine Verurteilung der meisten Angeklagten vorsätzlich herbei."
Leo hat während seiner eigenen Untersuchung großes Glück. Folter und Feuertod bleiben ihm erspart. Auf Empfehlung des Schöppenstuhls zu Leipzig wird Johann Benedict Leo im Oktober 1681 eine vergleichsweise milde Strafe zuteil. Er wird für immer und ewig des Herzogtums verwiesen.

TATORT

Der Hexenturm steht auf der Rückseite des Georgenthaler Schlosses. Er wurde zurückgebaut und wirkt dadurch wie eine kleine Scheune.

Am Nesselberg traf sich Sachsen-Ursel angeblich mit Satan. Heutzutage ist der Berg bei Wanderern sowie Skifahrern beliebt.

Dr. Pommers Kunst

In ihrem Hexenverfahren wurde Sachsen-Ursel unter anderem bezichtigt, Kühen die Milch weggezaubert zu haben. Der Milchdiebstahl war über Jahrhunderte hinweg einer der häufigsten Vorwürfe gegen Hexen. Bereits 1486 hatte der Dominikaner Heinrich Kramer eine Beschreibung publiziert, wie dieser Diebstahl erfolgen würde. Demnach stecken Hexen ein Messer in die Wand und rufen den Teufel um Hilfe an. Sie verraten ihm, welche Kühe sie melken möchten. Dann nimmt der Teufel jenen Tieren die Milch und bringt sie zu besagter Wand. Jetzt muss die Hexe lediglich noch den Griff des Messers melken, und schon fließt daraus Milch im Überfluss.

Kramers Darstellung galt seinerzeit als brandaktuell. Erst kurz zuvor waren im Schwarzwald zwei vermeintliche Milchdiebinnen verbrannt worden. Sie gaben zu, den Stiel einer Axt gemolken zu haben. Der Dominikaner wertete ihren Prozess für sein Buch „Malleus Maleficarum" (zu Deutsch: Hexenhammer) aus.

Fünf Jahrzehnte später riet Martin Luther zu einem drastischen Gegenmittel gegen den Milchdiebstahl. Im Jahre 1538 empfahl er während einer Tischrede, man möge ein Schälchen mit Milch aufstellen, in dieses einen Haufen Kot setzen und alles umrühren. Fortan sei der Hexe das Handwerk gelegt. Luther hatte nicht gescherzt; er gab diesen Ratschlag aus tiefster Überzeugung. Ausdrücklich berief er sich dabei auf seinen Mitstreiter Johannes Bugenhagen. Der Theologe war angeblich in der besonderen Kunst erfahren, Haufen in Milchschälchen zu setzen. Tatsächlich sprach Luther von einer Kunst: *Dr. Pommers Kunst ist die beste.* Pommer bzw. Pomeranus war der Beiname Bugenhagens.

Man mag über diese Episode milde lächeln. Damals freilich war sie verbunden mit einem bedeutungsschweren Fazit. Mit Milchdiebinnen, so meinte Luther, *soll man keine Barmherzigkeit haben; ich wollte sie selber verbrennen.*

Die Margarethenkirche wurde im 17. Jahrhundert durch einen Brand sowie im Zweiten Weltkrieg durch eine Bombe zerstört. Deshalb spiegelt sie verschiedene Baustile wider.

Mord in St. Margarethen

1675 fand Gothas bedeutendster Herrscher, Ernst der Fromme, seine letzte Ruhe in der am Neumarkt gelegenen Kirche. Nur ein Jahr später wurde in diesem Gotteshaus ein Kirchendiener erschlagen. Ein Räuber wollte so seine Tat vertuschen.

Zu Beginn des Jahres 1676 fühlte sich Paul Schmidt wie neugeboren. Gerade erst hatte der 42-Jährige eine tückische Erkrankung überstanden. Er war *auff etliche Wochen mit einer so hefftigen Kranckheit angegriffen worden, daß er sich allerdings zum Sterben bereitet und fertig gehalten hat*. Sogar seine Lebensgeschichte begann Schmidt angesichts des Todes vorsorglich aufzuschreiben. Nun aber schien sich alles zum Guten zu wenden. Zur Jahreswende konnte der Kirchner wieder seinen Dienst in St. Margarethen versehen.
Tatsächlich sollte er den Neujahrstag lediglich um drei Wochen überleben. Als Paul Schmidt am 25. Januar zu Grabe getragen wurde, hielt Gothas Hofprediger den Gottesdienst. Von einem unbegreiflichen Schlag des Schicksals begann Johann Christian Gotter zu predigen, von Gottes unerforschlichen Wegen. Der allseits beliebte Schmidt *hat nicht auff seinem Lager in Gegenwart der Seinen in Friede entschlaffen können, sondern hat in die Hände der Mörder fallen müssen*.
Die Erinnerung an den Kirchner ist nahezu völlig verblasst. Doch die Leichenpredigt hat bis heute die Zeitläufe überdauert. Sie wurde ein gutes Jahr nach Schmidts Tod in Druck gegeben; ein Büchlein erschien. Es gehört zu den wenigen Quellen, die noch immer Auskunft darüber geben, dass die Margarethenkirche *durch böse Buben zur Mörder-Gruben gemacht worden* ist.

Tatort Kirche. Das trifft in diesem Fall gleich doppelt zu. Bereits zu Jahresbeginn war die Taufschale gestohlen worden. Doch auf wundersame Weise kehrte das golden glänzende Stück kurz darauf zurück. Ein Tuchmacher namens Hans Schmalz meldete sich in St. Margarethen. Er habe zwei Gestalten mit der Schale weglaufen sehen. Nein, erkannt habe er keinen dieser Gesellen. Aber immerhin sei es ihm gelungen, ihnen die Schale zu entreißen. Erst einige Wochen später, im Rückblick, stellte sich seine Geschichte anders dar. Schmalz war selbst der Dieb. Offenbar war ihm alsbald aufgefallen, dass die Taufschale nicht aus dem erhofften Gold bestanden hatte, sondern lediglich aus Kupfer. Also gab er das Stück lieber zurück und inszenierte sich als Held.

Auch am 22. Januar, einem Samstag, besucht Hans Schmalz die Margarethenkirche. Als sich das Gotteshaus am Abend leert, versteckt er sich. Die Kirche wird verschlossen; nun meint der Tuchmacher, er sei allein und unbeobachtet. Er greift zu einem mitgebrachten Brecheisen und versucht, den Gotteskasten aufzubrechen. In der Truhe bewahrt die Gemeinde ihr Geldvermögen auf.
Der Lärm, den Schmalz dabei macht, bleibt nicht unbemerkt. Der Kirchendiener Paul Schmidt eilt herbei. Eine lautstarke Auseinandersetzung bahnt sich an. Der Dieb weiß sich nicht anders zu helfen, er *schlägt mit dem Heb-Eisen den Kirchner jämmerlich darnieder*. Draußen, vor der Kirche, hören mehrere Bürger die Schreie. Sie vermuten Schlimmes und brechen die Kirchentür auf. Etliche Menschen strömen herein; sie finden den leblosen Kirchner.
Der Mörder nutzt die Gunst des Moments. Er mischt sich unters Volk. Dann aber unterläuft Hans Schmalz ein Fehler. Er erzählt ungefragt, das Brecheisen zu kennen, welches neben der Leiche liegt. Es würde einem Zimmermann gehören. Ja, das wisse er genau, denn er selbst habe es sich unlängst ausgeborgt. Nun sehen alle auf ihn. Und plötzlich fällt den Umstehenden auf, dass Blutspritzer an Schmalz' Kleidung kleben ...

Herzog Friedrich I. erzählt vom Mord in seinem Tagebuch.

Der Fall wird zum Stadtgespräch. Selbst der Landesherr nimmt nachweislich Anteil am Geschehen. In seinem Tagebuch hält Herzog Friedrich I. das Erlebte normalerweise nur mit wenigen Stichworten fest. *Das große Unglück* aber, so nennt er den Mord, ist ihm einen auffallend langen Eintrag wert. Er schildert den Verlauf der Tat bis ins Detail. Das Opfer sei mit einem Brecheisen *lesterlich zugerichtet* worden.

Dem Mörder wird die qualvollste Strafe zuteil, die das damalige Recht kennt. Am 11. Februar ist er *3mal mit glüenden Zangen gekniepet, gerädert, und dessen Cörper aufs Rad gelegt worden.* Mit anderen Worten: Der Henker hat ihm öffentlich drei Fleischstücke aus dem Körper gerissen. Er hat ihm mit einem Wagenrad die Arme, Beine und Rippen gebrochen. Er hat den derart gemarterten Körper durch die Speichen eines Rades geflochten.

Der umgebrachte Kirchendiener hinterließ eine Ehefrau und drei Kinder. Ihnen zum Trost verglich der Hofprediger den Ermordeten während des Leichenbegängnisses mit dem heiligen Laurentius. Der Diakon hatte sich im Jahre 258 geweigert, den Kirchenschatz an den römischen Kaiser auszuliefern. Zur Strafe, so berichtete der Geistliche, sei Laurentius *auff dem Rost gebraten* worden. Dem Mordopfer Paul Schmidt blieb eine solche, lange währende Marter zum Glück erspart. Er starb zwar gewaltsam, war aber auf der Stelle tot.

TATORT

Die Margarethenkirche befindet sich am Gothaer Neumarkt. Sie öffnet nur während Gottesdiensten und Veranstaltungen.

Der abgezockte Münzbetrüger

Auf allerhöchste Weisung wurden ausgangs des 17. Jahrhunderts in Gotha silberne Geldstücke von minderem Wert geprägt. Den Gewinn strichen die Herzöge ein. Zugleich strengten sie aber auch Prozesse gegen die Mitarbeiter der Münzstätte an. Ihr Vergehen: Sie hatten sich ebenfalls bereichert.

Umsonst! Immer wieder hämmerte dieses eine, unselige Wort durch Christian Wermuths Kopf. Umsonst!

Seit Stunden läuft er in seiner Arrestzelle im Rathaus auf und ab. Sieben Schritte nach vorn, Kehrtwendung, sieben Schritte zurück. Wie konnte Henriette von Anhalt-Dessau dem Gothaer Herzog nur einen solchen Brief schreiben! Ein Bittgesuch, ihn auf freien Fuß zu setzen, gewiss. Doch zugleich hatte die Fürstin ihrem Brief ausgerechnet ein zuvor an sie gerichtetes Schreiben beigelegt. Darin hatte er, Christian Wermuth, sie angefleht, sich für ihn, den weit über die Landesgrenzen bekannten Medailleur, zu verwenden. Er sei nichts anderes als das Opfer einer Intrige bei Hofe, hatte er geschrieben. Derart offenherzige Zeilen in des Herzogs Händen, so schwant ihm, könnten ihm teuer zu stehen kommen.

Wir schreiben das Jahr 1694, als am Lebenshorizont des Christian Wermuth tiefschwarze Wolken aufzuziehen beginnen. *Wolte Gott, Ich hätte Gotha nieh gesehen*, notiert der gebürtige Altenburger in jenen Tagen. Seit sechs Jahren schon arbeitet er als Graveur für die Gothaer Münze. Er ist längst verheiratet, die Geburt seines zweiten Kindes steht jeden Tag bevor. Trotz seines geringen Alters von 32 Jahren zählt er zu den angesehensten Bürgern in Gotha – und zu

Christian Wermuth wurde im Jahre 1701 auf einem Schabkunstblatt von Pieter Schenk porträtiert.

den bestbezahlten. Als Eisenschneider beträgt seine Besoldung 100 Taler im Jahr, zuzüglich beachtlicher Deputate an Gerste und Holz. Was die meisten seiner Mitmenschen freilich kaum ahnen: Das alles ist wohl nur ein Bruchteil jenes Geldes, dass er nebenbei zu verdienen versteht. Als Mann vom Fach, sozusagen. Als Münzbetrüger.

Herzog Friedrich I., hier selbst bildlich dargestellt, hatte die Gothaer Münzschneider zum Fälschen aufgefordert. Dieser 2/3-Taler von 1690 erhielt einen Gegenstempel einer fränkischen Münzstätte. Das war sozusagen das Gütesiegel dafür, dass bei diesem Geldstück der Silbergehalt korrekt war.

Das Unheil hatte bereits im Mai 1694 seinen Lauf genommen. Bei einer Inspektion der Gothaer Münzstätte stießen die herzoglichen Beamten auf mehrere Unterschlagungen. Daraufhin wurden der Münzmeister und seine Gehilfen aufs Schärfste verhört. Natürlich wollte sich keiner bereichert haben, aber gleichzeitig wusste ein jeder seinem Nächsten allerlei Schandtaten in die Schuhe zu schieben. Christian Wermuth hatte offenbar Pech. An ihm blieben die meisten Anschuldigungen hängen.
Er habe sich, so formulierte es die Fürstliche Regierung wenig später als Anklage, gleich vierer Vergehen schuldig gemacht. Zum einen des Beschneidens von Münzen, zum anderen des streng verbotenen Handels mit dem derart gewonnenen Silber. Und habe er nicht zum dritten auch Kipperei und Wipperei betrieben? Was nichts anderes meint, als dass er Tausende von frisch geprägten Silbermünzen ausgewogen hatte, um die übergewichtigen Stücke einschmelzen zu können. Vor allem aber, so der Hauptvorwurf, bewahre er in seinem Haus ein Stoßwerk auf. Damit sei er in der Lage gewesen, jederzeit Falschmünzerei zu betreiben.
Mit dieser Behauptung hatte sich der Ankläger auf ein äußerst rutschiges Parkett begeben, meint mehr als drei Jahrhunderte später Uta Wallenstein. Sie ist die Münzexpertin der Stiftung Schloss Friedenstein. Sie weiß: „Das Kippen und Wippen von Münzen wurde zu

Dem Medailleur Christian Wermuth wurde der Besitz eines Stoßwerks vorgeworfen. Mit diesem Gerät war er in der Lage, unerlaubt Münzen zu prägen. Ein solches Stoßwerk ist im Arkadengang des Schlosses Friedenstein ausgestellt.

jener Zeit in etlichen Fürstentümern praktiziert. Und nahezu immer haben davon die Landesherren profitiert."

Einer der ärgsten Fälle hatte sich ausgerechnet in Gotha zugetragen. 1684 forderte Herzog Friedrich I. von Sachsen-Gotha-Altenburg höchstselbst die Münze zum Betrug auf: Der genormte Silbergehalt von Gulden sei künftig zu unterschreiten. Auch wenn es sich dabei je Münze nur um etwa ein Gramm gehandelt haben dürfte, klingelten die ergaunerten Taler alsbald zu Tausenden in des Herzogs Schatulle. Immerhin, so ist in den Unterlagen des heutigen Münzkabinetts vermerkt, wurden pro Jahr bis zu 20 Tonnen Silber auf diese Weise vermehrt.

Als Christian Wermuth im Jahre 1688 an die Gothaer Münze berufen wurde, florierte diese betrügerische Masche noch immer, jedoch unter anderen Vorzeichen. Da sich die schlechte Qualität des Gothaer Geldes längst innerhalb Europas herumgesprochen hatte, besann sich der Herzog eines neuerlichen Kniffs. Zehntausende Taler wurden

mit falschen Jahreszahlen (1678 und 1679) geprägt. Des Fürsten Kalkül: Das Geld aus diesen Jahren galt als gut und würde als Zahlungsmittel den Stücken jüngeren Datums allerorten vorgezogen.
Doch im Januar 1691 vollzog der Herzog urplötzlich eine Kehrtwendung. Eine Visite der Münzstätte durch Beauftragte des Kaisers stand unmittelbar bevor. Ihnen durften keinerlei Beweise über die Falschmünzerei in die Hände fallen. So entschloss sich Friedrich I. zu einem Bauernopfer. Er ließ alle Bediensteten der Münze inhaftieren und klagte sie des Betruges an. Dies freilich war ein vergebliches Unterfangen – dank einer ganz besonderen Lebensversicherung. Der damalige Münzmeister namens Wichmannshausen hatte etliche der herzoglichen Fälscher-Anweisungen einem Berliner Verwandten zur Aufbewahrung übergeben. So endete der vom Fürsten angestrengte Prozess recht glimpflich. Die Angeklagten, unter ihnen befand sich auch Christian Wermuth, wurden gegen Kaution freigelassen. Sie mussten aber zugleich ihr beachtliches Geldvermögen dem Herzog spenden.

Drei Jahre später, anno 1694. Erneut unter Anklage stehend, besinnt sich Wermuth genau dieses Falls, um seinen Hals zu retten. In einem 48-seitigen Pamphlet gesteht er, kleinere Manipulationen vorgenommen zu haben. Doch diese seien ausschließlich geschehen, um seinen 1691 zu Unrecht erlittenen Schaden ausgleichen zu können. Zugleich bestreitet er vehement, Falschgeld hergestellt zu haben. Als er diese Aussage schließlich beeidet, erfährt er, was wohl der einzig wahre Grund der Anklage gewesen sein dürfte. Der wie schon sein Vater an chronischer Geldnot leidende Herzog Friedrich II. begnügt sich als Strafe damit, den Gewinn aus Wermuths Betrügereien einzustreichen.
Nach zehn Wochen Untersuchungshaft darf Christian Wermuth die Arrestzelle im Rathaus verlassen. Bereits am selben Tag schneidet der Medailleur wieder eine reguläre Münze. Schon bald beginnt er damit, eine Serie von 214 Medaillen zu entwerfen, welche die deutschen Kaiser darstellen. Fünf Jahre später gewährt ihm Kaiser

Leopold I., welcher ein großer Münzsammler war, ein besonderes Privileg. Christian Wermuth darf fortan besitzen, was ihm zuvor verboten war: ein eigenes Stoßwerk.
Als er 1739 in Gotha stirbt, hinterlässt er ein Lebenswerk von etwa 1.300 verschiedenen Medaillen und Münzen. Damit gilt er als einer der produktivsten Medailleure des Barock.

In der Mönchelsstraße stand Wermuths Haus.

TATORT

Die Münzstätte befand sich im Westflügel des Schlosses.

Christian Wermuth wurde in einer Arrestzelle im Alten Rathaus gefangen gehalten.

Wermuth wohnte mit seiner Familie in der Mönchelsstraße. Das Haus besteht nicht mehr.

Das Geständnis

Der Strafprozess gegen Christian Wermuth endete mit einem von ihm beeideten Geständnis. Den Wortlaut hatte der Schöppenstuhl von Leipzig ausdrücklich so empfohlen. Dieses Richterkollegium war vom Gothaer Richter zur Urteilsfindung beratend hinzugezogen worden. Der schriftlich überlieferte Text wurde auf Wunsch des Angeklagten leicht abgeändert.

Ich, Christian Wermuth schwere zu Gott einen leiblichen Eyd, daß ich außer denen angegebenen 600 Thalern neugemüntzte Groschen 2 Gr-Stücken kein Geld weder vor mich selbst noch durch die Meinigen und andere Leute beschnitten oder abgekappet.

Dann gute Müntzsorten und Reichsthaler nicht ausgewogen, und die schwersten, wie auch andere gute Current-Müntzen nicht eingeschmeltzet und solche auf die Münzstette zu Gotha, Römhild und Meiningen nicht geliefert.

Auch selbst falsch Geld nicht gemachet noch zu machen befohlen, auch keine Anleitung darzu gegeben.

So habe ich auch mit Auswiegen und Abkappen, in dem iezigen Fall, worümb ich gefangen gesetzet worden, oder auch der Zeit meines Lebens über 300 Thaler nicht gewonnen, wiewohl ich auch eigentlich nicht wißen noch sagen kann, daß ich 300 Thaler darmit gewonnen habe.

So wahr mir Gott helfe durch Jesum Christum unsern Herrn und Heyland. Amen.

Wermuth legte das Geständnis am 20. August 1694 im Beisein des Gothaer Generalsuperintendenten ab. Der Geistliche wies ihn ausdrücklich darauf hin, welche Bedeutsamkeit ein Schwur auf Gott habe. Einen Meineid würde ihm der allwissende Gott nicht vergeben.

Unmittelbar nach Leisten des Eids reichte Christian Wermuth das schriftliche Gesuch ein, aus der Haft entlassen zu werden.

Zwei Räuber aus Bayern. Mit diesem Bild wurde das angebliche Buch aus Gotha illustriert.

Schiller und die Raubkopie

Was verbindet den italienischen Hochstapler Cagliostro mit einem englischen Spion? Welche Gemeinsamkeit haben der französische Bandit Cartouche und ein Leipziger Geisterbeschwörer? 1799 versammelte ein in Gotha herausgegebenes Buch diese und andere Scharlatane als Musterbeispiele ausgearteter Menschen. Geadelt wird der Band durch ein Vorwort von Friedrich Schiller. Bei genauerem Hinsehen zeigt sich: Bereits das Buch an sich war ein Werk von Spitzbuben.

Ausgerechnet einer der großen deutschen Dichter hielt ein eindringliches Plädoyer für das Lesen wahrer Kriminalgeschichten. Friedrich Schiller war überzeugt, dass derartige Episoden *tiefere Blicke in das Menschenherz* erlauben. *So enthüllt uns oft ein Kriminalprozeß das Innerste der Gedanken und bringt das versteckteste Gewebe der Bosheit an den Tag.* Er formulierte diese Überlegungen vor dem Hintergrund eines konkreten Projekts: Im Jahr 1792 begann er, in Jena vier Bände mit Kriminalgeschichten herauszugeben. Ihr Titel: „Merkwürdige Rechtsfälle als ein Beitrag zur Geschichte der Menschheit".

Im Vorwort des ersten Bands kritisierte Schiller die Lesegewohnheiten seiner Zeit äußerst scharf. *Noch immer sind es geistlose, Geschmak- und Sittenverderbende Romane, dramatisierte Geschichten, sogenannte Schriften für Damen und dergleichen, welche den besten Schatz der Lesebibliotheken ausmachen.* Verantwortlich dafür sei auch der *allgemeine Hang der Menschen zu leidenschaftlichen und verwickelten Situationen.* Ebendiese würden sich in den literarischen *Geburten der Mittelmäßigkeit* zuhauf finden.

Es wäre doch eine kluge Idee, so schlussfolgerte er, *wenn bessere Schriftsteller sich herablassen möchten, den Schlechten die Kunstgriffe abzusehen, wodurch sie sich Leser erwerben könnten – zum Vortheil der guten Sache.* Insbesondere vom literarisch verarbeiteten Kriminalprozess, so führte Schiller aus, verspräche er sich einen *wichtigen Gewinn für Menschenkenntnis und Menschenbehandlung.* Zugleich besäßen diese Geschichten *den Vorzug der historischen Wahrheit.*
Unzweifelhaft hat Schiller mit seiner vierbändigen Ausgabe dem Genre der Kriminalgeschichte in Deutschland zum literarischen Durchbruch verholfen. Zwar gab es bereits zuvor Veröffentlichungen. Doch erst mit den „Rechtsfällen" wurde das Lesen von Kriminalfällen salonfähig und damit auch zum Geschäftsmodell. Kaum war Schillers Werk erschienen, entstanden binnen kurzer Zeit zahlreiche ähnliche Bücher. Schließlich wurde 1799 in Gotha und Weimar eine solche Ausgabe herausgegeben, der „Schauplatz der ausgearteten Menschheit". Das Buch versammelt *Nachrichten von den merkwürdigsten Lebensumständen berüchtigter Bösewichter und Betrüger.* Weder der Name des Herausgebers noch der seiner Autoren wird genannt. Aber immerhin, so steht es werbewirksam auf dem Titelblatt, stamme das Vorwort von Schiller.
Entsprechend eröffnet das Buch denn auch mit bedeutungsschweren wie verheißungsvollen Sätzen.
In der ganzen Geschichte des Menschen ist kein Kapitel unterrichtender für Herz und Geist, als die Annalen seiner Verirrungen. Bey jedem großen Verbrechen war eine verhältnismäßig große Kraft in Bewegung. Schließlich erzählt das Vorwort auch noch von geheimen Begierden und von gewaltsamer Leidenschaft.

Wer heutzutage in dem Band lesen möchte, wird am ehesten in wissenschaftlichen Bibliotheken fündig. In deren Katalogen sind als Verlagsort des „Schauplatzes" weiterhin Gotha und Weimar angeben. Auch auf Schiller als Autor wird ausdrücklich verwiesen. Die Wahrheit ist freilich eine andere. Der Dichter hat niemals auch nur eine einzige Zeile für dieses Buch geschrieben. Der Text stammt zwar von ihm, wurde aber schlichtweg aus einem anderen seiner Werke, nun ja: übernommen. Das Schauplatz-Vorwort entstammt Schillers Kriminalbericht „Verbrecher aus verlorener Ehre", die Textfassung entspricht der Ausgabe von 1792.

Schiller in Hoftracht anno 1790

Normalerweise ist gegen eine solche Übernahme nichts zu sagen, sofern der Autor zugestimmt hat. Doch Schiller hat das Gothaer Buchprojekt offenbar nicht mal gekannt. Das jedenfalls vermutet Norbert Oellers. Der Germanist gibt seit 1992 die Schiller-Nationalausgabe heraus; er ist ein exzellenter Kenner der historischen Quellen. Weder in Briefen noch im Kalender oder in anderen Dokumenten des Dichters ließ sich ein Hinweis auf dessen Mitwirken am „Schauplatz" recherchieren.

Bliebe noch Schillers umfängliche Bibliothek. Doch auch für diesen penibel überlieferten Bestand gilt: Fehlanzeige. Ein Buch namens „Schauplatz der ausgearteten Menschheit" hatte der Dichter weder erworben noch anderweitig erhalten. Dabei wäre es völlig normal gewesen, dass Drucker bzw. Verleger ihrem Autoren sogar mehrere Exemplare überlassen.

Wie erklärt sich dieser Widerspruch? Wurde Schiller zum Opfer eines Raubdrucks? Heutzutage würde diese Begrifflichkeit zweifelsohne zutreffen. Ausgangs des 18. Jahrhunderts war die Lage freilich eine andere. Noch galt kein Urheberrecht im modernen Sinn. Wer sich am geistigen Eigentum eines anderen bedienen wollte, konnte dies weitgehend ungestraft tun.

Ausgerechnet Gotha liefert dafür ein Musterbeispiel. Die Stadt hatte sich seit Mitte des 18. Jahrhunderts zu einem namhaften Verlagsstandort entwickelt. Einen seiner großen kaufmännischen Erfolge verdankte der damalige Verlag Ettinger einem unlauteren Vorgehen. Ein aus Basel stammender Geschäftspartner war durch Bestechung an die Druckfahnen einer Voltaire-Ausgabe gelangt. Schon bald liefen die eigenen Druckmaschinen auf Hochtouren. Ettingers Voltaire wurde deutschlandweit zum Bestseller, während die teurere Originalausgabe kaum Abnehmer fand.

Wer aber hat den geraubten Schillertext in Gotha neu herausgegeben? War es Ettinger? Perthes gar? Oder doch die Beckersche Buchhandlung? Weder noch ... Zwar wurde der „Schauplatz" ausweislich der Titelseite in Gotha und Weimar verlegt. Doch vieles deutet darauf hin, dass mit der Angabe beider Städte eine falsche Fährte gelegt werden sollte. Gotha verwies auf einen bedeutenden Verlagsstandort, Weimar auf die deutsche Klassik.
Die Spurensuche führt bis nach Österreich. So zumindest legt es eine Reklame im „Intelligenzblatt der allgemeinen Literaturzeitung" nahe. Das Blatt veröffentlichte 1799 eine kurze Notiz: *Im Verlage des Buchhändlers Aloys Doll, des Älteren, in Wien, erscheinen zur Oster-Messe d.J. folgende neue Werke: (...) Schauplatz der ausgearteten Menschheit.* Jedes Exemplar kostete laut dieser Anzeige einen Reichstaler. War das viel oder wenig? Aufschluss verschafft ein Vergleich mit Schillers finanziellen Einnahmen. Als Hofrat im Herzogtum Sachsen-Weimar erhielt er in jener Zeit genau 400 Taler im Jahr. Ein Taler entsprach also beinahe seinem Tageseinkommen.

Die letzte öffentliche Hinrichtung

Gibt es eine schlimmere Strafe als die des Todes? Ja, behauptete 1839 ein aus Uelleben stammender Mörder. Lebenslang im Zuchthaus zu sein sei hundertfach schlimmer. Diese härtere Strafe wollte er gern auf sich nehmen. Nahe Aspach erinnert ein Sühnekreuz sowohl an seine Untat als auch an seine Hinrichtung.

Zwischen den beiden Dörfchen Aspach und Metebach liegt ein malerisch anmutendes Wäldchen, das Aspacher Holz. Ein Wanderweg führt von hier wahlweise zum Krahnberg bei Gotha oder zum Kindel im Wartburgkreis. Am Waldrand steht eine Schutzhütte. Doch nur ab und an kommen tatsächlich Ausflügler des Wegs.
Im Jahre 1839 war dies, zumindest an einem besonderen Tag, gänzlich anders. Tausende pilgerten an jenem 18. Februar in aller Frühe zum Aspacher Holz. Sie alle wollten ein äußerst seltenes Schauspiel miterleben: die Hinrichtung eines Mörders.
Etliche Gaffer stiegen auf Bäume, um besser sehen zu können. Derweil versuchten 120 aus Gotha angerückte Soldaten, die öffentliche Ordnung halbwegs aufrecht zu erhalten. Kaum war der Kopf gerollt, drängten etliche Zuschauer auch schon aufs Schafott. Wer einige der Blutspritzer aufzuwischen vermochte, galt als Glückspilz. Immerhin, so hieß es, würden dem Blut eines Hingerichteten allerlei Heilkräfte innewohnen. Noch konnte keiner dieser Wahnwitzigen wissen, dass sich ihnen im Gothaer Herzogtum nie wieder eine solche Gelegenheit bieten würde. Die Enthauptung des Johann Heinrich Kästner sollte die letzte öffentlich vollstreckte Hinrichtung sein.

Der Fall hatte am letzten Tag des Jahres 1837 seinen Lauf genommen. Der 14-jährige Friedrich Weiße möchte seine Großmutter be-

Am Hinrichtungsort steht seit 1929 ein Sühnekreuz. Es zeigt ein Richtschwert. Außerdem wurde das Datum 18.2.1839 eingeritzt.

suchen. Er stammt aus Aspach, sie lebt im benachbarten Metebach. Heutzutage benötigen wir mit dem Auto nicht mal fünf Minuten für diese Strecke. Friedrich ist zu Fuß unterwegs; allenfalls eine Dreiviertelstunde würde er benötigen. Auf halbem Weg, im Aspacher Holz, trifft er gegen 13 Uhr auf seinen Mörder. Johann Heinrich Kästner ist 23 Jahre alt, er stammt aus Uelleben. Er gibt vor, den Jungen begleiten zu wollen. Schon nach wenigen Metern holt er mit seinem Wanderstock aus. Mehrere Hiebe treffen Friedrichs Kopf. Der Junge sackt zusammen. Nun zückt Kästner auch noch ein Messer und rammt es ihm in den Leib.
Er zieht den 14-Jährigen aus. Hose, Jacke und Hemd nimmt er mit. Auch sechs Pfennige gehören zu seiner Beute. Kästner wähnt, sein Opfer sei tot. Er versteckt den Besinnungslosen unter Reisig. Sodann flieht er über den Krahnberg in sein Heimatdorf Uelleben. Nichts, so meint er, könne ihn nun noch verraten.
Friedrich Weiße erwacht wenig später aus der Ohnmacht. Er schleppt sich unter Auferbietung seiner letzten Kräfte bis nach Metebach. Er vermag sogar, den Namen des Täters zu nennen. Dann stirbt Friedrich. Bereits in der Neujahrsnacht verhaften Gendarmen seinen Mörder.

Obwohl die Sachlage von Anbeginn klar scheint, zieht sich das Gerichtsverfahren in die Länge. Dem Angeklagten werden alle Rechte zugestanden, insbesondere, sich zu verteidigen. Die Richter haben zu klären, ob eine Verurteilung zum Tode überhaupt angemessen ist. Kann es sein, dass der Täter im Affekt gehandelt hatte? Und ist ihm der vor der Tat erfolgte, reichliche Genuss von Branntwein als mildernder Umstand anzurechnen? Würde aus dem ohnehin schon als Dieb und Betrüger bekannten Täter im Falle eines milden Urteils ein rechtschaffender Mensch werden? Vermutlich nicht, meint das Gericht ...
Im Spätsommer ergeht das Urteil. Kästner soll mit dem Schwert hingerichtet werden.
Noch aber stehen dem Verurteilten weitere Rechtswege offen. Er ruft zunächst das Oberappellationsgericht in Jena an; es fungiert als Oberlandesgericht mehrerer Thüringer Herzogtümer. Die Jenaer

Richter bestätigen das Urteil. Sie verweisen aber zugleich aufs Begnadigungsrecht des Gothaer Herzogs.
Tatsächlich setzt der Mörder ein Gnadengesuch auf. Darin beteuert er, kein unverbesserlicher Verbrecher zu sein. Er habe *allein aus Leichtsinn, Müßiggang und Neigung zu einem lockeren Leben* gemordet. Schließlich bittet Kästner um sein Leben, eben weil dies letztlich die härtere Strafe sei. *Ich fühle es, daß die qualvolle Einsamkeit des Gefängnisses, welches mich im Falle eine Begnadigung noch lange zu der Betrachtung meiner selbst und der unseligen That nöthigen wird, die mir zuerkannte Todesstrafe hundertfach übersteigen muß. Ich fühle es, daß die blutige Erscheinung des Friedrich Weiße mich selbst bis an ein spätes Ende schreckend und rächend verfolgen wird und müßte unter diesen Umständen den Tod als meinen Erretter von langen, unsäglichen Martern ansehen und herbeiwünschen.*
Herzog Ernst I. von Sachsen-Coburg und Gotha antwortet am 8. Februar. Er legt dar, dass er angesichts der *Ruchlosigkeit des Verbrechens nicht in den in den Gang des Rechtes und der Gerechtigkeit im gegenwärtigen Falle begnadigend einzugreifen* gedenkt.

Der Gothaer Diakon Ernst Christian Pfitzner erhält den Auftrag, *einen wegen verübten Mordes zur Todesstrafe durch das Schwerdt verurtheilten rohen Menschen zum Tode vorzubereiten.* An sechs Tagen besucht er den Verurteilten in dessen Gefängnis. Schließlich erteilt er ihm am 17. Februar 1839 das Abendmahl.
Die Hinrichtung ist für den nächsten Morgen angeordnet. Sie findet an ebenjener Stelle im Aspacher Holz statt, an der Friedrich Weiße ermordet worden ist. Als Scharfrichter wird Georg Friedrich Wittig aus Langensalza bestellt. Gegen 8 Uhr binden seine Gehilfen den Mörder auf einem Stuhl fest. Enthauptungen werden zu jener Zeit stets an sitzenden Delinquenten sowie mit dem Schwert vollstreckt. Kästners Kopf fällt nicht beim ersten Hieb ...
Es vergehen einige Wochen, da gibt Diakon Pfitzner ein Büchlein heraus. In ihm beschreibt er, wie er den Mörder seelsorgerisch begleitet hat. Daraufhin reagiert wiederum die „Allgemeine Kirchenzeitung" mit

einem Bericht. Sie würdigt ausdrücklich, dass es der Diakon verstanden habe, *den Verbrecher dahin zu bringen, den Tod mit Ergebung zu erdulden*. An einem Punkt freilich zeigt die Zeitung partout kein Verständnis. In all seinen Gesprächen hatte der Diakon das fünfte Gebot nur beiläufig angesprochen hat. Es lautet: Du sollst nicht töten.

Das letzte Gebet

Am Tag vor seiner Hinrichtung empfing der Mörder Heinrich Kästner das Heilige Abendmahl. Gothas Stadtdiakon Ernst Christian Pfitzner hatte für ihn zudem ein Gebet vorbereitet. Diesen Text wollte Kästner auf dem Weg in den Tod sprechen:

O Jesu, nimm mich Sünder an,
erhör mein ängstlich Flehen,
vergib mir Herr, was ich getan,
lass mich dein Antlitz sehen.
Ich lebe dir, ich sterbe dir,
ach öffne mir die Gnadentür,
mein Hort und mein Erlöser!

TATORT

Das Opfer stammte aus Aspach, der Täter aus Uelleben.

Auf dem Weg nach Metebach wurde Friedrich Weiße im Aspacher Holz ermordet. Hier fand auch die Hinrichtung des Täters statt. An dieser Stelle stehen inzwischen eine Wanderhütte sowie ein Steinkreuz.

Unter Herzog Ernst II. schaffte Gotha die Todesstrafe zeitweilig ab. Der Herrscher begründete Jahre später das Herzogliche Museum, wo seine überlebensgroße Statue noch immer steht.

Fallbeil statt Schwert

1849 wurde im Herzogtum Gotha die Todesstrafe abgeschafft. Die Öffentlichkeit zeigte wenig Verständnis, zumal Bayern und Preußen das Strafrecht unverändert ließen. Daraufhin verschärfte Gotha 1858 das Strafrecht wieder.

In allen Fällen, wo nach der bisherigen Strafgesetzgebung auf Todesstrafe zu erkennen war, tritt Verurtheilung in lebenslängliche Zuchthausstrafe ein. Am 28. April 1849 genügt ein einziger Satz, um im Gothaer Herzogtum die bisherige Höchststrafe außer Kraft zu setzen. Bereits sechs Wochen zuvor hatte der Landtag dies beschlossen. Nun bestätigt Herzog Ernst II. das entsprechende Gesetz. In jenen Tagen befindet sich der Regent im Überschwang der Gefühle. Er steigt zum Nationalhelden auf. Das freilich liegt nicht an der Abschaffung der Todesstrafe, sondern an seinem Erfolg als Militär. Am 5. April hatte Ernst II. das Deutsche Bundesheer im Gefecht bei Eckernförde zum Sieg geführt. Seinen Truppen gelang es, eines der größten Kriegsschiffe der Dänen zu zerstören und ein weiteres zu erbeuten.

Nun, in Gotha, geht es nicht ums große Hauen und Stechen mit Hunderten von Opfern, sondern um Schuld und Sühne von vergleichsweise wenigen Verbrechern. Bereits im Dezember 1848 hatte die Frankfurter Nationalversammlung beschlossen, dass die Todesstrafe abgeschafft werden soll. Damit findet der Geist der bürgerlichen Revolution auch einen strafrechtlichen Niederschlag. Die Umsetzung der Frankfurter Beschlüsse obliegt indes den Ländern. In Gotha wird diese Reform 1849 im *Gesetz die Ausführung der §§ 9 und 40 der Grundrechte des deutschen Volkes betreffend* verankert. Noch aber steht die Überarbeitung des eigentlichen Strafgesetzbuchs aus.

Den Anfang innerhalb Thüringens macht dabei das Großherzogtum Sachsen-Weimar und Eisenach. Hier gilt ab März 1850 ein neues Strafgesetzbuch. Es erklärt die Todesstrafe als abgeschafft. Weitere Herzogtümer schließen sich in jenem Jahr dem Weimarer Beispiel an. Nahezu wortidentische Gesetzeswerke erscheinen in Sachsen-Coburg und Gotha, in Schwarzburg-Rudolstadt sowie in Schwarzburg-Sondershausen. Zugleich bleibt die Todesstrafe in den preußischen Teilen Thüringens bestehen; dazu gehören Erfurt, Mühlhausen und das Eichsfeld. In den Kleinstaaten regt sich schon bald Unverständnis angesichts der Humanisierung des Strafrechts. Die Gründe dafür wird wenige Jahre später der preußische Jura-Professor Albert Friedrich Berner in einer Streitschrift darlegen. *Leider verkannte die Versammlung, daß es bei einer praktisch so bedeutsamen Entscheidung nothwendig ist, das Publikum durch eine verständliche und vollständige Entwickelung der Gründe zu überzeugen.* Man hat schlichtweg übersehen, dass für eine solche Strafrechtsreform *die öffentliche Meinung noch nicht gewonnen ist!*

Vor diesem Hintergrund stellt sich in Thüringen schon bald die Frage, ob die Abschaffung der Todesstrafe voreilig erfolgt ist. Bereits 1852 debattiert der Gothaer Landtag deren Wiedereinführung, auch in Weimar kommt das Thema wiederholt auf die Tagesordnung. In einem Schreiben des dortigen Staatsministeriums an den Landtag heißt es: *Auch bei der vollkommensten Würdigung der Humanitäts-Principien, welche gegen diese Strafart angeführt werden, wird man sich der Ueberzeugung nicht verschließen können, daß* angesichts der in Deutschland überwiegend anderen Praxis auch in Thüringen *die Geltung der Todesstrafe als erforderlich betrachtet wird.* Die überwiegend andere Praxis, also. Gemeint ist, dass in den großen Territorialstaaten Preußen und Bayern die Todesstrafe nicht abgeschafft worden ist.

Andererseits geht aus einem Schriftsatz des Gothaer Staatsministeriums hervor, dass man durchaus positive Erfahrungen mit der Abschaffung der Todesstrafe gemacht hat. *Im Großherzogthum Gotha ist eine Vermehrung der früher mit der Todesstrafe bedroht gewesenen Verbrechen nicht wahrgenommen worden. Ein Hereinströmen auswärtiger Verbrecher ins Land hat sich weder in Coburg noch in Gotha nach Abschaffung der Todesstrafe gezeigt.*

Im Juli 1856 führt Sachsen-Weimar als erster Staat in Thüringen die Todesstrafe wieder ein. Die anderen Herzogtümer ziehen nach, zuletzt Gotha im September 1857. Allerdings tritt hier das verschärfte

Strafrecht erst am 1. Juli 1858 in Kraft. Das Gothaische Gesetz benennt fünf Verbrechen, die mit dem Tode bestraft werden sollen. Dies sind Mord oder Mordversuch am Staatsoberhaupt, die absichtliche Tötung eines Menschen, Raub mit Todesfolge, Brandstiftung mit Todesfolge sowie Sabotage der Eisenbahn mit Todesfolge.
Zugleich wird aber auch die Hinrichtung an sich reformiert. Statt mit dem Schwert sollen die Urteile künftig mit dem Fallbeil vollstreckt werden. Diese Methode gilt insoweit als menschlicher, da sie für einen schnellen Tod sorgt. Beim Köpfen mit dem Schwert waren den Henkern immer wieder Missgeschicke unterlaufen. Mitunter mussten sie mehrmals zuschlagen, ehe der Verurteilte starb.
Auch das öffentliche Vollstrecken wird abgeschafft. Hinrichtungen haben von nun an in umschlossenen Räumen stattzufinden, idealerweise ist dies der Hof des Zuchthauses. Lediglich einige Amtspersonen, ein Geistlicher sowie maximal 12 *achtbare Mitglieder der Gemeinde* sind als Zeugen zugelassen. Außenstehende erfahren dennoch zeitgleich von der Hinrichtung – zumindest akustisch. Das Gesetz legt fest: *Die Vollstreckung des Todesurtheils wird durch das Läuten einer Glocke angekündigt, welches bis zum Schlusse der Hinrichtung andauert.*

TATORT

Das Landtagsgebäude wurde auch Landschaftshaus genannt. Es befindet sich am Schlossberg 2, auf halbem Weg zwischen Altem Rathaus und Schloss.

Das Kirchenbuch von Crawinkel hält den Tod der 16-Jährigen fest. Auch der Name ihres Mörders wurde vermerkt.

Lieber Vater, ich bin schwanger

Das Kirchenbuch von Crawinkel birgt ein dunkles Geheimnis. Der Sterbeeintrag der vermeintlichen Selbstmörderin Henriette Wolf aus dem Jahre 1868 wurde Monate später ergänzt. „Kühn, Chirurg aus Ohrdruf ist ihr Mörder". Nachdem der Täter zum Tode verurteilt worden ist, sah sich die Justiz vor ein Problem gestellt: Im Herzogtum Gotha gab es weder einen Henker noch eine Guillotine.

Zwischen Crawinkel und dem benachbarten Ohrdruf erstreckt sich die Bundesstraße 88. Rund sieben Kilometer liegen zwischen beiden Orten; mit dem Auto ist man nur wenige Minuten unterwegs. Kaum hat man Crawinkel verlassen, beginnt ein Waldgebiet. Wanderwege und ein Naturlehrpfad erstrecken sich hier. Die Straße führt vorbei am hinter Bäumen verborgenen Auesee. Am 27. November 1868 treibt ein Schäfer aus Wölfis seine Herde durch diese idyllische Landschaft. Seitlich eines Waldwegs entdeckt er die Leiche einer jungen Frau. Sie liegt auf dem Rücken sowie in einer Lache aus Blut. Die rechte Hand der Toten umklammert ein Rasiermesser. In ihrem Hals klafft eine Schnittwunde.

Der Schäfer holt Hilfe aus Crawinkel. Zu denen, die herbeieilen, gehört in schlimmer Vorahnung ein Bruder des Opfers. Bereits seit zwei Tagen war Henriette Wolf nicht nach Hause gekommen. Bisher hatte die Familie vergebens nach ihr gesucht. Nun ist er es, der die Tote am Fundort identifiziert. Gegen 21 Uhr trifft der Amtsarzt aus Ohrdruf ein. Längst ist die Nacht hereingebrochen, der Leichnam liegt im flackernden Laternenschein. Der Arzt stellt jenseits der tödlichen Wunde keine weiteren Verletzungen fest. Auch Spuren eines Kampfes kann er nicht entdecken. Das Blut, welches an Henriettes rechter Hand sowie am

Messer klebt, lässt seines Erachtens nur einen Schluss zu: Sie hat sich selbst entleibt. Entsprechend fällt sein Bericht aus, den er am nächsten Tag der örtlichen Behörde übergibt
Der Leichnam wird in das Anwesen der Familie überführt. Hier entdeckt Bruder Christian in der Kleidung der Toten einen versiegelten Brief. Er ist an ihren Vater adressiert, an Johann Georg Wolf. *Lieber Vater, ich bin schwanger, anders kann ich mir nicht helfen. Henriette Wolf.*
Am 30. November wird Henriette auf dem Gottesacker von Crawinkel bestattet. Das Kirchenbuch hält den Todeszeitpunkt als *unbestimmt* fest. Immerhin erwähnt es den Nachmittag des 25. November als wahrscheinlich. Zu diesem Zeitpunkt war das Mädchen genau 16 Jahre, 11 Monate und 3 Wochen alt.

Normalerweise könnte sich Henriettes Mörder von der Beerdigung an in Sicherheit wiegen. Doch schon nach wenigen Tagen erregen die Akten, welche routinemäßig an die Staatsanwaltschaft nach Gotha verschickt worden sind, die besondere Aufmerksamkeit eines Juristen. Er erachtet es als höchst seltsam, dass eine Selbstmörderin eine derart blutige Vorgehensweise gewählt haben soll. Nicht zuletzt stellte sich die Frage, wer die 16-Jährige geschwängert hat. Könnte dieser Mann aus Furcht vor Entdeckung zum Mörder geworden sein?
Für den 5. Dezember ordnet die Staatsanwaltschaft die Exhumierung des Leichnams an. Henriette wird nunmehr von einem Medizinalrat aus Gotha obduziert. Dr. Bohlen hält fest, dass die Schnittwunde zehn Zentimeter lang ist. Sie wurde dem Opfer in einem Zuge beigebracht. Der Schnitt durchtrennte Adern und Muskeln, Kehlkopf und Speiseröhre. Das Messer drang bis auf die Halswirbelsäule durch. Eine solche Verletzung, so meint der Mediziner, kann sich Henriette nie und nimmer selbst beigebracht haben. Er schließt zudem aus, dass das alte, schartige Rasiermesser die Tatwaffe ist. Mit ihm lassen sich keine scharfen Schnitte vollbringen. Die Ränder der Wunde sind jedoch auffallend glatt. Henriette muss demnach mit einem anderen Messer zu Tode gebracht worden sein. Mehr als ein halbes Jahr später, vor Gericht, werden zwei weitere Gutachter diese Einschätzung vollumfänglich teilen.

Die Leichenschau

Im Jahre 1857 erließ Herzog Ernst von Sachsen-Coburg und Gotha eine neue Strafprozessordnung. Sie regelte auch das Vorgehen bei der Obduktion getöteter Menschen. Entsprechend dieser Maßgaben wurde der Leichnam von Henriette Wolf exhumiert und begutachtet. Unter anderem heißt es in der Strafprozessordnung:

Artikel 167. Liegt bei einem Todesfalle Verdacht vor, daß er durch ein Verbrechen verursacht worden sei, so ist vor der Beerdigung eine Leichenschau und Leichenöffnung vorzunehmen. War die Leiche bereits beerdigt, so ist sie zu diesem Behufe wieder auszugraben, sofern nach den Umständen noch ein erhebliches Ergebnis davon erwartet werden kann und nicht die Rücksicht auf die Gesundheit der dabei Theil nehmenden Personen die Vornahme der fraglichen Handlungen widerräth ...
Artikel 169. Die Leichenschau und die Leichenöffnung wird vor dem Untersuchungsrichter und dem Protocollführer, auch dem Staatsanwalte, wenn dieser zugegen sein will, durch den gerichtlichen Arzt und Wundarzt vorgenommen, so daß dem Arzte vorzugsweise die Leitung der dem Wundarzte zukommenden Ausführung zusteht ...
Artikel 170. Bei der Leichenschau hat der Untersuchungsrichter darauf zu sehen, daß die Lage und Beschaffenheit des Leichnams und alles, was nach den Umständen auf die Untersuchung von Einfluß sein kann, sorgfältig beachtet werde. Insbesondere sind die vorgefundenen Wunden und andere äußere Spuren erlittener Gewalthätigkeiten nach ihrer Zahl und Beschaffenheit, mit Bemerkung der Mittel und Werkzeuge, durch welche sie wahrscheinlich verursacht wurden, genau zu verzeichnen und die etwa vorgefundenen, möglicher Weise gebrauchten Werkzeuge mit den vorhandenen Verletzungen zu vergleichen.

Die Schlussfolgerungen des Obduzenten gehen noch weiter. Er ist überzeugt, dass sich ein Mensch, der derart angegriffen wird, normalerweise wehrt. Da sich an Henriettes Körper keinerlei Abwehrspuren befinden, wurde sie wahrscheinlich erst narkotisiert. Tatsächlich entdeckt der Medizinalrat bei der Begutachtung des Herzens und der Blutgefäße diverse Anzeichen, die er als Folge einer Betäubung mit Chloroform interpretiert.
Schließlich bestätigt die Obduktion die Schwangerschaft. Der Fötus ist fünf bis sechs Monate alt.
Der Verdacht der Vaterschaft fällt sehr schnell auf Ernst Kühn. Er lebt mit seiner Frau in Ohrdruf. Kühn ist Barbier und Chirurg. Er ist, so stellt sich heraus, der einzige nicht zur Familie gehörende Mann, mit dem das Opfer während der letzten Monate häufig Umgang gehabt hatte. Er kommt am 6. Dezember 1868 in Untersuchungshaft. Sieben Monate später hat er sich vor einem Geschworenengericht in Gotha zu verantworten.

Das Unheil hatte im Juni 1868 seinen Lauf genommen. Seit geraumer Zeit litt Henriette Wolf unter einem Geschwür an der Hand. Da sich ihr Zustand nicht besserte, suchte sie den Chirurgen Ernst Kühn in dessen Ohrdrufer Wohnung auf. Er war ein in der Region geschätzter Wundarzt, insbesondere verletzte Bauern gehörten zu seinen Patienten. Weniger bekannt in Ohrdruf war Kühns kriminelle Vergangenheit. Als junger Bursche beging er immer wieder Diebereien, kurze Gefängnisstrafen waren die Folge. Mit 22 Jahren schien Kühn auf die rechte Bahn zu gelangen; er nahm eine Ausbildung zum Chirurgen auf. 1856 ließ er sich mit seiner Frau in Ohrdruf nieder und eröffnete eine Praxis. Doch schon bald holte ihn die Vergangenheit wieder ein. Kühn wurde beim Verkauf gestohlener sakraler Gegenstände ertappt. Sie entstammten einem bereits länger zurückliegenden Einbruch in Gothas Schlosskirche. Der Arzt kannte den Tatort zur Genüge: Sein eigener Vater war Kirchendiener auf Schloss Friedenstein. Der Sohn versuchte, ihm den Raub in die Schuhe zu schieben. Vergebens! Ernst Kühn konnte des alleinigen Einbruchs überführt werden. Fünf Jahre Zuchthaus erkannte das Gericht daraufhin als Strafe; nach dreieinhalb Jahren wurde der Chirurg entlassen. Wegen guter Führung während der Haft durfte er fortan weiter als Wundarzt praktizieren.

Nun, im Jahre 1868, trafen sie aufeinander. Auf der einen Seite der abgefeimte Wiederholungstäter, auf der anderen die Unschuld vom Lande. Ihre Mitmenschen schätzten Henriette als sittsames wie lebensfrohes Mädchen. Zugleich bescheinigten sie ihr aber auch ein naives Wesen; ihr Verstand galt als beschränkt. Kühn empfahl Henriette eine mehrwöchige Behandlung ihrer Hand. Von nun an sahen sich der Arzt und seine Patientin bis Ende Juli fast täglich. Meist lief Henriette von Crawinkel aus nach Ohrdruf; rund 75 Minuten war sie in jede Richtung unterwegs. Hatte Kühn ohnehin in Crawinkel zu tun, besuchte er seine Patientin in deren Elternhaus.

Wann und wie der Chirurg das Mädchen geschwängert hat, konnte nie geklärt werden. Er selbst bestritt jeglichen Sexualkontakt mit ihr. Entsprechend weit reichten die Spekulationen. Gelang es Kühn, das blutjunge Mädchen zu verführen? Oder hatte er sie unter dem Vorwand einer Behandlung chloroformiert und sich hinterrücks an Henriette vergangen? Wie auch immer: Im Juni wurde die 16-Jährige schwanger.

Der Sommer verging, der Herbst begann. Henriettes Hand war geheilt. Sie und Kühn sahen sich nicht mehr. Das sollte sich erst am 15. November ändern. Erneut besuchte sie den Chirurgen. Nun waren es Schmerzen im Unterleib, die Henriette Wolf quälten. Bereits zuvor hatte sie ihrer Mutter und ihrer älteren Schwester vom Ausbleiben der Menstruation berichtet. Da Henriette bis dahin mit keinem Burschen liiert gewesen ist, erkannte keine der Frauen die wahre Ursache der Beschwerden. Dazu schien Kühns Diagnose zu passen, das Mädchen habe Wasser im Leib. Sie sollte deshalb Tee trinken und sich stundenlang auf Kissen aus Heusamen setzen, dann würde sich die Blutung wieder einstellen. Ein aberwitziger Ratschlag? Tatsächlich sieht sich der Chirurg einige Monate später mit dieser Fragestellung vor Gericht konfrontiert. Er wird antworten, dass ihm die Schwangerschaft sofort

Henriette Wolf wurde im Wald zwischen Crawinkel und Ohrdruf ermordet. Sie war zu Fuß unterwegs. Heutzutage erstrecken sich hier Wanderwege. Inmitten liegt der Aueteich.

Die Ermordete wurde 1868 auf dem Neuen Friedhof von Crawinkel bestattet. Ihr Grab blieb nicht erhalten.

aufgefallen sei. Allerdings habe er Henriette ganz bewusst eine falsche Diagnose gestellt und eine unverfängliche Kur verordnet. Er wollte damit angeblich vermeiden, dass sie ihn zu einer Abtreibung auffordert. Schließlich sei ein solcher Abort verboten, und er möchte nun mal mit solchen Ungesetzlichkeiten nichts zu tun haben ...

Während Henriette erfolglos die Heusamen-Behandlung probierte, bereitete der Arzt ihre Ermordung vor. Kühn erwarb einen größeren Vorrat an Chloroform. Der Ohrdrufer Apotheker konnte sich daran allein schon deshalb erinnern, da der Chirurg sonst stets nur Kleinstmengen des Narkotikums gekauft hatte.
Von nun an sahen sich Täter und Opfer wieder häufig. Am 18. November besuchte der Arzt seine Patientin in Crawinkel. Drei Tage später kam sie in seine Praxis. Am 23. November begegneten sie sich zufällig auf der Landstraße. Sie berichtete ihm von weiteren Beschwerden. Er versprach daraufhin, ein stärkeres Mittel zu besorgen. Der Chirurg schlug vor, sich zwei Tage später abends im Wald zwischen Ohrdruf und Crawinkel zu treffen, nahe dem Abzweig nach Wölfis. Er sei dann ohnehin in der Gegend unterwegs und könne ihr das Medikament übergeben. Dann müsse Henriette nicht erst den weiten Weg bis Ohrdruf zurücklegen. So jedenfalls erzählte es die 16-Jährige ihrer Schwester. Kühn selbst bekundete vor Gericht, er wisse nichts von einer solchen Verabredung.
Am 25. November, kurz nach 16 Uhr, machte sich Henriette Wolf auf den Weg. Wenig später brach bereits die Dämmerung herein. Gegen 17.45 Uhr wurde sie letztmals lebend von einem Unbeteiligten gesehen. Ein Arbeiter, der auf dem Heimweg nach Crawinkel war, begegnete ihr in der Aue. Henriette lief auf und ab, ganz so, als warte sie auf jemanden. Beide hielten ein kurzes, unverbindliches Schwätzchen.

Die weiteren Geschehnisse lassen sich allein aus Indizien und Zeugenvernehmungen rekonstruieren. Unmittelbare Tatzeugen gibt es keine. Auch die Tatwaffe wurde nie entdeckt.

Kühns Ehefrau sagt in der Voruntersuchung aus, er sei am 25. November nach Einbruch der Dunkelheit aufgebrochen, also irgendwann nach 17 Uhr. Ihr Mann habe das Lokal im Ohrdrufer Schießhaus besuchen wollen. Kühn selbst gibt den Zeitpunkt des Verlassens der Wohnung dagegen mit 18.30 Uhr an. Das Schießhaus liegt etwa 15 Minuten entfernt. Beim Blick durch die Fenster dieses Wirtshauses will er festgestellt haben, dass sich dort eine größere Zahl an Gästen aufhielt. Deshalb sei er umgekehrt und in eine andere Lokalität marschiert, in die Sängersche Restauration. Dort war er laut Zeugenaussagen ab etwa 19.30 Uhr zu Gast.
Damit steht das Alibi des Ernst Kühn auf äußerst wackligen Beinen. Das Sängersche Gasthaus ist etwa 50 Minuten vom Tatort entfernt. Kurzum: Der Chirurg hatte ausreichend Zeit, gegen 17 Uhr gen Crawinkel zu laufen, im Wald den Mord zu verüben und bis 19.30 Uhr nach Ohrdruf zurückzukehren. Demnach grenzt sich die Tatzeit ein auf etwa 18 bis 18.45 Uhr.
Ernst Kühn streitet vor Gericht den Mord energisch ab. Er weiß ein vermeintlich starkes Argument auf seiner Seite: Henriettes Abschiedsbrief. In der Tat scheint er von ihrer Hand geschrieben worden zu sein. Zugleich berichtet ein Gutachter vor Gericht von einer großen Ungereimtheit. Unter dem Mikroskop hatte sich gezeigt, dass die Innenseite des versiegelten Briefs mit blutigen Fingern angefasst worden ist. Es war aber schier unmöglich, dass Henriette sich erst den Hals aufgeschnitten, dann den Brief berührt und ihn auch noch versiegelt hat. Heutzutage fällt es der modernen Forensik leicht, Fingerabdrücke zu vergleichen. Damals ist die Zuordnung solcher Spuren zu konkreten Personen schlichtweg nicht möglich. Die Daktyloskopie steckt weltweit noch in den Kinderschuhen. Erst im Jahre 1903 werden deutsche Polizeibehörden erstmals Fingerabdrücke auswerten.
Davon unbenommen fällt das Gothaer Gericht nach vier Verhandlungstagen ein einstimmiges Urteil. Die Geschworenen erkennen Ernst Kühn schuldig des Mordes an Henriette Wolf. Ihr Spruch ist nicht zuletzt geprägt von der Kenntnis sechs abgefangener Briefe des Angeklagten. Kühn hatte versucht, einen Gefangenenwärter mit 100 Ta-

lern zu bestechen; er sollte die Kassiber heimlich überbringen. Der Wächter ging nur zum Schein auf den Handel ein, er übergab die Briefe dem Untersuchungsrichter. Nun erfuhren alle, dass Kühn seine Ehefrau und seine Schwiegermutter zu ihn entlastenden Falschaussagen anstiften wollte.
Dem Schuldspruch folgt das eigentliche Urteil. Der Mörder soll hingerichtet werden.
Noch aber sind nicht alle rechtlichen Möglichkeiten ausgeschöpft. Der Verteidiger geht in Berufung; er reklamiert Verfahrensfehler. Das Oberappellationsgericht in Jena stimmt seinem Antrag zu. Der Fall muss neu verhandelt werden. Vom 9. bis 12. Dezember 1869 steht Ernst Kühn deshalb erneut vor Gericht, nun in Eisenach. Die Stadt gehört zum angrenzenden Großherzogtum Sachsen-Weimar. Die Verhandlungsführung im Ausland soll für größtmögliche Objektivität sorgen. Am vierten Verhandlungstag erhält der Angeklagte das letzte Wort. *Ich habe keine Schuld, mein Gewissen ist rein*. Geschworene und Richter zeigen sich davon unbeeindruckt. Das Gericht verurteilt Ernst Kühn erneut zum Tode.

Weihnachten zieht vorüber, das Jahr 1870 beginnt. Niemand in Crawinkel vermag zu ahnen, dass im Sommer zwischen Deutschland und Frankreich ein Krieg ausbricht, an dessen Ende Deutschland wieder ein Kaiserreich sein wird. Auch 41 Männer aus Henriettes Dorf werden in den Kampf ziehen, drei kehren nicht lebend zurück.
Kühn sitzt weiterhin im Gothaer Untersuchungsgefängnis. Um zu verhindern, dass er sich selbst richtet, wird er ständig von zwei Aufsehern bewacht. Einer verweilt mit ihm in der Zelle, der andere hält sich im Nebenraum auf. Beide wechseln sich ab. Am 3. Januar gelingt es dem Mörder, während der Ablösung seines „Mitinsassen" aus der Zelle zu stürzen. Er schiebt einen Riegel vor und sperrt beide Wächter ein. Zu seinem Pech verfügt Kühn über keine Schlüssel. So endet seine Flucht bereits auf dem Gefängnisflur. Soldaten finden den Flüchtigen unterm Bett einer leeren Zelle.
Nun kann ihn nur noch ein Gnadenakt oder die Abschiebung nach Amerika retten. Der Mörder hofft umsonst. Die herzogliche Regie-

rung in Gotha bestätigt das Urteil. Damit steht die Justiz zugleich vor einem Problem. Die letzte Hinrichtung im Herzogtum war 1839 vollzogen worden, damals noch mit dem Schwert. Mittlerweile schreibt das Strafgesetzbuch vor, dass Todesurteile mit dem Fallbeil zu vollstrecken sind. Das Herzogtum verfügt indes weder über eine Guillotine noch über einen Henker. Was also tun?

Die Gothaer Regierung wendet sich ans Königreich Sachsen. Die Dresdener können ein Fallbeil zur Verfügung stellen, allerdings nicht das Personal. Der bisherige Scharfrichter hat sein Amt aufgegeben. Nun richten sich die Hoffnungen auf das Großherzogtum Sachsen-Weimar und Eisenach. Auch von hier ergeht eine Absage; der Scharfrichter ist erblindet. Letztlich vermag das großherzogliche Hessen zu helfen. Die dortige Regierung sagt zu, einen Henker nebst seiner Tötungsmaschine nach Gotha zu entsenden.

Am 15. Februar 1870 trifft Scharfrichter Reichmann nebst zwei Gehilfen und der Guillotine in Gotha ein. Ihre Ankunft gerät zu einem regelrechten Spektakel. Zahlreiche Menschen möchten die auf einem Wagen transportierte, schwarz-rot lackierte Maschine sehen. Neugierige umlagern den Gasthof, in dem die Hessen absteigen. Viele sind erstaunt, dass der Scharfrichter ausschaut wie ein ganz normaler Bürger.

Am 17. Februar wird Kühn von Gotha ins Zuchthaus nach Tonna verlegt, in die sogenannte Kettenburg. Als er eintrifft, bemerkt der Todeskandidat, dass Arbeiter im Innenhof das Schafott errichten. Er versucht, darüber zu witzeln.

Am nächsten Tag läutet um exakt 10 Uhr die Büßerglocke sein letztes Stündlein ein. Im Hof haben bereits die Zeugen ihre Plätze eingenommen, darunter Henriettes zwei Brüder. Unter fortdauerndem Glockenschlag und in Begleitung eines Geistlichen wird der Mörder herbeigeführt. Der Untersuchungsrichter übergibt Ernst Kühn formell dem Scharfrichter. Dessen Gehilfen schnallen den Verurteilten auf einem Brett fest, sie schieben ihn unters Fallbeil. Sechs Minuten nach dem ersten Glockenschlag saust das Eisen herab ...

Im Zuchthaus von Tonna schlug das letzte Stündlein des Mörders. Der Gebäudekomplex wurde von 1861 bis 1991 als Gefängnis genutzt.

TATORT

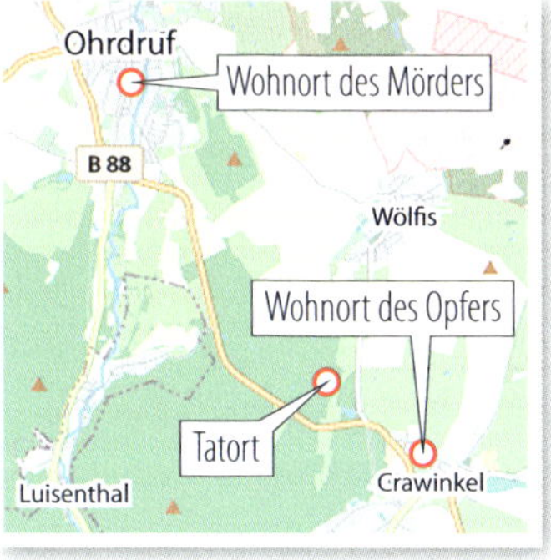

Der Tatort befindet sich im Wald zwischen Ohrdruf und Crawinkel, unweit des Abzweigs der Straße nach Wölfis. Damals standen in der Nähe zwei Kienrußhütten, in denen Druckerschwärze gewonnen worden ist.

Tatort Friedrichroda. An der Stelle des Kaufmannserholungsheims befindet sich eine Grünanlage nebst Spielplatz.

Tatort Gotha. Der Mord ereignete sich in einer Wohnung der Hützelsgasse. Das Gebäude existiert nicht mehr. Das Viertel wurde zu DDR-Zeiten neu bebaut.

Wie der doofe Bruno zum Teufel gemacht wurde

In einem Erholungsheim in Friedrichroda wurde 1925 eine Küchenfrau getötet. Vier Jahre später fiel eine Gothaer Seniorin in ihrer Wohnung einem Mord zum Opfer. 1943 gestand der angeblich gefährlichste Serientäter Deutschlands beide Morde. Tatsächlich aber blieben die Taten unaufgeklärt.

Am 12. Mai 1925 knallt halb Deutschland die Hacken zusammen. In Berlin wird Paul von Hindenburg als Reichspräsident vereidigt. Schon Tage zuvor hatten auch Thüringer Zeitungen ihre Leser aufgefordert, schwarz-weiß-rote Flaggen zu hissen. In Berlin säumen Zehntausende die Straßen. Sie jubeln dem 77-Jährigen auf der Fahrt zum Reichstag zu. Überall im Reich läuten Kirchenglocken. Nur in Friedrichroda, da herrscht Totenstille.

Am Morgen des 12. Mai wird die Küchenfrau Bertha Holdschuh gefesselt in ihrem Bett aufgefunden. Ein Taschentuch steckt ihr als Knebel im Mund. Sie ist daran erstickt. Wenige Stunden später folgt die nächste Schreckensnachricht aus dem Kurort. Im Schlosspark Reinhardsbrunn irrt eine 18-Jährige umher. Sie hat eine Schnittwunde am Hals. Die junge Frau überlebt und gibt zu Protokoll, von zwei Männern überfallen worden zu sein.

Einen Tag später stellt sich heraus: Die 18-Jährige hat gelogen. Sie ist ihres Lebens müde, sie hatte sich die Verletzung selbst beigebracht.

Der Mord an Bertha Holdschuh indes blieb – vorerst – unaufgeklärt. Zwar wurden zwischenzeitlich zwei Gäste des Kaufmannserholungsheims verdächtigt, in dem die Küchenfrau gearbeitet hatte. Sogar ein

Haftbefehl erging. Doch das damalige Landeskriminalamt vermochte nicht, einen Täter zu überführen.
Die drei damals angelegten Kriminalakten haben alle Zeitläufe überdauert. Sie gehören zur „Zentralkartei für Mordsachen" im Berliner Landesarchiv. Zeugenaussagen finden sich in den Unterlagen wieder, der Obduktionsbericht sowie 15 Fotos. Die Bilder zeigen den Tatort in der Reinhardsbrunner Straße, sie zeigen das im Zimmer 121 aufgefundene Opfer, sie zeigen Blutspuren sowie stark vergrößert den Knebel.

Erst nach 18 Jahren schien sich der Fall aufzuklären. In Berlin gestand der geisteskranke Bruno Lüdke eine unglaubliche Serie an Morden. 53 Menschen will er getötet haben, darunter Bertha Holdschuh aus Friedrichroda. Auch in Gotha, so erzählte Lüdke, habe er zugeschlagen. Hier, so berichtete er, hätte er am 25. September 1929 die Witwe Ida Curth in ihrer Wohnung in der Hützelsgasse ermordet. Sie wurde 73 Jahre alt. In ihrem Fall hatte das Landeskriminalamt zeitnah immerhin vier Verdächtige identifiziert, aber keinen Täter überführen können. Nun aber, im Kriegsjahr 1943, gab es plötzlich ein Geständnis.
Doch kann Lüdkes Selbstbezichtigung überhaupt stimmen? Axel Doßmann hat erhebliche Zweifel daran. Doßmann ist Historiker an der Universität Jena. Er sagt: „Bruno Lüdke war zweifellos ein NS-Opfer und kein Massenmörder." Für ihn ist klar, dass das Reichssicherheitshauptamt den Fall des Geisteskranken nutzen wollte, um das geplante „Gesetz über die Behandlung Gemeinschaftsfremder" durchzusetzen. Dieses Gesetz sollte die Polizei mit weitreichenden Vollmachten ausstatten – bis hin zur eigenmächtig angeordneten Zwangssterilisation von Verbrechern, Arbeitsscheuen und anderer sogenannter Tunichtgute. Der geständige Lüdke hatte für die Nazis großes rechtspolitisches Potential, meint Doßmann.
Bruno Lüdke geriet erstmals unter Verdacht, als 1943 im Stadtwald von Berlin-Köpenick eine Frau erdrosselt aufgefunden wurde. Er hatte sich in der Gegend als Spanner herumgetrieben. Schon bald gestand er diesen und 52 weitere Morde. Das Muster seiner Geständnisse ist immer gleich. Der ihn vernehmende SS-Obersturm-

führer Heinrich Franz hält Lüdke einen ungeklärten Mordfall nach dem anderen vor; der Beschuldigte gesteht und gesteht.
Axel Doßmann hat die mehr als 800 Seiten umfassenden Vernehmungsprotokolle ausgewertet. „In den Protokollen kann man Lüdke als Person wahrnehmen, die auf Befragen wirr und hilflos davon zu erzählen beginnt, Menschen getötet zu haben", sagt er. Doßmann fragt sich: „Begriff Lüdke überhaupt, wovon er sprach? Trieb ihn Geltungsdrang zu verhängnisvollen Reaktionen auf suggestive Fragen?"
Für den Jenaer Historiker wiegt besonders schwer, dass damalige Ermittler die Aussagen des Beschuldigten kriminalistisch nicht angemessen überprüft haben.
Bereits 1958 hatte ein DDR-Autor von einem Geständnisbetrug gesprochen. Diese Hinweise weckten aber keinen allzu großen Widerhall. Wie berechtigt die Zweifel an der Täterschaft Lüdkes wirklich sind, zeigte sich erst in den 1990er Jahren. Damals ging ein pensionierter Kriminalist aus den Niederlanden alle Fallakten durch. Er kam zu dem Schluss, dass Lüdke keinen einzigen der 53 Morde begangen haben kann.
Ohnehin wirft bereits dessen Allgemeinzustand erhebliche Zweifel auf. Bruno Lüdke litt seit seiner Geburt an Schwachsinn. Wohl auch deshalb nannte man ihn in seinem Köpenicker Lebensumfeld einfach nur den doofen Bruno. Er galt als naiv und gutgläubig. Er besaß offenbar nicht mal das Talent, selbst kleine Vergehen so zu planen, dass er nicht ertappt wurde. Immerhin war der Berliner wiederholt wegen kleinerer Diebstähle aufgefallen, etwa eines Hasen oder von Holz. Andererseits aber unterstellte ihm 1943 die Kripo, er habe in den zurückliegenden 19 Jahren in ganz Deutschland 53 Morde unerkannt begangen, davon sechs in Thüringen.

Im Fokus der Untersuchung von Axel Doßmann und seiner Kollegin Sabine Regener standen ausdrücklich nicht die Mordfälle an sich, sondern die Umstände, Absichten und Folgen der kriminalpolizeilichen Untersuchung. In ihrer Studie heißt es, dass auf der Basis von Verhörprotokollen, erkennungsdienstlichen Fotografien und anthropologischen Untersuchungen „studierte Kriminalisten und Humanwissenschaftler das böse Gesicht entwarfen. Mir zahlreichen rassistischen Visualisierungen wurde ein Typus vom geborenen Verbrecher kreiert."

Bruno Lüdke wurde nie der Prozess gemacht. Schon bald überstellten ihn die Nazis an das Kriminalmedizinische Zentralinstitut in Wien. Seine Stilisierung zum Musterbeispiel eines geborenen Verbrechers hatte freilich schon in Berlin begonnen. Ein aufwändiges „Lichtbildalbum zum Fall des Massenmörders" entstand, zudem wurde ein Gipsabguss der vermeintlichen Mörderhand angefertigt. In Wien fertigte man einen Abguss seines Schädels an – als Trophäe sowie als Studienobjekt. Diese Büste gibt es noch immer. Sie gehört zur gerichtsmedizinischen Sammlung der Wiener Universität.

Im April 1944 kam Bruno Lüdke bei einem sogenannten Experiment des Wiener Instituts um. Die Umstände seines Todes sind mysteriös. Wahrscheinlich hatte man an dem angeblichen Serienmörder die Wirkung vergifteter Pistolen-Munition getestet.

Der Mythos vom Serienmörder Lüdke wurde erst in den Nachkriegsjahren einer breiten Öffentlichkeit bekannt. Gut möglich, dass dies ausgerechnet daran lag, dass das Reichssicherheitshauptamt den Fall alsbald als geheim deklariert hatte. Nicht mal die beteiligten Staatsanwaltschaften wurden über den Fortgang der Ermittlungen informiert. So erfuhren auch die Thüringer Kriminalisten nicht, dass der Mord an Bertha Holdschuh und Ida Curth angeblich aufgeklärt war.

Also gab es Jahre später im befreiten Deutschland etwas aufzudecken. 1947 überschrieb die Neue Berliner Illustrierte (NBI) einen Bericht mit „Der Unhold, den man totschwieg". In westdeutschen Medien erschienen alsbald große Serien über den angeblichen Massenmörder. Der „Spiegel" stellte Lüdke unter anderem als Tiermenschen dar. 1957 folgte schließlich der Kinofilm „Nachts, wenn der Teufel kam" mit Mario Adorf in der Rolle des Bruno Lüdke.

Dessen Schwestern versuchten, den Film verbieten zu lassen. Sie waren von der Unschuld ihres Bruders fest überzeugt; das hatten sie bereits 1943 zu Protokoll gegeben. Doch das Oberlandesgericht Hamburg wies ihre Klage 1958 in zweiter Instanz ab, übrigens ohne zuvor die originalen Akten geprüft zu haben. Damit, so ist Axel Doßmann überzeugt, „wurde das öffentliche Bild von Bruno Lüdke als Massenmörder juristisch sanktioniert".

Welche Mechanismen steckten hinter dieser unkritischen Reflektion, fragen sich Doßmann und seine Kollegin Regener? Wie kam es, dass sich ein Fake aus der Nazizeit bis in die jüngere Vergangenheit als Wahrheit etablieren konnte? Wieso haben Journalisten und Juristen die rassistische Argumentation nicht in Frage gestellt?

Über allem aber stehen auch ganz unmittelbare Fragen. Wer hat die beiden Frauen in Friedrichroda und Gotha ermordet, wer die anderen 51 Opfer? Seit 1944 wurde in keinem dieser Fälle mehr ermittelt.

TATORT

Das Kaufmannserholungsheim stand in der Reinhardsbrunner Straße 15 von Friedrichroda. Heute erstreckt sich hier eine Grünfläche mit Spielplatz.

Das Mordhaus in der Gothaer Hützelsgasse 59 musste ebenso wie seine benachbarten Gebäude moderneren Plattenbauten weichen.

Sechs ungeklärte Morde

Im Jahre 1926 entstand auf Initiative der Berliner Mordkommission eine „Zentralkartei für Mordsachen“. Sie sollte helfen, reichsweit aktive Serienstraftäter zu überführen. Zu der Sammlung gehören Akten jener sechs Morde, die Bruno Lüdke angeblich im Gebiet des heutigen Thüringens begangen hat.

Opfer Nr. 1

Friedrichroda, am 12. Mai 1925. Die Küchenfrau Bertha Holdschuh wird erstickt in ihrem Bett aufgefunden. Das Thüringer Landeskriminalamt hat schon bald zwei Verdächtige, kann aber letztlich keinen Täter überführen. Deshalb wird die Fahndung nach möglichen Tätern auf ganz Deutschland ausgeweitet – auch dies ohne Erfolg.

So berichtete die „Eisenacher Zeitung“ 1925 über den Mord in Friedrichroda.

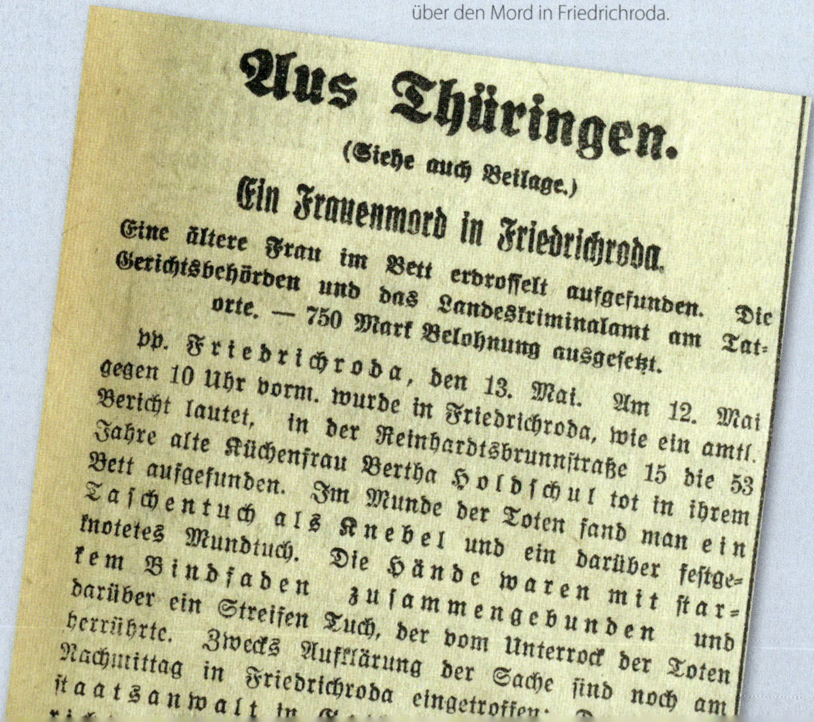

Aus Thüringen.

(Siehe auch Beilage.)

Ein Frauenmord in Friedrichroda.

Eine ältere Frau im Bett erdrosselt aufgefunden. Die Gerichtsbehörden und das Landeskriminalamt am Tatorte. — 750 Mark Belohnung ausgesetzt.

pp. Friedrichroda, den 13. Mai. Am 12. Mai gegen 10 Uhr vorm. wurde in Friedrichroda, wie ein amtl. Bericht lautet, in der Reinhardtsbrunnstraße 15 die 53 Jahre alte Küchenfrau Bertha Holdschul tot in ihrem Bett aufgefunden. Im Munde der Toten fand man ein Taschentuch als Knebel und ein darüber festgeknotetes Mundtuch. Die Hände waren mit starkem Bindfaden zusammengebunden und darüber ein Streifen Tuch, der vom Unterrock der Toten herrührte. Zwecks Aufklärung der Sache sind noch am Nachmittag in Friedrichroda eingetroffen: ... staatsanwalt in ...

Opfer Nr. 2

Die Chaussee von Blechhammer nach Judenbach (bei Sonneberg) am 1. oder 2. Juni 1925. Alma Söllner ist Porzellanarbeiterin. Sie wird ermordet an der Straße aufgefunden. Die Staatsanwaltschaft Sonneberg und das Thüringer Landeskriminalamt haben drei Verdächtige. Haftbefehle ergehen. Die Ermittlungen laufen ins Leere.

Opfer Nr. 3 und 4

Saalburg an der Saale, am 5. Juni 1928. Paul Grimm ist pensionierter Forstmeister, er lebt mit seiner Frau Elisabeth Grimm im Forsthaus. Hier wird er erschlagen im Bett aufgefunden, die Frau liegt erwürgt davor. Das Haus wurde durchwühlt, es fehlen Wertgegenstände sowie 800 Mark. Das Landeskriminalamt und die Staatsanwaltschaft vermuten die Täter unter Wilderern, welche Grimm angezeigt hatte. Es gibt etliche Verdächtige, einige kommen in Haft – und wieder frei.

Opfer Nr. 5

Gotha, am 25. September 1929. In ihrer Wohnung in der Hützelsgasse wird die Witwe Ida Curth ermordet. Sie wurde 73 Jahre alt. Das Landeskriminalamt identifiziert vier Verdächtige, alle kommen frei.

Opfer Nr. 6

Erfurt, am 18. Februar 1940. Die Arbeiterin Ingeborg Barthel wird tot aufgefunden. Sie wurde vergewaltigt. Ihre geraubte Handtasche wird einige Tage später leer gefunden. Die Thüringer Polizei kann keinen Verdächtigen ermitteln.

Bruno Lüdke nahm 1943 für all diese Morde die Schuld auf sich. Seine Geständnisse gelten inzwischen als erfunden. In keinem der Fälle wurde erneut ermittelt.

Im Gothaer Schloß-Hotel logierte Harry Domela mehrere Tage. Es war 1911 errichtet worden. Das Gebäude wurde mehrmals umgebaut. Es wird mittlerweile von der Stadtverwaltung genutzt.

Der König der Hochstapler

Die Geschichte des falschen Prinzen von Preußen wird meist mit Erfurt in Verbindung gebracht. Tatsächlich hatte sie hier begonnen. Doch schon bald verlagerte sich das Geschehen vor allem nach Gotha. Hier logierte Harry Domela im Schloß-Hotel, hier empfing ihn der Oberbürgermeister, hier sorgte er im Theater für großes Aufsehen.

Er war klein und schmächtig, hatte einen blassen Teint sowie dunkles glattes Haar. Nichts an seinem Äußeren ließ auf einen ungewöhnlichen Charakter schließen. Am 12. November 1926 stellte die „Thüringer Allgemeine Zeitung" ihren Lesern mit dieser Beschreibung einen jungen Mann vor, der aus Schlesien stammte. Er sei, so berichtete die Zeitung, *durch die Verhältnisse hin- und hergeworfen, seit Wochen arbeitslos, ohne Aussicht auf Stabilisierung seines Schicksals durch feste Arbeit* nach Thüringen gekommen.
Der Bericht liest sich rückblickend, als werde Harry Domela beschrieben. Selbiger stammt zwar aus dem Baltikum, aber ansonsten hat er wirklich viel gemein mit dem tatsächlich gemeinten Josef Müller. Auch, dass beide unter falschem Namen reisen. Domela nennt sich wahlweise Prinz, Graf oder auch Baron. Müller gibt sich indes als normaler Bürger aus, als Herbert Drücker. Sogar falsche Papiere besitzt er auf diesen Namen. Sie weisen ihn aus als einen in Wandersleben geborenen Schlosser.
Eigentlich muss Josef Müller somit nicht mal Polizeikontrollen fürchten. Doch dann, mitten auf dem Erfurter Anger, passiert es doch. Er lungert vor der Hauptpost an einem Zeitungskiosk herum. Ein Polizeioffizier in Zivil wird auf ihn aufmerksam. Es ist ein Lenin-Abzeichen an Müllers

Mantel, welches den Polizisten stutzig werden lässt. Der Offizier vermutet in ihm einen Anarchisten. Er fordert ihn auf, mit aufs Präsidium zu kommen. Augenblicklich zückt Müller einen Revolver. Er jagt dem Polizeioffizier eine Kugel in den Kopf. Auch einen herbeieilenden Justizbeamten schießt er nieder. Schließlich richtet der junge Mann die Waffe gegen sich selbst. Mit dem Ruf „Ich sterbe für die Internationale!" bricht er zusammen. Die Kugel bleibt in seiner Lunge stecken. Der Schütze und auch der Justizbeamte überleben. Der Offizier stirbt.
Das ist die Tragik unserer Zeit; aus nichtigen Ursachen entwickeln sich in wenigen Sekunden grausige Tragödien. Die Nerven, von der Spannung der Unsicherheit, dem Druck der Not vibrierend, wie ein Dampfkessel andauernd unter Hochdruck, versagen bei der geringsten Mehrbelastung, reagieren auf Kleinigkeiten wie auf Nadelstiche und schaffen sich in einer grenzenlosen Wut Luft, die in anderen Zeiten unverständlich wäre, kommentiert die „Thüringer Allgemeine Zeitung".

Während die Zeitungsleser nahezu jedes Detail über die Bluttat auf dem Anger erfahren, jagt von Frankfurt / Main aus ein D-Zug gen Thüringen. Unter den Reisenden befindet sich ein gewisser Harry Domela. Ein gutes Jahr später wird er in seiner Autobiografie von dieser Zugfahrt erzählen. Beim Blick aus dem Fenster des Abteils *hatte ich freundliches Thüringer Land vor mir liegen, eine weite Wiesengegend, die uns mit den weichen Wellenzügen ihrer Hügel begleitete. Ein lachender Tag! Eine Stimmung wie im Vorfrühling. An Eisenach und der hochgelegenen Wartburg vorbei. Gotha und jetzt Erfurt! Ich bin am Ziel*. Hier möchte Domela wieder Arbeit finden.
Das erste, was Domela nach dem Verlassen des Bahnhofs sieht, ist die kolossale Front des Erfurter Hofs. Von *einem mächtigen Hotelpalast* schwärmt er. *Mußte es nicht fabelhaft sein, mal ein paar Tage hier auszuruhen, ganz zurückgezogen, mit einem guten Buch, von lautlosen Kellnern bedient*, fragt er sich. *Ich hatte Geld in der Tasche. Wer konnte es mir verwehren?!* Domela nimmt sich ein Zimmer.
Wieder einmal war der Balte in seiner Wahlheimat angekommen, in einer Nobelherberge der 1920er Jahre. Natürlich trägt er sich brav in

die Gästeliste ein – allerdings nicht als Harry Domela. Er gibt sich als Baron von Korff aus. Domela wählt den Adelstitel mit Bedacht. Er weiß: Logiert er unter adeligem Namen, ist ihm eine bevorzugte Behandlung gewiss. Längst hat er entsprechende Erfahrungen als Prinz von Lieven in Heidelberg sowie als Graf von der Recke in Potsdam sammeln können. Auch als Graf Pahlen und als Baron Buschhoeven hatte er sich bereits ausgegeben.

Dennoch ist er für die Hotelbediensteten zunächst nicht mehr als ein Adeliger unter vielen. Dann aber, nach einigen Tagen, fällt Domela immer mehr die Dienstbeflissenheit der Angestellten auf. Als er wegen seiner Hochstapelei sieben Monate später vor Gericht steht, sagt er aus: *Wenn ich nur eine Zigarette anzündete, stürzte das ganze Personal, vom Direktor bis zum letzten Liftboy, mir fast zu Füßen.*

Von einem Bekannten erfährt Domela den wahren Grund dieses Verhaltens. Man hält ihn für den inkognito reisenden Prinzen von Preußen. Es kommt, wie es kommen muss. Bei der nächstbesten Gelegenheit bittet der Hoteldirektor seinen Gast, sich das Goldene Buch anzuschauen. Dessen Seiten sind proppenvoll mit Einträgen von Fürsten, Politikern und hohen Militärs. Der letzte Eintrag stammt von Reichskanzler Wilhelm Marx. Er hatte im Oktober auf einem Parteitag in Erfurt gesprochen und war ebenfalls im Erfurter Hof abgestiegen. Nun schlägt der Hoteldirektor mit bedeutungsvoller Miene die nächste, noch leere Seite auf und sagt: *Nach Dr. Marx müsste sich eigentlich eine ganz prominente Persönlichkeit eintragen, ein Name, der einen noch volleren Klang hätte. Wir haben an Sie gedacht, Kaiserliche Hoheit.* Da, so berichtete Domela rückblickend, *blieb mir nichts anderes übrig, als mich einzutragen. Von diesem Tage an war ich Prinz Wilhelm von Preußen.* Er lässt sich einen Füllfederhalter reichen und trägt sich ins Goldene Buch ein, nicht ohne zugleich den Direktor zu maßregeln. Er sei keine Kaiserliche Hoheit. Die richtige Anrede laute vielmehr: Königliche Hoheit.

Der Prinz von Preußen. Gemeint ist ein Mann mit sechs Vornamen. Gemeint ist Wilhelm Friedrich Franz Joseph Christian Olaf Prinz von

Der falsche Prinz. Bereits 1927 veröffentlichte Harry Domela seine Abenteuer als Buch, hier dessen Umschlag.

Der echte Prinz. Wilhelm von Preußen, um 1922.

Preußen. Er ist Enkel des abgedankten Kaisers. Wilhelm wurde 1906 geboren, zwei Jahre nach Domela. *Es ist mir heute noch ganz unverständlich, wie man mich für den ältesten Sohn des früheren Kronprinzen halten konnte. Prinz Wilhelm ist mindestens einen Kopf größer als ich*, wird Domela vor Gericht aussagen. Tatsächlich gelangte etwa der Besitzer des Erfurter Hofs sowie des Gothaer Schloß-Hotels, Georg Kossenhaschen, zu einer gänzlich anderen Einschätzung. Domela war *der Typ eines echten Hohenzollernprinzen*. Der Respekt muss gegenseitig gewesen sein. Domela schätzte den sich väterlich gebenden Kossenhaschen sehr. Noch dazu war der Hotelier ein *Mann, der aus kleinsten Anfängen Millionär geworden ist*. Ein Vorbild, sozusagen.

Mit dem Eintrag ins Goldene Buch stehen Harry Domela alle Türen in Thüringen offen. Der übereifrige Hoteldirektor hat nichts Besseres zu tun, als mit dem hohen Gast in seinem Hause zu prahlen. Darauf hagelt es Einladungen über Einladungen.

Zu wahrer Hochform läuft der Thüringer Adel auf. Zu Zeiten der Weimar Republik verliert er immer mehr an Bedeutung. Deshalb gilt all den Grafen, Freiherren und Krautjunkern des Kaisers Enkel als Hoffnungsschimmer. Sie liegen Harry Domela regelrecht zu Füßen. Er ist zu Teestunden eingeladen und geht mit allerlei Honoratioren auf die

Jagd. Schließlich salutiert in Weimar sogar der Kommandanten der Reichswehr vor ihm. Doch nirgends erlebt der falsche Prinz derart viel Zuspruch wie in Gotha.

Am 30. November 1926 trifft Domela in Gotha ein. Die Tage zuvor hatte er auf der Creuzburg (bei Eisenach) verbracht; sie war der private Wohnsitz des Hotelbesitzers. In seiner Autobiografie wird der falsche Prinz rückblickend zugeben, dass er bereits zu diesem Zeitpunkt seine Hochstapelei am liebsten beendet hätte. Doch kaum rollt das Auto die Rampe des Schloß-Hotels herauf, stürzt *das ganze Personal, durch das Hupensignal aufmerksam geworden, heraus: Portier, Diener, Kellner, voran der unvermeidliche Direktor, der mit einer tiefen Verbeugung den Schlag aufriß. „Ah, Königliche Hoheit!"* Konnte ein Mann wie Harry Domela sich einer solchen Ehrerbietung verweigern? Wohl kaum.
Der Hoteldirektor lädt seinen Gast ins Theater ein. Am Abend wird „Der alte Dessauer" gegeben. Die Operette scheint perfekt zum preußischen Prinzen zu passen: Sie erzählt aus dem Leben von Leopold I. Der aus Dessau stammende Fürst war zu Beginn des 18. Jahrhunderts der ranghöchste Militär Preußens. Eigentlich soll die Vorstellung um 19.30 Uhr beginnen. Doch da der Prinz zuvor eine scheinbare Ewigkeit mit dem Intendanten des Gothaer Landestheaters plaudert, müssen sich die Gothaer gedulden. Als Domela schließlich seine Loge betritt, erlebt er ein huldvolles Publikum. *Sämtliche Operngläser richteten sich wie auf ein Kommando nach mir. Für eine Sekunde war es ganz still im Theater*. Doch die Aufführung an sich enttäuscht den falschen Prinzen. Die Kostüme rochen nach Mottenpulver, die Schminke war zu dick aufgetragen und die Perücken alt. *Die Liebesszenen wurden widerlich süß gespielt. Aber immerhin: Die Sängerinnen brillierten mit ihren Stimmen und schleuderten verwegene Blicke zu meiner Loge.*

Nach einer mit dem Hoteldirektor und dem Intendanten durchzechten Nacht reist Harry Domela ab. Er fährt nach Magdeburg und Berlin. Nach zwei Tagen kehrt er zurück und quartiert sich wieder im

Im Landestheater erlebte der falsche Prinz zwei Vorstellungen. Auf dem Grundstück befindet sich mittlerweile ein Geschäftshaus.

Gothaer Schloß-Hotel ein. Am 2. Dezember besucht er erneut das Landestheater, nun steht „La Boheme" auf dem Spielplan. *Die Vorstellung machte auch heute den schlechtesten Eindruck auf mich. Nur die Darstellerin der Mimi wirkte einfach rührend.* Ganz anders liest sich die Opernkritik der örtlichen Zeitung. Im „Gothaischen Tageblatt" heißt es: *Die gestrige Aufführung war in jeder Hinsicht sehr befriedigend ... So entfesselte die Aufführung der Boheme wie stets wahre Beifallsstürme.*

Davon, dass sich der Prinz von Preußen unter den Gästen befand, berichtet die Zeitung indes nicht eine Silbe.
Am folgenden Tag thematisiert das Tageblatt dann doch noch den Besuch des Hohenzollernprinzen. *Durch die Thüringer sozialistischen Blätter ging dieser Tage eine Meldung, nach der sich der Sohn des früheren Kronprinzen längere Zeit unter dem Namen eines Baron Korff in Erfurt aufgehalten haben sollte. Nach Erkundigungen bei den Erfurter Regierungsstellen trifft diese Tatsache an sich zu. Der Kronprinzensohn ist jedoch nur wenige Tage in Erfurt gewesen, sein Besuch war rein persönlicher Art. Nach unserer Ansicht steht ihm wie jedem deutschen Staatsbürger das Recht zu, sich in Erfurt privatim aufzuhalten.*
Allerdings wird auch in dieser Meldung die Anwesenheit des Prinzen in Gotha nicht erwähnt. Dabei bewegt sich Domela längst in aller Öffentlichkeit, etwa bei einem Treffen des Deutschen Bundes. 200 Adelige versammeln sich dabei im Schloß-Hotel. Sie laden spontan den falschen Prinzen ein. *Der Direktor war vor Freude fast aus dem Häuschen. Im Triumph zogen wir ein. Sofort hörten alle Gespräche auf. Die meisten der glänzenden Versammlung erhoben sich von ihren Sitzen. Einige alte Damen kamen rasch auf mich zu und sanken plötzlich einige Schritte vor mir in den Boden. Es waren die ersten Hofknickse, die ich in meinem Leben zu sehen bekommen hatte.*
Schließlich wird der Hochstapler auch noch von Gothas Oberbürgermeister Arthur Scheffler im historischen Rathaus empfangen. Er spricht den angeblichen Prinzen als Königliche Hoheit an. Domela entgegnet: *Ich habe nichts dagegen, falls ältere Herren mich nur ganz einfach „Prinz" nennen.* Scheffler hält sich daran, wählt aber das anbiedernde *mon Prince*. Er sieht in ihm einen Ehrengast der Stadt. Er lädt Domela ein, in den kommenden Tagen sowohl das Gas- als auch das Elektrizitätswerk zu besichtigen. Auch einen Ausflug zur Talsperre in Tambach-Dietharz schlägt der Oberbürgermeister vor.
Ja, mon Prince, und dann wollte ich sie bitten, meinem Haus die Ehre zu geben und heute Abend mein Gast zu sein. Ein gutes Dutzend weiterer Gäste möchte Scheffler zu diesem Abendessen bitten, sofern *mon Prince* nicht dagegen hat. Sein Prinz stimmt zu.

Zu dem gemeinsamen Abend soll es nicht mehr kommen. Der falsche Prinz besichtigt am Vormittag noch Schloss Friedenstein, bricht dann aber Hals über Kopf nach Erfurt und von dort nach Weimar auf. Ihm war urplötzlich der Boden in Gotha zu heiß geworden. Der Hoteldirektor hatte ihm die Ankunft eines Herrn von Berg avisiert. In ihm vermutete Domela den Vermögensverwalter der königlichen Familie; er würde ihn zwangsläufig enttarnen.
Später stellte sich heraus, dass kein wirklicher Grund zur Sorge bestand. Selbiger Herr von Berg war lediglich ein Namensvetter des Verwalters.

Aber ohnehin hatte der König der Hochstapler bereits mehrfach erwogen, seine Eskapaden stillschweigend zu beenden. Längst waren Zeitungsberichte über die Thüringer Aktivitäten des Hohenzollernprinzen erschienen. Es war deshalb nur noch eine Frage der Zeit, bis der echte Prinz von der Hochstapelei erfuhr.
In den Morgenstunden des 9. Dezember, nach einem Besäufnis in Weimar, verwandelt sich der Prinz von Preußen zurück in Harry Domela. Er kauft sich ein Eisenbahn-Billett für die 4. Klasse und reist gen Westen. Kurz darauf gehört er zu den meistgesuchten Kriminellen des Deutschen Reichs.
Neun Tage später berichtet auch das „Gothaische Tageblatt" über Domela. *Ein Schwindler, der unter dem Namen Baron Korff reist und sich in vorgerückter Stunde als ältester Sohn des Kronprinzen auszugeben pflegt, es im Übrigen aber nur auf Zechprellerei abgesehen zu haben scheint, ist in letzter Zeit in Weimar, Erfurt, Gotha und anderen Orten beobachtet worden.* Außerdem bestätigt die Zeitung, dass *vor einigen Wochen auch in einem hiesigen Hotel ein verhältnismäßig junger Mann unter dem Namen Baron v. Korff sich eingetragen und auch mehrere Tage gewohnt hat... Wie wir weiter hören, soll auch im Theater gelegentlich der Anwesenheit des „Prinzen" eine feierliche Stimmung über dem Haus gelegen haben und sogar einige Darsteller mit Blumen bedacht worden sein. Glückliche Leute! Es geht auch das Gerücht von Fahrten des „Prinzen" nach dem Heuberg und Spießberg*

Immer anständig gewesen

Während Domelas Prozess wurde auch ein Sachverständiger gehört, der das Wesen des Angeklagten beurteilen sollte. Dr. Dickhöfer führte unter anderem aus:

Sein hervorstechendster Charakterzug ist die Unstetigkeit und der Abenteuerdrang, so auch sein Spaß am Soldatenleben. Er konnte sich nicht wieder vom Vagabundenleben freimachen, trotzdem er eigentlich Ekel davor hatte und Wert auf Form und guten Anzug gelegt hatte. Aus der Unstetigkeit und der Unlust zur regelmäßigen Tätigkeit entstand der Hang zum Hochstaplertum. Allmählich legte sich Domela Adelstitel zu. Das „von“ genügte nicht mehr. Er wurde Baron, Graf, Durchlaucht, Hoheit. Das alles schmeichelte ihm natürlich.
Er hat mir alle Angaben mit großer Freundlichkeit und Höflichkeit gemacht, hat sich zwar etwas salopp betragen, mit den Händen in den Hosentaschen zu mir gesprochen, aber sein ganzes Wesen ist ausgesprochen liebenswürdig, beinahe bezaubernd, in Verbindung mit sicherem Auftreten, so dass ein Zweifel an der Echtheit seiner vorgeschwindelten Persönlichkeit nicht aufkam. Das sind die Ursachen aller Erfolge des Hochstaplers. Trotzdem er in der Hauptsache sein Geltungsbedürfnis und seine Eitelkeit befriedigte, hat er es nicht verschmäht, kleinere Beträge mitzunehmen und die Befriedigung seines Geltungsbedürfnisses zu verbinden mit der Erzielung von realen Vorteilen. Trotzdem ist der immer anständig gewesen. Er hat Beträge zurückgewiesen, die er als zuviel betrachtete. Zu seiner Entlastung sind die traurigen Verhältnisse in seiner Heimat, seine Familienverhältnisse, die Schwierigkeit, in Deutschland Arbeit zu bekommen, anzuführen, zumal er es bei seiner Unstetigkeit schwer hatte, in der richtigen Bahn zu bleiben. Anzeichen von Geisteserkrankung hat er nicht gezeigt. Man hatte den Eindruck, dass er sich noch heute über diese Dinge herzlich, fast jungenhaft freut.

um... „Seine Königliche Hoheit" soll unter Hinterlassung von mehreren Hundert Mark Zechschulden die gastliche Stätte verlassen haben.
Am übernächsten Tage reicht das Tageblatt einen weiteren, erklärenden Text nach. Nun geht es um die Frage, wie Domela die Gothaer täuschen konnte. Das Lokalblatt erinnert daran, dass nach dem Ersten Weltkrieg die Besuche von Fürsten in der Residenzstadt äußerst selten geworden sind. *In einem solchen Falle läßt man auch heute noch, besonderes da, wo Wohnung genommen wird, es nicht an Aufmerksamkeiten und Ehrerbietung fehlen. Dabei hält man es natürlich, trotzt des zunehmenden Verbrechertums nach dem Kriege, nicht für erforderlich, erst nach Legitimationspapieren zu fragen.*

Am 7. Januar 1927 wird Domela verhaftet. Die „Thüringer Allgemeine Zeitung" lässt wissen: *Der langgesuchte Schwindler, der unter dem falschen Namen eines Baron von Korff und als Hohenzollernprinz seit Ende vorigen Jahres in Mitteldeutschland, dann in Köln am Rhein und Süddeutschland erfolgreiche Gastrollen gegeben hat, und mit richtigen Namen Harry Domela heißt, ist heute früh in Euskirchen verhaftet worden. Hier wollte er sich in der Kaserne der französischen Besatzungstruppe für die Fremdenlegion anwerben lassen. Er sollte mit mehreren Angeworbenen heute früh nach Metz abtransportiert werden. Davon erfuhr die Euskirchener Polizei im letzten Augenblicke. Sie nahmen Domela in jenem Moment in Haft, als er sich mit seinen Begleitern in den Zug nach Trier begeben wollte. Er gab seine Schwindeleien und die anderen ihm zur Last gelegten Taten ohne weiteres zu. Mit besonderer Befriedigung drückte er sich über seine Erlebnisse als Hohenzollernprinz in Thüringen aus.*
Am 11. Juli 1927 steht Harry Domela in Köln vor Gericht. Angeklagt ist er jedoch nicht als Hochstapler, sondern lediglich wegen kleinerer Betrügereien. Zeugen gibt es nur wenige. Hotelier Kossenhaschen erscheint nicht zum Prozess. Immerhin wird eine Aussage von ihm verlesen. Die Zeitung zitiert daraus am folgenden Tag: Er fühle sich in keiner Weise geschädigt. Er habe in Domela einen liebenswürdigen Menschen kennengelernt und angenehme Stun-

den mit ihm verbracht. Deshalb habe er auch gesagt: *Ob Sie Prinz oder Baron sind, ist mir egal, ich schätze sie als Mensch.*
Harry Domela wird zu einer Haftstraße von sieben Monaten verurteilt. Dies entspricht weitgehend der Zeit seiner Untersuchungshaft. Zehn Tage nach dem Urteilsspruch kommt er frei.

Wie aber ist es dem anderen jungen Mann ergangen? Was wurde aus dem Revolverschützen Josef Müller, der sich als Mann aus Wandersleben ausgegeben hatte? In seinem Prozess forderte der Staatsanwalt eine Verurteilung wegen Mordes. Dem wollte das Erfurter Gericht nicht folgen. Der Todesschuss sei nicht geplant gewesen, deshalb handele es sich lediglich um Totschlag. Müller kam mit 15 Jahren Zuchthaus davon.

TATORT

Das Schloß-Hotel war nach dem Zweiten Weltkrieg zum Bürogebäude umfunktioniert worden. Heute beherbergt es das Neue Rathaus.

Das Landestheater wurde im Zweiten Weltkrieg weitgehend zerstört und 1958 abgerissen. An seiner Stelle steht ein Modemarkt.

Das Alte Rathaus ist noch immer Dienstsitz des Gothaer Oberbürgermeisters.

Das ewige Versteckspiel

Was wurde aus Harry Domela? Nach Hitlers Machtübernahme nahm eine Odyssee ihren Lauf, wie sie wohl nur jenes die Welt erschütternde Jahrzehnt zeitigen konnte. Letztlich tauchte der einstige Hochstapler in Venezuela unter, wo er bis zu seinem Tod 1979 lebte.

Holland, Spanien, Frankreich, Luxemburg, Belgien, Jamaika, Kuba, Venezuela. Die Lebensstationen des Harry Domela lesen sich im ersten Moment wie die wunderbaren Aufenthaltsorte einer nicht enden wollenden Weltreise. Tatsächlich benennen sie vor allem Aufenthaltsorte eines Mannes, der sich zeitlebens auf der Flucht befand, der mehrmals interniert wurde, der als vermeintlicher Trotzkist allein in Jamaika fast drei Jahre in Haft saß, der noch in den 1970er Jahren fürchtete, dass seine wahre Identität bekannt wird.

Doch der Reihe nach. Das Jahr 1927. Kaum ist Harry Domela aus der Haft entlassen, veröffentlicht er bereits seine Memoiren. Das Buch „Der falsche Prinz" macht den mittellosen Hochstapler auf legale Weise reich. Rund 250.000 Mark soll er damit verdient haben. Doch der Reichtum vergeht offenbar so schnell, wie er gekommen ist. Zwar wird Domela zwischenzeitlich zum Kino-Besitzer, aber schon zu Beginn der 1930er ist er wieder weitgehend verarmt. Politisch sympathisiert er bereits seit einiger Zeit offen mit den Kommunisten. 1933 emigriert Domela, ganz so wie Tausende andere Deutsche auch. Er verschafft sich falsche Papiere. Fortan nennt er sich Victor Zsajka; er behauptet, aus Wien zu stammen. Domela taucht in Holland unter. Er freundet sich mit dem Dichter Jef Last an. Der Holländer wird zu einem seiner engsten Vertrauten. Nur ihm und zwei, drei anderen wird er seine wahre Identität verraten. 1936 schließen sich Last und Domela gemeinsam den Internationalen Brigaden im Spanischen Bürgerkrieg an.

Nach dem Sieg Francos bleibt beiden im Jahre 1939 nur die Flucht. Domela wird in Frankreich interniert, kommt aber nach einigen Wochen wieder frei. Doch wohin soll er sich nun wenden? Binnen weniger Wochen ist er mal in Luxemburg, mal in Holland, mal in Frankreich, mal in Belgien. Schließlich überfällt Deutschland auch seine westlichen Nachbarländer. Domela gelingt es, nach Südfrankreich zu entkommen. Er wird erneut interniert. Er hofft auf ein Visum für Mexiko. Er hat Glück. Der mit ihm und Jef Last befreundete Schriftsteller Andre Gide, ein Franzose, verhilft ihm dazu. Domela besteigt ein Flüchtlingsschiff, kommt aber nie in Mexiko an.

Bei einem Zwischenstopp in Jamaika wird er verhaftet. Die Behörden halten ihn für einen Trotzkisten. Erst nach fast drei Jahren der Internierung geht für ihn die Reise weiter – nach Kuba. Von hier aus verschlägt es ihn nach dem Krieg nach Venezuela. Noch immer besitzt Domela alias Zsajka keine vollwertigen Papiere. All die Jahre gelang es ihm, sich mit provisorischen Dokumenten durchzuschlagen, die ihm in den Internierungslagern jeweils als Reisepapiere ausgestellt worden sind. Nun, in Venezuela, ist seine Angst riesengroß, dass seine wahre Identität bekannt wird. Mehrfach schreibt er seinem weiterhin in den Niederlanden lebenden Freund Jef Last, er möge ihn in Briefen nicht als Harry anreden, sondern stets als Victor, als Victor Zsajka. Aber immerhin, Domela schafft es, zu Beginn der 1960er-Jahre in den Schuldienst einzutreten. Er arbeitet als Zeichenlehrer in Maracaibo.

Einige Jahre später wird es doch noch brenzlig für ihn. Ein Kollege hält ihn für einen untergetauchten Nazi. Jef Last möchte aus der Ferne helfen. Er gibt eine notarielle Erklärung ab, dass Zsajka in Wahrheit ein Antifaschist sowie Spanienkämpfer namens Domela sei. Harry ist angesichts dieser Offenheit entsetzt. Doch wieder einmal in seinem Leben hat er Glück. In seiner neuen Heimat ist die Geschichte vom falschen Prinzen überhaupt nicht bekannt. Es interessiert offenbar nicht mal die Behörden, dass dieser Herr Zsajka einst einen anderen Namen getragen hatte.

Harry Domela stirbt 1979 in Maracaibo. Er wurde 75 Jahre alt.

Die Glüso-Gebäude wurden abgerissen. Eine Foto-Installation gibt vor Ort einen Eindruck von der einstigen Fassade. Hier musste Siegfried Kath zwangsweise arbeiten.

Vom Hilfsarbeiter zum Millionär

1962 nahm in Tambach-Dietharz ein angeblicher Übersiedler aus dem Westen eine Arbeit auf – für lediglich 1,21 Mark als Stundenlohn. Binnen weniger Jahre sollte aus dem Hilfsarbeiter des VEB Glüso einer der wenigen DDR-Millionäre werden. Dann aber rückte die Stasi an ...

Am 16. Dezember 1961 fährt gegen Mittag ein Interzonenzug im ostdeutschen Grenzbahnhof Marienborn (heutiges Sachsen-Anhalt) ein. Routiniert überprüfen die DDR-Grenzer alle Reisenden. Stutzig werden sie bei einem jungen Mann, der in Braunschweig zugestiegen ist. Er weist sich aus als Siegfried Kath, geboren am 12. Dezember 1937 in Steglin. In der Nachkriegszeit war seine Familie aus Pommern nach Niedersachsen geflohen. Mittlerweile lebt Kath in Salzgitter. Er arbeitet in einer Nachtbar und ist frisch geschieden. Er gibt gegenüber den Grenzern an, seine in Luisenthal lebenden Großeltern über Weihnachten besuchen zu wollen. Das freilich nehmen ihm die Kontrolleure nicht ab. Kath kann weder eine Einladung vorweisen noch hat er vor Reisebeginn eine Aufenthaltsgenehmigung beantragt.
Der 24-Jährige wird festgenommen und in ein Lager für Übersiedler aus der Bundesrepublik gesteckt. 17 Jahre später erzählt das Hamburger Nachrichtenmagazin „Der Spiegel" aus dem schillernden Leben des Siegfried Kath. Ausgerechnet die Umstände seiner Festnahme bleiben auch da im Dunkeln. Gut möglich, dass die Grenzer nur wenige Monate nach dem Mauerbau besonders argwöhnisch waren. Eventuell vermuteten sie in dem sich naiv verhaltenden Mann einen ausgebufften Spion. Auf die Idee, die Großeltern zu fragen, kam zunächst niemand.

Erst nach einem Monat, das Weihnachtsfest ist längst vergangen, wird Kath die Freiheit angeboten. Allerdings darf er nicht zurück in die Bundesrepublik. Siegfried Kath soll vielmehr seine Redlichkeit im Alltag unter Beweis stellen. Die Behörden stellen ihm ein Personaldokument der DDR aus und weisen dem Neubürger einen Arbeitsplatz zu. Er hat sich beim VEB Glüso in Tambach-Dietharz zu melden. Am 22. Januar 1962 unterzeichnet er hier seinen Arbeitsvertrag. Bereits am Folgetag beginnt Kath in der Versandabteilung als Einpacker

Niedriger Stundenlohn: Für 10 Mark musste Kath in Tambach-Dietharz mehr als 8 Stunden arbeiten.

zu arbeiten. Er erhält 1,21 DM je Stunde. Ausgezahlt wird natürlich kein Westgeld; in jenem Jahr heißt auch das DDR-Geld noch Deutsche Mark.

Die ersten Tage lebt Kath bei den Großeltern. Dann nimmt er sich ein Zimmer in Tambach-Dietharz. Von nun an wird er so manchen Abend im Wirtshaus „Zum Lamm" verbringen. Es ist kaum mehr als einen Steinwurf vom VEB Glüso entfernt. Beim Bier plant Kath mit einem Kumpan die Flucht in den Westen. Im Juni 1962 versuchen sie, die Grenze im Harzvorland zu überschreiten. Beide werden gefasst und landen im Gefängnis.

Doch Kath hat Glück. Er kommt vor dem Kreisgericht Gotha mit einer

Im Tambacher Gasthaus „Zum Lamm“ wird kein Bier mehr ausgeschenkt. Kath heckte hier seine Flucht aus der DDR aus.

In der Friedrichrodaer HO-Gaststätte „Frieden“ arbeitete der spätere Millionär als Kellner. Mittlerweile ist in dem Gebäude ein Handelsunternehmen ansässig.

achtmonatigen Bewährungsstrafe davon. Er muss nicht mal mehr im VEB Glüso als Hilfsarbeiter schuften. Er darf sich selbst einen Arbeitsplatz suchen. Er findet ihn im Ferienort Friedrichroda, in der HO-Gaststätte „Frieden". Von nun an leidet Kath nie mehr an Geldnöten; als Kellner erhält er reichlich Trinkgeld. Trotzdem hält es Kath nicht mal ein Jahr in Friedrichroda aus. Er möchte das ganz große Geld machen; so zieht er um nach Dresden. Er bleibt der Gastronomie treu. Zugleich beginnt er sich immer mehr für Antiquitäten zu interessieren.

1969 übernimmt er ein kleines, heruntergekommenes Gebrauchtwarengeschäft in Pirna (Erzgebirge). Von hier aus überzieht er die DDR mit einem Netz von Mitarbeitern. Alles, was antik ist, kaufen sie zu Festpreisen auf: Krüge und Zinnteller, historisches Spielzeug und alte Puppen, Oldtimer und Kutschen, Gemälde und Porzellan, Standuhren und Möbel.
Binnen kurzer Zeit mausert sich Kaths Firma zum wichtigsten Zulieferer des Staatlichen Kunsthandels sowie zum Subunternehmer des Bereich Kommerzielle Koordinierung (KoKo) im Ministerium für Außenhandel. Schon bald beginnt Kath im offiziellen Auftrag damit, von ihm erworbene Antiquitäten in die Bundesrepublik zu verkaufen. Rund 30 Millionen Westmark setzt er jährlich um. Die Einnahmen fließen zwar größtenteils in die Staatskasse, dennoch wird der einstige Glüso-Hilfsarbeiter selbst zum Multimillionär.
1974 nimmt der kometenhafte Aufstieg ein abruptes Ende. Mittlerweile hat die von Devisenbeschaffer Alexander Schalck-Golodkowski geführte KoKo eine Kunst und Antiquitäten GmbH gegründet. Sie soll fortan den Kunsthandel mit dem westlichen Ausland allein abwickeln. Siegfried Kath ist somit entbehrlich geworden – und er wird nach allen Regeln der Kunst abserviert. 1974 kommt er wegen angeblicher Steuerhinterziehung in Haft. Es geht um den Verbleib von 19.000 Mark. Für normale DDR-Bürger ist dies eine enorme Summe; sie liegt weit über dem durchschnittlichen Jahreseinkommen. Angesichts seines Vermögens ist dies für Kath jedoch ein lächerlich kleiner Betrag. Dennoch muss er hinter Gitter.

Mit Wolfgang Vogel wird einer der geheimnisumwittertsten Juristen der DDR zu seinem Anwalt. Vogel hatte 1962 den ersten Agentenaustausch des Kalten Kriegs organisiert. Mittlerweile ist er Unterhändler der DDR beim Häftlingsfreikauf durch die Bundesrepublik. Siegfried Kath nützen diese Verbindungen jedoch wenig. Er bleibt 14 lange Monate in Untersuchungshaft. Dann sieht er nur noch einen denkbaren Ausweg. Der Kunsthändler „verschenkt" sein millionenschweres Hab und Gut inclusive Immobilien an die Kunst und Antiquitäten GmbH. Daraufhin dürfen er und ein halbes Jahr später auch seine Frau die DDR gen Westdeutschland verlassen. Er reist über den Thüringer Grenzübergang Wartha aus.
Die wertvollsten Antiquitäten aus Kaths privater Sammlung lässt die Kunst und Antiquitäten GmbH in den folgenden Jahren von Christie's in London versteigern. 1992/93 arbeitet ein Untersuchungsausschuss des Bundestages die Geschichte des Kunsthandels der DDR auf. Immer wieder geht es dabei auch um die Aktivitäten des einstigen Hilfsarbeiters aus Tambach-Dietharz.
Siegfried Kath stirbt 2008 in Berlin.

TATORT

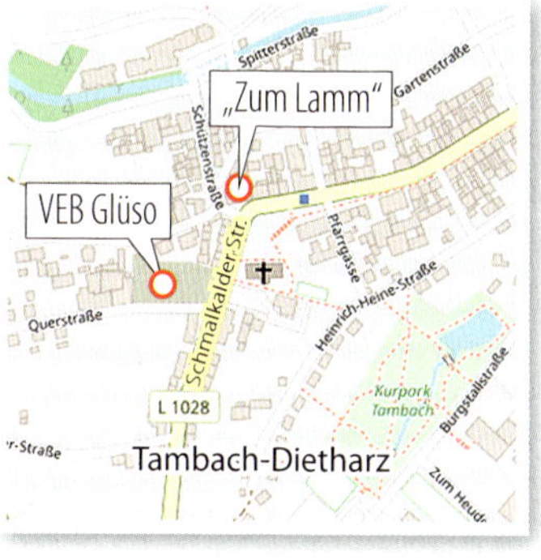

Anstelle der einstigen Glüso-Gebäude befindet sich seit Jahren eine große Brache. Sie liegt mitten in Tambach-Dietharz, gleich gegenüber der Lutherkirche.

Auch das „Lamm" wird nicht mehr als Lokal bewirtschaftet. Zumindest das imposante Gebäude blieb erhalten.

Knapp zehn Meter stieg der Einbrecher an einem Regenfallrohr in die Höhe.
Das Foto zeigt die Tatrekonstruktion.

Das blaue Wunder

1979 kam es in Gotha zum spektakulärsten Kunstraub der DDR. 40 Jahre später kehrten die Gemälde zurück. Seither ist von einem Wunder die Rede. Jenseits des glücklichen Ausgangs erzählt der Fall vor allem von einem blauen Wunder, das man erleben konnte – und das ist das Versagen der Staatsmacht. Zunächst war die Sicherung von Schloss Friedenstein verschleppt worden. Nach der Tat konkurrierten Polizei und Stasi um Kompetenzen. Insbesondere die Stasi tappte jahrelang in falsche Richtungen. Schließlich nahmen die Ermittler ausgerechnet jene Spuren nicht ernst, die sie zum Täter geführt hätten.

Am 15. Januar 1980 schleicht sich ein Mann an den Westflügel des Schlosses Friedenstein heran. Der Unbekannte ist mit einer Felddienstuniform der Nationalen Volksarmee bekleidet. Um nicht erkannt zu werden, trägt er eine Skimaske. Über die Finger hat er sich Operationshandschuhe gestreift. Der Mann bleibt an einem Regenfallrohr stehen. Gleich daneben verläuft ein Blitzableiter, der etwa alle 80 Zentimeter mit einer Schelle an der Schlosswand befestigt ist. In die unteren Schellen klinkt der Mann hakenförmig geschweißte Eisen ein und steigt auf ihnen wie auf einer Leiter nach oben. Während er sich mit einer Hand am Regenrohr festklammert, hängt er mit der anderen weitere Steigeisen ein. Schließlich, nach 9,90 Metern, hat er sein Ziel erreicht. Der Uniformierte steht auf dem Mauersims des zweiten Obergeschosses. Viereinhalb Minuten hat er für den Aufstieg benötigt, beim Abstieg wird er mehr als eine Minute schneller sein. So jedenfalls hält es der „Bericht zum Experiment über die Verwendung einer Steighilfe" fest, den die Kriminalpolizei an diesem 15. Januar erstellt.

Beim Emporsteigen waren große Kraftanstrengungen erforderlich, heißt es in dem Dokument. *Beim Aufstieg wurden im 1. Drittel, wo die Blitzschutzableitung mit Stacheldraht umwickelt ist, die OP-Handschuhe stark beschädigt.* Dennoch schafft es der Mann, im zweiten Obergeschoss eine Scheibe einzudrücken, durch das Loch zu greifen und den Fensterwirbel zu betätigen.

Das Vorgehen des Kletterers orientiert sich exakt an jener Spurenlage, die die Kriminalisten am 14. Dezember 1979 sichern konnten, also nach dem tatsächlichen Einbruch. Lediglich die Uniform weicht davon ab. Der Kunsträuber hatte einen blauen Arbeits- oder Trainingsanzug getragen. Wie auch immer er gekleidet sein mag: Nun liegt ein experimenteller Beweis dafür für, dass der Einbruch genauso abgelaufen sein dürfte, wie von der Polizei vermutet.

Eine wichtige Frage – die nach dem Wie – ist damit beantwortet. Doch wer nach Antworten auf andere Fragen sucht, etwa nach dem Wer und dem Warum, der sollte gedanklich nicht nur in jener regnerischen Dezembernacht verweilen. Eine Zeitreise ist vonnöten. Sie beginnt lange vor dem Kunstraub, und sie endet erst in der Gegenwart.

1973. Sechs Jahre vor dem Kunstraub.

Die Museen der Stadt Gotha erhalten einen neuen Direktor. Heinz Wiegand sorgt sich von Anbeginn an um die Sicherheit der ihm anvertrauten Schätze. Rückblickend wird er 1979 zu Protokoll geben, dass *der Stand von Ordnung und Sicherheit weder politisch-ideologisch, noch materiell und personell den Anforderungen* entsprach. Es gibt im Schloss Friedenstein keine Alarmanlage und keine Generalschließanlage. Weder eine Außenbeleuchtung noch ein Zaum umgeben das Ensemble. Wozu auch! *Fast alle Mitarbeiter vertraten die Meinung, daß Eigentumsdelikte gegen das museale Gut undenkbar seien.* Man vertraut darauf, dass eine Nachtwache für ausreichend Schutz sorgen. Der zum Wächter gehörende Hund wird allerdings nicht um das Schloss herum eingesetzt. Sein Revier erstreckt sich auf den großen Innenhof.

1976. Drei Jahre vor dem Kunstraub.

Am 15. April geht der lang gehegte Wunsch von Direktor Wiegand in Erfüllung. Er darf beim volkseigenen Fermeldeanlagenbau eine Alarmanlage für Schloss Friedenstein bestellen. Die Dresdener Spezialisten sollen sie sowohl entwerfen als auch liefern und montieren. Doch alsbald naht die realsozialistische Ernüchterung. Der Betrieb teilt mit, dass erst 1979 an eine Lieferung zu denken sei. Die Montage müsse das Museum zudem in Eigenregie organisieren.

Immerhin geht es mit der Außensicherung voran, zumindest etwas. Eine Brigade des Gothaer VEB Lufttechnik beginnt damit, die Erdgeschossfenster zu vergittern. *Da keine bilanzierte Kapazität zur Verfügung steht, werden diese Arbeiten als Feierabendtätigkeit durch diese Brigade ausgeführt*, erinnert sich Heinz Wiegand. Ebenso schleppend wird ein Zaun errichtet. Damit wird 1976 eine Handwerksgenossenschaft (PGH) beauftragt. Sie soll den Zaun bis zum 31. Januar 1979 fertigstellen. Allerdings werden die Handwerker schon nach kurzer Zeit wieder abgezogen. Doch warum? Die Antwort findet sich in einem Protokoll der Volkspolizei vom 7. April 1980 wieder. Es listet tatbegünstigende Umstände auf. Wörtlich heißt es: *Jedoch wurde der ausführende Betrieb – PGH Schlosserhandwerk Waltershausen – vor der Tatzeit für die Ausführung eines Landesverteidigungsobjektes eingesetzt und damit die Arbeiten unterbrochen. Bei dem LV-Objekt handelt es sich um das Erholungsheim des Obersten Gerichts der DDR in Tabarz.* Die Ferien hochgestellter Juristen waren demnach von größerer Bedeutung als die Sicherung von Millionenwerten in einem Schloss.

Auch der Aufbau von Laternen rund um den Friedenstein scheitert. Zwar stehen ausreichend Leuchtröhren zur Verfügung. Doch im System der staatlich verordneten Planwirtschaft lassen sich nirgends in der DDR die erforderlichen Lampenkörper auftreiben.

1977. Knapp drei Jahre vor dem Kunstraub.

Am 29. Januar empfängt Hertha BSC den MSV Duisburg in der Bundesliga. Aus der Bundesrepublik reisen viele Fußballfans mit ihren Autos über die Transitstrecke nach Westberlin und wieder nach Hause.

Unter die Fans mischen sich zwei Männer, die nur zum Schein eine Hertha-Fahne auf der Rückbank ihres weißen Mercedes liegen haben. Im Kofferraum befinden sich zehn Gemälde, welche am Nachmittag in Schloss Sanssouci (Potsdam) gestohlen worden sind. Das wertvollste Diebesgut ist ein Porträt von Tintoretto. Täter und Bilder gelangen über die Grenzübergangsstelle Marienborn unbehelligt in die Bundesrepublik.
Nach wenigen Wochen kommt die westdeutsche Polizei den Dieben auf die Schliche. Sechs Beteiligten wird in Frankfurt/Main der Prozess gemacht. Der Haupttäter stammt aus Erfurt, er war 1976 als politischer Häftling vom Westen freigekauft worden. Er beschreibt vor Gericht den Kunstraub als Akt der Selbstjustiz. Mit dem Erlös aus dem Verkauf der Gemälde habe er Fluchten aus der DDR finanzieren wollen. „Als Deutscher hasse ich das Zonenregime aus tiefster Seele." Seine Aussagen werden sich nach dem Kunstraub von Gotha in Lagebildern der Stasi und der Polizei widerspiegeln.

1977. Zwei Jahre vor dem Kunstraub.
Im Mai unterzieht das Volkspolizei-Kreisamt das Schloss Friedenstein einer komplexen Sicherheitskontrolle. Das dreiseitige Protokoll liest sich wie eine nicht enden wollende Mängelliste. Es gibt keine Alarmanlage. *Es fehlen mindestens 5 Aufsichtskräfte. Der Stellenplan des Wachpersonals ist unzureichend.* Ein Einsteigen über die Außenfassade, so heißt es, sei *nicht auszuschließen.* Alles in allem, so hält der Stabschef der Polizei fest, *ist eine durchgängige Sicherung des Schlosses nicht gegeben.*
Am 10. Dezember befiehlt Stasi-Minister Erich Mielke umfängliche Maßnahmen zur Erhöhung des Schutzes musealer Einrichtungen. Eingangs des siebenseitigen Papiers beschreibt er einen DDR-weit festzustellenden Zustand. Demnach *sind die gegenwärtigen personellen und materiellen Voraussetzungen selbst bei solchen Einrichtungen, in denen wertvolles Kulturgut konzentriert bewahrt wird, für die Gewährleistung des Schutzes der Kulturgüter unzureichend.* Mielke fordert neben einer aufklärerischen Tätigkeit seiner Mitar-

beiter auch die *Beseitigung von festgestellten Mängeln und begünstigenden Bedingungen.*

1978. Ein Jahr vor dem Kunstraub.

Im Westflügel von Schloss Friedenstein befindet sich im zweiten Obergeschoss die sogenannte Niederländer-Galerie. Zu den hier ausgestellten Ölgemälden gehört die Darstellung einer Landstraße mit Bauernwagen. Das von Jan Brueghel dem Älteren gemalte Bild weckt besondere Begierden in Kreisen, die man traditionell dem fahrenden Volk zurechnet. Einige von ihnen besuchen die Galerie, allerdings nicht nur, um die „Landstraße" zu bestaunen, sondern um sogleich die örtlichen Gegebenheiten aufzuklären. In zahlreichen Akten von Polizei und Staatssicherheit ist von Zigeunern die Rede. Ihr Strippenzieher ist ein vermögender Pferdehändler. Er rekrutiert eine Bande, die nachts ins Schloss einsteigen sowie das Brueghel-Gemälde stehlen soll.
Der erste Versuch startet im August. Die Täter versuchen, mit Hilfe eines Feuerwehrgurts an Blitzableiter und Regenfallrohr emporzuklettern. Der Gurt verheddert sich, die Einbrecher ziehen von dannen. Einige Tage später rücken sie erneut an. Nun sollen zusammengebundene Leitern den Aufstieg erleichtern. Tatsächlich schafft es einer der Männer, ein zur Niederländer-Galerie gehörendes Fenster zu erreichen. Doch es gelingt ihm nicht, die Scheibe einzuschlagen. Einige Tage später, der dritte Versuch. Wieder sind es Leitern, die die Bande zusammenbindet. Doch es gelingt den Tätern nicht, bis in die Galerie vorzudringen. Ein Nachtwächter wird aufmerksam und alarmiert die Polizei. Die Einbrecher werden gefasst.

Januar 1979. Elf Monate vor dem Kunstraub.

Sechs Männer stehen wegen versuchten Einbruchs ins Schloss Friedenstein sowie wegen eines Einbruchs in die Kirche von Gotha-Siebleben vor Gericht. Vier werden zu Haftstrafen verurteilt, zwei kommen frei.
Im Ostflügel des Schlosses beginnt der Einbau einer Alarmanlage. Doch erneut steht Direktor Wiegand vor einem Problem. Es scheint

schier unmöglich zu sein, die Alarmanlage direkt mit dem Lagezentrum der Gothaer Polizei zu verbinden. Eigentlich genügt dafür eine simple Telefonleitung. Doch dem Direktor wird *durch die Deutsche Post mitgeteilt, dass keine Leitung vorhanden sei.* Wiegand ist nicht willens, sich damit abzufinden. Er beschwert sich mehrfach beim Rat des Bezirkes Erfurt. Wie reagiert die seinerzeit oberste Behörde der Region? Auskunft gibt ein Aktenvermerkt der Polizei vom April 1980. *Alle Schreiben sind nicht beantwortet worden. Eine Lösung der Frage erfolgte ebenfalls nicht.*
Nicht mal eine Beschwerde des Chefs der Bezirkspolizeidirektion an den Vorsitzenden des Rates des Bezirkes Erfurt hilft weiter. Generalmajor Gerhard Wittig schreibt an Richard Gothe: *Nach der Aufdeckung der verursachten Einbruchsdiebstähle in die Gemäldegalerie im Jahre 1978 wurde nicht mit der notwendigen Konsequenz an der Beseitigung der Schwachstellen im Sicherungssystem gearbeitet. Die Realisierung der in diesem Jahr gezogenen Schlußfolgerungen läßt die gleiche Tendenz erkennen (...) Der Abzug von planmäßig eingesetzten Kräften führte zur Nichtdurchführung von Sicherheitsmaßnahmen.* Der Polizeigeneral befürchtet *die Wiederholung eines solchen Verbrechens. Deshalb bittet er um Mitteilung über getroffene Entscheidungen. Mit sozialistischem Gruß.*
Erhält Wittig eine schriftliche Antwort? Vermutlich nicht. Zumindest in den noch immer im Thüringer Hauptstaatsarchiv aufbewahrten Polizeiakten findet sich keine Stellungnahme des Rates des Bezirks wieder.

Oktober 1979. Zwei Monate vor dem Kunstraub.
Anlässlich des 30. Jahrestages der DDR ergeht eine Amnestie. 21.928 Personen werden vorzeitig aus der Haft entlassen. Zu ihnen gehört die im Januar verurteilte Einbrecherbande.

19. November 1979. Dreieinhalb Wochen vor dem Kunstraub.
Goldi ist der Spitzname einer Schlüsselfigur unter Gothas Zigeunern. Offiziell verdient er sich sein Geld mit dem Schleifen von Messern. Inoffiziell verpflichtet er sich an diesem Tag, als Stasi-Spitzel zu arbei-

ten. Seine handschriftliche Verpflichtungserklärung bringt er auf drei karierten A4-Seiten zu Papier. Er möchte das Ministerium für Staatssicherheit (MfS) *aus innerer Überzeugung und freiwilliger Entscheidung* unterstützen. *Die Zusammenarbeit gehe ich ehrlichen Herzens ein und schwöre beim Leben meiner Kinder und der Liebe und Achtung zu meiner Mutter und Frau, daß ich zu keiner Person oder staatlichen Organen über die Mitarbeit sprechen werde.*
Goldi war einer der Hintermänner der gescheiterten Einbruchserie ins Schloss. Nun erklärt er sich gegenüber der Stasi bereit, nie wieder die Gesetze verletzen zu wollen. Andererseits will er die Kontakte zu seinen Kumpanen aufrechterhalten und von ihnen eventuell geplante Straftaten verraten. Goldi nennt in seiner Erklärung vier Bürger beim Namen, welche er intensiv bespitzeln möchte.
Der Zigeuner legt sich den Decknamen Meyer zu. Das „y" im Namen wird immer mal wieder Verwirrung stiften; in späteren Akten ist gelegentlich von Meier die Rede. Die Stasi führt ihn als IMS. Das Kürzel steht für Inoffizieller Mitarbeiter zur politisch-operativen Durchdringung und Sicherung des Verantwortungsbereichs. Noch ahnt an diesem Tag niemand, dass Goldi alias Meyer schon bald nicht nur als Zuträger gefragt sein wird. Der IMS gerät selbst unter Verdacht. Jahrelang werden sich Stasi-Offiziere an ihm abarbeiten.

7. Dezember 1979. Eine Woche vor dem Kunstraub.
Ein Oberschüler namens Knut Kreuch feiert seinen 13. Geburtstag. 40 Jahre später wird sich Kreuch, nunmehr als Oberbürgermeister der Stadt Gotha, derart an seine Jugend erinnern: „Meine Mutti schaute auf ZDF immer die Sendung ‚Aktenzeichen XY ungelöst' und ich fand es furchtbar, wie viel Raub und Mord es im Westen gab. Irgendwie fühlte ich mich sicher hinter Mauer und Stacheldraht. Ich war als Kind überzeugt, so etwas kann in der DDR nicht passieren."

8. Dezember 1979. Sechs Tage vor dem Kunstraub.
Stasi-Chef Erich Mielke erlässt eine „Dienstanweisung über das politisch operative Zusammenwirken der Diensteinheiten des Ministe-

riums für Staatssicherheit mit der Deutschen Volkspolizei". Sie wird als VVS eingestuft, als Vertrauliche Verschlusssache. Die Dienstanweisung beschwört in epischer Breite das Zusammenwirken *für die Gewährleistung von Ordnung und Sicherheit*. Mielke verlangt von seinen Untergebenen zugleich, *die Potenzen der DVP ... in schöpferischer Durchsetzung meiner dienstlichen Bestimmungen und Weisungen* zu nutzen. Was genau ist darunter zu verstehen? Forschungen der Stasi-Unterlagenbehörde belegen eindeutig, dass Mielke schlichtweg das Unterwandern der Kripo befohlen hatte. Warum das? Der MfS-Chef vertraute ihr zu wenig. Dem ließ sich aus seiner Sicht auf zweierlei Weise abhelfen. Zum einen wurden Polizisten als Inoffizielle Mitarbeiter der Stasi angeworben. Zum anderen ließ Mielke wichtige Positionen bei der Polizei von eigenen Leuten besetzen, von Offizieren im besonderen Einsatz, kurz: von OibE.

13. Dezember 1979. Wenige Stunden vor dem Kunstraub.
Einer im Schloss beschäftigten Putzfrau fällt gegen 14 Uhr ein Besucher auf. Er trägt einen dunklen Mantel, Hut sowie eine dunkel getönte Brille. Am folgenden Tag sagt die Zeugin bei der Polizei aus: *Sein ganzes Verhalten war merkwürdig und er kam mir vor wie ein Gangsterchef, wobei er sich interessiert umsah und auch nach uns schaute*. Die Polizei erstellt ein Phantombild.
Unmittelbar vor der Schließung des Museums kontrollieren Aufsichtskräfte die öffentlich zugänglichen Räume des Schlosses. Dazu gehört, gewissenhaft alle Unterschlupfmöglichkeiten sowie den Verschluss der Fenster zu überprüfen. Danach werden die einzelnen Bereiche des Schlossmuseums mit Scherengittern gesichert; die Schlüssel befinden sich von nun an in der Wache.

Die Nacht vom 13. auf den 14. Dezember. Der Kunstraub.
Um 17.30 Uhr beginnt die Nachtschicht des Wachmanns. Sie wird bis zum Folgetag um 5.30 Uhr dauern. Gotha steht eine kalte, regnerische Nacht bevor. Um 19 Uhr startet der Nachtwächter zu einer Außenkontrolle. Danach lässt er seinen Hund im Innenhof des

1

Rund viereinhalb Minuten benötigte der Täter, um vom Erdboden aus bis in die Galerie im zweiten Obergeschoss vorzudringen. Er hinterließ Finger- und Schuhabdrücke. Diese Aufnahmen entstanden im Januar 1980 während einer Nachstellung des Einbruchs durch die Polizei.

2

3

Schlosses frei laufen. Das Wachbuch verzeichnet auch zwei Kontrollgänge im Westflügel, und zwar um 1.05 sowie um 2.50 Uhr. Außerdem hält um 2.30 Uhr routinemäßig ein Funkstreifenwagen der Polizei am Schloss. Einer der Genossen kommt zu einem kurzen Plausch in die Pförtnerstube. Er trägt sich, das ist so Vorschrift, ins Wachbuch ein.

Irgendwann in dieser Nacht pirscht sich ein Einbrecher an das Schloss heran. Mutmaßlich handelt es sich um Rudi Bernhardt, einen Lokführer aus Schmalkalden. Bernhardt steigt am selben Blitzableiter empor, über den die Zigeunerbande ihre Einbruchsversuche gestartet hatte. Mit einem Glasschneider ritzt er eine Fensterscheibe der Niederländer-Galerie ein, beklebt sie mit Tesaband und zertrümmert sie. Bernhardt schwingt sich über das Fensterbrett und steht inmitten der Galerie. Dabei hinterlässt er Schuhabdrücke. Der Täter trägt Germina-Einlaufschuhe der Größe 27.

Die „Landstraße mit Bauernwagen und Kühen“ wollte eine Bande bereits 1978 stehlen. Ihre drei Versuche scheiterten. 1979 glückte der Raub einem Einzeltäter dann doch.

In der Niederländer-Galerie hängt Bernhardt vier Gemälde ab, darunter die „Landstraße" von Brueghel. Auch den benachbarten Raum sucht er heim, die Galerie der Altdeutschen Meister. Hier werden mehrere Cranach-Werke ausgestellt sowie mit dem „Liebespaar" das bekannteste aller Gothaer Gemälde. Doch der Einbrecher hat es auf ein anderes Bild abgesehen, auf die „Heilige Katharina" von Hans Holbein. Er reißt das Gemälde aus seiner Wandbefestigung.
Rudi Bernhardt verknotet jedes der Ölbilder mit einem Bindfaden und seilt sie einzeln aus dem Einbruchsfenster ab. Zwei der Kunstwerke schlagen auf dem Erdboden auf. Ihre Rahmen zerspringen, einzelne Teile bleiben unter dem Fenster sowie auf dem Fluchtweg im angrenzenden Schlosspark zurück.

14. Dezember 1979. Die ersten Stunden nach dem Kunstraub.
An diesem Freitag betritt der stellvertretende Museumsdirektor, wie

„Die heilige Katharina" von Hans Holbein war mit Dübeln an einer Wand befestigt. Der Täter riss das Gemälde einfach ab.

„Bildnis eines alten Mannes", vermutlich von Ferdinand Bol. Konkrete Hinweise auf den Verbleib des angeblichen Rubens-Gemäldes erhielt die Stasi 1981. Sie nahm den Insider-Tipp nicht für bare Münze.

nahezu immer, als erster Mitarbeiter das Schloss. Um 6.40 Uhr trägt er sich im Wachbuch ein. Er geht in sein Zimmer, legt seine Sachen ab und startet routinemäßig zu einem Rundgang. Er kontrolliert die Siegel, schließt die Museumsräume einzeln auf, schaltet das Licht im jeweiligen Raum ein und sieht sich um. *Dabei achte ich besonders auf die Vollzähligkeit des Inventars und auf die Fenster. So habe ich das auch heute gemacht*, sagt er wenige Stunden später aus. *Die Räume mit den Gemälden sind im Westflügel die letzten Räume, wo ich bei meinem Kontrollgang hinkomme. Ich bin dort nichtsahnend angekommen ...*
Sofort alarmiert er den Direktor sowie die Polizei. Gegen 7.20 Uhr treffen die ersten Volkspolizisten des Gothaer Reviers ein, wenige Minuten später folgen Stasi-Mitarbeiter. Zwischen 8 und 8.25 Uhr setzt die Polizei einen Fährtenhund ein. Er verfolgt zwei Spuren, die in Richtung Süden durch den Park führen. In der Sache helfen sie nicht weiter, weder an diesem Tag noch zu einem späteren Zeitpunkt.
In der Niederländer-Galerie übernehmen ab 9 Uhr vier Kriminaltechniker aus Erfurt die Spurensicherung. An einem Türrahmen sowie an einer Vitrine fallen ihnen merkwürdige Abdrücke zweier Finger und einer Handfläche auf. Sie sind nicht komplett. Als die Kriminalisten auch noch abgerissene Fingerkuppen von OP-Handschuhen entdecken, erklärt sich diese Spurenlage. Der Täter hatte keine Abdrücke hinterlassen wollen. Doch offenbar sind die hauchdünnen Handschuhe beim Aufstieg zerfetzt worden. In den folgenden Monaten gleicht die Polizei diese Abdrücke mit denen von allen Museumsmitarbeitern ab. Auch die archivierten Abdrücke von 250 polizeibekannten Einbrechern sowie von 3000 weiteren Straftätern werden überprüft. Die Ermittler werden keinerlei Übereinstimmungen feststellen.
Um 10.30 Uhr beginnen fünf Polizisten damit, die Mitarbeiter des Museums zu vernehmen.
14.30 Uhr wird Goldi von der Gothaer Kripo zu Hause abgeholt und zu einer ersten Befragung in die Dienststelle gebracht. Das Verhör dauert bis 19.45 Uhr. Goldi gilt als dringend tatverdächtig. Er versichert, *damit nichts zu tun zu haben*. Weitere stunden-, teils sogar ta-

gelange Verhöre folgen bis Weihnachten – auch bei der Stasi. Die MfS-Leute wollen unter anderem wissen, wie die Kriminalpolizisten mit ihrem Informanten umgegangen sind. Goldi erzählt, dass ihn ein Oberleutnant der Kripo auf die unausweichlichen Verhöre durch Stasi-Ermittler mit einer Warnung eingestimmt hätte: *Du sagst denen, daß du mit ihnen nichts zu tun haben willst und nicht mit ihnen sprechen willst, dann kommst du zu mir.*

14. und 15. Dezember 1979. Der erste Tag nach dem Kunstraub.
Der Täter hatte eine einzelne Steighilfe am Schloss zurückgelassen. Wo aber waren die anderen elf abgeblieben? Eine der Theorien lautet, dass die Gemälde noch in der Tatnacht in die Bundesrepublik gebracht worden sind. Die Kriminalisten fragen sich: Könnte der Täter seine Steigeisen unterwegs entsorgt haben? Vorsorglich suchen Polizisten den Randstreifen der Autobahn von Gotha bis zur Grenzübergangsstelle Wartha ab, also rund 40 Kilometer. Sie werden nicht fündig. Vier Zeugen sagen unabhängig voneinander aus, in der Tatnacht einen vermutlich blauen Pkw „P70" in der Nähe des Schlosses bemerkt zu haben. Das Auto habe in der Lindenauallee geparkt. Ein Taxifahrer gibt an, dass sich gegen 1.30 Uhr ein Mann an dem Fahrzeug zu schaffen gemacht habe; Türen und Motorhaube hätten offengestanden. Auch der Besatzung eines Funkstreifenwagens war der „P70" aufgefallen. Die Polizisten können sich sogar noch daran erinnern, dass sein Nummernschild mit „O" begonnen hat. Das Auto ist demnach im Bezirk Suhl zugelassen. Die Fahndung nach dem „P70" beginnt am 16. Dezember.

16. Dezember 1979. Zwei Tage nach dem Kunstraub.
Die Bezirksdirektion der Volkspolizei, kurz: die BDVP, erstellt einen „Untersuchungsplan zum verbrecherischen Diebstahl Schloßmuseum Gotha". Darin entwirft sie auch vier mögliche Täter-Bilder. Wörtlich heißt es: *1. Der oder die Handlungsausführenden (Einbrecher) sind DDR-Bürger, welche zur Begehung der Straftat durch einen oder mehrere Bürger aus dem NSW angestiftet wurden und das Diebesgut zur Verbringung in*

das NSW übergeben. Dabei wurden die großzügigen Bestimmungen im Transitverkehr zwischen der DDR und der BRD zu dieser kriminellen Handlung mißbraucht. 2. Der oder die Handlungsausführenden sind DDR-Bürger und haben die Tat ausgeführt, um auf dem Wege der Spekulation in den Besitz finanzieller Mittel zu gelangen, um dadurch das ungesetzliche Verlassen der DDR zu finanzieren. 3. Bürger aus dem NSW, vorwiegend BRD, Niederlande und Österreich, nutzen die großzügigen Einreisebestimmungen im Transit- und Besucherverkehr zur Vorbereitung und Durchführung des verbrecherischen Diebstahls und verschleiern durch Verwendung von Hilfsmitteln, die DDR-Produkt sind, ihre Nationalität und den Angriff von außen. 4. Der oder die Handlungsausführenden sind DDR-Bürger, welche Liebhaber des Renaissancestils niederländischer und altdeutscher Meister sind und führten die Tat zur Befriedigung persönlicher, kultureller Bedürfnisse aus. Der Täter bevorzugt Porträts.

19. Dezember 1979. Fünf Tage nach dem Kunstraub.
„Ja, Guten Abend! Ich wollte mal fragen, ob sie auf einen Tausch eingehen." Es ist 17.25 Uhr, als sich ein anonymer Anrufer über den Notruf 110 bei der Gothaer Polizei meldet. „Einen Tausch sollen sie eingehen!", wiederholt er mehrmals. Der Diensthabende ist irritiert. Er fragt nach, was der Anrufer denn überhaupt meine. „Die fünf Bilder gegen 40.000 in kleinen Scheinen. Sie haben das schon verstanden. Ich lege jetzt auf." Die Polizei zeichnet das Gespräch nicht nur mit. Ihr gelingt es auch, das Telefon des Anrufers zu lokalisieren. Er hat einen Münzfernsprecher in der Goldbacher Straße in Gotha benutzt. Die Polizei setzt sofort die Staatssicherheit in Kenntnis. Noch am gleichen Abend gibt die Erfurter MfS-Verwaltung diese Information an Stasi-Chef Erich Mielke und dessen Stellvertreter weiter.
Am 28. Januar und am 4. Februar 1980 meldet sich der Anrufer erneut. Polizei und Staatssicherheit stimmen ihr Vorgehen ab. Sie lassen einen Berliner Spezialisten sogenannte Tonkonserven mit dem aufgenommenen Anruf vergleichen. Das Glück ist den Ermittlern hold. Ein gewisser Andreas M. wird binnen weniger Tage ermittelt und verhört. Der Gothaer gesteht zwar den Anruf, aber eben auch nicht mehr. In

den Polizei-Akten steht abschließend der handschriftliche Vermerk: *Keine Straftat, scheidet als Täter fürs Schloß aus.* M. wollte die Polizei lediglich veralbern. Er kommt mit einer Ordnungsstrafe davon.

20. Dezember 1979. Sechs Tage nach dem Kunstraub.
In der Niederländer-Galerie hatte sich, wie in anderen Räumen des Schlosses auch, ein Gerät zur Überwachung der Luftfeuchtigkeit befunden. Der Messtreifen der Tatnacht wird sowohl vom Meteorologischen Dienst der DDR als auch vom Institut für allgemeine Hygiene der Medizinischen Akademie in Erfurt ausgewertet. Beide bestätigen, dass es zwischen 22.30 und 23 Uhr zu einem punktuellen Ausschlag gekommen ist. *Das Instrument steht auf einem Hocker auf blankem Parkett und wird durch Erschütterungen beim Begehen des Raumes – wie festgestellt wurde – im Schrieb leicht beeinflußt*, heißt es in einem der beiden Gutachten. *Da vor und hinter diesem unruhigen Schrieb keine Störungen im Schrieb aufgetreten sind, ist die Tatzeit möglicherweise mit hoher Wahrscheinlichkeit damit festlegbar.*
Dennoch bleibt eine wichtige Frage ungeklärt. In der Tatnacht hatte es stark geregnet. Hätte sich dies nach dem Öffnen des Einbruchfensters nicht auf dem Messtreifen niederschlagen müssen? Eine bejahende Antwort gibt der Hersteller des Hygrographen, allerdings ergeht sie erst vier Monate später. Am 24. März 1980 teilt der VEB Feingerätebau Drebach (Erzgebirge) der Gothaer Kripo mit: *Eindringende feuchte Außenluft mit einer Luftfeuchte von ca. 93 % hätte das Gerät deutlich angezeigt. Es erfolgte jedoch nur eine ganz schwache Auslenkung, die nicht die charakteristischen Merkmale aufweist.*
Daraufhin entschließt sich die Polizei zu einem Experiment vor Ort. In den Nächten zum 29. und 30. März 1980 wird das Tatort-Fenster jeweils geöffnet. Unmittelbar darauf veränderte sich der Ausschlag des Messgeräts spürbar. Letztlich bleibt der Bezirksdirektion der Volkspolizei angesichts all der Widersprüche nichts anders übrig, als ein konsternierendes Fazit zu ziehen. *Aus all den*

durchgeführten Maßnahmen und Gutachten der einbezogenen Institutionen ergibt sich die Schlussfolgerung, daß eine Einengung der Tatzeit durch die Auswertung der Hygrographen-Registriertreifen nicht möglich ist.
Der genaue Zeitpunkt des Einbruchs wurde nie bekannt.

21. Dezember 1979. Eine Woche nach dem Kunstraub.
Gegen 5.45 klopft es bei Goldi. *Bevor er aufstehen konnte, wurde die Haustür eingetreten*, erzählt der Stasi-Spitzel am Abend seinem Führungsoffizier. Fünf Volkspolizisten in Zivil stürmen in die Wohnung. Auf die Aufforderung, einen Durchsuchungsbefehl vorzuzeigen, antworten die Polizisten, *daß sie keinen benötigen. Sie wären von der Staatssicherheit*. Goldi wird für mehrere Stunden in die örtliche Untersuchungshaftanstalt gebracht und verhört.
Angeblich will einer seiner früheren Mittäter am gleichen Tag ein Telegramm in Zigeunersprache erhalten haben: *Goldi, hie stillden, seit tschobeni*. Ein Stasi-Mitarbeiter übersetzt folgendermaßen: *Goldi ist im Knast seit 6.00 Uhr*. Hat es dieses Telegramm wirklich gegeben? In den Akten gibt es keinen Hinweis darauf. Dafür hält die Stasi fest, dass Goldi den Hintermann der Diebstahlsversuche von 1978 für den neuerlichen Drahtzieher hält.

27. Dezember 1979. Zwei Wochen nach dem Kunstraub.
Ein Oberleutnant der Kripo hat einen heiklen Termin. Er trifft sich zu einem informellen Gespräch mit dem stellvertretenden Generaldirektor der Kunst und Antiquitäten GmbH. Die in Berlin ansässige Firma gehört zum Imperium des Stasi-Offiziers Alexander Schalck-Golodkowski. Der Auftrag der GmbH ist klar umrissen: Sie verscherbelt generalstabsmäßig Kunstschätze aus der DDR ins kapitalistische Ausland, um so Devisen für den notorisch klammen Staat zu erwirtschaften. Worum geht es in dem Gespräch? Erachtet die Gothaer Kripo eine Tatbeteiligung der Stasi-Firma als möglich? Das vorhandene Protokoll gibt den Gesprächsverlauf nicht wirklich wieder. Es listet auf drei Seiten lediglich alle grenzüberschreitenden Be-

wegungen von Fahrzeugen der Kunst und Antiquitäten GmbH seit dem 10. Dezember auf. Immerhin fünf firmeneigene Lkw der Marken Mercedes und Fiat waren demzufolge im Einsatz. Außerdem hatte ein niederländischer Lkw diverse Kunstgegenstände in der DDR abgeholt.
Die Stasi legt sich an diesem 27. Dezember in einer internen Beratung bereits fest. *Vermutlich ein Einzeltäter*, heißt es eingangs eines Berichts der Bezirksverwaltung Erfurt.

2. Januar 1980. Drei Wochen nach dem Kunstraub.
Unter dem Arbeitstitel „Wer ist wer?" erstellt die Stasi ein Konzept zur Ermittlung von Tatverdächtigen. Betroffen sind ausnahmslos alle Mitarbeiter des Friedenstein sowie alle Handwerker, die zeitweilig im Schloss tätig waren. Im Stasi-Jargon ist davon die Rede, dass diese Personen aufgeklärt werden sollen – mit offiziellen wie inoffiziellen Mitteln. Dabei geht es immer wieder auch um die Frage, ob und inwieweit diese Personen über Kontakte in die Bundesrepublik verfügen. Von ihren Spitzeln erwartet die Stasi insbesondere Informationen zum Leumund im Wohngebiet und zu den familiären wie finanziellen Verhältnissen.

9. Januar 1980. Einen Monat nach dem Kunstraub.
Welchen Wert haben die gestohlenen Gemälde? Aufschluss gibt das Gutachten, welches eine Kunsthistorikerin der Staatlichen Museen zu Berlin erstellt. *Die Zugehörigkeit zu einer alten, stabilen fürstlichen Sammlung, deren hohe Qualität international berühmt ist, erhöht den Wert, den jedes Einzelstück an sich hat, um eine Vielfaches. Auf dem Kunstmarkt gilt eine seriöse Provenienz als Wertausweis*. Da es innerhalb der sozialistischen Länder keinen Kunstmarkt gibt, legt sie *die Tendenzen und Erlöse des kapitalistischen Kunstmarktes zu Grunde*. Entsprechend gibt die Expertin den Wert in DM an. Das wertvollste Einzelbild ist laut ihr das Bildnis der heiligen Katharina von Hans Holbein. Sie taxiert das Gemälde auf 1,5 bis 1,8 Millionen DM. Alle fünf Bilder summieren sich auf 4.530.000 DM.

8. Februar 1980. Zwei Monate nach dem Kunstraub.
Die Gothaer Dienststelle der Stasi legt einen Operativen Vorgang unter dem Decknamen „Alte Meister“ an. Zur Begründung vermerkt der verantwortliche Offizier: *Die bisherige operative Bearbeitung ergab keine konkreten Hinweise auf den oder die möglichen Täter und den Verbleib der gestohlenen Gemälde. Die Bearbeitung erfolgt gegen Unbekannt.*
Fünf Tage später befiehlt der Leiter der Dienststelle, *sich ab sofort nur noch auf die Schwerpunktaufgabe Prüfen und Erarbeiten von Hinweisen zu möglichen tatverdächtigen Personen aus dem Personal / wissenschaftliche Mitarbeiter des Schlosses Friedenstein zu konzentrieren.*

März 1980. Drei Monate nach dem Kunstraub.
Der oberste Kriminalist des Bezirks Erfurt beschwert sich beim Berliner Innenministerium über die Arbeit seiner Suhler Kollegen. Es geht um die Fahndung nach dem „P70“ mit Suhler Kennzeichen. Eine Nachkontrolle habe ergeben, *daß im Bezirk Suhl nicht mit der erforderlichen Konsequenz gearbeitet wurde und deshalb die vorliegenden Ergebnisse in keiner Weise befriedigen können.* In dem Brief sowie in seinen Anlagen ist von einer schleppenden Informationsübermittlung die Rede, von unübersichtlichen Akten und nicht beweiskräftigen Protokollen. Demzufolge haben die Suhler Polizisten 34 in Frage kommende Autos zunächst überhaupt nicht beachtet. Doch es gibt der Fehler weit mehr. Die Erfurter hatten sich in einer Stichprobe fünf angeblich erledigte Fälle ihrer Suhler Kollegen im Detail angesehen. Das Ergebnis ist ernüchternd. In einem Fall ist überhaupt nicht ermittelt worden, in einem weiteren begnügte man sich mit der Befragung der Mutter eines Fahrzeugbesitzers. In drei weiteren Fällen hatte man es bei einem Telefongespräch mit den Fahrzeughaltern bzw. Nutzern belassen.
Daraufhin sollen Kriminalisten der Gothaer Einsatzgruppe nochmals alle fraglichen Autos im benachbarten Bezirk Suhl überprü-

fen. Ihr Arbeitsauftrag wird schriftlich definiert: *Zu jedem Pkw „P70" sind die Ermittlungen solange zu führen, bis eindeutig festgestellt ist, wo sich dieser zur Tatzeit befand.* Eigentlich müssten die Gothaer nunmehr dem Täter auf die Fährte kommen. Doch auch sie werden nicht herausfinden, dass Rudi Bernhardt in der Tatnacht den blauen „P70" seines Vaters benutzt hatte.

Mai 1980. Fünf Monate nach dem Kunstraub.
Scotland Yard nimmt die in Gotha geraubten Gemälde in seine Fahndungskartei auf. Die Aktennummer lautet 2471.

Juni 1980. Ein halbes Jahr nach dem Kunstraub.
Vor Ankauf wird gewarnt! Unter dieser Überschrift veröffentlicht die in München herausgegebene Zeitschrift „Weltkunst" sowohl Fotos als auch Beschreibungen der gestohlenen Gemälde. Sachdienliche Hinweise sollen möglichst direkt an das Gothaer Museum gerichtet werden – oder aber an die diplomatische Vertretung der DDR.
Die Stasi fasst die Ergebnisse ihrer Wer-ist-Wer-Untersuchung zusammen. Zu den Beschäftigten des Schlosses konnten *keine Hinweise erarbeitet werden, die auf eine mögliche Tatbeteiligung bzw. auf den Verbleib des Diebsgutes hindeuten. Die in den Bereichen des Schloßmuseums tätigen Mitarbeiter haben zum größten Teil umfangreiche Verbindungen ins NSW, dabei u.a. auch solche, die von operativem Interesse sind.* Das NSW, das ist das nichtsozialistische Wirtschaftsgebiet, das ist der Westen.
Im August beschließt die Stasi, Wer-ist-Wer fortzusetzen. Sie legt 15 konkrete Maßnahmen fest. Sie zielen in zwei Richtungen. Zum einen sollen Westkontakte der Museumsmitarbeiter ausspioniert werden. Zum anderen möchte die Stasi zentrale kriminalpolizeiliche Ermittlungsergebnisse auf deren Plausibilität prüfen. So stellt das MfS in Frage, ob die *Fingerabdruckspur an den Türrahmen ausgewertet und überprüft wurde.* Auch alle Hinweise zum „P70" sind *nochmals konkret zu überprüfen.*

Juli 1980. Sieben Monate nach dem Kunstraub.

Am 15. Juli wendet sich die Abteilung K der BDVP an den Chefstaatsanwalt des Bezirks. Formell beantragen die Kriminalisten, zwei weitere Wochen zum Kunstraub ermitteln zu dürfen. Bereits im Februar, April und Juni hatte es gleichlautende Ersuchen gegeben. Im Unterschied dazu zeichnet sich nun aber das Ende der polizeilichen Arbeit ab. *Die Ermittlungen zu den einzelnen Untersuchungskomplexen sind im wesentlichen abgeschlossen. Es ist nicht geplant, neue Komplexe zu untersuchen oder Ermittlungen zu weiteren Personengruppen zu führen. Die Kräfte der Einsatzgruppe werden reduziert.*

Am Monatsende wird die Untersuchung eingestellt. Abschließend fasst die Einsatzgruppe der Gothaer Kripo ihre Ermittlungen auf 45 eng beschriebenen Blättern zusammen. Auf drei Seiten bilanziert sie

Kaum waren die Gemälde – hier ein Selbstbildnis nach Anthonis van Dyck – wieder in Gotha, drängten sich die Besucher bereits vor den Bildern.

Frans Hals malte das „Brustbild eines unbekannten Herrn mit Hut". Eine Restauratorin der Stiftung Schloss Friedenstein begutachtet das Ölbild nach dessen Rückkehr.

die Fahndung nach dem mutmaßlichen Tatfahrzeug, dem blauen „P70". Allein im Bezirk Erfurt hat die Polizei demnach 1045 Autos überprüft, 147 davon stellten sich als blau heraus. *Davon waren 68 nachweislich nicht fahrbereit. Die 79 fahrbereiten Pkw wurden durch Alibiüberprüfungen und Personenaufklärung ebenfalls ausgeschieden.* Auch in sieben anderen Bezirken kontrollierten Polizisten sämtliche „P70". Da das Kennzeichen des gesuchten Autos vermutlich mit „O" beginnt, *wurden die Fahndungsmaßnahmen im Bezirk Suhl besonders intensiviert.* Hier ermittelte die Kripo 45 blaue „P70". *Es konnten keine Hinweise oder Verdachtsmomente ermittelt werden, daß eines dieser Fahrzeuge in der Tatnacht in Gotha war.* Auch der Frage, ob der Wagen eventuell umlackiert wurde, gingen die Kriminalisten nach. Sie hatten alle ihnen bekannten Lackierereien überprüft. Dazu gehören im Stadt- und Kreisgebiet von Gotha *46 sogenannte illegale Autoreparaturwerkstätten.*

23. April 1981. Ein Jahr und vier Monate nach dem Kunstraub.
Die Stasi wertet die Untersuchungsberichte zu der am Tatort zurückgelassenen Steighilfe aus. Sie hält fest, dass *die verwendeten Stahlsorten nicht in der DDR hergestellt bzw. während der letzten 5 Jahre importiert wurden. Es handelt sich, gutachterlich festgestellt, eindeutig um NSW-Produkte.* Diese Feststellung steht konträr zu den Ermittlungsergebnissen der Gothaer Kriminalpolizei. Sie hatte ein knappes Jahr zuvor herausgefunden, dass es sich bei dem Stahl um *ein relativ hochwertiges Material* handelt, dessen alleiniger Hersteller das Edelstahlwerk im sächsischen Freital ist. In der DDR, so wusste die Kripo, wird diese Stahlsorte in den fraglichen Abmessungen überhaupt nur von zwei Betrieben bezogen. Dazu gehört der VEB Werkzeuge in Schmalkalden; hier hatte Rudi Bernhardt seine Berufsausbildung absolviert und jahrelang gearbeitet.

Oktober 1981. Knapp zwei Jahre nach dem Kunstraub.
Im Gefängnis von Untermaßfeld (bei Meiningen) vernimmt die Stasi routinemäßig einen Inhaftierten. Er erzählt beiläufig, dass einer sei-

ner Bekannten, ein Rudi Bernhardt aus Schmalkalden, im Besitz eines Rubens-Gemäldes sei. Das Bild zeigt angeblich einen alten Juden. Bernhardt soll versucht haben, das Gemälde während der Leipziger Frühjahrsmesse einem Westdeutschen zu verkaufen.
Ein Rubens-Werk im Besitz eines gelernten Schmieds aus Schmalkalden? Dieser Gedanke erscheint den Südthüringer Stasi-Mitarbeitern offenbar als absurd. Vielleicht haben sie aber auch schlichtweg nicht mehr in Erinnerung, dass es jenseits des Rennsteigs einen spektakulären Kunstraub gegeben hatte. Letztlich greift das MfS ausgerechnet jenen Hinweis nicht auf, der zwar nicht zu einem Rubens-Bild geführt hätte – dafür aber zum Gemälde eines Rembrandt-Schülers und damit zum Kunstdieb von Gotha.

Februar 1982. Mehr als zwei Jahre nach dem Kunstraub.
Die Kreisdienststelle Gotha des MfS entschließt sich, alle vorliegenden Ermittlungsergebnisse neu zu bewerten. Dazu gehört, nochmals alle am 13. Dezember 1979 erfolgten Einreisen aus Westberlin und aus der Bundesrepublik in die DDR zu überprüfen. Die Stasi greift auf die gespeicherten Daten ihrer Hauptabteilung VI zurück. Die „HA VI" ist für die Passkontrollen an der Grenze sowie für die Überwachung des Tourismus und der Interhotels zuständig. Außerdem geraten zum wiederholten Male alle Mitarbeiter des Schlosses, alle dort tätigen Handwerker und alle Saisonkräfte in den Fokus. Die Stasi geht noch immer davon aus, dass der Einbrecher einen Komplizen hatte, der sich im Schlossmuseum bestens auskennt. Sämtliche Personen, so lautet die Maßgabe, müssen *lückenlos erarbeitet und überprüft werden (...) der Zeitraum der Erfassung sollte ca. 3 Jahre vor die Tatausführung zurückgehen.*
Eine scheinbar heiße Spur eröffnet sich zugleich im Gothaer Zigeuner-Milieu. Der Hintermann der drei gescheiterten Einbruchsversuche von 1978 meldet sich bei der Stasi. Er bezichtigt zwei Bekannte, seinen Plan ausgeführt zu haben. Sie wollen sich angeblich *nach diesem Kunstraub bis zu 5 Jahre Zeit lassen,*

um dann die Bilder aus der DDR zu verbringen. Daraufhin erstellt das MfS einen Maßnahmeplan, um *die evtl. Beteiligung des Personenkreises der Zigeuner am Kunstraub* aufzuklären. Insbesondere geht es um Verbindungen zu westdeutschen Bürgern. Bei einem der Verdächtigen, bei dessen Ehefrau und Schwiegermutter sollen außerdem alle Kontenbewegungen seit 1975 kontrolliert werden.

Juni/Juli 1982. Zweieinhalb Jahre nach dem Kunstraub.
Der Leiter der Gothaer MfS-Dienststelle weist an, *einen zuverlässigen IM in das Schloßmuseum einzuführen.* Zugleich wachsen bei der Stasi die Zweifel an der Glaubwürdigkeit ihres bislang wichtigsten Spitzels Meyer alias Goldi. In einem Protokollnotiz heißt es, *daß die Aussagen des IMS Meier auch nur als Vermutungen betrachtet werden dürfen und bisher durch nichts bewiesen sind.* Deshalb wird die *Schaffung von grundlegenden Voraussetzungen für eine Beobachtung des Goldi* befohlen. Der entsprechende Operativplan umfasst zehn Seiten mit detaillierten Vorgaben. Selbst die Scheidungsakte der ersten Ehe des Goldi wird ausgewertet. Auf der achten Seite des Plans befindet sich der handschriftliche Vermerk, dass *Haftgründe zu erarbeiten* sind. Die Stasi vermutet eine *Täterschaft des Goldi.*

November 1982. Drei Jahre nach dem Kunstraub.
In einem Bericht fasst das MfS den Stand der Ermittlungen gegen Goldi zusammen. *Die politisch-operativen Aufklärungsergebnisse erbrachten, daß vorwiegend Straftaten der allgemeinen Kriminalität, wie Diebstahl sozialistischen und persönlichen Eigentum von den Angehörigen der Zigeunerfamilien durchgeführt werden und dabei angeblich bestimmte Sitten und Gebräuche der Zigeuner ausgenutzt werden, um begangene Straftaten durch die Personen untereinander zu decken.* Die Verdachtsmomente gegen Goldi haben sich verstärkt. Der *Erarbeitung von konkreten Beweisen* soll nun eine *operative Kombination* dienen. Die Stasi

setzt einen versierten Spitzel auf Goldi an, einen gewissen IME Beier. IME steht für Inoffizieller Mitarbeiter im besonderen Einsatz. Beier soll Goldi telefonisch kontaktieren und vorgeben, ein Antiquitätenhändler zu sein und aus der Bundesrepublik zu stammen. Nach fingierten Einreisen in die DDR, so der Plan, werden sich beide wiederholt treffen. Schließlich könnte ein derartiges Vertrauensverhältnis entstehen, dass Goldi dem IME die gestohlenen Bilder zum Kauf anbietet.

Juli 1983. Dreieinhalb Jahre nach dem Kunstraub.
Die Stasi stellt ihre Ermittlungen gegen Goldi ein; die Verdachtsmomente haben sich als haltlos erwiesen. Der Gothaer MfS-Chef gibt zu Protokoll, dass wohl auch die bislang von Goldi in seiner Rolle als IMS Meyer erhaltenen Informationen wertlos sind. *Er ist nur auf seinen persönlichen Vorteil bedacht und neigt vielfach dazu, Unwahrheiten zu verbreiten, wenn es ihm nutzt bzw. um sich damit groß zu tun.* Goldis Bestreben sei, *sich ständig für das MfS interessant zu halten und durch gezielte Falschinformationen bzw. Halbwahrheiten immer wieder Aktivitäten auszulösen. Dabei muß beachtet werden, daß es sich hier auch um Überprüfungshandlungen bzw. Tests der Zigeuner handeln kann, um ständig zu wissen, wofür sich das MfS interessiert.*

November/Dezember 1983. Vier Jahre nach dem Kunstraub.
Die Hauptabteilung IX der Berliner MfS-Zentrale erhält den Hinweis zugespielt, dass vier der fünf Gothaer Gemälde im Frühjahr 1980 bei Sotheby's in London versteigert worden sind. Die „HA IX" hat die Befugnisse einer kriminalpolizeilichen Ermittlungsbehörde. Sie befasst sich mit Straftaten gegen die staatliche Ordnung. Laut einer internen Aktennotiz vermutet die Stasi, dass es sich bei den Käufern um *Familienangehörige der Sippe Coburg-Gotha* handelt. Gemeint ist die in Bayern lebende herzogliche Familie derer von Sachsen-Coburg und Gotha. Die Stasi bittet daraufhin den Direktor der Gothaer Museen zu einem Hintergrundgespräch

zum internationalen Kunsthandel. Sie erhofft sich Informationen über die Auktionshäuser Sotheby's und Christie's. Laut Stasi-Akten bezweifelt Direktor Wiegand, *daß solche Häuser die DDR informieren würden, wenn ihnen gestohlene Gemälde angeboten werden. Da die sog. Seriosität bei einem zu erwartenden Profit gleich Null wäre.*

Eine Woche später schlägt der Direktor der Stasi vor, drei westliche Auktionshäuser anzuschreiben. Heinz Wiegand möchte sich nach einer eventuellen Versteigerung der gestohlenen Gemälde erkundigen. Schließlich fragt er in seinen Briefen lediglich nach einem Bild, nach dem Porträt eines jungen Mannes aus den Händen von Frans Hals.

Am 5. Dezember 1983 wendet sich der Chef der Erfurter Stasi, Generalmajor Schwarz, schriftlich an die Hauptabteilung IX. In seinem Brief beschreibt der Erfurter General den Gothaer Museumsdirektor *als ehrlichen, zuverlässigen und klassenverbundenen Genossen unserer Partei.* Gemeint ist die SED. Schwarz bittet um Genehmigung, Genossen Wiegand zu *Überprüfungshandlungen auf der Veste Coburg / BR zum Einsatz zu bringen.* Auch an einer Legende für die Reise des Museumsdirektors wird bereits gestrickt. Wiegand soll vorgeben, im Coburger Archiv die dort lagernden Bauakten des Gothaer Schlosses Friedenstein studieren zu wollen. Sein Augenmerk würde dabei auf den unterirdischen Be- und Entwässerungsanlagen liegen.

Februar bis Juni 1984. Rund viereinhalb Jahre nach dem Kunstraub.

Sotheby's antwortet im Februar auf die Anfrage aus Gotha. Man habe während der letzten Jahre weder ein Frans-Hals-Bild aus Gotha verkauft noch eines, das dem gestohlenen Gemälde ähnlich sei. Auch ein Kunstprofessor der Harvard Universität (USA) meldet sich postalisch bei Heinz Wiegand. Er bedauert den Kunstraub sehr und würde gern helfen. Doch bedauerlicherweise habe er kein einziges Wort über das gestohlene Hals-Gemälde gehört.

Im März gehen Antwortschreiben aus Coburg im Gothaer Museum ein. Sowohl die dortigen Archive als auch die Kunstsammlungen sowie die Herzogliche Hauptverwaltung freuen sich darauf, den Museumsdirektor schon bald zu wissenschaftlichen Studien begrüßen zu dürfen.

Im Mai erhält Direktor Wiegand einen dreiseitigen Reiseauftrag von der Stasi. Während der Reise nach Coburg soll er alle legalen Möglichkeiten nutzen, um *unauffällig Informationen über die Bestände der Kunstsammlungen abzuschöpfen (...) Auffällige und verdächtige Fragestellungen sind prinzipiell zu unterlassen (...) Bei Konfrontation mit den Sicherheitsorganen der BRD werden Sie eine Verbindung zum MfS grundsätzlich verneinen.* Heinz Wiegand unterzeichnet den Auftrag mit „Berger". Das ist jener Deckname, unter dem ihn die Stasi bereits seit acht Jahren als Informanten führt. Berger ist ein GMS, ein Gesellschaftlicher Mitarbeiter für Sicherheit.

Am 30. Mai reist Wiegand alias Berger mit dem Zug über den Grenzbahnhof Gerstungen nach Coburg. Zuvor hatte ihm sein Stasi-Kontaktmann 300 DM als Spesen ausgehändigt. Am 5. Juni 1984 kehrt der Museumsdirektor zurück, ohne auch nur auf einen einzigen weiterführenden Hinweis gestoßen zu sein.

1985. Rund fünfeinhalb Jahre nach dem Kunstraub.

Am 20. März wird Rudi Bernhardt in die Untersuchungshaftanstalt der Stasi in Suhl eingeliefert. Er hatte eine Republikflucht geplant, war aber denunziert worden. Während der Hausdurchsuchung bei ihm fotografieren die Stasi-Leute unter anderem einen alten Bilderrahmen sowie ein Elektro-Schweißgerät. Einen Zusammenhang zu dem Gemäldediebstahl in Gotha stellen die Ermittler nicht her. Bernhardt wird zu 22 Monaten Haft verurteilt. Damit sitzt der Täter von Gotha hinter Gittern, allerdings aus gänzlich anderen Gründen. Er tritt seine Strafe im Gefängnis von Karl-Marx-Stadt an.

Der Führungsoffizier von Goldi hält am 29. Mai handschriftlich eine Warnung fest. Sein Spitzel habe ihm davon erzählt, dass seit kurzem ein Vorbestrafter auf dem Friedenstein arbeiten würde.

Wir sollten uns nicht wundern, wenn im Schloß wiederum ein Diebstahl geschieht.
Am 22. August 1985 schließt die Stasi den Operativen Vorgang „Alte Meister“, *da trotz Abarbeitung aller als möglich erscheinenden Versionen keine operativen Hinweise oder Anhaltspunkte (...) erarbeitet werden konnten.* Die Hauptakte umfasst rund 500 Blatt, dazu kommen etliche Beiakten.

1986. Sechseinhalb Jahre nach dem Kunstraub.
Im Frühjahr kauft die Bundesrepublik den politischen Häftling Rudi Bernhardt frei. Er reist in den Westen aus, einige Zeit später dürfen ihm seine Frau und sein jüngster Sohn folgen. Bernhardt besucht unmittelbar nach seiner Ankunft im Westen einen alten Bekannten in Ingelheim (Rheinland-Pfalz). Nennen wir ihn Walter Eschenbach (Name geändert). Er trifft jenen Mann, der schon bald in den Besitz der geraubten Gemälde kommen wird.

1987/88. Acht bzw. neun Jahre nach dem Kunstraub.
Die Raststätte am Hermsdorfer Kreuz liegt an der Transitstrecke von Berlin nach Bayern. Sie wird routinemäßig von der Stasi überwacht. Am 30. Mai 1987 beobachtet einer ihrer Spitzel, wie ein VW mit Frankfurter Kennzeichen und 45 Minuten später ein aus Mainz stammender Opel eintreffen. Beide Fahrer scheinen sich zu kennen. Sie reden intensiv miteinander. Es handelt sich um Rudi Bernhardt, der in die alte Heimat gereist war, und um Walter Eschenbach. Haben sie bei dieser gemeinsamen Tour in die DDR den Schmuggel der fünf geraubten Gemälde in den Westen vorbereitet? Gut möglich. Eschenbach reist mit seiner Frau im März 1988 erneut per Auto in die DDR. Eventuell holen sie die Bilder jetzt ab. Darauf deutet eine Einlassung ihrer Tochter hin, mit der im Jahr 2020 das Nachrichtenmagazin „Spiegel“ spricht. Sie berichtet von der überaus großen Furcht, die ihre Mutter gerade vor dieser Grenzkontrolle gehabt habe.
Die Gemälde hängen fortan in der Wohnung der Familie Eschenbach.

2009. 30 Jahre nach dem Kunstraub.

Noch immer fehlt von den geraubten Bildern jegliche Spur. Dennoch wächst in Gotha die Hoffnung, dass sie heimkehren könnten. Das liegt am Paragraphen 197 des Bürgerlichen Gesetzbuchs. Er besagt, dass 30 Jahre nach dem Abhandenkommen einer Sache der Herausgabe-Anspruch des Eigentümers gegenüber dem neuen Besitzer verjährt. Die jüngere Geschichte kennt gerade in puncto Kunstschätze einige Präzedenzfälle. Tauchen entwendete Stücke wieder auf, bleibt den Bestohlenen oft nur, ihr Eigentum für horrende Beträge zurückzukaufen. Die gezahlten Summen werden gern pro forma als Aufwandsentschädigung für die Aufbewahrung der Werke deklariert.

2011. 32 Jahre nach dem Kunstraub.

Zwei Jahre lang haben die Gothaer darauf gehofft, dass ihnen jemand die Gemälde zum Rückkauf anbietet. „Wir spinnen uns nichts mehr zurecht", meint nun ein enttäuschter Bernd Schäfer. Er ist mittlerweile Direktor des Gothaer Schlossmuseums. Natürlich könne es irgendwo einen einsamen Sammler geben, in dessen Privatgalerie die gestohlenen Gemälde hängen, sagt Schäfer. Wirklich Bewegung in die Sache werde aber erst kommen, wenn dieser Sammler eines Tages stirbt und dessen Erben vor allem Interesse an Geld und nicht an Kunst hätten.

2016. 37 Jahre nach dem Kunstraub.

Rudi Bernhardt erliegt in Frankfurt am Main einer heimtückischen Krankheit. Dass er der mutmaßliche Kunsträuber von Gotha war, ist bisher nicht öffentlich bekanntgeworden.

2018. 39 Jahre nach dem Kunstraub.

Walter Eschenbach liegt im Sterben. Er bittet seine Kinder, die geraubten Bilder zurückzugeben.
Im Juli wird Gothas Oberbürgermeister Knut Kreuch von einem Anwalt besucht. Sein Gast legt ihm fünf Briefumschläge vor. In ihnen

stecken Fotografien der geraubten Gemälde. Kreuch ist sofort elektrisiert. Offiziell hat es bisher nur Schwarz-Weiß-Aufnahmen der Gemälde gegeben. Nun liegen Farbfotos vor ihm, die noch dazu jüngeren Datums sind. Steht der Kunstraub damit vor seiner Aufklärung? Kehren die Bilder schon bald wieder heim? Und wer hat die Gemälde überhaupt in Besitz? Der Jurist gibt vor, im Auftrag einer auf Anonymität beharrenden Erbengemeinschaft zu handeln.
Beide Männer verabreden hohe Vertraulichkeit. Sie treffen sich während der kommenden Monate wiederholt. Immer geht es dabei um Geld, um viel Geld. Am Ende werden es 5,25 Millionen Euro sein, die die Erbengemeinschaft für die Herausgabe des Diebesguts fordert.
Der Oberbürgermeister nimmt Kontakt zur Ernst-von-Siemens-Kunststiftung auf. Sie hatte Gotha mehrmals bei der Wiederbeschaffung von Kunstschätzen unterstützt, die in den Wirren des Zweiten Weltkriegs abhandengekommen sind. Und auch jetzt will die Kunststiftung helfen. Sie bietet an, den Millionenbetrag aufzubringen.

30. September 2019. Fast 40 Jahre nach dem Kunstraub.
Bereits mehrfach sind Versuche der Rückgabe gescheitert. Nun soll sie im Forschungslabor der Staatlichen Museen zu Berlin erfolgen. Der Ort ist mit Bedacht gewählt: Gotha hat zur Bedingung gemacht, dass Spezialisten die Gemälde auf ihre Echtheit untersuchen. Doch bevor es soweit ist, unterzeichnen besagter Rechtsanwalt, Gothas Oberbürgermeister und der Generalsekretär der Siemens-Stiftung einen Vertrag. Er sichert den „Verkäufern" die Zahlung von mehr als fünf Millionen Euro zu. Der Anwalt telefoniert kurz, wenig später rollt ein Kleintransporter auf den Hof des Labors. Das Auto hat ein Jenaer Kennzeichen. Ein Mann entlädt fünf flache Pakete. Im Labor kann es Knut Kreuch kaum erwarten, die Gemälde auszupacken ...
Ein verdeckter Ermittler des Berliner Landeskriminalamts ist die gesamte Zeit vor Ort. Weitere Beamte beobachten das Forschungslabor von außen. Die Polizisten geben sich nicht zu erkennen. Festnahmen erfolgen keine. Monate später wird bekannt, dass die Berliner Museen vorsorglich das LKA eingeschaltet hatten.

So sah es 2020 aus. Das Einbruchsfenster befindet sich in der oberen Etage, rechts neben dem Regenfallrohr. Das Schloss wird mittlerweile saniert. Die Arbeiten dauern vermutlich bis 2030 an.

Dezember 2019. 40 Jahre nach dem Kunstraub.
In mehreren Bundesländern finden am 5. Dezember Hausdurchsuchungen statt, unter anderem beim Rechtsanwalt der Erben sowie bei dem Mann, der die Gemälde in Berlin angeliefert hatte. Es handelt sich um den Sohn von Walter Eschenbach, er ist Arzt in Ostfriesland. Der Tatvorwurf lautet auf Erpressung und Hehlerei. Noch am gleichen Tag erklärt das Landeskriminalamt Berlin: Die kriminalpolizeilichen Untersuchungen fanden unabhängig von den Bemühungen statt, die die Stiftung Schloss Friedenstein zur Rückführung der Gemälde unternommen hat. Nach und nach wird publik, wer die Erben sind. Es handelt sich um drei Kinder des Walter Eschenbach.
Am 6. Dezember gibt Oberbürgermeister Kreuch eine öffentliche Erklärung ab. „Seit 40 Jahren liegt diese Tat wie ein ungeklärtes Trauma über der Stadt. Die Hoffnung, die wertvollen Gemälde eines Tages wieder zu bekommen, hatten viele Menschen schon aufgegeben. Die Aufklärung des Kunstraubs ist ein Lebenstraum, der hoffentlich bald in Erfüllung geht. Ich appelliere an alle Beteiligten, sich einer angemessenen und fairen Lösung nicht zu verweigern." Was ist angemessen? Antwort gibt der Generalsekretär der Siemens-Kunststiftung. Martin Hoernes erklärt sich bereit, den zwischenzeitlichen Besitzern einen moderaten Finderlohn zu zahlen. Von 5,25 Millionen ist keine Rede mehr.

20. bis 26. Januar 2020. 40 Jahre nach dem Kunstraub.
Tausende Menschen drängen ins Herzogliche Museum. Die fünf Gemälde sind zurück in Gotha und während einer einwöchigen Sonderausstellung zu sehen. Wer genau hinschaut, erkennt den großen Restaurierungsbedarf. Gilb hat die Bilder überzogen, teils sind die Malschichten zerkratzt oder lockern sich. Exkremente von Insekten haben sich abgelagert, eines der Bilder hat sogar Farbspritzer bei einer Wohnungsrenovierung abbekommen. Alles in allem befinden sich die Gemälde jedoch in einem stabilen Zustand.
Im Vorfeld der Ausstellung wird bekannt, dass sich die Stiftung Schloss Friedenstein mit den zwischenzeitlichen Besitzern gütlich geeinigt hat. Für die Rückgabe der Gemälde fließt kein Geld. Immerhin erstattet

die Siemens-Stiftung den Erben ihre Ausgaben für deren anwaltliche Beratungen. Es handelt sich um rund 50.000 Euro. Die Stiftung bekundet außerdem, nicht an einer strafrechtlichen Verfolgung der Erbengemeinschaft interessiert zu sein. Sie war, so heißt es zur Begründung, weder unmittelbar noch mittelbar am Diebstahl beteiligt.

Dezember 2020. 41 Jahre nach dem Kunstraub.
War Rudi Bernhardt der Kunstdieb von Gotha? Beim Berliner LKA ist man davon überzeugt. Die Indizien, die ihn belasten, sind erdrückend. Doch der unzweifelhafte Beweis, dass der Schmalkaldener ins Gothaer Schloss eingedrungen war, lässt sich vermutlich nie erbringen. Naheliegend wäre, die Fingerabdrücke vom Tatort mit den von ihm später archivierten Abdrücken zu vergleichen. Doch ausgerechnet jene daktyloskopischen Spuren, die die Kriminalpolizei am 14. Dezember 1979 im Schlossmuseum sichergestellt hatte, gelten als verschollen. Werden sie je, so wie die Gemälde, wieder auftauchen?

TATORT

Der Täter brach in den Westflügel von Schloss Friedenstein ein. Sein Auto hatte er am Rande des Schlossparks abgestellt, in der Lindenauallee.
Spürhunde nahmen am 14. Dezember 1979 eine Fährte auf, die durch den Park nach Süden führte. Daraus entsprang das Gerücht, die Gemälde seien vom Schlachthof aus mit einem Fleischtransport in die Bundesrepublik gebracht worden.

Der Peugeot-Mord

Die Bienstädter Warte ist das Wahrzeichen der Fahner Höhe. Ausgangs des Mittelalters gehörte der damals 18 Meter hohe Turm zu jenen Schutzbauten, die sich rund um Erfurt zogen. Ihre Wärter sollten vor herannahenden Feinden warnen. Jahrhunderte später konnte diese Warte nicht mal mehr einem arglosen Autoverkäufer schützen. Er wurde 1981 unweit der Ruine ermordet.

In den frühen Morgenstunden des 22. August 1981 legen sich zivil gekleidete Polizisten in einem Erfurter Plattenbaugebiet auf die Lauer. Sie hoffen darauf, dass ihnen hier, in der Hanoier Straße, ein Mörder in die Falle tappt. Noch wissen sie nicht, wer er ist und wie er aussieht. Sie können nur darauf hoffen, dass er ein am Vortag geraubtes Auto erneut benutzen möchte.
Er ist eine Sie. Kann das stimmen? Die Polizisten glauben ihren Augen nicht zu trauen. Eine junge Frau läuft auf den von ihnen beobachteten Peugeot zu, sie trägt einen Picknick-Korb, den sie auf der Rückbank abstellt. Sollen sie zuschlagen, fragen sich die Kriminalisten? Die Frau macht keine Anstalten, die Fahrertür zu öffnen. Schnell ist den Kriminalisten klar, dass sie vermutlich auf einen Begleiter wartet. Und tatsächlich, nach wenigen Momenten, die den Polizisten wie eine Ewigkeit vorkommen, öffnet sich die Haustür des elfgeschossigen Gebäudes erneut. Ein junger, athletisch wirkender Mann läuft auf das Auto zu …
Eine Woche zuvor. Von Erfurt aus fährt der 26-jährige Marco S. (Name geändert) nach Leipzig. Die Messestadt gilt unter Autofans als das heißeste Pflaster im Osten. Westimporte? Aber klar, wenn überhaupt, so sind sie auf dem dortigen Gebrauchtwagenmarkt zu haben. Die horrenden Preise dürften den für seine Renommiersucht bekannten

Der Mord geschah im Bereich der Bienstädter Warte.
Der Turm ist nur noch als Stumpf erhalten.

S. kaum schrecken. 40.000 Mark hat der junge Mann nach eigenem Bekunden gespart; dies entspricht mehreren Jahresverdiensten. Ob diese Summe legal zusammenkam, lässt sich später nicht mal mehr vor Gericht eindeutig klären. Fest steht indes: In seinem Arbeitsbereich gab es immer wieder Fehlbeträge. S. war Büffettier in der HO-Gaststätte „Goldbroiler" auf dem Erfurter Anger.
Kaum in Leipzig, sieht sich S. sogleich seinem Traumwagen gegenüber, einem roten Peugeot 305 GLS, Baujahr 1979. Dessen Besitzer ist ein gewisser Klaus R. aus Dresden. Er ist 35 Jahre alt und von eher unscheinbarer Statur. Nur 1,58 Meter ist R. groß; er wiegt gerade mal 50 Kilogramm. Doch der kleine Mann erweist sich gegenüber S. als äußerst hartgesottener Verkäufer. Die gebotenen 40.000 Mark sind ihm zu wenig.
Enttäuscht fährt Marco S. nach Hause, er lässt sich aber wenigstens die Telefonnummer des R. geben. Wer weiß, eventuell kann er ja einige weitere Tausender auftreiben und den Peugeot doch noch kaufen. Und wirklich, drei Tage später werden die beiden am Telefon handelseinig. Am 21. August, um 9 Uhr, soll das Geschäft auf einem Parkplatz bei Leipzig vollzogen werden. Nur noch 43.000 Mark, so scheint es, trennen S. von seinem Wunschauto.
Was genau an jenem Morgen passiert, lässt sich nur aus der Vernehmung des Marco S. rekonstruieren – oder aber zusammenreimen. Aus seiner Sicht stellt sich das Geschehen als Notwehr da. Urplötzlich und ohne erkennbaren Grund habe der Autoverkäufer mit einem Eisenrohr auf ihn eingeschlagen. Daraufhin sei ihm nichts anderes übrig geblieben, als sich mit Faustschlägen zur Wehr zu setzen. Es sei ihm geglückt, dem Dresdener das Rohr abzunehmen. Nun, so sagt S., habe er seinerseits auf einer sofortigen Unterzeichnung des Kaufvertrags bestanden.
Um seine Position zu erhärten, habe er dem Dresdener gedroht, Anzeige wegen des überhöhten Kaufpreises zu erstatten. In der Tat kann Autoverkäufern in der DDR kaum etwas Schlimmeres passieren. Wann immer solche Wuchergeschäfte publik werden, zieht die Staatsmacht den erzielten Mehrpreis gnadenlos ein.

Sind es diese Aussichten, die den Verkäufer nun angeblich durchdrehen lassen? Jetzt ist es eine Schumacher-Ahle, so berichtet S. später vor Gericht, mit der der Dresdener auf ihn losgegangen sei. Um den Stich abzuwehren, stürzt er sich auf den Autoverkäufer. Er würgt ihn bis zur Bewusstlosigkeit. Das in diesem Gerangel die Ahle mehr oder weniger zufällig in die Brust des R. eingedrungen sei, habe er erst später bemerkt.

Im Glauben, den Peugeot-Besitzer getötet zu haben, legt er die vermeintliche Leiche sowie die Ahle in den Kofferraum. In Wirklichkeit ist R. zu diesem Zeitpunkt aber nur bewusstlos.

Oder hat sich alles doch ganz anders zugetragen? Immerhin war Marco S. in puncto Gewaltbereitschaft längst ein hinreichend beschriebenes Blatt: Er hatte sich während des Wehrdienstes der schweren Körperverletzung schuldig gemacht. Könnte es also sein, dass er den ihm körperlich weit unterlegenen Peugeot-Besitz mit Gewalt zum Verkauf überreden wollte?

Wie auch immer, nach seiner Festnahme wird S. der Polizei eine haarsträubende Räuberpistole auftischen. Vor lauter Aufregung habe er nach dem Handgemenge den Koffer mit dem Geld auf dem Parkplatz vergessen. Als er diesen wenig später holen wollte, hätte sich längst dreistes Diebespack an der Tasche zu schaffen gemacht. Doch hatte dieser ominöse Koffer jemals 43.000 Mark enthalten? Gab es diese hohen Ersparnisse überhaupt? Das weiß S. allein.

Von Leipzig aus fährt S. mit dem Peugeot nach Thüringen. Nach etwa zwei Stunden erreicht er die Fahner Höhe. Hier kennt sich der 26-Jährige bestens aus. Nur wenige Kilometer entfernt ist er aufgewachsen. Er hat die Lausbubenzeit und erst recht das eine oder andere Schäferstündchen in dem Waldgebiet verbracht. Hier möchte er die Leiche verschwinden lassen.

Nahe der Bienstädter Warte biegt er in einem Forstweg ein und stellt das Auto ab. S. sucht zu Fuß nach einem geeigneten Versteck für die vermeintliche Leiche. Als er zum Peugeot zurückkehrt, fährt ihm der Schreck in die Glieder. Neben dem Wagen steht niemand anderes als der totgeglaubte Autoverkäufer. Er hatte sich, aus der Ohnmacht er-

wacht, aus dem Kofferraum befreit. Für Marco S. ist dies die letzte Chance, die Sache doch noch zu einem guten Ende zu bringen und sich mit einer gewissen Glaubwürdigkeit der Polizei zu stellen.
Stattdessen bahnt sich eine neuerliche Auseinandersetzung an.
Weder S. noch R. bemerken, dass ihr Streit aus der Ferne von einem Jäger beobachtet wird. Doch der Zeuge erkennt nicht die wahre Lage, ja, er ist sogar schadenfroh. Er glaubt, dass sich das feuerrote

Wegen eines solchen Peugeot 305 GLS wurde S. zum Mörder.

Westauto in einem Schlammloch festgefahren hat und dass die beiden Männer deshalb streiten. In seinen Augen ist dies eine gerechte Strafe. Schließlich hatten in den letzten Wochen immer wieder parkende Autofahrer das Rehwild unnötig aufgescheucht. Endlich, so meinte der Jäger, hatte es einen der Ruhestörer erwischt. Er denkt überhaupt nicht daran, den Streithähnen zu helfen. Voller Genugtuung stiehlt er sich von dannen.
Was wäre, wenn ... Was wäre, wenn der Jäger noch ein, zwei Minuten weiter beobachtet hätte? Wäre er dann zum Augenzeugen des Mords geworden? Hätte er ihn gar verhindern können?
Laut der Aussage des Marco S. soll R. erneut mit der Ahle auf ihn losgegangen sein. Es gelingt S. angeblich, ihm das Werkzeug zu entreißen. Doch warum sticht er nun selbst auf den bereits schwer verletzten Verkäufer ein? Genau zwölf Mal, so stellen die Gerichtsmediziner fest, bohrt sich die Ahle in den Oberkörper des Dresdeners.

Eine knappe Stunde später sieht der Jäger den Peugeot erneut. Der Wagen fährt über den Waldweg, hin zur Landstraße. Nun vermutet der Waidmann, die Insassen könnten heimlich Müll im Wald abgeladen haben. Er läuft zu der Buschgruppe, an der der Wagen geparkt hatte. Gleich nebenan fällt ihm in einer Bodenvertiefung ein Haufen

Die Waldwege an der Bienstädter Warte sind mittlerweile mit Schranken gesichert. 1981 fuhr der Mörder mit dem Peugeot seines Opfers noch ungehindert in den Wald.

übereinander geworfener Äste auf. Unter dem Laub liegt R., blutüberströmt und mausetot.
Zur gleichen Zeit fällt einem weiteren Zeugen ein roter Peugeot auf, der nahe Molschleben über die Landstraße rast.
Während die polizeilichen Ermittlungen kurz darauf auf Hochtouren laufen, gibt sich Marco S. kaum Mühe, mögliche Spuren zu verwischen. Zwar fährt er augenblicklich in eine Waschanlage, doch dies eigentlich nur, um Freunden die „Erwerbung" blitzblank präsentieren zu können. Eine zum Feiern eingeladene Bekannte sagt später über den sich freudetrunken gebenden S. aus: *Er war wie ein kleines Kind!*
Noch am späten Abend beginnt die Polizei damit, zwischen Gotha und Erfurt alle Besitzer von roten Pkw zu überprüfen, deren Design an Westwagen erinnert. Schließlich entdeckt eine Streife in der Nacht einen parkenden Peugeot in Erfurt. Das Fahrzeug wird fortan mit Argusaugen bewacht ...

Im April 1982 verhandelt das Bezirksgericht Erfurt den Mordfall während zweier Tage öffentlich. Die Gerichtsberichte in den Zeitungen werden hauptsächlich von dem Tenor bestimmt, dass sich hier ein Werktätiger aus Gier nach materiellen Gütern über die Normen des gesellschaftlichen Lebens hinweggesetzt hat. *Bei uns hat jeder die Möglichkeit, seine materiellen Bedürfnisse durch fleißige, anständige Arbeit zu befriedigen.*
Die Menschen schütteln indes vor allem über die Unverfrorenheit des Täters den Kopf. Angesichts des nahezu lückenlosen Überwachungsapparats hätte Marco S. keinerlei Chance gehabt, den Besitz eines für DDR-Verhältnisse derart exotischen PKW länger als einige Tage zu verschleiern.
Am 8. April 1982 wird S. wegen Mordes, schwerer Körperverletzung und Verletzung der Pflicht zur Hilfeleistung zu einer lebenslangen Freiheitsstrafe verurteilt. Das Oberste Gericht der DDR verwirft ein halbes Jahr später die Berufung des Angeklagten. Doch schon nach fünf Jahren kann der Mörder wieder hoffen. Im Rahmen eines Amnestie-Beschlusses des Staatsrates der DDR vom 17. Juli 1987 wird

seine Strafe auf 15 Jahre gesenkt. Am 2. Oktober 1990, dem historisch letzten Tag der sozialistischen Republik, wird der Strafvollzug schließlich sogar auf Bewährung ausgesetzt. S. kommt frei.
Den Antrag, ihn auf Bewährung zu entlassen, hatte die Justizvollzugsanstalt wegen der positiven Entwicklung des Verurteilten im Strafvollzug gestellt. Diese Verfahrensweise war nach der Strafprozessordnung der DDR durchaus zulässig, nicht aber nach den Gesetzen des am Folgetag wiedervereinten Deutschlands.
Weitere vier Jahre später läuft die Bewährungszeit ab. Auf Beschluss des Erfurter Landgerichts wird S. im Februar 1995 die noch offene Reststrafe erlassen.
Zu diesem Zeitpunkt war er längst zu einer Schlüsselfigur der in Thüringen hart umkämpften Rotlicht-Szene geworden. Dies freilich hat keinen Einfluss auf die Entscheidung des Gerichts.

Epilog. Am 16. Dezember 1996, einem Montag, findet ein Anwohner den 41-jährigen Marco S. im Flur eines Erfurter Hauses. In seinem Nacken steckt eine Pistolenkugel. S. wird ins Krankenhaus gebracht. Er überlebt.

TATORT

Die Bienstädter Warte steht am Waldrand. Sie ist ein frei zugängliches Ausflugsziel.

Der eigentliche Tatort ist ein naher Waldweg.

Auf der Straße zwischen Bienstädt und Molschleben wurde der geraubte Peugeot von einem Zeugen gesehen.

Westautos im Osten

Pkw aus westlicher Produktion waren in der DDR nicht nur Exoten, sondern zugleich eine Wertanlage. Für Gebrauchtwagen zahlten Käufer weit mehr als den Neupreis.

Das ökonomische Phänomen erklärt sich aus der Mangelwirtschaft. Die Nachfrage nach Pkw überstieg bei weitem das Angebot – erst recht, wenn es um Westautos ging. Derartige Pkw gab es zwar zu Zehntausenden. Dennoch galten sie stets als Exoten, für die im Weiterverkauf teils bis zu 100.000 Mark bezahlt wurden. Allerdings erfolgten solche Abmachungen stets unter der Hand. Die Verkäufer hatten keinerlei Interesse daran, den tatsächlich erzielten Preis im Kaufvertrag auszuweisen.

Alles begann damit, dass die Staatsführung in den 70er Jahren ihren Fuhrpark mir repräsentativen Limousinen von Volvo, Citroën und Peugeot auszustatten begann. Parallel dazu gelangten kleinere Sonderkontingente dieser Marken ins Land. Sie wurden an verdiente Genossen, an Wissenschaftler und an Künstler verteilt.

1978 importierte die DDR sage und schreibe 10.000 VW Golf im Rahmen eines Gegengeschäfts. Der Volkswagen-Konzern wurde mit Werkzeugmaschinen bezahlt, mit Reifen und Fahrzeugelektrik sowie mit einem Planetarium des VEB Carl Zeiss Jena. Zunächst sollte jeder Golf rund 35.000 Ostmark kosten. Der volkseigene IFA-Vertrieb korrigierte den Preis um 10.000 Mark nach unten.

1981 schloss die DDR ein Handelsabkommen mit Japan. Es sah unter anderem den Import von 10.000 Mazda vor. Die Wagen der Baureihe 323 wurden für rund 25.000 Mark verkauft. Schließlich gelangten immer wieder auch Fahrzeuge auf Vermittlung der Genex GmbH in die DDR. Die ostdeutsche Firma hatte sich darauf spezialisiert, westdeutschen Bürgern teure Geschenke an deren DDR-Verwandte zu verkaufen. Allein zwischen 1981 und 1988 betraf dies 13.332 VW Golf sowie 36 BMW, außerdem 33 Peugeot und 642 Ford.

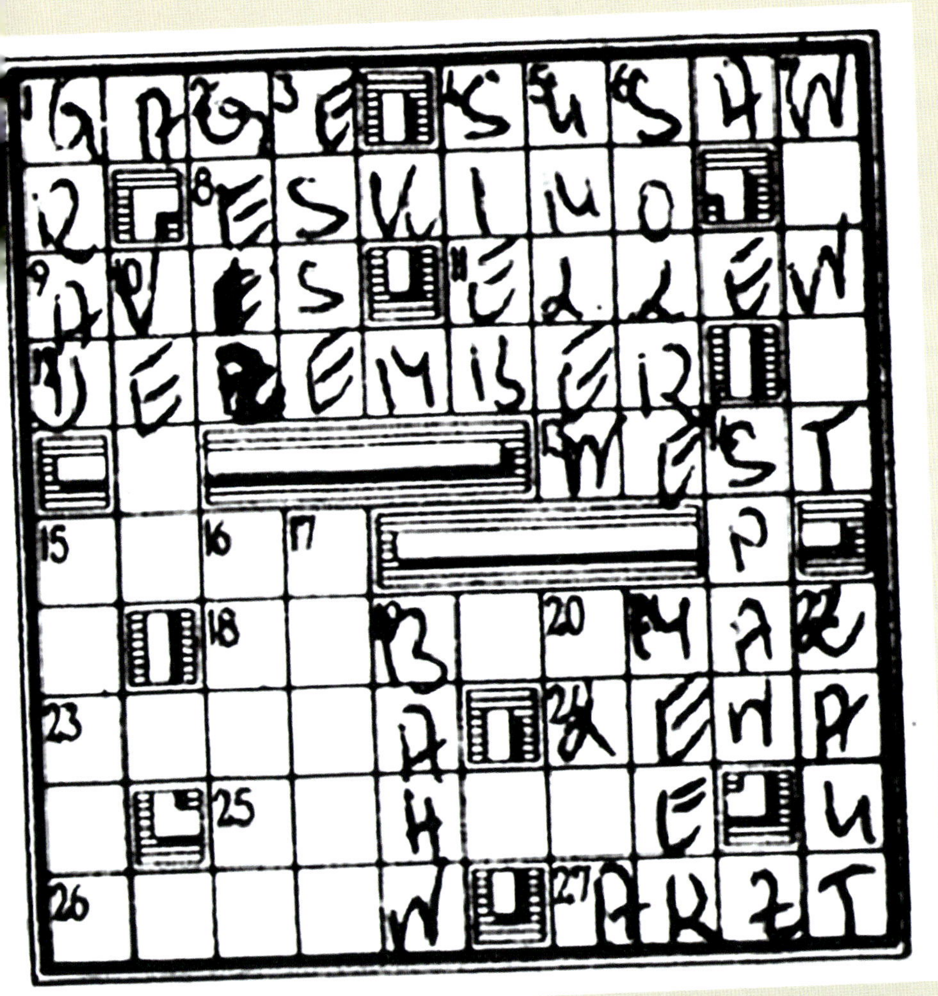

Dieses ausgefüllte Kreuzworträtsel führte die Polizei zum Mörder.

Der Kreuzworträtselmord

Der bekannteste Kriminalfall der DDR trug sich 1981 in Halle-Neustadt zu. Ein Siebenjähriger wurde missbraucht und ermordet. Der Täter legte den Leichnam in einen Koffer und warf ihn aus einem fahrenden Zug. Nach zehn Monaten wurde der Mörder in Friedrichroda verhaftet.

Woran denken Thüringer, die das Wortpaar „Hotel" und „Friedrichroda" hören, zuerst? Gut möglich, dass die Antwort fast immer lautet: Schloss Reinhardsbrunn. Obwohl das einstige Interhotel vor zwei Jahrzehnten geschlossen wurde, ist sein legendärer Ruf kaum verblasst. Während hier keine Gäste mehr absteigen können, geht es auf dem nahegelegenen Reinhardsberg äußerst geschäftig zu. Auf ihm steht nicht einfach nur ein Hotel, auf ihm steht der überhaupt größte Beherbergungsbetrieb des Freistaats. 457 Zimmer lassen sich im Berghotel buchen. Als das Haus 1980 als FDGB-Ferienheim eröffnet hatte, rechnete man anders: Inklusive Aufbettungen für Kinder standen 1500 Urlaubsplätze bereit.

Zu denen, die für das Wohl der Gäste sorgten, gehörte seit dem Sommer 1981 auch ein Hausmeister namens Matthias S. Er war noch bis vor kurzem im Chemiewerk Buna (nahe Halle/Saale) in die Lehre gegangen. Eine Weiterbeschäftigung war ihm sicher. Dennoch zog es ihn mit aller Macht nach Friedrichroda: Seine Freundin stammte zwar ebenfalls aus Halle, sie kellnerte seit einigen Monaten auf dem Reinhardsberg. Nun, da auch er im Ferienheim arbeitete, konnte das Paar täglich zusammen sein. Was Kerstin G. nicht ahnen konnte: S. war nicht nur der Liebe wegen nach Thüringen gekommen. Er war zugleich vor den tiefdunklen Schatten seiner selbst geflohen. Doch auch hier, auf dem idyllischen Berg von Friedrichroda, holte ihn die

Vergangenheit binnen weniger Monate ein. Am 17. November 1981 wurde Matthias S. im Ferienheim verhaftet …

Bereits am 15. Januar 1981 war in Halle-Neustadt der siebenjährige Lars verschwunden. Am 28. Januar wurde sein lebloser Körper entdeckt. Einem Wärter der Reichsbahn war an der Strecke zwischen Halle und Leipzig ein Koffer aufgefallen. Ihn ihm lag der in Plastikfolie verschnürte Leichnam. Die Obduktion belegte, dass der Junge sexuell missbraucht worden ist. Er wurde mit einem stumpfen Gegenstand erschlagen, womöglich mit einem Hammer. Außerdem hatte der Täter mit einem Messer auf ihn eingestochen.
Obwohl die Polizei sofort eine Sonderkommission bildete, schien es keine wirkliche Spur zum Täter zu geben. Ja, der Koffer ist aus einem fahrenden Zug geschleudert worden. Doch allein schon über den Zeitpunkt herrschte völlige Unklarheit. In dieser Situation wurden Zeitungen und Zeitschriften, mit denen der Koffer ausgepolstert war, zum wichtigsten Anhaltspunkt. Den Kriminalisten fiel auf: Die darin abgedruckten Kreuzworträtsel sind ausgefüllt wor-

Im Berghotel von Friedrichroda arbeitete der Mörder Matthias S. bis zu seiner Festnahme.

den; das Schriftbild passt zu einer Frau mittleren Alters. Das stimmte zwar überhaupt nicht mit dem vermuteten Täterbild überein. Aber zumindest lag nahe, dass diese Frau in einer Verbindung zum Mörder stehen würde.

Doch wer war sie? Alsbald inszenierte die Kripo einen Rätselwettbewerb. Sie hoffte, dass die Schrift einer Einsenderin mit jener aus dem Koffer übereinstimmt. Vergebens! Um an ausgefüllte Rätsel zu gelangen, ließ die Polizei von Kindern sogar Altpapier sammeln. Vergebens! Schließlich hatte jeder der rund 100.000 Einwohner von Halle-Neustadt eine Schriftprobe abzugeben. Vergebens! Letztlich glichen die Kriminalisten mehr als eine halbe Million Schriftproben ab – und damit weit mehr, als bei jedem anderen Kriminalfall weltweit.

Eine Einwohnerin von Halle-Neustadt war beim Einsammeln der Schriftproben nie angetroffen worden. Anfang November stellte sich heraus: Sie war auf der Halbinsel Fischland-Darß als Kellnerin tätig und wohnte nahezu das gesamte Jahr in Wustrow. Nun, in der Nebensaison kehrte sie heim nach Halle-Neustadt und gab ihre Probe ab. Alsbald war klar: Sie ist es, die die besagten Kreuzworträtsel ausgefüllt hatte. Die Frau selbst traf keine Schuld an dem in ihrer Wohnung begangenen Verbrechen. Als Täter entpuppte sich der 18-jährige Freund ihrer Tochter. Matthias S. hatte zeitweilig allein in der Wohnung der beiden Frauen gelebt; seine Freundin arbeitete derweil in Friedrichroda, deren Mutter an der Ostsee.

1982 verurteilte das Bezirksgericht Halle den Mörder S. zu einer lebenslangen Freiheitsstrafe. Damit erkannten die Richter nicht auf die Höchststrafe, auf den Tod. Allerdings lag die letzte Hinrichtung von Gewaltverbrechern neun Jahre zurück: Am 2. Oktober 1973

Morde in der DDR

Tötungsverbrechen gab es in der DDR immer wieder, wenn auch nicht in ähnlich hoher Zahl wie in Westdeutschland. Statistisch gesehen wurde in den 1970er und 80er Jahren jeden zweiten bis dritten Tag ein Mord oder ein Totschlag verübt. Die Aufklärungsquote lag bei 97 Prozent.

starben zwei Mörder durch „unerwarteten Nahschuss". Fortan verzichtete die DDR aus politischen Gründen auf die Todesstrafe für gewöhnliche Verbrecher. Bis 1981 wurden noch zwei Kriegsverbrecher sowie vier Offiziere wegen Spionage erschossen. Danach gab es keine weiteren Hinrichtungen mehr. 1987 stimmte die Volkskammer der Abschaffung der Todesstrafe zu.

Matthias S. wurde ab 1996 in einer Einrichtung des Maßregelvollzugs untergebracht. Drei Jahre später kam er frei. Seine einstige Freundin veröffentlichte nach drei Jahrzehnten einen Roman über den Fall. Darin bezichtigte sie sich selbst der Mittäterschaft. Demnach sei sie am Tattag nicht in Friedrichroda gewesen, sondern in Halle-Neustadt. Als daraufhin die Staatsanwaltschaft zu ermitteln begann, stellten sich diese Schilderungen als frei erfunden heraus. Offenbar gierte die Ex-Geliebte nach Aufmerksamkeit.

Am 15. Januar 2013 starb Matthias S. Der von ihm begangene Mord lag auf den Tag genau 32 Jahre zurück.

TATORT

Das heutige Berghotel wurde 1980 als Ferienheim „August Bebel" des Freien Deutschen Gewerkschaftsbundes (FDGB) eröffnet. Es steht auf dem Reinhardsberg hoch über Friedrichroda.

10 Fälle in aller Kürze

Mord an Heinrich von Siebleben

Das vermutlich bekannteste Sühnekreuz Thüringens steht unweit des Gasthauses Hubertus im Erfurter Stadtwald Steiger. In den Sandstein hat man nicht nur einen betenden Geistlichen eingemeißelt, sondern auch die Inschrift *Hic est occisus magister henricus de sybeleben sacerdos.* Zu deutsch: Hier wurde Magister Heinrich von Siebleben erschlagen, ein Mönch. Das Opfer gehörte einem aus Gotha stammenden Adelsgeschlecht an und war zugleich einer der Chorherren von Erfurt. Laut dem Totenbuch des Doms wurde er am 10. Dezember 1323 getötet. Täter soll Graf Heinrich von Schwarzburg gewesen sein. Das Motiv bleibt im Dunkeln. Vermutlich geschah der Mord im Kontext einer macht- bzw. kirchenpolitischen Auseinandersetzung.

Tatort: Das Kreuz befindet sich etwa 200 Meter oberhalb des Hubertus auf der gegenüberliegenden Straßenseite.

Zwar steht das Sühnekreuz etwas versteckt am Waldesrand, es ist aber dennoch gut zu finden.

Duell im Mordgarten

Unterhalb von Burg Gleichen, im Freudental, liegt ein von alten Bäumen umschatteter Platz, der wird Mordgarten genannt. Wer entlang des Hangs spazieren geht, steht alsbald vor einem Steinkreuz. Eine Inschrift verrät, dass hier im Jahre 1717 ein gewisser Christian Friedrich Carl von Bose im Duell mit einem Herrn von Buttler gefallen ist. Das Kreuz ist freilich viel jünger, als es der eingemeißelte Text vermuten lässt. Heimatforscher setzten es 1993. Das vorherige Kreuz war zwei Jahre zuvor gestohlen worden; aber auch bei diesem Kreuz handelte es sich nicht um das Original. Der ursprüngliche Gedenkstein war um 1875 verschwunden.

Das Sühnekreuz erinnert nicht an ein gewöhnliches Duell. Der Überlieferung zufolge war das spätere Opfer von seinem Kontrahenten zu einem Pistolenduell geradezu genötigt worden. Bose besaß keinerlei Erfahrung mit Schusswaffen, während Buttler als Offizier ein geübter Schütze war. So kann man die Aufforderung zu dem äußerst ungleichen Duell durchaus auch als geschickt eingefädeltes Tötungsdelikt deuten.

Auslöser der Bluttat war der Streit um die Gunst einer jungen Arnstädterin. Sie hatte sich für Bose entschieden und Buttler einen Korb gegeben.

Das Bestreiten von Duellen war in den sächsischen Herzogtümern, zu denen Sachsen-Gotha gehörte, seit 1708 per Mandat verboten. Der Überlebende des Wanderslebener Duells wurde deshalb per Gerichtsentscheid zeitlebens für ehrlos erklärt.

Tatort: Der Mordgarten befindet sich im Freudental bei Wandersleben.

Das Steinkreuz im Freudental.

Blinde Wut

Im September 1910 kam es in Gotha zu einem Familiendrama. Die örtliche Presse berichtete: „Der Fleischer Hanf, der schon länger mit seiner Frau in Unfrieden lebte, geriet, wie es heißt, in der Trunkenheit, anläßlich eines Streits mit seiner Frau, dermaßen in Erregung, daß er in blinder Wut auf die Frau losschlug, so daß sie bald besinnungslos in der Stube lag." Im Glauben, seine Frau getötet zu haben, griff Hanf zu einem Revolver und nahm sich das Leben. Wenig später erwachte die Gattin aus ihrer Bewusstlosigkeit. Ihren fünf Kindern war zum Glück nichts passiert.

Tatort: Ein Wohnhaus am Nelkenberg.

Gnade für einen Doppelmörder

1911 flehte ein zum Tode Verurteilter beim Gothaer Herzog um Gnade. In seinem Gesuch bat der Doppelmörder, ihn wegen seiner körpeligen Leiden lebenslänglich in eine Heilanstalt zu sperren. Der Brief hat im Gothaer Staatsarchiv die Zeitläufe überdauert. Das Schreiben ist mit einem irritierenden Doppelnamen unterzeichnet – mit Karl Karoline Hopf. Bereits vor Gericht hatte der Täter für Verwirrung gesorgt. Er trat in Frauenkleidern auf.

Hopf hatte 1906 in seinem Heimatort Schwarzwald (Luisenthal) eine Hebamme ausgeraubt und ermordet. 1910 brach er in Ohrdruf in ein Haus ein; hier erschlug er eine Frau und verletzte deren fünfjährigen Sohn schwer. Auf die Spur kam ihm die Polizei eher zufällig. Hopf wurde 1911 in Cabarz festgenommen, da er unberechtigterweise eine Pistole besaß.

Vor Gericht verwies der Angeklagte auf seine Transsexualität. Hopf war als Mann geboren worden, fühlte sich aber als im falschen Körper eingesperrt. Er hatte sich mehrerer Operationen unterzogen, um zur Frau zu werden. Im amtlichen Standesregister wurde Karl Karoline Hopf weiterhin als Mann geführt.

Der Herzog erwies sich als gnädig.

Tatort: Der Ohrdrufer Mord ereignete sich in einem Wohnhaus in der Suhler Straße.

Bei Mechterstädt erinnert ein Gedenkstein an die Opfer des 25. März 1920.

15 Morde binnen einer halben Stunde

Am 25. März 1920 eskortierten Mitglieder eines paramilitärischen Studentenkorps aus Marburg (Hessen) 15 Gefangene. Sie waren in aller Frühe in Sättelstedt aufgebrochen, über die Landstraße sollte es nach Gotha gehen. Bei den Gefangenen handelte es sich um Arbeiter aus Thal (heutiger Wartburgkreis). Sie standen im Verdacht, zur Bildung einer roten Garde aufgerufen zu haben. Als solche wollten sie angeblich den bewaffneten Kampf gegen die Reichswehr führen. Deutschland war in jenem Monat vom Kapp-Putsch erschüttert worden, hiesige Reichswehr-Einheiten standen auf der Seite der Putschisten. Bei erbittert geführten Kämpfen zwischen Armee und Arbeitern waren bereits Hunderte Thüringer gefallen. Mittlerweile war zwar der Putsch gescheitert, doch noch war es der Reichsregierung nicht gelungen, mit Hilfe der nun wieder zu ihr stehenden Reichswehr auch alle Arbeiter-Einheiten zu entwaffnen.

In dieser aufgeheizten Situation war der Gefangentransport nach Gotha unterwegs. Bei Mechterstädt versuchten angeblich drei Arbeiter, zu fliehen. Die Studenten machten mit ihnen kurzen Prozess. Binnen der nächsten halben Stunde starben auch die anderen

12 Gefangenen im Kugelhagel. Die Arbeiter seien zuvor verwarnt worden, verlautbarte daraufhin das Studentenkorps. Auf Flüchtende werde nun mal geschossen. Allerdings fiel alsbald auf: Die Kugeln trafen die Opfer fast ausnahmslos von vorn, zudem hat jeder der Arbeiter einen Kopfschuss erhalten. Entsprechend groß war die Empörung in weiten Teilen Deutschlands. Kurt Tucholsky veröffentlichte daraufhin das Marburger Studentenlied. In ihm heißt es: „Sie sind von uns erschossen worn. Doch ganz in Recht und Züchten. Zwar sitzen ihre Wunden vorn. Man kann auch rückwärts flüchten."
Im Juni 1920 hatten sich 14 Studenten der Wachmannschaft vor dem Marburger Kriegsgericht zu verantworten. Die Anklage lautete auf Totschlag. Alle Mordschützen wurden freigesprochen.
Tatort: Die Schüsse fielen an der Landstraße, nahe dem Ortsausgang von Mechterstädt in Richtung Gotha.

Mord an Hitlers Vorgänger

1934 wurde der 26-jährige Johannes Schmidt als Amtsrichter in Gotha eingesetzt. Der gebürtige Gothaer machte schnell Karriere; schließlich übernahm er die Führung der politischen Polizei in Thüringen. Erst nach dem Zweiten Weltkrieg wurde bekannt, dass Schmidt der Haupttäter bei der Ermordung des Kurt von Schleicher gewesen sein soll. Der letzte Reichskanzler der Weimarer Republik – nach ihm übernahm Hitler – sowie seine Ehefrau waren am 30. Juni 1934 von Mitgliedern des SS-Geheimdienstes (SD) erschossen worden. Die Details der Ermordung hatte Schmidts ehemaliger Vorgesetzter publik gemacht. Er war bereits 1936 aus Deutschland geflohen. Der vermeintliche Haupttäter aus Gotha wurde nach dem Krieg in ein amerikanisches Internierungslager gesperrt. 1948 kam er frei und lebte fortan in Hessen. Schmidt wurde erst 1969 zu dem Mordfall verhört, aber nie vor Gericht gestellt.
Tatort: Das Ehepaar Schleicher wurde in Potsdam ermordet. Schmidt übernahm kurz danach eine Richterstelle am Gothaer Amtsgericht. Es befindet sich in der Justus-Perthes-Straße.

Diebeszug in der Gruft

1944 bangten die Mitarbeiter des Gothaer Schlossmuseums angesichts von Luftangriffen um ihre Kunstschätze. Stücke der Kunstkammer und die Münzsammlung räumten sie in die Gruft der Schlosskirche. Das Gewölbe galt als bombensicher. 1945 drang ein gewisser Arthur Darr in die Gruft ein. Er war Mitarbeiter der im Schloss befindlichen Bibliothek. Darr eignete sich herausragende Stücke an, darunter ein silbernes Trinkgeschirr in Gestalt eines Elefanten, einen Pokal aus dem Horn eines Rhinozeros' sowie einen Elfenbeinhumpen.

1948 entschloss sich Darr, das Diebesgut zu verscherbeln. Er wandte sich an den Erfurter Antiquitätenhändler Kurt Müller. Der Bibliothekar teilte ihm schriftlich mit: Das Museum möchte ausgesonderte Gegenstände abgeben. Es handele sich um Miniaturen, Trinkgefäße und kleinere kunstgewerbliche Stücke. Er behauptete, im Auftrag des Museumsdirektors zu handeln. Der Kunsthändler kaufte und kaufte und kaufte. Abertausende Mark flossen, er zahlte stets bar.

Erst mehr als fünf Jahrzehnte später tauchten einige der Schätze wieder auf – im Kunsthandel. Die Erben des Antiquitätenhändlers machten sie zu Geld. Formaljuristisch ist ihnen dies erlaubt. Nach 30 Jahren verlieren Bestohlene den Rechtsanspruch auf Herausgabe ihres Eigentums. Dennoch kehrten das Trinkgeschirr sowie der Elfenbeinhumpen nach ihrer Versteigerung zurück nach Gotha. Allerdings mussten für ihren Rückkauf jeweils rund 350.000 Euro aufgebracht werden.

Tatort: Die Kirche gehört zum Nordflügel des Schlosses. Sie ist nur zu besonderen Anlässen geöffnet. Das heimgekehrte Diebesgut wird in der Kunstkammer des Schlosses ausgestellt.

Dieser Elfenbeinhumpen gehörte zu Beute des Arthur Darr.

Der Frauenschreck

1948/49 kam es im östlichen Zipfel des Kreises Gotha zu einer Serie an Gewaltverbrechen gegen Frauen, die zu Fuß unterwegs waren. Sie wurden vergewaltigt oder zu unzüchtigen Handlungen gezwungen, mitunter mussten sie dem sich selbst befriedigenden Täter zuschauen. Der Mann war mit dem Fahrrad unterwegs. Er überfiel seine Opfer meist von hinten. Die Polizei konnte den Verdächtigen ermitteln, einen Arbeiter aus Dannheim (Arnstadt). Er wurde in Erfurt vor Gericht gestellt. 20 seiner Opfer identifizierten ihn während der Verhandlung. Der Täter wurde zu fünf Jahren Zuchthaus verurteilt.
Tatort: Das Umland von Ingersleben, Neudietendorf und Apfelstädt.

Christus vom Kreuz gestohlen

In der Nacht zum 10. Dezember 1993 stiegen Diebe in die Obere Kirche von Schönstedt (Unstrut-Hainich-Kreis) ein. Sie entwendeten wertvolle Schnitzfiguren. Einen Christus rissen sie rabiat vom Kreuz. Die Gothaer Kripo übernahm den Fall. Noch ahnte niemand, dass auch die Täter aus Gotha stammen. Binnen weniger Wochen folgten zehn weitere Einbrüche in Kirchen. Es handelte sich ausschließlich Gotteshäuser rund um Bad Langensalza und um Gotha. Bei einem Einbruch im Januar 1994 fiel einem Zeugen auf, dass die Täter mit einem Trabant Kombi mit Gothaer Kennzeichen unterwegs waren. Dieser Hinweis führte die Sonderkommission auf die richtige Spur. Sie stellte sie bei ihrem nächsten Einbruch auf frischer Tat. Es handelte sich um zwei Männer aus Gotha im Alter von 29 und 31 Jahren. Die meisten der gestohlenen sakralen Gegenstände hatten sie zu diesem Zeitpunkt bereits auf Trödelmärkten verhökert. Für die barocken Altarfiguren aus Schönstedt bekamen sie nach eigener Angabe 2000 Mark. Der tatsächliche Wert dieser Schnitzkunst lag etwa bei dem Siebzigfachen. Die Kirchgemeinde hat die Heiligenfiguren durch Neuanfertigungen ersetzt. Kehren die Originale jemals zurück? Der Gemeinde bleibt nur, die Hoffnung nicht aufzugeben.
Tatort: Kirchen in Sonneborn, Remstädt, Teutleben und Georgenthal sowie im Unstrut-Hainich-Kreis.

Geiselnehmer vorm Krankenhaus

1994 hielt ein Geiseldrama halb Deutschland in Atem. Zwei aus der Haftanstalt Hamburg-Fuhlsbüttel ausgebrochene Gewohnheitsverbrecher waren auf der Flucht. Sie nahmen zunächst in Stuttgart zwei Polizisten als Geiseln und überfielen in Fulda (Hessen) eine Bank. Sie erbeuteten 286.000 Mark. In Hötzelsroda (bei Eisenach) nahmen sie ein älteres Ehepaar als neue Geiseln. Der Ehemann wurde dabei durch einen Schuss an der Hand verletzt. Dann drangen die Täter in ein Haus ein. Sie brachten eine vierköpfige Familie in ihre Gewalt. Die Flucht ging weiter; die Ausbrecher nahmen den Familienvater und die älteren Herrschaften als Geiseln mit.

Gegen 16 Uhr fuhr ihr Mercedes am Gothaer Krankenhaus vor. Die Geiselnehmer wollten den Verletzten direkt am Auto behandeln lassen. Sie schickten eine der Geiseln ins Krankenhaus, um einen Arzt zu holen. Die Geisel kehrte allein zurück. Fürchteten sich die Ärzte? Zumindest im Einsatzprotokoll der Polizei wurde das so vermerkt.

Die Flucht endete erst am folgenden Tag im hessischen Teil des Westerwalds. Alle Geiseln kamen frei. Der Haupttäter, ein zu lebenslänglich verurteilter Mörder aus Apolda, wurde in der JVA Tonna (Landkreis Gotha) inhaftiert. Hier entdeckten Beamte im Jahr 2006 bei einer Routinekontrolle in seiner Zelle verbotene Gegenstände, darunter ein Messer, ein Handy und Reizgas.

Tatort: Das Krankenhaus in Gotha und die Haftanstalt in Tonna.

Quellen

Die weiße Frau

– Ludwig Bechstein: „Deutsches Sagenbuch". Meersburg und Leipzig, 1930
– August Beck: „Johann Friedrich der Mittlere, Herzog zu Sachsen". Weimar, 1858
– Roland Norget: „Anna von Cleve". Online-Serie auf www.klevischer-verein.de, abgerufen am 23. Mai 2020
– Friedrich Ortloff: „Geschichte der Grumbachschen Händel". Jena, 1868/70

In einem Loch verscharrt

– August Beck: „Ernst der Fromme". Weimar, 1865
– Wolfgang Behringer: „Hexen und Hexenprozesse in Deutschland". München, 2000
– „Fürstliche Sächsische Landes- und Proceß-Ordnung Des weyland Durchläuchtigsten Fürsten und Herrn, Herrn Ernsten / Mit Beyfügung unterschiedlicher nach und nach ausgegangener und darzu gehörigen Ordnungen". Gotha, 1670
– Ronald Füssel: „Hexen und Hexenverfolgung in Thüringen". Erfurt, 2001
– Roswitha Jacobsen u. a.: „Ernst der Fromme". Jena, 2002
– Heinrich Kramer: „Malleus Maleficarum". 1487. Neudruck: München, 2000
– Kai Lehmann: „Unschuldig. Hexenverfolgung südlich des Thüringer Waldes". Schmalkalden, 2012
– Johann Matthäus Meyfart: „Christliche Erinnerung, An Gewaltige Regenten und Gewissenhafte Praedicanten, wie das abschewliche Laster der Hexerey mit Ernst auszurotten, aber in Verfolgung desselbigen auff Cantzeln und in Gerichtshaeusern sehr bescheidentlich zu handeln sey". Erfurt und Schleusingen, 1636
– „Patent, die Verwaltung und Geschäftsführung der Unterbehörden im Herzogthum Gotha betr.". Gotha, 1828
– Markus Schmid: „Eine kritische Stimme zur Hexenverfolgung: Johannes Matthäus Meyfarts Christliche Erinnerung von 1635". In: „Skriptum" 2 (2012). Abgerufen unter www.skriptum-geschichte.de am 27.10.2019
– Friedrich von Spee: „Cautio Criminalis". 1631. Neudruck: München, 2000
– Erich Trunz: „Johann Matthäus Meyfart". München, 1987
– „Untersuchungs Acta Dietrich Römelten und dessen Eheweib". Landesarchiv Gotha, Justizamt Tenneberg, Nr. 3

Sachsen-Ursel und der Hexenjäger

– August Leberecht Back: „Merkwürdige Hexenprozesse nebst einer Geschichte des Hexenprozesses überhaupt". Altenburg, 1848
– „Dr. Martin Luthers Tischreden 1531-46". Band 3. Weimar, 1912

– Ronald Füssel: „Hexen und Hexenverfolgung in Thüringen". Erfurt, 2001
– Jens Geutebrück: „Johann Christian Leo". Abgerufen unter www.gotha-wiki.org am 20. Mai 2020
– Julius Eduard Hitzig: „Annalen der deutschen und ausländischen Criminal-Rechtspflege". Altenburg, 1844
– Roswitha Jacobsen u.a.: „Ernst der Fromme". Jena, 2002
– Heinrich Kramer: „Malleus Maleficarum". 1487. Neudruck: München, 2000
– Dieter Schnabel: „Hexenwahn und öffentliche Hinrichtungen in Gotha und Umgebung"

Mord in St. Margarethen

– Johann Christian Gotter: „Ambt der Versöhnung Bey der Traurigen Leich-Begängnis Des Pauli Schmieds gewesenen Kirchners zu S. Margareten allhier zu Gotha". Gotha, 1677
– Heinrich Rudolph Heydenreich: „Denckwürdige Annales was im Fürstenthum Gotha und dessen Residentz Stadt Notables und Veränderliches sich ereignet und zugetragen". Gotha, 1721
– Roswitha Jacobsen und Juliane Brandsch: „Friedrich I. von Sachsen-Gotha und Altenburg. Die Tagebücher 1667 bis 1686". Weimar, 2003

Der abgezockte Münzbetrüger

– Archivalien des Münzkabinetts der Stiftung Schloss Friedenstein. Nicht näher gekennzeichnet
– Wolfgang Frede: „Das Strafverfahren gegen den Gothaer Medailleur Christian Wermuth 1694". In: „Zeitschrift des Vereins für Thüringer Geschichte und Altertumskunde". Band 37, 1943
– Walter Schmidt-Ewald: „Zwölf Gothaer Einwohnerverzeichnisse von 1597–1715". In: „Mitteilungen des Vereins für Gothaische Geschichte und Altertumsforschung". Heft 27, 1934
– Wolfgang Steguweit: „Die Geschichte der Münzstätte Gotha". Weimar, 1987
– Cordula Wohlfahrt: „Christian Wermuth, ein deutscher Medailleur der Barockzeit". London, 1992

Der geraubte Schiller

– Peter R. Frank, Johannes Frimmel: „Buchwesen in Wien 1750-1850". Wiesbaden, 2008
– Werner Greiling, Siegfried Seifert: „Der entfesselte Markt – Verleger und Verlagsbuchhandel im thüringisch-sächsischen Kulturraum um 1800". Leipzig, 2004
– „Intelligenzblatt der allgemeinen Literatur-Zeitung". Jena und Leipzig, Jahrgang 1799
– Alexander Košenina: „Tiefere Blicke in das Menschenherz". In: „Germanisch-Romansiche Monatsschrift". Neue Folge, Band 55, Heft 4. Heidelberg, 2005

– Alexander Košenina: „Die europäische Tradition juristischer Pitavalgeschichten für Schillers fragmentarische Kriminaldramen". In: „Schillers Europa". Berlin und Boston, 2017
– Mirko Krüger: „Tatort Thüringen". Essen, 2011
– „Schauplatz der ausgearteten Menschheit". Gotha und Weimar (tatsächlich aber Wien), 1799
– Friedrich Schiller: „Merkwürdige Rechtsfälle als ein Beitrag zur Geschichte der Menschheit". 4 Bände. Jena, 1792–1795
– Friedrich Schiller: „Werke und Briefe". Band 7. Frankfurt, 2002
– „Schillers Werke". Nationalausgabe. Bände 12, 26, 34/1, 34/2, 41/1. Weimar, 1982/2003
– „Schillers sämtliche Werke". Band 13. Stuttgart, 1894
– Siegfried Seifert: „Von Voltaire über Galletti zum ‚Gotha'". In: „Ernst II. von Sachsen-Gotha-Altenburg". Köln, Weimar und Wien, 2005
– „Wiederholte Spiegelungen". München, 1999

Die letzte öffentliche Hinrichtung

– „Allgemeine Kirchenzeitung". Jahrgang 1839
– Karl Kohlstock: „Das Sühnekreuz im Aspacher Holz". In: „Gothaisches Tageblatt", 13. Februar 1929
– Ernst Christian Pfitzner: „Bericht über die Vorbereitung zum Tode des am 18. Februar 1839 in der Nähe von Gotha hingerichteten Mörders Heinrich Kästner aus Uelleben". Gotha, 1839
– Frank Störzner: „Steinkreuze in Thüringen". Weimar, 1984

Fallbeil statt Schwert

– „Gesetzsammlung für das Herzogthum Gotha". Band 10, 1857/61
– „Verhandlungen der Abgeordnetenkammer des Herzogthums Gotha". Bände 1 bis 3, 1848/54.
– „Verhandlungen des Gemeinschaftlichen Landtags der Herzogthümer Coburg und Gotha". 1853/56

Lieber Vater, ich bin schwanger

– „Gesetzsammlung für das Herzogthum Gotha". Band 10, 1857/61
– Julius Eduard Hitzig: „Der neue Pitaval". Neue Serie, sechster Band. Leipzig, 1871
– „Sterbebuch der Kirchgemeinden Crawinkel und Friedrichsanfang". 1856–1875

Der König der Hochstapler

– „Berliner Tageblatt". Jahrgang 1927
– Harry Domela: „Der falsche Prinz". Berlin, 1927
– Jan Emendörfer: „Der falsche Prinz". Abgerufen unter www.lvz.de am 10. Dezember 2019

– „Gothaisches Tageblatt". Jahrgänge 1926/27
– Jens Kirsten: „Nennen Sie mich einfach Prinz". Weimar, 2010
– Wolfgang Liersch: „Der Mann, der sich verschwinden ließ". Hörspiel. Abgerufen unter www.dlf.de am 11. Juli 2003
– Stephan Porombka: „Der falsche Prinz". Berlin, 2000
– Steffen Raßloff: „Willy Brandt ans Fenster!". Erfurt, 2007
– „Thüringer Allgemeine Zeitung". Jahrgänge 1926/27
– „Vossische Zeitung". Jahrgang 1927

Wie der doofe Bruno zum Teufel gemacht wurde
– Will Berthold: „Nachts, wenn der Teufel kam". Bad Wörishofen, 1959
– Johannes Albertus Blaauw: „Kriminalistische Scharlatanerien. Bruno Lüdke – Deutschlands größter Massenmörder?" In: „Kriminalistik 48". Heidelberg, 1994
– „Bruno Lüdke zugeordnete Verbrechen" und „Zur Person Bruno Lüdke". In: Zentralkartei für Mordsachen und Lehrmittelsammlung. Findbuch. Landesarchiv Berlin
– Axel Doßmann und Susanne Regener: „Fabrikation eines Verbrechers. Der Kriminalfall Bruno Lüdke als Mediengeschichte". Leipzig, 2018
– „Eisenacher Zeitung". Jahrgänge 1925 bis 1929

Vom Hilfsarbeiter zum Millionär
– „Alte Puppen für den Westen" Teil I und II. In: „Der Spiegel" 49/1978 und 50/1978
– Klaus Behling: „Auf den Spuren der Alten Meister". Berlin, 2018
– „Dritte Beschlussempfehlung und dritter Teilbericht des 1. Untersuchungsausschusses nach Artikel 44 des Grundgesetzes". Deutscher Bundestag, 12. Wahlperiode, 1993, Drucksache 12/4500

Das blaue Wunder
– Klaus Behling: „Auf den Spuren der Alten Meister". Berlin, 2018
– Philipp Bovermann: „Der Raub". In: „Süddeutsche Zeitung", 29./30. August 2020
– BStU, MfS, BV Erfurt, Abt. XIV, Nr. 10
– BStU, MfS, BV Erfurt, AOG, Nr. 99/84
– BStU, MfS, BV Erfurt, AOP, Nr. 1271/85, Band 1 bis 3
– BStU, MfS, BV Erfurt, KD Eis, Nr. 592
– BStU, MfS, BV Erfurt, KD Gotha, Nr. 866
– BStU, MfS, BV Erfurt, NA Abt. III 1, Reg. 906/79, Teil I bis III
– BStU, MfS, BV Erfurt, NA 742, Reg. IX 752/80, Teil III
– BStU, MfS, BV Frankfurt Oder, Abt. XX, Nr. 252
– BStU, MfS, HA II, Nr. 3175 A
– BStU, MfS, HA VII, Nr. 5173
– BStU, MfS, HA IX, Nr. 685, Nr. 688, Nr. 971 A, Nr. 2096, Nr. 2100, Nr. 2258, Nr. 4973

– BStU, MfS, vReko, HA VII, Nr. 9148
– „Das Arbeitsgebiet I der Kriminalpolizei". Hgg. vom Bundesbeauftragten für die Unterlagen des Staatssicherheitsdienstes. Berlin, 1994
– Andreas Förster: „Der Gemälde-Diebstahl von Gotha: Ermittler übersahen wichtige Spur". Abgerufen auf www.berliner-zeitung.de am 4. März 2020
– Konstantin von Hammerstein: „Rudis Rache". In: „Der Spiegel" Nr. 36/2020
– Ludwig Kendzia: „Der Kunstdiebstahl von Gotha: Das ungesicherte Schloss" abgerufen auf www.mdr.de am 4. März 2020
– Mirko Krüger: „Thüringen. Die Kriminalakte". Essen, 2017
– Mirko Krüger: „Thüringer Kriminalgeschichten". Bad Langensalza, 2001
– Landesarchiv Thüringen, Hauptstaatsarchiv Weimar, SED Kreisleitung Gotha, Protokoll vom 14. Dezember 1979
– Landesarchiv Thüringen, Hauptstaatsarchiv Weimar, Staatsanwaltschaft Erfurt, Gemäldediebstahl Schlossmuseum Gotha
– Landesarchiv Thüringen, Hauptstaatsarchiv Weimar, Volkspolizei-Kreisamt Gotha, Hauptakte zum Diebstahl von Gemälden, Bände 1 bis 4

Der Peugeot-Mord

– Akten-Auskunft der Staatsanwaltschaft Erfurt
– „Beschlussempfehlung und Bericht des 1. Untersuchungsausschusses nach Artikel 44 des Grundgesetzes". Deutscher Bundestag, 12. Wahlperiode, Drucksache 12/7600
– „Enzyklopädie der DDR". In: „Digitale Bibliothek", Band 31. Berlin, 2000
– Walter Hausen: „Aus Habgier einen Menschen umgebracht". In: Das Volk". Erfurt, 17. April 1982
– Mirko Krüger: „Thüringer Kriminalgeschichten". Bad Langensalza, 2001
– „Wegen eines Autos zum Mörder". In: „Thüringer Neueste Nachrichten". Erfurt, 29. April 1982

Der Kreuzworträtselmord

– Kerstin Apel: „Der Kreuzworträtselmord. Die wahre Geschichte". Erfurt, 2013
– Elmar Erhardt: „Deutsche Kriminalgeschichte: Verbrechen und Strafe als Spiegel der Gesellschaft". Stuttgart, 2019
– Hans Girod: „Der Kreuzworträtselmord und andere Kriminalfälle der DDR". Berlin, 2004
– Kai Meyer: „Der Kreuzworträtsel-Mörder". Bergisch Gladbach, 1993

10 Fälle in aller Kürze

– „Adreßbuch der Residenzstadt Gotha". Gotha, 1909, 1910, 1914
– Ludwig Bechstein: „Deutsches Sagenbuch". Meersburg und Leipzig, 1930
– Ute Däberitz: „Elfenbeinarbeiten in der Friedensteinischen Kunstkammer". In: „Eine Reiterstatuette Augusts des Starken". Berlin und Gotha, 2003
– „Die Weltbühne". 8. Juli 1920

– „Der Blumenbach-Kasten". Gotha, 2016
– „Der wegen Mordes zum Tode verurteilte Handarbeiter Karl (Karoline) Hopf aus Schwarzwald, 1911". Akte des Thüringer Staatsarchiv Gotha. Staatsministerium Abteilung Gotha
– „Eisenacher Zeitung". Jahrgänge 1910 und 1911
– Swantje Karich: „Der Großvater war der Käufer". In: „Frankfurter Allgemeine Zeitung", 10.11.2007
– Heinrich Orb (Heinrich Pfeifer): „Nationalsozialismus: 13 Jahre Machtrausch". Olten, 1945
– Rainer Orth: „Der SD-Mann Johannes Schmidt. Der Mörder des Reichskanzlers Kurt von Schleicher?". Marburg, 2012
– Bruno W. Reimann: „Die Morde bei Mechterstädt". Thüringen Blätter zur Landeskunde. Erfurt, 1997
– Klaus Reinhold: „Chronik Arnstadt 704-2004". Abgerufen unter www.dbthueringen.de am 5. April 2020
– Frank Störzner: „Das Steinkreuz im Mordgarten bei Wandersleben". Erfurt, 1993
– Frank Störzner: „Geschichte(n) in Stein". Ilmenau, 2001
– „Thüringer Allgemeine". Jahrgänge 1994, 1995, 2006, 2017, 2018
– „Thüringer Waldbote". Jahrgänge 1910 und 1911
– „Verlustdokumentation der Gothaer Kunstsammlungen. Die kunsthandwerklichen Sammlungen", Band 1. Gotha, 1997
– Julius Weiske: „Rechtslexikon für Juristen aller teutschen Staaten". Leipzig, 1841

Bildnachweis

Mirko Krüger: S. 8, 14, 16/17, 22, 25, 32, 41, 44, 52, 54, 62, 64, 66, 70, 76/77, 82, 90, 94, 96, 104, 106, 107, 140, 142, 146, 148, 154/155, 158, 159, 161, 163, Repro, 31, 39; Wolfgang Kiesel: S. 52, Wilhelm Niederastroth: S. 94 r.; Wellcome Collection / CC BY 4.0, Universitätsbibliothek Leipzig / Public Domain Mark 1.0: S.11; Universitätsbibliothek Leipzig / Public Domain Mark 1.0: S. 21, Universitätsbibliothek Heidelberg, Fürstlich Waldecksche Hofbibliothek, Klebeband 1: S. 47; Rijksmuseum CC0 1.0: S. 50; Fr. A. Ackermann: S. 59; Landesarchiv Thüringen – Hauptstaatsarchiv Weimar, Volkspolizei-Kreisamt Gotha Altregistratur Nr. 2678 Teil 1, Bl. 197r/199r/200r: S. 110, 119; Stiftung Schloss Friedenstein Gotha: S. 120/121; Peugeot Deutschland GmbH: S. 151; Wikipedia: S. 152;
Kartenmaterial: © OpenStreetMap-Mitwirkende/openstreetmap.org
Grafik: plus+media

GUILLAUME MUSSO

La donna che non poteva essere qui

Traduzione di Laura Serra

SUPERPOCKET

Titolo originale:
Sauve-moi

Prima edizione Sonzogno: gennaio 2006

Edizione su licenza di RCS Libri S.p.A.

ISBN 978-88-462-0894-1

LA DONNA
CHE NON POTEVA
ESSERE QUI

“Se penso a te mi batte forte
il cuore e solo questo mi importa.”

Tratto dal film *L’ultimo metrò*, di François Truffaut

I

Oggi è il primo giorno del resto della tua vita.
Graffito anonimo su una panchina di Central Park

È una mattina di gennaio nella baia di New York, all'ora in cui il giorno prevale sulla notte.

In alto, tra le nubi che corrono verso nord, sorvoliamo Ellis Island e la statua della Libertà. Fa freddo e l'intera città è paralizzata dalla tormenta di neve.

D'un tratto un uccello dalle piume argentee buca le nuvole, scendendo in picchiata verso lo *skyline*. Spinto da una forza misteriosa verso il nord di Manhattan, senza curarsi della tempesta sfreccia con strida eccitate sopra il Greenwich Village, Times Square e l'Upper West Side, per poi posarsi sul cancello d'ingresso di un parco pubblico.

Siamo in fondo a Morningside Park, vicino alla Columbia University.

Tra meno di un minuto si accenderà una luce all'ultimo piano di un piccolo stabile del quartiere.

Nel frattempo Juliette Beaumont, una giovane francese, si gode gli ultimi tre secondi di sonno.

6:59:57

6:59:58

6:59:59
7:00:00

Quando la radiosveglia suonò sul comodino, Juliette la afferrò a tastoni e la buttò in terra, mettendo a tacere l'odioso cicalino. Emerse dal piumone stropicciandosi gli occhi, posò un piede sul parquet lucido e fece qualche passo alla cieca, prima di inciampare nel tappeto reso scivoloso dai listelli incerati. Seccata, si rialzò e afferrò gli occhiali, che detestava ma che, essendo miope e allergica alle lenti a contatto, era costretta a portare.

Sulla scala una collezione eterogenea di specchietti raccattati nei mercatini le rimandò l'immagine di una ragazza di ventotto anni con i capelli di media lunghezza e lo sguardo malizioso. Insoddisfatta, si pettinò con le mani, distribuendo ai due lati della testa le mèche dorate. Doveva ammettere che con la T-shirt scollata e le mutandine di pizzo aveva un'aria sexy e sbarazzina, ma era troppo freddo perché potesse indulgere in quella tenuta; così si avvolse in una pesante coperta scozzese e si premette la borsa dell'acqua calda contro il ventre. L'impianto di riscaldamento non era mai stato il punto forte dell'appartamento che divideva da tre anni con Colleen, la sua coinquilina.

E dire che paghiamo duemila dollari d'affitto, pensò.

Così imbacuccata, scese a piedi uniti i gradini e aprì la porta della cucina con un piccolo colpo d'anca. Un grosso gatto tigrato che già da vari minuti la aspettava al varco le saltò in braccio e poi su una spalla, rischiando di graffiarla.

"Fermo, Jean-Camille!" esclamò Juliette, afferrandolo e deponendolo di nuovo in terra.

Il gatto miagolò scontento, prima di andare a raggomitolarsi nella sua cesta.

Juliette mise sul fuoco un tegame d'acqua e accese la radio.

... la violenta tormenta di neve che da quarantott'ore paralizza Washington e Philadelphia ha continuato a spostarsi verso nordest, investendo in pieno New York e Boston.

Manhattan si è svegliata stamattina sotto una spessa coltre di neve che rallenta sensibilmente il traffico e tutte le attività.

Il maltempo ha messo in crisi i trasporti aerei: tutti i voli in partenza dagli aeroporti Kennedy e La Guardia sono stati cancellati o rimandati.

Anche la circolazione stradale è difficile e le autorità sconsigliano ai newyorchesi di mettersi in viaggio.

La metropolitana dovrebbe funzionare normalmente, ma si prevede che il traffico di superficie degli autobus subirà gravi ritardi. L'azienda ferroviaria Amtrak annuncia che sarà costretta a ridurre il servizio e, per la prima volta in sette anni, lo zoo, i musei cittadini e i principali monumenti chiuderanno i battenti. La tormenta, causata dall'incontro tra una massa di aria umida proveniente dal Golfo del Messico e una massa di aria fredda proveniente dal Canada, si sposterà durante la giornata verso il New England.

Vi raccomandiamo la massima prudenza.

Siete sintonizzati su Manhattan 101.4, la vostra radio.

Manhattan 101.4. Dateci dieci minuti del vostro tempo e noi vi daremo il mondo...

Mentre ascoltava le notizie, Juliette rabbrividì. Doveva prendere subito qualcosa di caldo. Cercò nella credenza, ma non c'erano né caffè solubile né tè. Con un certo imbarazzo, si ridusse a raccogliere dall'acquaio la bustina di tè usata il giorno prima da Colleen.

Ancora insonnolita, si appoggiò al davanzale e guardò dalla finestra la città ammantata di neve.

Provava un gran rimpianto al pensiero che, prima della fine della settimana, avrebbe lasciato per sempre Manhattan.

Non le era stato facile prendere quella decisione, ma si era dovuta arrendere all'evidenza: se lei amava New York, New York non amava lei. Nessuna delle sue speranze, nessuno dei suoi sogni si era realizzato nella Grande Mela.

Dopo il liceo e un anno di corso propedeutico, si era laureata in lettere alla Sorbona, recitando nel contempo in circoli teatrali universitari. In seguito era stata ammessa alla Scuola Florent d'Arte drammatica, dove era stata giudicata una delle allieve più promettenti. Intanto aveva continuato a presentarsi ai casting, girato due o tre spot pubblicitari e fatto la comparsa in alcuni telefilm. Ma poiché tutti i suoi sforzi erano stati vani, a poco a poco aveva ridimensionato le ambizioni, accettando di esibirsi nei supermercati o nelle aziende, di recitare commediole alle feste di compleanno dei bambini e di fare l'animatrice a Euro Disney travestita da Winnie the Pooh.

Benché non vedesse grandi prospettive all'orizzonte, non si era persa d'animo e aveva deciso di prendere il toro per le corna e fare il grande salto, trasferendosi negli Stati Uniti. Era sbarcata piena di speranze nella Grande Mela, offrendosi come ragazza alla pari ma sognando Broadway. Non si diceva sempre che chi aveva successo a New York poteva averlo ovunque?

Durante il primo anno, il mestiere di baby-sitter le aveva lasciato il tempo di perfezionare l'inglese, eliminare l'accento e frequentare corsi di arte drammatica. Ma le audizioni cui si era presentata le avevano permesso di ottenere solo piccoli ruoli in pièce sperimentali o d'avanguardia, rappresentate in soffitte, teatri microscopici o sale parrocchiali.

In seguito, per guadagnarsi da vivere, aveva fatto vari lavori, come cassiera part time in un minimarket, donna delle pulizie in un sordido albergo di Amsterdam Avenue e cameriera in un *coffee shop*.

Un mese prima, aveva deciso di tornare in Francia. Presto Colleen avrebbe lasciato l'appartamento per andare a vivere con il suo ragazzo e lei non aveva né la voglia né il coraggio di cercarsi un'altra coinquilina. Era ora di ammettere la sconfitta. Aveva tentato un gioco rischioso e aveva perso.

Per un pezzo aveva creduto di essere più furba degli altri e pensato di potersene infischiare degli obblighi e delle trappole della routine, ma adesso si sentiva smarrita e priva di chiari punti di riferimento. Per giunta, non aveva più un soldo e siccome il visto che le avevano concesso come ragazza alla pari era scaduto da tempo, era nella posizione di straniera irregolare.

Condizioni atmosferiche permettendo, il volo per Parigi era previsto di lì a due giorni.

Dài, Juliette, piantala di commiserarti.

Si impose di alzarsi e andò in bagno, dove, buttata in terra la coperta, si spogliò ed entrò nel box doccia.

"Aahhhh!" gridò sentendo il getto gelato sulla pelle.

Colleen si era alzata per prima e non le aveva lasciato una sola goccia di acqua calda.

Grazie tante! pensò.

Lavarsi con l'acqua fredda fu una vera tortura, ma Juliette non era un tipo rancoroso e trovò una scusa per l'amica: quella mattina Colleen, che si era laureata a pieni voti in giurisprudenza, doveva presentarsi per un colloquio di lavoro in un prestigioso studio legale della metropoli.

Pur non essendo narcisista, Juliette indugiò davanti allo specchio. Le capitava sempre più spesso di essere assillata da una domanda:

Sono ancora giovane?

A ventott'anni appena compiuti lo era sicuramente, ma doveva riconoscere che "ventotto" non era più come "venti".

Mentre si asciugava i capelli, si avvicinò allo specchio, si osservò attentamente e notò delle piccole rughe intorno agli occhi.

Recitare era un mestiere duro per gli uomini, ma ancora più duro per le donne, giacché in una donna, aveva notato con profonda irritazione, non si tolleravano quelle imperfezioni che negli uomini passavano per segni di fascino e carattere.

Indietreggiò di qualche passo. Aveva ancora un bel seno, anche se forse un po' meno sodo di due anni prima.

Ma no, cosa ti viene in mente?

Si era sempre rifiutata di fare "piccole correzioni estetiche" come "dopare" il sorriso con il collagene, eliminare le rughe dalla fronte con il botulino, alzare gli zigomi, creare le fossette o pagarsi un seno nuovo. Forse era un'ingenua, ma voleva imporsi al naturale, come la Juliette sensibile e sognatrice che era.

Purtroppo, però, avendo dovuto gradualmente abbandonare ogni speranza di sfondare come attrice di teatro e di vivere una vera storia d'amore, aveva perso fiducia in se stessa. Fino a tre anni prima aveva creduto possibile diventare una nuova Julia Roberts o Juliette Binoche, ma a poco a poco aveva dovuto rassegnarsi alla dura realtà quotidiana. Tutti i soldi finivano nell'affitto, era un secolo che non si comprava un vestito e si era ridotta a mangiare solo ravioli in scatola o pasta scondita.

Altro che Julia Roberts o Juliette Binoche! Serviva cappuccini in un bar per cinque dollari l'ora e, siccome quei soldi non bastavano a pagare l'affitto, era costretta a fare un secondo lavoro nel weekend.

Sono ancora seducente? si chiese, continuando a interrogare lo specchio. *Posso ancora suscitare desiderio in un uomo?*

Sì, certo, si rispose, *ma per quanto tempo ancora?*

Guardandosi dritto negli occhi, disse a voce alta, come fosse un ammonimento: "Verrà un giorno, neanche tanto lontano, in cui nessun uomo si volterà più quando passi".

Nel frattempo sbrigati a vestirti, se non vuoi arrivare in ritardo.

Mise il collant e due paia di calzini, poi infilò dei jeans neri, una camicetta a righe, un pullover a maglia grossa e un cardigan di lana cotta.

Buttò un'occhiata alla pendola e si spaventò vedendo quanto fosse tardi. Non era il caso di stare a cincischiare: il gestore del bar non era affatto indulgente e, benché fosse il suo ultimo giorno di lavoro, non avrebbe giudicato il maltempo una valida scusa per il ritardo.

Scese le scale di corsa, afferrò al volo il cappellino e la sciarpa multicolore appesi all'attaccapanni e si sbatté la porta alle spalle, badando a non ghigliottinare il temerario Jean-Camille, che, attratto dalla spessa coltre di neve accumulatasi durante la notte, aveva già puntato il muso verso la porta.

Fuori, fu investita da un vento gelido. Non aveva mai visto New York tanto calma.

In poche ore, Manhattan era divenuta una gigantesca stazione sciistica. La neve le conferiva un'aria da città fantasma e rendeva assai difficile la circolazione. Sui marciapiedi e agli incroci si erano formati grossi cumuli. Per le strade, solitamente piene di rumore e di traffico, si vedevano solo fuoristrada, qualche taxi giallo e rari passanti con gli sci da fondo ai piedi.

Ritrovando per un attimo i profumi dell'infanzia, Juliette buttò indietro la testa, aprì la bocca e ingoiò un fiocco. Così facendo si sbilanciò e dovette allargare le braccia per mantenersi in equilibrio. Per fortuna la stazione del metrò non era lontana. *Basta un po' di prudenza per non scivola...*

Non fece in tempo a finire il pensiero, che era già faccia a terra tra la neve farinosa.

Le passarono accanto due studenti che, anziché aiutarla a rialzarsi, scoppiarono a ridere con cattiveria. Umiliata, Juliette provò d'un tratto voglia di piangere.

La giornata era incominciata proprio male.

2

E siamo ancora avvinti l'uno all'altra,
lei mezza viva e io mezzo morto.
VICTOR HUGO

A qualche chilometro di distanza, in direzione sud, una massiccia Land Rover 4x4 stava attraversando il parcheggio deserto di un cimitero di Brooklyn Hill.

Nell'angolo di destra del parabrezza, un adesivo rivelava l'identità e la professione del conducente:

DOTTOR SAM GALLOWAY
ST. MATTHEW'S HOSPITAL
NEW YORK CITY

Il fuoristrada si fermò proprio accanto all'ingresso. L'uomo che ne uscì era un trentenne dalle spalle larghe, cui il cappotto diritto e l'abito di ottimo taglio conferivano un'aria nello stesso tempo solida ed elegante; tuttavia i suoi occhi insoliti, uno azzurro e uno verde, erano chiaramente velati di malinconia.

L'aria era fredda e frizzante. Sam Galloway si annodò la sciarpa e si soffiò sulle mani per scaldarle. Poi si diresse sotto la neve al cancello, che a quell'ora del giorno era ancora chiuso, e lo aprì. L'anno prima aveva dato al cimitero un ingente contributo per la manutenzione delle tombe e ne aveva avuto in cambio il permesso di tenere una copia delle chiavi.

Da un anno, una volta alla settimana, si recava lì di buon'ora prima di andare in ospedale. E quel rituale era divenuto quasi una droga.

L'unico modo per stare ancora un po' con lei.

Aprì la barriera di ghisa dietro la quale stava di solito il guardiano e premette il pulsante dell'illuminazione, prima di incamminarsi come un automa lungo i viali.

Era un grande cimitero disseminato di dossi come i parchi. D'estate molti si godevano la varietà dei suoi alberi e l'ombra dei suoi vialetti, ma quella mattina né passi di persone né canti di uccelli violavano il silenzio in cui la neve, scendendo fitta, aveva immerso ogni cosa.

Dopo trecento metri, Sam arrivò davanti alla tomba della moglie.

La lapide di granito rosa era tutta ricoperta di neve. Con la manica del cappotto, ne pulì la parte superiore, scoprendo la scritta:

Federica Galloway
(1974-2004)
Riposa adesso nella pace del Signore

Sam contemplò, sotto, la foto in bianco e nero di una donna di circa trent'anni, con i capelli neri raccolti a chignon e uno sguardo che si sottraeva all'obiettivo.

Uno sguardo impenetrabile.

"Buon giorno", disse con dolcezza. "Fa fresco, stamattina, vero?"

A un anno dalla morte di Federica, continuava a parlarle come fosse viva.

Eppure, Sam Galloway non era certo un esaltato. Non credeva né in Dio né nell'esistenza di un ipotetico aldilà; anzi, se si escludeva la medicina, non credeva quasi in niente. Era un eccellente pediatra, che a detta di tutti trattava i pazienti con grande umanità. Nonostante la giovane età, aveva pubblicato numerosi articoli in riviste mediche e, appena finito l'internato, aveva ricevuto proposte da cliniche prestigiose.

Si era specializzato nella teoria psichiatrica della "resilienza", secondo la quale anche le persone colpite dalle peggiori tragedie possono trovare la forza di riprendersi e ricominciare una vita normale. Così una parte del suo lavoro consisteva nel cercare di guarire bambini che avevano subito gravi traumi psichici, come malattie, aggressioni, violenze o la morte prematura di un familiare.

Se riusciva ad aiutare i piccoli pazienti a superare il dolore e assumere il controllo della propria vita, pareva però incapace di applicare i medesimi principi terapeutici a se stesso. Dopo un anno, infatti, non si era ancora riavuto dal trauma della morte della moglie.

Era stata una storia complicata, quella tra lui e Federica. Erano cresciuti insieme a Bedford-Stuyvesant, un malfamato quartiere di Brooklyn noto per gli spacciatori di crack e l'alto tasso di omicidi.

Originari della Colombia, i genitori di Federica erano fuggiti dalle strade di Medellín quando la figlia aveva sei anni. Non immaginavano di aver lasciato un inferno per un altro: erano in Nordamerica da appena un anno, quando il padre era stato colpito da un proiettile vagante durante una sparatoria tra bande di quartiere rivali. Federica si era ritrovata da sola con la madre, che aveva affogato i dispiaceri nell'alcool, per poi finire vittima della malattia e della droga.

La ragazzina aveva frequentato una scuola fatiscente che sorgeva tra bidoni di immondizia e carcasse di auto carbonizzate. L'aria era irrespirabile, la tensione palpabile e gli spacciatori stavano in agguato a ogni angolo di strada.

A undici anni, travestita da ragazzo, aveva venduto lei stessa stupefacenti in una sordida *crack-house* di Bushwick Avenue, perché a Brooklyn, a metà anni Ottanta, quello era l'unico modo per procurarsi la droga di cui aveva bisogno sua madre. Era stata la madre stessa, del resto, che le aveva insegnato la regola essenziale dello spaccio: mai mollare la merce prima di avere preso i dollari dall'acquirente.

Alle scuole secondarie aveva conosciuto Sam Galloway e Shake Powell, due ragazzi di poco più giovani che le erano parsi diversi dagli altri. Sam, che girava sempre con un libro sottobraccio, era l'intellettuale della classe, un ragazzo solitario cresciuto con la nonna. Era anche il "bianco" della scuola, oggetto dell'accanita ostilità di un ambiente per lo più afroamericano.

Shake era invece una forza della natura. A tredici anni era già alto e robusto come la maggior parte degli adulti del quartiere; ma dietro quell'aria da energumeno nascondeva una sensibilità profonda.

I tre giovani avevano unito le forze per sopravvivere nel mondo folle che li circondava. La loro amicizia e il loro patto di mutua assistenza erano basati sulla complementarità: ciascuno aveva trovato un equilibrio grazie agli altri due. La Colombiana, il Bianco e il Nero erano, in certo modo, il Cuore, l'Intelligenza e la Forza.

Diventando grandi, avevano continuato a evitare il più possibile i giri loschi. Avevano visto troppe persone del loro ambiente devastate dalla droga pesante per aver voglia di farsi trascinare nello stesso gorgo.

Sam e Federica non avrebbero mai immaginato di riuscire, un giorno, a fuggire da quella cloaca umana. A Bed-Stuy la vita delle persone era sospesa a un filo: il rischio di morire era sempre presente e scoraggiava dal fare progetti a lungo termine. Non avevano nutrito vere ambizioni, perché intorno a loro nessuno ne aveva.

Eppure, contro ogni aspettativa, tutti e due erano usciti con un po' di fortuna da quell'inferno. Diventando medico, Sam aveva attirato la sua vecchia amica d'infanzia nel nuovo ambiente e alla fine, come fosse l'inevitabile epilogo, l'aveva sposata.

La neve continuava a cadere sul cimitero a fiocchi fitti e pesanti. Sam fissava la moglie, che nella fotografia aveva i capelli raccolti intorno a un lungo pennello e indossava il grembiule di quando dipingeva. Era stato lui a scattarle la foto: l'immagine era leggermente sfocata, ma così erano quasi tutte, perché Federica non si lasciava mai inquadrare bene dall'obiettivo.

All'ospedale, nessuno conosceva le umili origini di Galloway e lui non parlava mai dell'argomento. Anche quando Federica era ancora viva, ben poche volte gli era capitato di rievocare la realtà da cui erano fuggiti. D'altronde le capacità comunicative non erano il punto forte di sua moglie. Per difendersi dall'orrore della propria infanzia, la giovane donna si era presto imbozzolata nel mondo protettivo della pittura, dove nulla poteva ferirla. La corazza che si era costruita intorno era così spessa che, anche molto tempo dopo Bed-Stuy, non le permetteva di abbassare realmente la guardia. Sam si era detto che con il passare degli anni sarebbe riuscito a "guarirla" come aveva guarito molti dei suoi pazienti, ma non era andata così. Il mese precedente la morte, Federica si era rifugiata sempre più spesso nel suo mondo di pittura e silenzio.

E lei e Sam si erano allontanati ancora di più l'uno dall'altra.

Fino alla terribile sera in cui, aprendo la porta di casa, Galloway aveva scoperto che la moglie aveva abbandonato di sua volontà una vita che le era divenuta insopportabile.

Era piombato allora in uno stato di torpido sgomento. Federica non aveva mai lasciato trapelare, con lui, di coltivare idee suicide; anzi, in quegli ultimi giorni era apparsa più serena del solito. Egli adesso capiva che si era mostrata così solo perché aveva preso la sua decisione e perché, in certo modo, si sentiva come liberata da quella scelta.

Sam aveva attraversato tutti gli stadi possibili: disperazione, vergogna, ribellione. Ancora adesso non passava giorno che non si chiedesse: *Cos'avrei dovuto fare che non ho fatto?*

Tormentato dal senso di colpa, non era riuscito a elaborare il lutto. Non pensava certo a "rifarsi una vita". Continuava a tenere la fede al dito, lavorava settanta ore alla settimana e spesso restava per molte notti di fila in ospedale.

A volte era arrabbiato con Federica e le rimproverava di essersene andata senza lasciargli niente a cui aggrapparsi: né una spiegazione né una lettera d'addio. Non avrebbe mai saputo che cosa l'avesse indotta a un gesto così personale e segreto. Ma non ci poteva fare nulla: vi sono domande che restano senza risposta e lui non aveva altra scelta che prenderne atto.

D'altronde sapeva, in fondo al cuore, che Federica non aveva mai superato l'orrore della sua infanzia e che con la mente viveva ancora in mezzo alle case popolari di Bed-Stuy, circondata dalla violenza, dalla paura e dalle schegge di vetro delle fiale di crack.

Certe ferite non si rimarginano né guariscono. Sam doveva ammetterlo, anche se ogni giorno predicava il contrario con i suoi pazienti.

In fondo al cimitero, un vecchio albero scricchiolò sotto il peso della neve.

Sam si accese una sigaretta e, come ogni settimana, raccontò alla moglie gli avvenimenti salienti degli ultimi giorni.

Dopo qualche secondo, però, smise di parlare e, pago della vicinanza di lei, si abbandonò all'assalto dei ricordi. Benché il freddo glaciale gli intirizzisse il viso e un turbine di fiocchi gli scendesse sui capelli e la barba di due giorni, si sentiva bene. Bene con lei.

A volte, la notte, dopo certe guardie sfiancanti, aveva percezioni sensoriali strane, quasi allucinatorie: gli pareva di intravedere Federica in un angolo di una camera o di un corridoio dell'ospedale e di sentirne la voce. Sapeva benissimo che non erano visioni reali, ma ne era quasi contento, perché in fondo gli permettevano di stare ancora un poco in sua compagnia.

Quando il freddo diventò troppo intenso, Sam decise di avviarsi alla macchina. Ma dopo pochi passi tornò indietro.

"Sai, era da tempo che volevo dirti una cosa, Federica",

confessò con voce rotta dall'emozione. "Una cosa che non ho mai detto né a te né a nessun altro..."

S'interruppe un attimo, come non fosse sicuro di voler continuare. Bisogna dire tutto alla persona che si ama? Sam pensava di no. Eppure proseguì.

"Non te ne ho mai parlato perché... se sei davvero lassù, senza dubbio lo sai già."

Mai come quella mattina aveva avvertito la presenza tangibile della moglie. Forse era a causa di quel paesaggio irreale, di tutto quel bianco che lo circondava e che gli dava l'impressione di essere, come Federica, in cielo.

Parlò a lungo, senza mai fermarsi, e le rivelò finalmente quello che da tanti anni lo tormentava.

Non le confessò un adulterio, un problema di coppia o una storia di soldi. Le confessò *un'altra cosa.*

Molto più grave.

Quando ebbe finito, si sentì svuotato e sfiancato.

Prima di tornare alla macchina, trovò ancora la forza di mormorare: "Spero solo che tu mi ami ancora".

3

Salvare la vita a qualcuno è come innamorarsi. Non c'è droga migliore. Dopo, per giorni, cammini per la strada e tutto ciò che vedi ti pare trasfigurato. Ti credi divenuto immortale, come avessi salvato la tua stessa vita.

DAL FILM *AL DI LÀ DELLA VITA*, DI MARTIN SCORSESE

ST. MATTHEW'S HOSPITAL, ORE 17.15

Come tutte le sere, Sam terminò il giro di visite con gli stessi due pazienti. Li teneva sempre per ultimi, forse perché li seguiva da molto tempo e, senza ammetterlo apertamente, aveva finito per considerarli quasi la sua famiglia.

Aprì piano la porta della camera 403, nel reparto di oncologia pediatrica.

"Buona sera, Angela."

"Buona sera, dottor Galloway."

Una quattordicenne pallida e magra stava seduta a gambe incrociate sull'unico letto della stanza e teneva sulle ginocchia un computer portatile dai colori vividi.

"Nessuna novità?"

Angela gli raccontò con accenti ironici la sua giornata. Stava spesso sulla difensiva, perché non sopportava di essere compatita e rifiutava di autocommiserarsi per la sua malattia. Era stata abbandonata alla nascita nella clinica ostetrica di una cittadina del New Jersey e non aveva mai avuto un vero focolare. Bambina ribelle e poco socievole, era stata sballottata da una famiglia adottiva all'altra e Sam aveva impiegato parecchio a conquistarsi la sua fiducia. Siccome era già stata ricoverata diverse volte, in alcune occasioni Sam le aveva chiesto di tranquillizzare bambini più piccoli prima di una terapia o di un'operazione chirurgica.

Come gli capitava sempre di pensare quando la vedeva ridere, trovò incredibile l'idea che delle cellule cancerose le avessero invaso il sangue.

Angela soffriva, infatti, di una grave forma di leucemia. Si era già sottoposta a due tentativi di trapianto, ma ogni volta il midollo osseo donato aveva provocato il rigetto.

"Hai riflettuto su quello che ti ho detto?"

"A proposito del nuovo intervento chirurgico?"

"Sì."

La malattia era arrivata allo stadio in cui, se non si fosse tentato un nuovo trapianto, le cellule neoplastiche avrebbero invaso il fegato e la milza, causando il decesso.

"Non so se me la sento, dottore. Dovrei anche affrontare un altro ciclo di chemioterapia?"

"Purtroppo sì. E bisognerebbe anche isolarti di nuovo in una camera sterile."

Alcuni colleghi erano convinti che Sam facesse male ad accanirsi così e che la strategia migliore fosse di lasciar vivere ad Angela i suoi ultimi giorni in santa pace. La ragazzina aveva un organismo già talmente provato, che le probabilità di successo di una nuova operazione non superavano il cinque per cento. Ma Sam teneva talmente a lei che non sopportava di perderla.

Anche se restasse una sola probabilità su un milione, tenterei lo stesso, pensò.

"Voglio rifletterci ancora un po' su, dottore."

"Ma certo, prenditi il tuo tempo. Devi essere tu a decidere."

Bisognava procedere con i piedi di piombo. Angela era coraggiosa, ma non invulnerabile.

Sam controllò le annotazioni del giorno sulla cartella clinica e vi appose la firma. Stava per uscire, quando la ragazza lo chiamò.

"Scusi, dottore..."

"Sì?"

Angela cliccò su un'icona, ordinando al computer di stampare uno strano disegno. Per permetterle di esorcizzare la malattia, Sam l'aveva incoraggiata a dedicarsi a varie attività artistiche e, da qualche tempo, la pittura e il disegno la aiutavano a sopportare la tristezza della vita quotidiana.

Angela guardò con attenzione la sua opera e, soddisfatta, la porse a Sam.

"Tenga: l'ho fatto per lei."

Sam prese il foglio e lo guardò stupito. I grandi vortici color porpora e ocra che riempivano lo spazio bianco gli ricordarono certi quadri di Federica. A quanto ne sapeva, era la prima volta che Angela faceva un disegno non figurativo. Stava per chiederle che cosa rappresentasse, quando si ricordò che sua moglie non sopportava quella domanda, e si trattenne.

"Grazie", disse, "lo appenderò nel mio ufficio."

Piegò il foglio e lo infilò nella tasca del camice. Sapeva che ad Angela non piacevano i complimenti ed evitò di farli.

"Dormi bene", si limitò a dire, dirigendosi alla porta.
"Morirò, vero?"
Sam si fermò di botto, sulla soglia, e si girò verso di lei.
"Se non mi sottopongo al fottuto trapianto morirò, vero?" chiese Angela.
Sam tornò indietro e si sedette sull'orlo del letto. Lei gli scoccò uno sguardo insieme apprensivo e insolente; ma Sam sapeva che dietro l'aria di sfida si celava una grande angoscia.
"Sì, è così, rischi di morire", rispose. Lasciò passare qualche secondo, poi aggiunse: "Ma non morirai, te lo prometto".

STARBUCKS, QUINTA STRADA
ORE 16.59

"Un doppio cappuccino e un *muffin* ai mirtilli, per favore."
"Subito, signore."
Mentre obbediva all'ordine del cliente, Juliette guardò fuori: anche se da metà mattina aveva smesso di nevicare, la città era sempre stretta nella morsa di un vento gelido.
"Ecco il suo cappuccino e il *muffin*."
"Grazie."
Juliette buttò un'occhiata all'orologio a muro del bar: ancora un minuto e avrebbe terminato il suo turno.
"Un espresso macchiato e una bottiglia di Evian."
"Sì, signora."
Ultima cliente dell'ultimo giorno di lavoro e, di lì a due ore, addio a New York.
Posò sul banco l'espresso e la bottiglia destinati all'i-

nappuntabile *working girl* che glieli aveva chiesti e che girò sui tacchi senza ringraziarla.

Quando le incrociava al bar o per strada, Juliette guardava le newyorchesi con curiosità e gelosia. Come si poteva competere con quelle donne slanciate e longilinee che vestivano come modelle e conoscevano ogni regola e ogni codice di comportamento?

Sono tutto quello che non sono io, pensò. *Brillanti, sportive, sicure di sé. E sanno parlare, valorizzarsi e condurre il gioco.*

Soprattutto, erano quasi tutte *financially secure*; in altre parole, avevano un buon impiego e di conseguenza un buon reddito.

Nello spogliatoio si tolse la divisa da cameriera, poi tornò in sala e rimase piuttosto delusa vedendo che nessuno degli altri dipendenti le augurava "*Good luck*" prima della partenza.

Salutò con la mano quelli al banco, ma la risposta fu fiacca. Le tornò la vecchia sensazione di essere invisibile.

Attraversò per l'ultima volta la lunga sala. Stava per uscire, quando, vicino alla porta d'ingresso, qualcuno la chiamò in francese.

"*Mademoiselle!*"

Juliette alzò gli occhi e vide un uomo dai capelli brizzolati e dalla barba ben rasata, seduto a un tavolino presso la finestra. Benché fosse maturo, trasudava energia da tutti i pori. Era così alto e massiccio che i mobili del bar parevano stargli stretti.

Juliette lo conosceva. Veniva ogni tanto, soprattutto a tarda sera. Più volte, in assenza del gestore, gli aveva permesso di far entrare il suo cane, un mastino nero dal curioso nome di Cujo.

"Sono venuto a salutarla, Juliette. Mi pare di capire che stia per tornare in Francia."

"Come lo sa?"

"L'ho sentito dire", rispose laconico lui.

Quell'uomo da un lato la rassicurava, dall'altro le faceva paura: una sensazione strana.

"Mi sono permesso di ordinare un sidro caldo per lei", disse lo sconosciuto indicando il bicchiere che aveva davanti.

Pareva conoscerla bene e, poiché non si erano mai parlati, Juliette ne fu stupita. Si sentiva come un libro aperto, davanti a lui.

"Si sieda", la invitò il cliente.

Dopo un attimo di esitazione, Juliette osò sostenere il suo sguardo, ma non vi lesse ostilità: solo una profonda umanità, una grande stanchezza e una luce intensa che non le riuscì di decifrare.

Alla fine gli si sedette di fronte e bevve un sorso di sidro.

L'uomo sapeva che, dietro l'apparenza allegra e vivace, la giovane francese nascondeva una personalità fragile e indecisa.

Non voleva trattarla in modo brusco, tuttavia il tempo stringeva. La sua era una vita complicata, fatta di lunghe giornate e compiti non sempre piacevoli. Così andò subito al dunque.

"Contrariamente a quanto crede, la sua vita non è un fallimento."

"Perché mi dice questo?"

"Perché è ciò che ripete tutte le mattine davanti allo specchio."

Stupefatta, Juliette arretrò col busto.

"Come sa che...?"

"New York è una città molto dura", la interruppe lo sconosciuto.

"È vero", riconobbe lei. "Ciascuno si affanna nel suo orticello senza curarsi del vicino. Tutti si accalcano in una grande folla eppure sono così soli..."

"Esattamente", confermò l'uomo allargando le braccia. "Il mondo è com'è, non come vorremmo che fosse. Non è un mondo equo in cui le cose buone capitano alle persone buone."

Fece una breve pausa, poi aggiunse: "Ma lei è una brava ragazza, Juliette. L'ho vista, un giorno, servire un indigente anche se sapeva che l'importo le sarebbe stato trattenuto dalla busta paga".

"Oh, cosa vuole che sia", protestò lei con un'alzata di spalle.

"Non sarà gran che, ma è pur sempre qualcosa, anzi molto. Niente è mai irrilevante, ma spesso noi non ci rendiamo bene conto delle conseguenze dei nostri atti."

"Perché mi dice questo?"

"Perché bisognerebbe che prendesse coscienza di quelle conseguenze prima di partire."

"Prima di tornare in Francia?"

"Stia bene, Juliette", disse l'uomo, alzandosi senza rispondere alla domanda.

"Aspetti!" esclamò lei.

Senza sapere perché, sentiva il bisogno impellente di trattenerlo e gli corse appresso; ma purtroppo era già scomparso.

Accanto alla porta girevole era rimasta della neve sciolta che nessuno aveva provveduto a spazzare e, per la terza volta quel giorno, Juliette scivolò. All'ultimo momento, prima di cadere all'indietro, si aggrappò al braccio di un cliente che, con il vassoio in mano, stava cercando un posto in cui sedersi, e lo trascinò con sé. Rovinarono tutti e due in terra e il cappuccino bollente si rovesciò addosso a entrambi.

Ecco, tipico mio: l'eterna pasticciona che vorrebbe avere la grazia di Audrey Hepburn e invece fa sempre una figura da chiodi.

Rossa di vergogna, si rialzò in fretta, si scusò nel modo più cortese possibile con il cliente, che, furibondo, già minacciava di citarla in giudizio, e scappò via.

Fuori, Manhattan era tornata la città frenetica, stressante e indaffarata di sempre. Davanti allo Starbucks, il rumore di uno spazzaneve si mescolava al ronzio del traffico. Juliette inforcò gli occhiali e scrutò la strada prima verso nord, poi verso *downtown*.

Ma l'uomo che le aveva offerto il sidro era scomparso.

Nello stesso istante, Sam prese l'ascensore dell'ospedale, salì altri quattro piani e raggiunse la porta della camera 808.

"Buona sera, Leonard."

"Entri, dottore."

L'ultima persona che Sam visitò quella sera non era un vero e proprio paziente. Leonard McQueen era uno dei lungodegenti del St. Matthews. Sam l'aveva visto per la prima volta l'estate precedente, durante una notte in cui era di guardia. Non riuscendo a dormire, il vecchio era fuggito sul tetto a terrazza dell'ospedale, dove aveva fumato una sigaretta.

Naturalmente era vietato fumare, soprattutto a uno come McQueen, che aveva un cancro ai polmoni allo stadio terminale, ma quando lo aveva incontrato sul tetto, Sam aveva avuto il buon gusto di non umiliarlo rimproverandolo come fosse un bambino disobbediente. Si era seduto accanto a lui e, nella fresca aria della sera, gli aveva parlato. Da quella volta, andava con regolarità a sentire sue notizie ed era nata tra loro una stima reciproca.

"Allora, come si sente, oggi?"

McQueen si tirò su a sedere e disse con tono impertinente: "Sa una cosa, dottore? Non ci si sente mai così vivi come quando si è in punto di morte".

"Non è ancora in punto di morte, Leonard."

"Non sprechi il fiato: so benissimo che sto per morire."

E, come a voler dimostrare che era vero, ebbe un lungo attacco di tosse da cui si capì che le sue condizioni si erano aggravate.

Sam lo aiutò a sedersi su una sedia a rotelle e lo condusse alla finestra.

McQueen smise di tossire e contemplò affascinato la città sotto di lui.

Dall'ospedale, prospiciente l'East River, si vedeva svettare verso il cielo il vicino palazzo delle Nazioni Unite, tutto marmo, vetro e acciaio.

"Allora, dottore, è sempre celibe?"

"Sono sempre *vedovo*, Leonard, che non è esattamente la stessa cosa."

"Sa che cosa le ci vorrebbe? Una bella dose di svaghi sessuali. Credo che, dopo, avrebbe un'aria meno seria. Alla sua età non è bene restare troppo a lungo senza usare l'attrezzatura, se capisce cosa intendo..."

Sam non poté fare a meno di sorridere.

"Capisco, capisco, non occorre che scenda nei particolari."

“Davvero, dottore: lei ha bisogno di qualcuno che le riempia la vita.”

“È ancora troppo presto”, sospirò Sam. “Il ricordo di Federica...”

“Con tutto il rispetto che le devo”, lo interruppe McQueen, “mi ha stancato con la sua Federica. Sono stato sposato tre volte e le posso assicurare che, se ha amato sinceramente una persona nella vita, può benissimo amarne un’altra.”

“Non lo so.”

Il vecchio indicò la città che brulicava di vita, sotto le finestre dell’ospedale.

“Non vorrà mica dirmi che, tra i milioni di abitanti di Manhattan, non c’è una donna che possa amare quanto sua moglie, vero?”

“Credo non sia così semplice, Leonard.”

“A mio parere, è lei che complica tutto. Se avessi la sua età e la sua salute, non passerei le serate a far conversazione con un vecchio come me.”

“Infatti ora la lascio.”

“Prima che se ne vada, ho una cosa per lei”, disse McQueen frugandosi in tasca e porgendogli un piccolo mazzo di chiavi. “Uno di questi giorni faccia un salto nella casa che ho nel Connecticut. La cantina è piena di vini pregiati che, invece di bere, ho stupidamente conservato per occasioni eccezionali.”

Si interruppe un attimo, poi mormorò, come fra sé: “A volte si è proprio idioti”.

“Sa, non mi interessano molto i...”

“Guardi che non sto parlando di vinaccio”, lo interruppe l’altro, irritato, “ma di vini francesi d’annata che valgono una fortuna. Vini molto migliori di quelle schifezze californiane o sudamericane. Beva alla mia salute, mi farebbe molto piacere, davvero. Mi prometta che lo farà."

"Lo prometto", rispose Sam con un sorriso.

McQueen lanciò le chiavi in aria e Sam le afferrò al volo.

"Buona serata, Leonard."

"Buona serata a lei, dottore."

Appena fu uscito dalla stanza, Sam ripensò alla frase che gli aveva detto il vecchio: "Non ci si sente mai così vivi come quando si è in punto di morte".

4

Vorremmo essere quello che non siamo.

ALBERT COHEN

"Ci sei, Colleen?"

Juliette aprì la porta dell'appartamento cercando di non rovesciare i piatti cinesi e la bottiglia di vino che aveva appena comprato con le mance della settimana.

"Sono io! Sei in casa?"

In tarda mattinata, la sua coinquilina l'aveva chiamata al *coffee shop* per dirle che il colloquio era andato bene e che era stata assunta. Le due ragazze avevano quindi deciso di festeggiare l'avvenimento con una serata tra loro.

"Ci sei?"

Per tutta risposta, Jean-Camille uscì miagolando dalla camera da letto e le si strofinò contro le gambe, facendo le fusa.

Juliette appoggiò i pacchi sul tavolo della cucina, prese il gatto in braccio e si diresse di corsa in salotto, l'unica stanza dell'appartamento in cui il riscaldamento era rimasto acceso.

Per un lungo istante, chiuse gli occhi e si strinse al radiatore, che per l'occasione era stato regolato sul massimo. Un'ondata di calore le salì dalle gambe a tutto il corpo.

Mmmm... meglio del migliore degli uomini! pensò.

Sempre a occhi chiusi, sognò per un attimo di trovarsi in un mondo perfetto, un mondo in cui nel boiler restasse abbastanza acqua da permetterle di fare un magnifico bagno caldo appena tornata dal lavoro.

Ma non bisognava chiedere troppo.

Aprendo gli occhi, si accorse che la spia luminosa della segreteria telefonica stava lampeggiando e si staccò di malavoglia dal radiatore per sentire chi aveva chiamato.

Ha un nuovo messaggio.

Ciao, Juliette. Sono io. Mi dispiace molto, ma stasera non posso. Non puoi immaginare il perché. Jimmy mi ha invitato ad andare due giorni con lui alle Barbados. Ti rendi conto? Le BARBADOS! Se non ti rivedo tra due giorni, buon ritorno in Francia.

Juliette si sentì profondamente delusa.

Ecco com'era l'amicizia per gli americani: dividi per tre anni l'appartamento con una persona e, al momento di salutarsi, quella ti lascia solo due frasettine nella segreteria telefonica.

Ma perché illudersi, del resto. Era naturale che Colleen preferisse passare il weekend con il suo fidanzato che con lei.

Girò su e giù per la casa covando risentimento, poi si soffermò a guardare le molte foto che ricordavano le tappe importanti della loro vita di coinquiline.

Quando erano sbarcate a Manhattan, ognuna di loro aveva avuto uno scopo preciso in mente: Colleen diventare avvocato, Juliette diventare attrice. Si erano concesse tre anni per riuscire nell'intento e il risultato era stato che la prima era appena stata assunta in uno studio legale prestigioso, mentre la seconda era finita a fare la cameriera in un bar.

Con la sua tenacia e la sua capacità lavorativa, Colleen prima o poi sarebbe divenuta socia dello studio, avrebbe guadagnato un sacco di soldi, si sarebbe vestita da Donna Karan e avrebbe trattato i casi nell'atmosfera ovattata del bell'ufficio di una torre di vetro.

Si sarebbe trasformata nel personaggio che aveva sempre sognato di essere: una di quelle *executive women* frenetiche e inaccessibili che si vedevano la mattina in Park Avenue.

A Juliette dispiaceva molto provare invidia per il successo dell'amica, ma il contrasto tra quei brillanti risultati e il suo fallimento era così evidente da nausearla.

Come sarebbe stata la sua vita appena fosse rientrata in Francia? A che le sarebbe servita la laurea in lettere classiche? Dio mio, nei primi tempi le sarebbe addirittura toccato tornare a vivere con i genitori! Pensò anche a sua sorella Aurélia, che per quanto più giovane era già sposata e faceva l'insegnante nella regione di Limoges, dove il marito gendarme era stato trasferito. Aurélia e il marito disapprovavano molto la sua "vita *bohémienne*" e la giudicavano un'irresponsabile.

A Parigi, molti amici di Juliette avevano avuto successo. Facevano professioni gratificanti e lavori falsamente creativi nei quali "si realizzavano": ingegnere, architetto, giornalista, informatico... Vivevano in coppia, avevano acceso un mutuo per comprarsi la casa e già uno o due figli giocavano sul sedile posteriore delle loro Renault Mégane.

Juliette, invece, non aveva niente di tutto questo: né un

lavoro stabile, né un fidanzato, né un figlio. Ora capiva che era stato assurdo trasferirsi a New York per tentare la carriera di attrice.

Del resto, tutti i suoi amici e conoscenti le avevano ripetuto tante volte che era un passo azzardato. In effetti la sua epoca non era favorevole all'avventura, ma alla fredda razionalità, alla prudenza, all'ossessione del "rischio zero". La società raccomandava la cautela, i versamenti pensionistici fin dall'età di venticinque anni, l'autovelox in strada, la mutua o l'assicurazione contro le malattie, la rinuncia tassativa all'esecrabile vizio del fumo.

Juliette, invece, non aveva ascoltato nessuno. Affidandosi alla sua buona stella, si era detta che un giorno avrebbe stupito tutti e che chi l'aveva criticata si sarebbe ricreduto vedendo sulla copertina di *Paris Match* la sua foto sotto il titolo "*Giovane francese ottiene un ruolo da protagonista a Hollywood*". Non aveva mai gettato la spugna e si era battuta con tutte le sue armi. Ma forse era stata troppo buona, troppo "brava ragazza" per riuscire. Avrebbe certo avuto più possibilità se fosse stata la "figlia di qualcuno", purtroppo suo padre non era Gérard Depardieu, bensì Gérard Beaumont, un semplice ottico ad Aulnay-sous-Bois.

E se in realtà fosse stata priva di talento? Ma se era la prima a non credere in se stessa, chi mai avrebbe creduto in lei? Molti attori e attrici avevano fatto la gavetta prima di raggiungere la gloria: Tom Hanks aveva recitato per anni in teatri di infimo ordine, Michelle Pfeiffer era stata cassiera di un supermercato, Al Pacino non era riuscito a farsi accettare all'Actor's Studio, Sharon Stone aveva avuto il primo ruolo importante molto tardi e Brad

Pitt, travestito da pollo, aveva venduto panini in un ipermercato.

Tuttavia la cosa più importante, e la più difficile da capire per gli altri, era che Juliette si sentiva viva solo quando recitava. Poco importava che interpretasse una parte in una pièce universitaria; poco importava che ci fossero quattro gatti in sala: le pareva di esistere realmente solo quando incarnava un personaggio. Insomma era se stessa soltanto nel momento in cui diventava un'altra: era come se dovesse riempire un vuoto interiore, come se la vita vera non le bastasse. E ogni volta che rifletteva su quella caratteristica, si chiedeva se non ci fosse qualcosa di patologico nel suo bisogno di cercare un'alternativa alla realtà.

Scacciò i pensieri tristi canticchiando le parole di Aznavour: "*Vedevo già il mio nome, in testa al cartellone...*" Continuando a cantare, entrò nella camera da letto di Colleen.

Sulla sedia erano ripiegati con cura gli abiti molto chic che l'amica si era comprata per i colloqui di lavoro. Aveva speso più di quanto potesse permettersi, ma presto l'investimento sarebbe stato ammortizzato. Juliette non resistette alla tentazione di provarseli, tanto più che Colleen aveva la sua stessa taglia.

Si tolse i jeans e il vecchio pullover per indossare un tailleur grigio di Ralph Lauren. Si guardò allo specchio e ammiccò alla propria immagine.

Niente male.

Infilò anche un elegante dolcevita nero di cachemire, un cappotto di tweed dalla linea diritta e un paio di mocassini Ferragamo.

Sempre più eccitata, si fece un trucco leggero: eye-liner

intorno agli occhi, un accenno di mascara e un'ombra di cipria sul viso.

"Specchio, specchio delle mie brame, chi è la più bella del reame?"

Era stupefatta della trasformazione. Così vestita, sembrava proprio una donna d'affari. Una cosa era certa: l'abito fa il monaco.

Turbata, ripensò a *Tootsie*, il film in cui Dustin Hoffman, travestendosi da donna, otteneva finalmente il ruolo della sua vita.

Al colmo dell'euforia, disse allo specchio: "Piacere, Juliette Beaumont, avvocato".

Richiamata dai lunghi miagolii di Jean-Camille, che reclamava il suo pasto, scese le scale con quella *mise* addosso e versò nella scodella il contenuto di una delle due pietanze cinesi che aveva comprato.

"Ecco una leccornia, Jean-Camille: riso thailandese e pollo ai cinque sapori."

Accarezzò la testa al gatto, che tutto contento si mise a fare le fusa, e ripeté: "Piacere, Juliette Beaumont, avvocato".

Decise di colpo di non passare la sera a casa da sola come una zitella. Perché non concedersi un piccolo spettacolo? Una delle commedie musicali di Broadway, per esempio. A volte, un'ora prima della rappresentazione, i teatri di Times Square offrivano a prezzi molto ragionevoli i posti rimasti invenduti. E quella sera, con la neve, molti spettatori avevano sicuramente disdetto. *Ora o mai più*, si disse. Perché non andare a vedere *Phantom of the Opera* o *Cats*?

Si guardò di nuovo allo specchio del bagno e, per la prima volta dopo tanto tempo, si trovò bella.

"Mi dispiace, Jean-Camille, ma New York mi aspetta!" proclamò con aria teatrale.

Salì di nuovo in camera di Colleen, prese in prestito anche la sciarpa Burberry, e uscì nell'aria tersa della sera, decisa a godersi fino in fondo le sue ultime ore a Manhattan.

5

A New York tutti cercano qualcosa. Gli uomini cercano le donne, le donne gli uomini.
A New York tutti cercano qualcosa. E ogni tanto... qualcuno trova.
DONALD E. WESTLAKE

Sam stava leggendo il fascicolo riguardante un paziente, quando si sentì battere una mano sulla spalla.

"Il suo turno è finito da mezz'ora, dottore", gli disse Beckie, la caposala, indicando la tabella degli orari.

"Devo solo controllare quest'ultimo caso", replicò lui come chiedendo un favore.

"È *lei* che bisognerebbe curare", brontolò la donna sottraendogli il documento. "Torni a casa, dottore."

Abbozzando un sorriso, Sam obbedì.

Mentre Beckie lo guardava allontanarsi, una delle laureande che stavano facendo l'internato le bisbigliò qualcosa all'orecchio.

"Che figo, quello!"

"Eppure il sesso è l'ultima cosa a cui pensa, mia cara. Non hai nessuna possibilità."

"Sposato?"

"Peggio."

Sam aprì la porta dello spogliatoio riservato al personale, infilò il camice sgualcito su una gruccia e appese questa nel proprio armadietto di metallo. Aggiustatasi la cravatta, indossò la giacca e il pesante cappotto senza guardarsi nemmeno per un attimo allo specchio: aveva abbandonato da tempo ogni velleità di conquista, ma non si rendeva conto che proprio quello lo rendeva seducente agli occhi di tante donne.

Entrò nell'ascensore assieme a un infermiere asiatico che spingeva una barella. Il lenzuolo che copriva interamente il corpo non lasciava dubbi sulle condizioni del "malato". L'infermiere stava per fare una battuta, ma desistette davanti allo sguardo cupo di Sam. Al pianterreno l'ascensore si aprì su un grande atrio dove l'attività ferveva come in un terminal di aeroporto. Sam non poté fare a meno di gettare un'occhiata alla sala d'aspetto del pronto soccorso: era già piena.

Nelle prossime ore sarà peggio, pensò.

In un angolo dell'atrio, un vecchio se ne stava curvo sulla sua sedia. Stretto in un impermeabile usato, guardava tremando i pesci esotici che nuotavano instancabili nell'acquario. Sam incrociò lo sguardo di una ragazza magrissima che teneva i piedi sulla sedia e il mento sulle ginocchia: aveva gli occhi arrossati dalla droga o dall'insonnia. Accanto a lei, aggrappato alle sue gambe, piagnucolava un bambino.

E se restassi qui per il turno di notte?

"Sono cinque dollari, signorina."

Juliette pagò la corsa al tassista haitiano e aggiunse una modesta mancia come ringraziamento per averle parlato in francese.

Lo *yellow cab* l'aveva scaricata all'incrocio della Broadway con la Settima Avenue: Times Square, l'angolo più frequentato di Manhattan a qualsiasi ora.

Juliette era attratta da quel posto come un pezzo di ferro dalla calamita: la maggior parte dei teatri e dei cinema della città si concentravano intorno a quel piccolo triangolo di asfalto contornato di grattacieli.

Piovesse, nevicasse o soffiasse il vento, Times Square brulicava di schermi giganti e pannelli elettronici che brillavano di mille luci sulle facciate dei palazzi. Era uno spettacolo che stordiva. Ovunque si guardasse, teatri, cinema e ristoranti inghiottivano e restituivano fiumi di clienti in un continuo bailamme.

Comprato un *bretzel* da un venditore ambulante, Juliette lo mangiò stando attenta a non versarsi il ketchup sul "suo" bel cappotto. Consultò uno schermo gigante a cristalli liquidi dov'era riportato il programma degli spettacoli e si diresse verso il palazzo di marmo bianco davanti al quale, il 31 dicembre di ogni anno, la folla guardava la famosa Grande Mela, simbolo di New York, scendere dall'alto per annunciare l'inizio dell'anno nuovo.

Juliette voleva godersi un'ultima volta quell'inebriante cocktail di vivacità e *glamour*. Benché la maledicesse, in fondo al cuore adorava New York. Essendo molto più un "topo di città" che un "topo di campagna", non sognava la natura, il silenzio e il cinguettio degli uccelli. Aveva bisogno di vedere intorno a sé del movimento e di sapere, per il puro piacere di saperlo, che i negozi stavano aperti ventiquattr'ore su ventiquattro.

Certo, la confusione era troppa e gli svaghi erano superficiali: un gigantesco locale notturno nel cuore di Manhattan. E, certo, le pubblicità aggressive, la musica assordante, i vapori che uscivano da ogni parte potevano sembrare orribili; ma la facevano sentire viva. Il posto brulicava fin troppo di gente, però almeno non si era soli.

Dio santo, era New York, era Broadway, "la strada più lunga del mondo", come dicevano le guide turistiche: l'arteria che attraversava tutta Manhattan e proseguiva oltre il Bronx.

La gelida notte fu lacerata dall'urlo di una sirena.

Le massicce porte automatiche del St. Matthew's Hospital si richiusero alle spalle di Sam proprio nel momento in cui un'ambulanza entrava a tutta velocità nel parcheggio. Sam provò subito l'impulso di andare ad aiutare i paramedici, ma si trattenne: quando aveva chiesto alla dottoressa Freeman, direttrice del pronto soccorso, il permesso di fare l'ennesimo turno di notte, lei non glielo aveva concesso, osservando che non le pareva avesse dormito abbastanza le notti precedenti.

Era dalla mattina che non metteva il naso fuori e si era praticamente dimenticato della tormenta di neve della sera precedente. Fuori la temperatura era così bassa che gli diede quasi il capogiro.

Prima di lasciarsi alle spalle l'area dell'ospedale, vide il personale medico affannarsi intorno alla barella e udì frammenti di frasi: "Ustioni di secondo grado... pressione 8/5... polso 65... Glasgow a 6..." Poi, mentre le voci si smorzavano, raggiunse la Land Rover.

Stringendo il volante, lasciò per qualche secondo il motore in folle. Gli ci voleva sempre un lungo momento per fare il vuoto mentale e dimenticare i pazienti che aveva visto durante il giorno; e in genere non li dimenticava affatto.

Quella sera era particolarmente stanco. Percorse la Prima Avenue in direzione nord. Una volta tanto, il traffico non era congestionato.

Accese la radio.

... il sindaco di New York reputa che spalare la neve in tutta la città verrà a costare almeno dieci milioni di dollari, in un momento in cui c'è già un deficit di quattordici milioni.

Siccome per il momento gli spazzaneve non sono ancora riusciti a sgomberare del tutto le principali arterie e siccome le strade restano molto scivolose, continuiamo a raccomandarvi la massima prudenza...

Juliette si sentiva una minuscola goccia d'acqua trasportata dal torrente di una folla eterogenea che camminava alla luce abbagliante delle grandi insegne luminose. D'un tratto le sirene, i musicisti di strada, la gente, la fila dei taxi gialli che sfrecciavano in giro, i colori e i rumori di Broadway le fecero venire il mal di testa. Come ipnotizzata, alzò gli occhi verso gli schermi che occhieggiavano da ogni muro e fu colta da un senso di vertigine. Ce n'erano così tanti che non sapeva più quale guardare: quotazioni di Borsa, videoclip, notiziari, previsioni meteorologiche...

Disorientata, appena qualcuno la urtò decise di attraversare la strada per cercare di ritrovare la calma nel marciapiedi di fronte.

Stavano arrivando auto da entrambe le direzioni, ma lei non sembrava vederle.

Sam stava percorrendo la Broadway. Aveva messo su un CD di jazz e si lasciava cullare dal sassofono tra il caos del traffico e le torri di vetro. Soffocando uno sbadiglio, prese il pacchetto di sigarette dal taschino della camicia. Un vizio, quello del fumo, che aveva conservato dalla prima giovinezza. La maggior parte dei bambini di Bed-Stuy cominciava a fumare verso i sette o otto anni, prima di dedicarsi a sostanze più nocive.

La macchina davanti a lui esibiva sul parabrezza un autoadesivo e, istintivamente, Sam strinse gli occhi per decifrarlo. *If you can read this, you're too near*, diceva. "Se riuscite a leggere, siete troppo vicini." Un lungo colpo di clacson lo destò dalle sue riflessioni. Imprecò contro l'idiota che lo stava superando e, mentre si girava, notò lo slogan di un cartellone pubblicitario che, sulla facciata di un palazzo, reclamizzava un prodotto antitabacco. Una fresca top model, in body e pantaloncini, decantava le virtù dello sport ed esecrava il vizio del fumo proclamando: *Fate ancora in tempo a cambiare vita!*

"Parla per te!" disse Sam ad alta voce.

In ogni modo, a che pro cambiare vita? Lui l'aveva già fatto una volta e gli bastava. Con aria di sfida, tirò una boccata e inspirò a fondo, quasi a voler dire che non gliene fregava niente di morire in buona salute e che non temeva né Dio né la morte: non credeva nel primo e non poteva niente contro la seconda.

Mentre rinfilava in tasca l'accendino, trovò il disegno che Angela gli aveva dato poco prima. Lo tirò fuori, lo spiegò e, sul retro del foglio, vide tanti piccoli segni cabalistici che non aveva ancora notato: cerchi, triangoli, stelle misteriosamente intrecciati. Avevano un qualche significato?

Assorto nei suoi pensieri, si accorse solo all'ultimo momento della giovane donna che stava attraversando la strada davanti a lui.

Per la miseria, non c'era il tempo di frenare! Sterzò tutto a destra, pregando il Dio al quale non credeva e urlando a squarciagola:

"Attenta!!!"

"Attenta!!!"

Juliette si fermò di colpo. L'auto la mancò di poco e, per la prima volta nella vita, la giovane si sentì a un passo dalla morte.

La Land Rover salì sul marciapiedi e frenò con gran stridio di gomme. Fu un miracolo se non investì nessuno.

"Pazzo assassino!" gridò Juliette all'automobilista, pur sapendo benissimo che aveva una parte di responsabilità nell'accaduto. Il cuore, adesso, le stava battendo all'impazzata.

Aveva sempre la testa tra le nuvole. Sempre. Eppure era così evidente che quella città non era fatta per i sognatori. C'erano pericoli dappertutto, a ogni angolo di strada.

"Cristo!" esclamò Sam.

Stavolta aveva avuto una fottuta paura. Si poteva passare dalla vita alla morte così, in due secondi. Si vive costantemente sull'orlo dell'abisso e lui lo sapeva meglio di chiunque altro; ma questo non significava che l'abisso non fosse terrificante.

Afferrò la valigetta da medico che teneva sempre a portata di mano sul sedile passeggeri e si precipitò fuori dell'auto.

"Come si sente? Si è fatta male? Sono un medico, lasci che la visiti o la porti all'ospedale."

"È tutto a posto, sto bene", lo rassicurò Juliette.

Sam la prese per un braccio per aiutarla ad alzarsi e, per la prima volta, Juliette sollevò gli occhi a guardarlo.

Un istante prima lei non esisteva e adesso, all'improvviso, gli stava davanti.

"È sicura di stare bene?" ripeté Sam goffamente.

"*It's* OK."

"Non vuole bere qualcosa per tirarsi su?"

"No, grazie, non occorre", rispose Juliette.

"La prego, vorrei farmi perdonare."

Sam indicò l'imponente facciata del Marriott Hotel, la cui sagoma avveniristica dominava il lato occidentale di Times Square.

"Metto la macchina nel parcheggio dell'albergo e torno tra un minuto. Vuole aspettarmi nell'atrio, per favore?"

"D'accordo."

Sam si avviò verso la Land Rover, poi ci ripensò, tornò sui suoi passi e si presentò. "Sono il dottor Sam Galloway", disse.

Juliette lo guardò e provò d'un tratto il desiderio di piacergli. Nel momento preciso in cui aprì la bocca, capì che stava facendo una sciocchezza, ma ormai era troppo tardi.

"Piacere. Juliette Beaumont, avvocato."

6

D'un tratto lei mi guardò senza vedermi, e fu la gloria
e la primavera e il sole e il mare tiepido...
ALBERT COHEN

Nonostante il vento gelido che continuava a stringere la città in una morsa, la folla che si accalcava davanti all'albergo era fitta. Juliette restò diversi minuti nell'atrio a guardare il balletto dei taxi e delle limousine che scaricavano gli spettatori in smoking e abito da sera. Poi Sam uscì dall'ascensore del parcheggio.

Con i suoi cinquanta piani di vetro e cemento, il Marriott era il secondo albergo di Manhattan. Juliette, che non ne aveva mai varcato la soglia, contemplava con gli occhi sgranati l'immenso spazio dell'atrio, che saliva per quasi quaranta piani. La luce intensa che da esso promanava faceva dimenticare per un istante che si era in pieno inverno.

Presero la scala mobile fino al secondo piano, poi uno degli ascensori trasparenti che, come capsule spaziali, parevano volare lungo l'asse del palazzo. Sam premette il bottone del quarantanovesimo piano e iniziarono il vertiginoso viaggio verso il tetto.

Non avevano ancora scambiato una parola.

Perché l'ho invitata? si chiese lui, sentendosi travolto dalle circostanze.

"Si trova a New York per affari?" le domandò.

"Sì", rispose lei sforzandosi di apparire sicura. "Sono qui per un congresso giuridico."

Per la miseria, perché ho detto che sono un avvocato? Così mi tocca raccontare un mucchio di balle.

"Si tratterrà molto a Manhattan?"

"Torno in Francia domani sera."

Questa, almeno, non è una bugia.

Al trentesimo piano, Juliette si avvicinò alla parete di vetro, guardò in basso e fu colta da vertigini come fosse stata sospesa nel vuoto.

Oddio, non è proprio il caso di vomitare.

L'ascensore si aprì su un vestibolo. Un'hostess prese loro i cappotti e li accompagnò ai tavoli.

Buona parte dell'ultimo piano era occupata dal bar panoramico. C'era poca gente; ebbero un tavolo da cui si godeva la vista completa di New York.

La luce era soffusa. Su una piccola pedana, una giovane donna suonava al pianoforte delle eleganti ballate dal timbro jazzistico, sullo stile di Diana Krall.

Juliette guardò il menù: la minima sciocchezza costava un occhio della testa. Sam scelse un martini dry, lei un complicato cocktail a base di vodka, succo di mirtilli e *lime*.

L'atmosfera era tranquilla, ma Juliette era molto nervosa e non riusciva a distendersi. D'un tratto si accorse che il palazzo si muoveva in maniera impercettibile.

Sam notò il suo sgomento.

"Il bar ruota", le spiegò ridendo.

"Come mai?"

"È posto su una piattaforma che ruota su se stessa."

"Davvero impressionante", disse lei, sorridendo a sua volta.

Erano le 19.03.

19.08

Alla luce della candela, Juliette gli guardò il viso stanco e gli occhi “spaiati”, uno verde e uno azzurro: il segno del diavolo, secondo la Chiesa.

Però era un bell’uomo. *Gorgeous*, come dicono gli americani. E poi, particolare non da poco, aveva una voce calda e rassicurante.

Le piaceva; e il cuore le batteva più forte di quanto avrebbe voluto.

19.11

Lei: È mai stato in Francia?

Lui: No. Cosa vuole, sono un americano incolto che non ha mai lasciato il suo Paese se non per passare le vacanze alle Hawaii.

Lei: Sa che abbiamo l’acqua corrente in quasi tutte le case?

Lui: Davvero? E l’elettricità?

Lei: L’avremo presto.

19.12

Gli piaceva la sua mancanza di artificiosità. Nonostante la divisa da *working girl*, pareva una ragazza semplice e spontanea. Parlava inglese molto bene, anche se con un simpatico accento francese. Quando sorrideva, le si illuminava tutto il viso.

Ogni volta che la guardava, Sam sentiva come una piccola scossa elettrica.

19.15

Mi avrebbe invitato a bere qualcosa se gli avessi detto che facevo la cameriera?

19.20

Vide che la ragazza tremava di freddo con addosso solo quel maglioncino. Allora si alzò e le mise la propria giacca sulle spalle.

"Ma no, non occorre, sto bene", disse lei pro forma.

Però Sam aveva l'impressione che il suo viso affermasse il contrario.

"Me la renderà tra poco", la rassicurò.

E ti trovo bellissima.

19.22

Argomento: uomini e donne.

Lei: Ha ragione, non è difficile piacere agli uomini. Basta avere delle belle gambe, il sedere sporgente, il ventre piatto, un vitino da vespa, un sorriso sexy, un paio di occhi languidi e un seno sodo e generoso.

Risata di Sam.

19.25

Silenzio.

Juliette bevve un sorso del cocktail.

Sam osservò fuori dalla finestra, immaginando, cinquanta piani più giù, il fermento e il brusio della città, così lontana e così vicina.

Non appena si accorse che lui stava fissando le sue unghie rosicchiate, Juliette le nascose stringendo la mano a pugno.

Sam, divertito, le sorrise.

Non dissero una parola, ma fu un dialogo muto.

19.26

Diglielo.

Digli la verità, adesso.

Digli che non sei avvocato.

19.34

Lei: Il suo film preferito?

Lui: *Il padrino*. E il suo?

Lei: Il mio è *La signora della porta accanto*, di François Truffaut.

Sam provò a ripetere il nome del regista e la sua pronuncia, "Fuansuà Ciufò", la fece molto ridere.

Lui: Non mi prenda in giro.

19.35

Lei: Il suo scrittore preferito? Il mio è Paul Auster.

Lui (*dubbioso*): Mi lasci pensare...

19.40

Lui: Il suo quadro preferito?

Lei: Vediamo... *Contadini in siesta* di Vincent Van Gogh, e il suo?

Per tutta risposta, Sam le porse il disegno di Angela e le spiegò perché, se non ci fosse stato quel pezzetto di carta, non si sarebbero mai incontrati.

19.41

Se un uomo così affascinante ha voglia di stare con me, vuol dire che non sono così brutta.

19.43

Lei: Piatto preferito?

Lui: Un bel cheeseburger.

Lei (*stringendosi nelle spalle*): Che schifo!

Lui: Ha una proposta migliore?

Lei: Brioche di lumache al foie gras.

19.45

Come mai si incontrano migliaia di persone, ma ci si innamora solo di una?

19.46

Lui: Conosco un ristorante che le piacerebbe: fanno degli eccellenti hamburger al foie gras.

Lei: Mi prende in giro?

Lui: No! Me ne guardo bene. È la specialità della casa: un panino con parmigiano, brasato, foie gras e tartufi neri, servito con le vostre famose *French fries*, le patate fritte.

Lei: La smetta, per carità, se no mi viene l'acquolina in bocca.

Lui: Le do l'indirizzo.

Ti ci porto.

19.51

Forse è la persona giusta. Purtroppo è capitato nel momento sbagliato...

19.52

Lui: Posto preferito a New York?

Lei: Il mercato ortofrutticolo di Union Square d'autunno, quando il parco è coperto da un tappeto di foglie multicolori. Il suo?

Lui: Qui, questa sera in sua compagnia, tra la selva dei grattacieli che brillano nella notte.

Lei (*felicissima, ma non stupida*): Però, che belle parole!

19.55

Lei: C'è stato, tra i suoi pazienti, qualcuno che le è rimasto particolarmente impresso negli ultimi tempi?

Lui: Una vecchia portoghese infartuata, poche settimane fa. Non era propriamente mia paziente: ho solo assistito al suo ricovero. I colleghi le hanno praticato un'angioplastica per dilatare l'arteria ostruita, ma aveva il cuore debole.

Tacque, ripensando al delicato intervento chirurgico dall'esito incerto.

Lei: Non ha superato l'operazione?

Lui: No, non abbiamo potuto salvarla. Suo marito è rimasto ore a vegliarla, nel trambusto dell'ospedale. Quant'era triste, quell'uomo! Più volte l'ho sentito mormorare: *Estou com saudades de tu.*

Lei: Vuol dire "mi manchi", vero?

Lui: Qualcosa del genere. Quando gli ho detto qualche parola di conforto, mi ha spiegato che, in Portogallo, saudade è il dolore provocato dall'assenza di chi è lontano o scomparso.

È una parola intraducibile nelle altre lingue: esprime uno stato d'animo indefinibile, una vaga malinconia che pervade di sé tutto il presente.

Lei: Che ne è stato di lui?

Lui: È morto a sua volta... a pochi giorni di distanza. Certo, il suo era un organismo piuttosto logorato, ma nessuno ha saputo stabilire con esattezza la causa del decesso.

(*Pausa di qualche secondo.*) Alcune persone si lasciano morire quando sentono che niente le trattiene più a questo mondo.

20.01

Lui: Qual è l'ultima causa che ha vinto?

Lei (*dopo qualche esitazione*): Oh, per favore, non parliamo di lavoro!

20.02

Per qualche secondo ascoltano in silenzio il fraseggio sensuale della cantante, che gioca con le note alternando toni rauchi a toni argentini. Le sue canzoni parlano dell'amore che sboccia e dell'amore che muore, lasciando dietro di sé pianto, lutto e disillusione.

20.05

Sam guardò Juliette arrotolarsi con gesto automatico una ciocca di capelli intorno a un dito.

20.06

Lei: A volte ho l'impressione che mi ascolti distrattamente. Non sarà il décolleté della cameriera a toglierle la concentrazione?

Lui (*sorridendo*): Per caso vuole farmi una scenata proprio qui?

Lei: Figuriamoci!

Con questa esclamazione, Juliette si alzò da tavola per andare alla toilette.

Rimasto solo, Sam si sentì smarrito.

Squagliatela, pensò. *Taglia la corda prima che sia troppo tardi.*

Quella ragazza era pericolosa. Aveva una luce nello sguardo, un'espressione dolce e sincera in viso che gli andava dritto al cuore.

No, doveva fuggire perché non era ancora pronto. È vero che per qualche minuto si era sentito leggero, euforico, felice, quasi onnipotente; tuttavia era un'illusione che stava svanendo con la stessa rapidità con cui era apparsa.

Guardò l'orologio e respirò a fondo. Per calmarsi, tirò fuori le sigarette di tasca e le posò sul tavolo, ma questo lo rese ancora più nervoso. La legge proibiva di fumare in tutti i bar e i ristoranti di New York. La "città che non dormiva mai" aveva finito per soccombere alla dittatura del salutismo.

Ripensò alle parole che gli aveva detto McQueen. Perché non concedersi una "bella dose di svaghi sessuali"? Infatti.

O meglio, per usare un linguaggio più crudo, perché non fare una bella scopata? Non era mica un crimine. Ma scartò l'idea: quello che provava per Juliette non apparteneva solo alla sfera del desiderio sessuale.

Ed era proprio quello il problema.

Juliette si chiuse la porta della toilette alle spalle. Era in preda al panico.

Che mi succede? Non ci si può innamorare di un uomo in tre quarti d'ora!

Non era il momento adatto: di lì a due giorni sarebbe tornata in Francia, e poi non era così ingenua da credere a quello che in America chiamavano *love at first sight*, amore a prima vista.

Contrariamente a quanto si tende a credere, Manhattan non è posto per storie romantiche. Nessuno ci va per trovare l'amore. Ci si va per affari, per soddisfare le proprie ambizioni professionali o artistiche, ma non certo per cercarvi l'anima gemella.

E, dal punto di vista affettivo, Juliette doveva ammettere che quei tre anni non avrebbero costituito per lei un ricordo indelebile. All'inizio aveva fatto qualche sforzo. Si era prestata al gioco del *date*, l'uscire con qualcuno, ma non si era mai sentita a suo agio nelle relazioni interpersonali in stile americano.

Gli appuntamenti amorosi si prendevano sul palmare e somigliavano piuttosto a colloqui di lavoro. La conversazione ruotava sempre intorno alla professione e ai soldi. Tutto era troppo codificato e prevedibile.

In quella metropoli in cui quattro matrimoni su cinque finivano in divorzio, la prima volta che si vedeva "romanticamente" qualcuno si snocciolava il proprio curriculum vitae e si poneva la fatidica domanda "Quanto guadagni?" per capire subito se si stava impiegando bene o male il proprio tempo.

Presto Juliette aveva rinunciato a quei rituali, che le ricordavano più l'esame di ammissione alla Scuola nazionale d'amministrazione che la magia dell'amore.

Stavolta, però, era diverso. Quell'uomo, Sam Galloway, non era come gli altri. Dal primo momento in cui si erano parlati, Juliette si era sentita come accendere da un fuoco interno.

E piantala di farti dei romanzi, stupida! Non hai più sedici anni.

Stentava a controllare le emozioni. E poi aveva spudoratamente mentito sulla sua professione, e una relazione che inizia con una bugia non può finire bene. Galloway l'avrebbe fatta soffrire, ne era sicura. Forse la cosa migliore era non tornare più in sala.

Alzando gli occhi al cielo, imprecò contro il destino: proprio quando aveva deciso di seguire il buon senso e tornare in Francia, ecco quell'incontro inatteso che la turbava profondamente.

"In questo momento non ho bisogno di un uomo nella mia vita", commentò a voce alta, come se volesse autoconvincersi.

"E brava, così ce ne sarà uno in più per le altre!" esclamò una voce femminile dalla toilette a fianco.

Mortificata e rammaricata di essersi lasciata sfuggire quella frase, Juliette uscì dalla toilette.

Sam era sempre lì: una forza potente e invisibile lo teneva incollato alla sedia.

Con un ultimo sforzo cercò di razionalizzare le emozioni.

Il colpo di fulmine non esiste o è solo un fenomeno biologico.

Il cervello aveva ricevuto informazioni su Juliette: il suo modo di mordersi il labbro inferiore, il sorriso, l'ovale, la curva dei fianchi, il lieve accento francese... Come un computer, aveva elaborato i dati e liberato nell'organismo ormoni e neurotrasmettitori. Per questo lui si era sentito euforico.

Non è proprio il caso di mettersi a fare castelli in aria per una semplice reazione chimica. Perciò adesso alzati e vattene prima che torni.

Stando attenta a non farsi notare, Juliette chiese il cappotto a un'hostess e si diresse agli ascensori. Aveva preso la decisione giusta, l'unica sensata. La porta dell'ascensore si aprì con un trillo da carillon.

Juliette esitò.

Ci sono persone capaci di riconoscere il momento preciso che determina il loro intero destino.

E se per lei il momento fatidico fosse stato quello?

"Tutto bene?"

"Sì, e lei?" domandò a sua volta Juliette tornando a sederglisi davanti.

Sam notò che si era rinfilata il cappotto; Juliette notò che si era rimesso la giacca.

Lui finì il martini dry. Lei bevve un altro sorso di cocktail.

Per l'ultima volta, Juliette ammirò le luci della città, che brillavano come migliaia di stelle. Si sentiva come in una di quelle commedie romantiche con Meg Ryan, che di solito avevano l'*happy end*; tuttavia era convinta che la sua non sarebbe durata.

Mentre guardava un fiocco di neve cadere sul vetro e dissolversi, Sam le posò una mano sul braccio.

"Ha il ragazzo?" chiese.

"Può darsi", rispose lei per non apparire troppo disponibile. "E lei?"

"No, non ho ragazzi."

"Ha capito benissimo cosa intendevo."

Sam stava per rispondere, quando all'improvviso gli attraversò la mente l'immagine di sua moglie che camminava con i capelli al vento sulla lunga passerella di legno di Key West, accanto al mare.

Il ricordo risaliva alla settimana di vacanze che avevano trascorso tre anni prima in Florida: uno dei brevi periodi in cui erano stati veramente felici.

Batté più volte le palpebre per scacciare la visione, poi guardò Juliette e disse: “In realtà... in realtà io sono sposato”.

7

L'amore è come la febbre: nasce e si estingue
senza che la volontà vi abbia parte.

STENDHAL

Nell'ascensore che li riportava giù non scambiarono né uno sguardo né una parola. Avevano vissuto un momento di grazia, ma l'incanto si era rotto e ora dovevano tornare con i piedi per terra, alle luci e alle ombre della loro piccola vita.

"La riaccompagno?" chiese lui quando uscirono nell'aria fredda e pungente del viale.

"No, grazie", rispose piccata Juliette.

"In quale albergo alloggia?"

"La cosa non la riguarda."

"Perché non mi lascia il suo numero di telefono, nel caso che..."

"Nel caso cosa?" replicò lei in tono duro, piantando i pugni sui fianchi.

"Niente. La prego di scusarmi."

Sam la guardò con rimpianto. Mentre parlava, Juliette aveva emesso una nuvoletta di vapore e a lui, così arrabbiata, era parsa ancora più bella.

Si era già pentito della sua bugia, ma l'aveva ritenuto l'unico modo per evitare di farsi coinvolgere e nel contempo non essere troppo sgarbato con Juliette.

"Allora arrivederci", disse lei un attimo prima di voltare le spalle. "Mi saluti tanto sua moglie."

"Aspetti..." la implorò Sam.

"Non insista: non me la faccio con gli uomini sposati."

"Sì, certo, capisco."

"No che non capisce, invece! Siete... siete proprio tutti uguali!"

"Non ha il diritto di giudicarmi", si difese lui. "Non mi conosce e non sa niente della mia vita."

"Non la conosco e non ho più nessuna voglia di conoscerla."

"Benissimo. Grazie lo stesso del tempo che mi ha dedicato."

"Grazie a lei di non avermi investito", ribatté sarcastica Juliette. "Le raccomando di essere un po' più prudente nella guida, in futuro."

Ben detto!

"Grazie del consiglio."

"Addio."

"Addio."

Juliette girò le spalle e si diresse in fretta alla più vicina fermata del metrò.

Mai con un uomo sposato: era una regola che non ammetteva deroghe. Juliette non era ricca, non aveva un marito o un fidanzato, non aveva figli, non aveva un vero lavoro, ma aveva dei valori ed era a quei valori che si era spesso aggrappata nelle situazioni più difficili.

Pentito di avere raccontato la bugia sulla moglie, Sam le corse dietro per un breve tratto e la afferrò per un braccio.

Quando lei si girò, vide che lacrime cocenti le colavano mute sulle guance intirizzite.

"Senta, mi dispiace molto che la serata sia finita così

male. Io la trovo davvero... davvero adorabile e, mi creda, era un'eternità che non stavo così bene con qualcuno."

"Sono sicura che sua moglie sarà molto contenta di saperlo", si difese Juliette, nondimeno turbata dall'accento di sincerità che coglieva nella sua voce.

"Vorrei che non ci lasciassimo così in malo modo", disse Sam.

"Se ne vada!" protestò lei, cercando di liberarsi.

Alcuni passanti si girarono e lanciarono a Sam sguardi di disapprovazione. Poi si avvicinò un poliziotto in divisa per porre termine alla discussione.

"È tutto a posto, s'impicci degli affari suoi", disse Sam tornando sui suoi passi.

Il parcheggiatore gli porse le chiavi della Land Rover che era andato a prendergli e il poliziotto lo invitò a ripartire in fretta per non bloccare il traffico.

Sam guardò la giovane francese incamminarsi lungo il viale.

"Juliette!" gridò.

Ma lei non si voltò.

Non lasciarla andare. Trova una scusa, come succede nei film. Cos'avrebbe fatto Cary Grant per trattenere Grace Kelly? Cosa farebbe George Clooney per trattenere Julia Roberts?

Non ne aveva la più pallida idea.

Lasciò una mancia di venti dollari al giovane parcheggiatore e, compiendo una manovra pericolosa, imboccò la strada nel senso in cui stava andando Juliette. Dopo avere zigzagato qui e là, riuscì finalmente ad affiancarla.

"Senta, l'unica verità su questa terra è che non sappiamo mai come sarà il domani", disse abbassando il finestrino.

Juliette non parve cogliere il messaggio.

"Il *presente*, il qui e ora, è l'unica cosa che conta", continuò lui, imperterrito.

Le sue parole furono portate via dal vento e dalla neve.

La giovane rallentò e lo guardò con un misto di curiosità e risentimento.

"E che cosa mi propone, qui e ora?"

"Un giorno e una notte insieme. Rispettando due condizioni: niente vincoli e niente domande su mia moglie. Mia moglie non è a Manhattan, questo weekend."

"Vada a farsi fottere!"

Ferito, Sam non insistette e proseguì tristemente nella notte.

Guardandolo allontanarsi, Juliette pensò d'un tratto che non sapeva nemmeno dove abitasse.

Sam aveva sprecato una bella occasione e si sentiva uno stupido. Benché avesse ripreso a nevicare, continuò a tenere il finestrino abbassato nella vaga speranza che il vento gelido lo aiutasse a cancellare dalla mente il volto di Juliette.

Per tutto il tragitto fino a casa non pensò più a niente, tranne che a guidare con maggior prudenza, come lei gli aveva raccomandato di fare.

Juliette agitò più volte la mano per fermare un taxi all'angolo tra la Quarantacinquesima e l'*All Star Café*.

"St. Matthew's Hospital, per favore", disse sedendosi sul sedile sfondato.

"*Where is it*?" chiese il tassista, un giovane olivastro col turbante in testa.

"Lei vada e io man mano le indico la strada", rispose Juliette, cui non facevano più nessun effetto quei tassisti immigrati da poco, che conoscevano la città quanto un turista arrivato il giorno prima.

Giunto al Greenwich Village, Sam trovò miracolosamente un parcheggio a meno di cento metri da casa, nel suo quartiere di palazzine scure dalle scale di pietra.

Abitava in un bell'edificio di mattoni a due piani subito dietro Washington Square. Nella viuzza lastricata un tempo sorgevano le scuderie, che erano poi state trasformate in deliziosi appartamenti cui aspiravano molti newyorchesi.

Quella casa dal fascino discreto apparteneva al proprietario di una prestigiosa galleria d'arte di Mercer Street. Tre anni prima Sam gli aveva guarito il figlio e, per riconoscenza, il gallerista gli aveva affittato l'appartamento a un prezzo ragionevole. Benché gli fosse parso un ambiente troppo lussuoso, Sam all'epoca aveva accettato l'offerta perché Federica potesse impiantare il suo atelier al primo piano.

Quando aprì la porta su camere fredde e tristi, gli tornò in mente d'un tratto il volto radioso della giovane francese e l'immagine illuminò per un attimo il labirinto dei suoi foschi pensieri.

"Mi aspetti qui, non ci metto molto", disse Juliette appena il taxi la scaricò davanti all'ingresso principale dell'ospedale.

Si diresse con passo deciso alle porte automatiche, pensando che avrebbe saputo presto se era davvero una brava attrice. Se lo era, sarebbe riuscita a trovare l'indirizzo di Sam Galloway. Ai tempi del suo massimo splendore,

Meryl Streep ce l'avrebbe fatta. Certo, lei non era Meryl Streep, ma era già un poco innamorata e, in un caso del genere, l'amore le sarebbe stato sicuramente d'aiuto.

Guardò l'orologio, trasse un respiro profondo ed entrò come in apnea nell'atrio dell'ospedale.

Quando arrivò al banco dell'accettazione, alzò la testa, drizzò la schiena e buttò i capelli indietro. Di colpo assunse un'aria altera, quasi aristocratica, di quelle che si hanno solo per natura e che solo una buona attrice sa simulare.

"Vorrei vedere Sam Galloway, per favore", disse con un tono a un tempo urbano e altezzoso.

L'impiegata verificò sul registro quello che già sapeva: "Mi dispiace, signora, ma il dottor Galloway è smontato dal servizio tre ore fa".

"Che seccatura", brontolò contrariata Juliette. "Eppure avevamo appuntamento qui." Tirò fuori il telefonino e finse di comporre un numero.

"Ha il cellulare staccato", disse prendendo l'impiegata a testimone del vano tentativo.

Poi frugò nella borsa, estrasse un mazzetto di fogli (i programmi degli spettacoli) e li agitò in aria perché non si vedesse che cosa c'era scritto.

"Questi contratti non saranno mai firmati in tempo", protestò, simulando grande preoccupazione.

"Non si può rimandare?"

"No, è urgentissimo. Devo assolutamente consegnarli domattina presto."

"È così importante?"

"Se sapesse!"

L'impiegata aggrottò la fronte, partecipe del suo problema.

Juliette capì allora di avercela quasi fatta. Si protese

verso di lei e, in tono confidenziale, sussurrò: "Mi scusi se non mi sono ancora presentata... sono Juliette Beaumont, avvocato".

Sam aveva acceso il caminetto. Nevicava spesso, a New York, ma la tempesta aveva reso il freddo ancora più pungente. Appena cominciò a scaldarsi, si tolse il cappotto e la giacca e si passò una mano tra i capelli.

Il salotto era la stanza più accogliente della casa, grazie anche alla piccola veranda a forma di prua di nave che dava sulla strada. Dati i mobili eterogenei, l'atmosfera non era pretenziosa. In un angolo, un vecchio giradischi faceva compagnia a un pianoforte degli anni Trenta proveniente da una chiesa e, davanti a questo, troneggiava un consunto divano di pelle. Vi era però un particolare che avrebbe forse colpito il visitatore occasionale: tutte le cornici appese alle pareti erano senza tela. Sam aveva tolto tutti i quadri e le foto di Federica, e le cornici finemente lavorate, ma vuote all'interno, avevano un che di spettrale e misterioso. Sam diede una scorsa alle file di vecchi dischi di vinile comprati usati al Grey Market: Bill Evans, Duke Ellington, Oscar Peterson... Con la voce di Juliette ancora nelle orecchie, scelse un pezzo molto dolce: *You Are So Beautiful To Me*, cantata dal Joe Cocker degli esordi.

Mise su il disco e si lasciò cadere pesantemente sul divano.

Chiuse gli occhi, ma, esausto com'era, sapeva che non avrebbe dormito. Negli ultimi tempi faceva così fatica a prender sonno che non si curava nemmeno più di infilarsi sotto lenzuola di bucato: si stendeva per qualche ora sul divano (o su un letto d'ospedale se era di guardia) e rimaneva in uno stato di dormiveglia fino alle prime luci dell'alba, quando, mai veramente riposato, iniziava una nuova giornata.

Sollecitato dalla musica, tornò col pensiero alla serata, ma la stanchezza gli impediva di riflettere con lucidità. Doveva rallegrarsi di essersi comportato in maniera razionale o maledirsi per avere rovinato tutto? Mentre si poneva la domanda, ripensò a padre Hathaway, un prete atipico che lo aveva seguito fin dall'infanzia e che aveva impedito a lui e ad altri ragazzi di Bed-Stuy di varcare il confine dell'illegalità e imboccare la strada della delinquenza. Hathaway, che capiva bene la natura umana, soleva ripetere: "L'uomo non resiste alla tentazione: per questo deve evitarla".

La voce di Joe Cocker scese di varie ottave, come se di colpo vi fosse stato un calo di corrente. Sam aprì gli occhi e vide che la stanza era al buio.

Stava per andare a premere il tasto del quadro elettrico, quando ebbe il sospetto che si trattasse di un blackout generale. Scostò le tende e guardò fuori: immersa nell'oscurità, Manhattan era illuminata solo dai fari delle auto e dal candore della neve che luccicava nella notte.

Accese qualche candela e aggiunse un ceppo al caminetto. Poi sgombrò il tetto della piccola veranda, gravato da una spessa coltre di neve e ghiaccio.

D'un tratto il soffitto fu attraversato da un fascio di luce. Sam guardò dalla finestra. La neve era illuminata: un taxi aveva appena scaricato qualcuno all'inizio di Washington Mews.

Ne era scesa una donna.

Disorientata, la donna avanzò lungo il vicolo, lasciando a ogni passo un'orma leggera che i fitti fiocchi si affrettarono a riempire.

Juliette tremava per il freddo e l'apprensione. Il cuore le batteva all'impazzata. Persa nel buio, stentava a raccapezzarsi tra i numeri civici e allora si lasciò guidare dall'intuito.

A pochi metri da lei, una massiccia porta color blu notte si aprì piano e Sam le si fece incontro.

Juliette ritrovò nel suo sguardo la stessa ardente intensità che aveva notato al bar. L'occhio verde e l'occhio azzurro, screziati di pagliuzze dorate, brillavano come smeraldi nella notte.

Assaporando il gusto dell'ignoto, si abbandonò completamente all'ebbrezza del presente. Sapeva che in una relazione il momento più bello, che non si dimentica mai, è spesso quello magico che precede il primo bacio.

Prima due labbra si sfiorano e si cercano, poi due aliti si mischiano nell'aria fredda. È un bacio dolce che finisce per diventare quasi un morso; un bacio che ti permette di afferrare il nucleo più intimo dell'altra persona.

Senza alcun ritegno, Juliette si stringe con tutto il corpo a Sam.

Subito avverte dentro una fiamma violenta e distruttiva, un'attrazione magnifica e insieme inquietante: un fuoco che scalda e brucia, conforta e divora.

Sam la conduce in casa e chiude la porta senza smettere di baciarla. Le toglie il cappotto, che scivola in terra.

Juliette gli sbottona la camicia e, con mani tremanti, la butta su una lampada da notte.

Sam le sfila la giacca. Nella fretta, un bottone salta e cade per terra.

Peggio per il tailleur di Colleen.

Juliette nota una cicatrice a forma di stella sotto la spalla di Sam.

Sam la bacia sul collo e lei getta indietro la testa.

Juliette gli morde le labbra e subito, come a voler curare la "ferita", lo bacia con infinita tenerezza. Quando lui le toglie il maglione, alza le braccia.

Poi Sam le slaccia la gonna, che le scivola lungo le gambe. Juliette gli si avvinghia.

La stanza è sempre immersa in una dolce penombra. Presso una parete c'è una grande scrivania sormontata da pile di libri che Sam, senza alcuna teatralità, fa volare in terra con due manate.

Juliette si siede sul ripiano ora sgombro.

Lui le sfila i mocassini e il collant e le passa lentamente l'indice sulle labbra mentre lei gli sbottona i jeans.

Lei ha le guance che scottano, quasi che un sangue rinnovato le irrorasse il corpo. Si protende verso Sam e gli lecca la pelle vellutata, che sa di cannella.

Guardandolo negli occhi, gli prende le mani e le guida verso il suo seno. Sam glielo tocca e glielo bacia, percorrendolo con la lingua fino ad arrivare al ventre, che come tutto il corpo di lei sa di lavanda. Juliette continua a guardarlo e gli circonda la vita con le gambe. Lui la stringe tra le braccia, le prende il volto tra le mani e lo attira a sé per baciarla ancora. È tenero, tenerissimo, come temesse di spezzarle le ossa con le carezze.

Sam non aveva mai provato sensazioni così intense. Per tutto il tempo che dura il loro abbraccio, ha i sensi come amplificati. Sente il cuore palpitare in petto e il respiro è quasi un rantolo. Si sente spiazzato, perduto, smarrito, come se qualcun altro avesse preso il controllo del suo corpo; ma nel contempo è più se stesso che mai.

Alla fine non ci sono né lui né lei, né nord né sud, né prima né dopo, ma solo l'unione di due esuli in un continente sconosciuto, due solitudini che bruciano aggrappandosi l'una all'altra. Sotto il cielo alieno di un altro pianeta, in una casetta coperta di neve, a Manhattan.

Sdraiato di traverso sul letto, Sam teneva la testa sul ventre di Juliette. Lei gli passò le mani tra i capelli. Si sentiva bene: aveva l'impressione di avere un corpo nuovo, come rigenerato.

In preda a un vago imbarazzo, scambiarono poche parole. Senza dire che aveva rubato l'identità a Colleen, Juliette gli raccontò in breve come lo aveva rintracciato. Sam disse che era contento che fosse venuta. Quando la conversazione languì, i baci sostituirono le parole e fu magnifico.

Più tardi Juliette girò incuriosita tra gli scaffali della biblioteca e notò le cornici senza quadri, ma, come aveva promesso, non fece domande sulla moglie di Sam.

Alle due del mattino sentirono fame. Poiché non c'era più niente in frigo, Juliette infilò il cappotto e sfidò il freddo dirigendosi a un piccolo negozio di alimentari aperto ventiquattr'ore su ventiquattro, dietro Washington Square. Tornò dopo poco con una provvista di *bagels*, *cream cheese*, *marshmallows* e una lattina di succo di pompelmo.

Avvolta nella coperta, gli si strinse accanto. Come due bambini, si divertirono a cuocere i *marshmallows* infilandoli in lunghi spiedini di metallo e rosolandoli sul fuoco. Poi Juliette aprì la lattina di succo di pompelmo, ne bevve un sorso e, baciando Sam, gliene fece bere direttamente dalla sua bocca.

Si addormentarono fianco a fianco, ascoltando il vento che soffiava nella notte. Lontano si udiva distintamente un frastuono di clacson e sirene e si aveva quasi l'impressione di abitare in una città in stato d'assedio.

Alle quattro del mattino, Sam si svegliò di colpo. Era tornata l'elettricità e il televisore, che era rimasto acceso in cucina senza audio, mandava un bagliore azzurro.

Si alzò per andare a spegnerlo. Cambiò meccanicamente diversi canali e l'effetto fu quello di un'iniezione di richiamo: fuori, la vita vera continuava, offrendo ogni giorno al pubblico la consueta dose di drammi, massacri e follie.

Un autobus era appena esploso da qualche parte del Medio Oriente, provocando una ventina di morti. In una prigione del Sudamerica era scoppiato un gigantesco incendio e siccome la direzione del carcere aveva "dimenticato" di sbloccare un certo numero di celle, erano morte carbonizzate centotrenta persone. Intanto in Giappone un celebre stilista presentava la sua nuova collezione di abiti per cani, il cui accessorio più sfizioso era una parure di pelliccia e brillanti per barboncino del costo di quarantacinquemila dollari. Sul canale scientifico, eminenti scienziati dibattevano sulle cause del riscaldamento globale, mentre la banchisa polare continuava a sciogliersi. Un blocco di ghiaccio delle dimensioni del New Jersey si era staccato dall'Antartide e vagava solitario alla deriva su un mare di lacrime.

A un tempo ipnotizzato e spaventato dallo stato di caos

del pianeta, Sam rimase per un lungo momento a fissare il televisore; provava una sorta di compassione per interposto schermo.

Per fortuna, una nuova interruzione di corrente lo liberò dal grande tormento del telegiornale, permettendogli di tornare a sdraiarsi accanto all'angelo che dormiva nella stanza attigua.

8

L'aria brulica talmente di angeli che
è tutto un raggio di luce.
AGRIPPA D'AUBIGNÉ

Le tende di mussola appese alla finestra lasciano passare molta luce e non permettono di dormire fino a tardi, la mattina.

Già da qualche minuto Juliette sente che un raggio di sole cerca perfidamente di insinuarsi sotto le palpebre come un pescatore che cercasse di aprire un'ostrica col coltello.

Resiste più che può al nemico, finché la voce di Dan Arthur, l'insopportabile conduttore di *Manhattan 101.4*, attraverso la "magia delle onde" le urla nelle orecchie:

Benvenuti a Manhattan 101.4.

Sono già le 9, signori! C'è ancora qualche pigrone a letto a quest'ora? Non posso crederci. Tanto più che il sole è riapparso stamattina in città. Oggi abbiamo in programma sci di fondo, slittino in Central Park e battaglia con le palle di neve.

Buona notizia: gli aeroporti hanno riaperto i battenti e tutti i voli del weekend partiranno di sicuro. Attenzione però alle lastre di ghiaccio e ai tetti che potrebbero cedere sotto il peso della neve. Le autorità ci segnalano inoltre che due persone sono morte di infarto mentre spalavano la neve dal loro vialetto d'accesso.

Prudenza, dunque.

Restate sintonizzati su Manhattan 101.4, *la radio dei mattinie...*

Le chiacchiere di Dan Arthur vengono interrotte bruscamente da Sam, che col palmo della mano assesta alla radio un colpo abbastanza forte da mettere a tacere il conduttore, ma non tanto forte da danneggiare in maniera irreparabile l'oggetto.

Juliette si alza di scatto. Anche se ha dormito come un ghiro, è presa dalle tipiche ansie del mattino. La sera prima è stata trascinata dalla foga del desiderio, ma adesso teme che il mascara le sia colato sulle guance dandole un aspetto orribile e vorrebbe correre in bagno a lavarsi il viso e rifarsi il trucco.

Che cosa dovrei fare dopo una notte così? Raccogliere le mie cose, salutare, ringraziare e tornare a casa?

Ma Sam l'attira a sé e, con un bacio incandescente, dà una parziale risposta alle sue domande.

Juliette lo conduce in un piccolo bar cui si accede da una porta priva di insegne. Quel locale quasi nascosto alla vista è gestito da una francese originaria di un piccolo villaggio di vetrai delle Alpi Marittime.

Dalle tovaglie a quadrettini sui tavoli alle vecchie scatole di latta di cacao Banania e fiammiferi Chicorée Leroux sulle scansie, l'arredo ricrea volutamente l'atmosfera di un vecchio caffè di provincia. I muri giallo chiaro, i manifesti pubblicitari d'epoca e le piastrelle di terracotta conferiscono al locale più l'aria della casa privata che del classico bar.

Il posto è conosciuto da alcuni habitué che conservano gelosamente il segreto per evitare che si trasformi in una tipica meta turistica.

In quel piccolo angolo di Francia nel cuore dell'America, Juliette illustra a Sam le delizie del vero caffellatte e delle tartine alla marmellata, mentre, in fondo alla sala, un vecchio mangianastri suona canzoni degli anni Sessanta.

A un certo punto Françoise Hardy intona con la sua bella voce uno dei suoi successi e Juliette canticchia con lei il ritornello. Affascinato, Sam le domanda di che cosa parla la canzone e Juliette gli traduce alcuni versi:

... tu mi ricordi tutti quelli che hanno avuto un dispiacere,
ma i dispiaceri degli altri non m'interessano niente,
perché gli occhi degli altri non sono azzurri come i tuoi...

Dopo, passeggiano per le viuzze tortuose e tranquille del Greenwich Village. Nel cielo risplende una luce metallica e tutta la città è ricoperta del magico luccicore della neve ghiacciata. In Washington Square camminano tra i gruppi di studenti della New York University, che è la più grande università della città e occupa diversi isolati del quartiere.

Per il momento va tutto bene.

Stretti l'uno all'altra come due adolescenti, mano nella mano, si baciano a ogni angolo di strada.

Sono le undici. A causa della tormenta, alcuni distributori automatici hanno ancora il quotidiano del giorno precedente: Juliette non aveva mai visto un simile disservizio a New York, la città in cui il tempo non si ferma mai.

Ma il tempo non si fermerà ancora per molto.

Mezzogiorno. Entrano da Balducci's, una famosa gastronomia italiana del Village. I piatti esposti in vetrina traboccano di ortaggi invernali, frutti di mare e pietanze cotte.

All'interno si respira un delizioso aroma di caffè e biscotti. Come accade quasi sempre, Balducci's è affollatissimo, ma in fondo anche l'affollamento fa parte del suo fascino.

Juliette prende l'iniziativa e corre leggera di reparto in reparto per scegliere gli ingredienti di uno spuntino da consumare in piedi: pane al sesamo, pastrami, manzo affumicato, *cheesecake*, *pancakes*, sciroppo d'acero del Vermont.

Mangiano su una panchina di Central Park davanti allo stagno delle anatre, che è tutto ghiacciato.

Al momento del dolce, Juliette umetta con la saliva un tovagliolino di carta e pulisce a Sam le gocce di sciroppo che gli colano dalla bocca.

L'aria fredda e secca punge come il fuoco, però il cielo è sereno. Sam a un certo punto sparisce. Per riscaldarsi, Juliette si mette a saltellare ora su un piede ora sull'altro, fregandosi le mani.

"Per evitare l'ipotermia", dice lui tornando con un caffè lungo comprato da un ambulante. Tutti e due stringono tra le mani il bicchiere fumante per scaldarsi. Sono così vicini che i loro visi quasi si toccano. Juliette abbassa gli occhi e sorride. Nessun uomo l'aveva mai guardata con tanta intensità.

Più tardi gli passa sulle labbra screpolate il Dermophil indiano, poi lo bacia, glielo spalma di nuovo e lo bacia ancora e ancora.

Quando attraversano il Gapstow Bridge, una vecchia, forse una zingara, chiede loro un dollaro con fare cortese. Senza fiatare, Sam gliene dà cinque. La donna allora li esorta a esprimere un desiderio prima di aver percorso tutto il ponte.

Lo esprimono.

Pomeriggio. Sam riprende Juliette con una piccola videocamera digitale che di solito gli serve per tenere la documentazione degli interventi medici. La segue per le strade della città: Madison, Quinta, Lexington... Davanti alla videocamera Juliette balla, corre, ride, canta come una ragazzina; le brillano gli occhi e ha un sorriso birichino. Sotto lo sguardo di Sam si sente bella, nuova, "altra" eppur sempre se stessa. Per un attimo dimentica tutte le inibizioni e le angosce. Stupita, riflette quanto sia labile l'autostima e quanto dipenda dallo sguardo dell'essere amato: bastano poche ore magiche per illuminare di colpo anni di umiliazioni e vita meschina.

Dal canto suo, Sam è affascinato dall'energia e dall'allegria di Juliette, che, diversamente da lui, ha un atteggiamento positivo verso la vita. Tutto, nella sua storia personale, lo spinge a diffidare dei momenti felici, quasi fossero contro natura. Da sempre è abituato all'idea di doversi adattare al peggio e ha faticato ad abbassare la guardia. La felicità non era prevista nella sua agenda. Non se l'aspettava, per lo meno non in quella forma.

E la felicità è così fugace.

Il sole, tramontando sopra l'Hudson, colora il cielo di rosa e arancione.

Sam e Juliette iniziano la serata immergendosi nella vasca da bagno dell'appartamento. Juliette prende da un armadietto il flacone di olio profumato che sta accanto a un vaso blu cobalto e trasforma la vasca in una fonte di piacere sensuale. In pochi secondi l'aria è satura di vapore profumato alla lavanda.

Sam le dice che lei è la sua primavera e il suo Natale. Lei gli fa dichiarazioni appassionate e gli recita versi di poesie, ma sempre in francese, perché si vergogna e perché non vuole che lui, capendo il significato, rida della sua ingenuità.

Poi si addormenta o finge di addormentarsi un istante. Sam la studia, ne osserva il respiro per vedere se fa finta. La immagina angosciata, sognante, tenera e generosa.

Juliette ripensa a sua sorella, al gendarme di Limoges e alla Renault Mégane. Quanto le appare distante, mediocre e insignificante il loro mondo! Non le importa niente di quel mondo, perché adesso è con Sam.

Né Sam né Juliette credono al destino, ma solo al caso, che, una volta tanto, li ha favoriti.

Si divertono a riflettere che solo per un pelo si sono conosciuti e che poco è mancato si passassero accanto senza vedersi.

Rivivono innumerevoli volte la scena del loro incontro. Sam spiega che di norma non passa mai da Times Square per tornare a casa. Juliette racconta che non aveva in programma di uscire e che ha deciso di farlo all'ultimo momento, per uno strano *concorso di circostanze*.

Certo che la vita è bella, pensano benedicendo i capricci del destino. Perché, a voler essere realisti, da cosa dipende il corso degli eventi se non dal caso? Nel turbinio della vita quotidiana, il granello di sabbia è l'ago della bilancia. Un chiodino rotola sulla carreggiata: nostro padre lo pesta con lo pneumatico mentre si reca alla stazione e, dovendo cambiare la gomma, perde il treno. Prende quello seguente e si siede in uno scompartimento. "Biglietti, prego", dice il controllore. Accidenti, papà ha dimenticato di obliterare il suo. Per fortuna il capotreno è di buon umore e lo invita addirittura a sedersi in prima classe, dove sono rimasti dei posti liberi.

E in prima classe nostro padre incontra nostra madre. Sorrisi, battute, chiacchiere, allusioni. Nove mesi dopo, eccoci al mondo. Da quel momento in poi, tutto ciò che viviamo nel nostro passaggio su questa terra non sarebbe mai esistito se, quella mattina, un chiodo di tre centimetri arrugginito non si fosse trovato in quel posto *per puro caso*. Ecco da che dipendono le nostre gloriose esistenze: da un chiodo, una vite avvitata male, un orologio che va avanti, un treno in ritardo...

Né Sam né Juliette credono dunque al destino. Eppure di lì a qualche ora uno dei due, in circostanze drammatiche, sarà indotto a crederci. Può darsi che, in fin dei conti, niente sia completamente fortuito.

Può darsi che certi eventi debbano accadere per forza.

Come fossero già stati scritti in un libro del destino.

Un po' come una freccia scoccata nella notte dei tempi, che sapesse da sempre dove e quando colpire.

Ma per il momento sono le ventidue e trenta e tutto va bene. Sam e Juliette cenano in una chiatta-ristorante ormeggiata di fronte all'Hudson. La vista sul ponte di Brooklyn è stupenda.

In sala arrivano spifferi gelidi.

Juliette dice sorridendo a Sam: "Non ho tenuto il cappotto perché so che tu mi vieni in soccorso".

E per la seconda volta Sam le mette la propria giacca sulle spalle.

Nella notte tra sabato e domenica non dormono. Hanno tante cose da dirsi, tanto amore da fare. E ogni volta che si amano è un fluttuare nell'aria, un proiettarsi col cuore in tumulto verso l'infinito.

Soddisfano simultaneamente tanti desideri, in un afflato amoroso che permette all'uno di dare all'altra proprio ciò di cui ha bisogno. Juliette trova in Sam la forza e la sicurezza che le sono sempre mancate. Sam sente in Juliette una libertà e una dolcezza che gli sono sconosciute.

Juliette ha la fronte imperlata di sudore. Come la sera prima, va a comprare vettovaglie nella piccola drogheria dietro Washington Square. Nella notte gelida il quartiere è deserto e, mentre attraversa la piazza, le piace pensare per un attimo che la città le appartenga.

Stavolta compra delle candele colorate e una bottiglia lunga e stretta di *ice wine*, il vino ghiacciato dell'Ontario. Estrae la bottiglia dal sacchetto di carta marrone e si avvicina a Sam con un sorriso malizioso sulle labbra.

"Visto che siamo sull'onda del vizio, perché non proviamo questo?"

Versa il liquido giallo in un grande bicchiere dove bevono a turno. Sam non ha mai assaggiato niente del genere. Juliette gli spiega che quel vino è stato realizzato a una temperatura inferiore a dieci gradi, con uva congelata che viene pressata a freddo perché i cristalli di ghiaccio restino nel torchio.

Il nettare è dolce, con aromi di pesca e albicocca che danno ai loro baci un gusto di miele.

Ne bevono un altro bicchiere e poi un altro ancora. Quindi si avvinghiano l'uno all'altra e la notte si trasforma in vertigine.

Il tempo passa ed è già domenica. Il sole inonda di luce il salotto. Juliette ha infilato una delle camicie color Gauloise di Sam e porta le sue mutande. Raggomitolata sotto i cuscini del divano, sfoglia il *New York Times* del weekend, che conta più di trecento pagine.

Sam ha appena preparato il caffè e sta suonando il piano, ma stona spesso; e non c'è da stupirsene, perché continua a guardare Juliette, sdraiata sul divano, come fosse un'opera d'arte.

Più tardi, in mattinata, vanno a passeggiare dalle parti di Sutton Place, presso l'East River. Come in *Manhattan*, di Woody Allen, si siedono su una panchina accanto al Queensboro Bridge, che si leva alto e imponente sopra Roosevelt Island. Tra il vento e il rumore delle onde, si stringono l'uno all'altra cercando calore. Juliette chiude gli occhi, abbandonandosi al momento presente.

Con una fitta di malinconia, sente che sta accumulando ricordi indelebili. Sa che non dimenticherà mai niente di lui: né la forma delle mani, né il sapore della pelle, né l'intensità dello sguardo.

Sa anche che quegli istanti di felicità non le appartengono del tutto, perché lei non è "l'avvocato Juliette Beaumont".

Ma che importa; intanto vive momenti rubati che nelle sere di solitudine si proietterà davanti agli occhi della mente come un vecchio, meraviglioso film.

Perché a volte poche, smaglianti ore di felicità bastano a far sopportare le disillusioni e le tristezze che la vita non manca mai di procurare.

9

Ma la vita separa quelli che si amano...

Jacques Prévert

Domenica, ore 16

Perché gli ho detto di sì? si chiese Juliette sul taxi che la stava accompagnando all'aeroporto.

In tarda mattinata si era separata da Sam per andare a prendere i bagagli e vestirsi per il viaggio.

Lui le aveva domandato se poteva raggiungerla al banco del check-in dell'aeroporto JFK e lei, invece di rifiutare con decisione per evitare una straziante scena d'addio alla quale non era emotivamente preparata, per amore – cioè per debolezza – aveva risposto di sì.

Un sole radioso stava sciogliendo la neve e spruzzi di fango macchiarono i finestrini del taxi che la scaricò davanti al terminal. Il tassista la aiutò a togliere dal bagagliaio le due pesanti valigie. Juliette alzò gli occhi a guardare la scritta "Partenze" che spiccava a caratteri cubitali sull'apposito tabellone. Chissà perché, ripensò a quello che le aveva detto lo strano cliente dello Starbucks con cui aveva parlato l'ultimo giorno di lavoro: "Niente è mai irrilevante, ma spesso noi non ci rendiamo bene conto delle conseguenze dei nostri atti... Bisognerebbe invece che prendesse coscienza di quelle conseguenze prima di partire". Le ronzavano nelle orecchie soprattutto le ultime tre parole, "prima di partire".

Depose le valigie su un carrello ed entrò dalla porta automatica. In cuor suo si augurò che Sam non venisse.

Sam lasciò l'auto in uno dei parcheggi sotterranei e imboccò la lunga passerella che conduceva al terminal. Non sarebbe dovuto venire all'aeroporto, cercava di dirsi con la voce della ragione. È vero che avevano vissuto due giorni meravigliosi, durante i quali si erano sentiti soli al mondo e completamente liberi, ma era stata, pensava ora, una pericolosa illusione. Ci sarebbe voluto molto più tempo perché l'amore appena sbocciato acquisisse basi solide.

In realtà, era profondamente scosso, sopraffatto da un sentimento di cui non aveva nemmeno immaginato l'esistenza. Da un lato toccava il cielo con un dito, dall'altro si pentiva di avere detto che era sposato. Se adesso avesse confessato la verità a Juliette, lei come lo avrebbe giudicato? Un uomo psichicamente disturbato, senza dubbio.

D'altronde, forse lo era davvero.

Attraversò la sala e raggiunse il banco delle informazioni. Gli bastò un'occhiata per notare l'area dei check-in, dove ferveva tutta l'attività, e la raggiunse in fretta.

Cercò Juliette e la vide quasi subito: stava facendo la fila per l'imbarco dei bagagli. La guardò un attimo senza farsi notare. Al tailleur da donna in carriera aveva sostituito una tenuta più sportiva, composta da un golf variopinto, jeans logori fermati da una cintura con la fibbia, una giacca di daino e una lunga sciarpa di lana multicolore.

Aveva a tracolla una borsa sportiva di pelle chiara e calzava ai piedi un paio di Converse sportive.

Non sembrava più un avvocato, ma una studentessa hippy degli anni Settanta. Gli sembrò più giovane, più semplice, più bella.

"Ciao", le disse raggiungendola sotto lo sguardo severo di un padre di famiglia circondato dai figli.

"Ciao", gli rispose lei con finta disinvoltura.

Posandole una mano sulle spalle, Sam si mise in fila accanto a lei. Ormai lontani ma ancora tanto vicini, per l'imbarazzo non osavano quasi guardarsi e parlarsi. Era bastata una separazione di poche ore perché la loro complicità si trasformasse in disagio.

Quando arrivò il turno di Juliette, Sam la aiutò a deporre le valigie sul nastro semovente, poi le propose di bere un caffè. Lei lo seguì con l'aria assente di un automa, come se si fosse già trovata in Francia, dall'altra parte dell'Atlantico.

La *cafeteria*, lunga e stretta, era affacciata direttamente sulle piste. Mentre Sam andava a ordinare un caffellatte per sé e un caffè macchiato per lei, Juliette si sedette a un tavolino vicino alla vetrata.

Sam tornò con il vassoio e le si mise di fronte. Juliette aveva la testa altrove ed evitò il suo sguardo. Lui, invece, la osservò attentamente e vide che sulla giacca di daino aveva due *badge*: uno diceva *I survived* NY e l'altro *No War – Make love instead*.

Prese il coraggio a due mani e ruppe il silenzio, cercando di dare ascolto alla voce della ragione.

"Forse ci siamo buttati l'uno nelle braccia dell'altra senza riflettere."

Fingendo di non aver sentito, Juliette bevve un sorso di caffè e guardò un aereo atterrare, in lontananza, su una pista.

"Abbiamo bruciato le tappe", continuò Sam. "In pratica non ci conosciamo nemmeno. E poi veniamo da due mondi e due Paesi diversi..."

"Sì, va bene, ho capito benissimo l'antifona", tagliò corto Juliette.

Una ciocca di capelli le piovve sul viso. Sam fece per rimettergliela dietro l'orecchio, ma lei glielo impedì.

Pensando di essere gentile, egli ripeté il gesto. "Ma se ripassassi da New York..."

"Certo, se ripassassi da New York, tua moglie non ci fosse e tu avessi voglia di fare una scopata, sarebbe simpatico rivedersi."

"Non è quello che intendevo dire."

"Lascia perdere", fece lei con un gesto di fastidio.

"Mi pareva che le regole fossero chiare."

"Tu e le tue regole!" esplose Juliette, in francese. "Lasciami in pace!" Poi si alzò di scatto rovesciando la tazzina di caffè, che cadde in terra. Solo a quel punto Sam capì di averla ferita profondamente.

Tra mormorii di disapprovazione, Juliette attraversò la *cafeteria* e, cercando di conservare una parvenza di dignità, uscì dalla porta.

Ai tavoli vicini, diverse persone commentarono la scena con le parole *French girl*, quasi pensassero che solo una francese poteva comportarsi così.

Mordendosi le labbra per non scoppiare a piangere, Juliette si mise a correre con il biglietto in mano verso l'area di imbarco.

In fondo al cuore sapeva che probabilmente Sam non aveva tutti i torti.

Era vero che due giorni di passione non bastavano a costruire un rapporto di coppia. Era vero che la magia del colpo di fulmine non significava compatibilità a lungo termine. Inoltre, non solo Sam era sposato e viveva a seimila chilometri da Parigi, ma, particolare forse più importante di tutti, lei lo aveva ingannato in merito al proprio ceto sociale.

Con gli occhi fissi a terra e la mente persa tra riflessioni amare, continuò a correre verso l'imbarco. D'un tratto si accorse di aver dimenticato gli occhiali da miope nella valigia e di non riuscire a leggere i tabelloni. Al primo piano sbagliò direzione, tornò indietro e prese senza volere una scala mobile che andava in senso contrario. Fu costretta a farsi strada a gomitate e subito un poliziotto la rampognò duramente.

Cominciava a pensare che fosse la più brutta giornata della sua vita, ma il peggio doveva ancora venire.

Signore e signori, al gate 18 è iniziato l'imbarco del volo 714 per Parigi Charles De Gaulle. Siete pregati di preparare il passaporto e la carta di imbarco, grazie. Invitiamo a salire per primi i passeggeri il cui posto è compreso tra le file...

Pensando ad altro, Juliette si prestò ai riti della sicurezza aeroportuale, togliendosi le scarpe, slacciandosi la cintura e porgendo meccanicamente il biglietto e i documenti. Quindi salì sull'aereo.

L'apparecchio era quasi pieno e l'aria già soffocante. Juliette raggiunse il suo sedile. Di solito preferiva mettersi vicino all'oblò, ma stavolta le era toccato un posto tra un bambino piagnucoloso e un uomo obeso. Stretta tra i due, respirò a fondo per placare il battito furioso del cuore.

In quel momento aveva un unico desiderio: scendere dall'aereo e tornare da Sam. Però sapeva che non sarebbe stato un comportamento razionale: era solo una cotta, un'infatuazione che segnava senza dubbio il passaggio dall'adolescenza all'età adulta.

A ventott'anni è ora che tu maturi, mia cara, pensò appoggiandosi allo schienale.

Doveva essere forte. Ormai aveva superato l'età dei colpi di testa. Non aveva appena preso la solenne decisione di mettere giudizio e fare scelte di buonsenso, come sua sorella?

Rientrando in Francia, avrebbe lasciato perdere l'orgoglio e iniziato finalmente una vita normale. Doveva smettere di credersi più furba degli altri. Si sarebbe rassegnata a fare come tutti: non osare troppo, vivere con moderatezza, contare le calorie assunte, bere caffè decaffeinato, consumare prodotti biologici e dedicare ogni giorno mezz'ora alla ginnastica.

Non comportarti come un'adolescente, si disse. *Non darti anima e corpo a uno che non ti vuole. Sam non ti ama. Non ha fatto niente per trattenerti.*

Certo, per due giorni c'era stato tra loro un accordo perfetto, ma non era in fondo un'illusione? Il mito del colpo di fulmine alimentato quasi esclusivamente da romanzi e film.

Esausta, soffocò uno sbadiglio e una lacrima di stanchezza le colò sulla guancia. Quella notte non aveva chiuso occhio e la notte prima aveva dormito pochissimo. Si sentiva tutta indolenzita. Per la prima volta nella vita, pensò che forse era meglio rifuggire dall'amore.

Mentre gli ultimi passeggeri prendevano posto, si allacciò la cintura e chiuse gli occhi.

In poco più di sei ore sarebbe stata a Parigi.

O almeno così credeva.

Quasi contento di quell'epilogo, Sam uscì dal terminal nel momento in cui il sole cominciava a calare. Presto sarebbe scesa la notte. Aspettò qualche secondo prima di attraversare la strada a tre corsie, poi raggiunse il parcheggio in cui aveva posteggiato la Land Rover. La gente tornava dal weekend e i taxi erano impegnati nella consueta lotta contro il tempo.

Si accese una sigaretta con il vecchio, consunto accendino di metallo. Tirò una lunga boccata ed espirò il fumo nel freddo della sera.

Perché si sentiva così triste? Tanto quella storia non avrebbe condotto da nessuna parte. Non c'era posto per Juliette nella sua vita. Ma lo tormentavano anche la bugia detta e il peso del passato, da cui non era guarito e di cui Juliette non sapeva nulla.

Una cosa però doveva ammetterla: in quei due giorni la tensione gli si era sciolta e si era finalmente sentito libero dall'angoscia sorda che lo tormentava fin dall'infanzia.

Stava per scendere dal marciapiedi e attraversare la strada, quando si fermò di colpo, trattenuto da una forza misteriosa.

No, non poteva perdere quell'occasione. Se Juliette fosse partita, avrebbe rimpianto per tutta la vita di averla lasciata andare. D'un tratto si convinse che non fosse salita sull'aereo e che lo aspettasse nella sala centrale del terminal.

Tornò indietro di corsa. Per tanto tempo aveva creduto

di non poter essere scottato dal fuoco della passione o tormentato dal dolore dell'abbandono, ma non era così. L'amore non gli faceva solo paura, ma anche tanta voglia e, come mai prima, aveva fame di vivere e di dimenticare tutte le angosce passate.

Finalmente sentiva di poter ritrovare le gioie dell'amore grazie a una donna che aveva conosciuto appena quarantott'ore prima: l'ultima speranza di un uomo senza speranza.

Arrivò trafelato nella sala centrale del terminal, ma Juliette non c'era. Cercò ancora e ancora, inutilmente.

Si avvicinò alla vetrata e vide l'aereo diretto a Parigi giungere al limite della pista. Troppo tardi. Aveva avuto la sua chance e se l'era lasciata sfuggire. Forse sarebbe bastata una parola: *Resta*.

Ma non l'aveva pronunciata.

L'apparecchio si fermò, quindi accelerò e decollò.

Sam rimase a fissarlo a lungo, prima che scomparisse in cielo.

Tornò a Manhattan chiuso nell'abitacolo protettivo del fuoristrada. La notte era scesa senza che lui se ne accorgesse. Non si era mai sentito così: aveva bisogno di quella persona come di una droga.

Parcheggiò in una traversa di Sheridan Square e camminò nell'aria fredda, senza nessuna voglia di tornare a casa. Solo e vulnerabile, non sopportava l'idea di trovare vuoto l'appartamento in cui erano stati felici come in un'isola in mezzo al caos.

Mentre camminava, ricordò il volto e l'odore di Juliette, quel suo modo particolare di sorridere e quella sua peculiare gioia di vivere. Per scacciare le immagini da cui era sommerso, entrò nel primo locale in cui si imbatté sulla strada.

Il Silk Bar non era uno di quei posti tranquilli in cui si giocava a backgammon o a scacchi, ma un pub moderno, *trendy* e conviviale dove si ascoltava buona musica.

Raggiunse a fatica, tra la folla, il lungo bancone intorno al quale cameriere alte, belle e abbigliate in modo alquanto succinto servivano bottiglie nello stile delle ragazze del *Coyote Ugly*.

In fondo alla sala, davanti allo schermo gigante che trasmetteva la replica di una partita di football, erano radunati molti clienti. La stagione era appena ricominciata e il campionato si preannunciava combattuto. Per gli spettatori era una domenica sera come tante.

Sam li guardò senza vederli. Sempre in preda al suo sordo dolore, ordinò qualcosa di forte rammaricandosi di non potersi accendere una sigaretta.

D'un tratto la partita fu interrotta da qualcosa che provocò prima un silenzio di tomba, poi un crescendo di esclamazioni come "*God!*", "*My God!*" e "*Damned!*"

Dal banco, Sam non scorgeva lo schermo intorno al quale si stava raccogliendo sempre più folla. Non aveva voglia di vedere quale terribile notizia suscitasse tanta costernazione e per la verità poco gliene importava: dall'abisso del suo sconforto, avrebbe accolto con indifferenza anche l'annuncio dell'invasione della Terra da parte di alieni assetati di sangue.

Tuttavia afferrò il bicchiere di vodka che aveva ordinato e attraversò la sala.

Ciò che vide sullo schermo destò subito in lui una profonda inquietudine. Urtò alcune persone per avvicinarsi: all'improvviso sentiva l'assoluto bisogno di una conferma o una smentita.

Purché non sia quell'aereo...

Invece, purtroppo, lo era.

Restò impietrito. Con le gambe tremanti e il cuore colmo di orrore, rabbrividì fino alle ossa.

10

Il vento soffia dove vuole.

VANGELO SECONDO GIOVANNI, 3, 8

AULNAY-SOUS-BOIS, IN UN QUARTIERE DI VILLETTE

Marie Beaumont aveva deciso di svegliarsi alle cinque del mattino: l'aereo di sua figlia Juliette doveva atterrare a Roissy alle 6,35 e non voleva arrivare in ritardo.

"Vuoi che ti accompagni?" bofonchiò accanto a lei il marito, tirando dalla sua parte tre quarti della coperta.

"No, dormi pure ancora", mormorò Marie posandogli una mano sulla spalla.

Si infilò la vestaglia, scese le scale e andò in cucina. Il cane, Jasper, uggiolò facendole festa.

"Zitto, se no svegli il padrone", lo sgridò lei.

Fuori era ancora notte, una notte da lupi. Per svegliarsi del tutto, si preparò una tazza di caffè istantaneo cui ne aggiunse subito una seconda. Mangiò una fetta di pane svedese al salmone affumicato. Avrebbe voluto accendere la radio per ascoltare le notizie, ma si trattenne per non fare troppo rumore. Soffocò uno sbadiglio. Aveva dormito malissimo: verso mezzanotte si era svegliata di soprassalto tutta inzuppata di sudore, come quando aveva un incubo. Stranamente, non riusciva a ricordarsi che cosa l'avesse spaventata tanto, ma il sogno era stato così terribile da privarla del sonno per il resto della notte e procurarle una grande inquietudine.

Fece una rapida doccia, indossò abiti caldi e verificò per l'ennesima volta i dati che le aveva comunicato Juliette:

Volo 714
Partenza: Aeroporto JFK – ore 17,00 – terminal 3
Arrivo: Aeroporto CDG – ore 6,35 – terminal 2F

Girò la chiavetta d'accensione e mise in moto. L'aeroporto non era lontano e a quell'ora non c'era ancora traffico: avrebbe raggiunto Roissy in venti minuti. Jasper corse dietro all'auto per una cinquantina di metri, ma Marie resistette alla tentazione di portarlo con sé.

Durante il tragitto, pensò con affetto a Juliette. Aveva due figlie cui voleva lo stesso identico bene; avrebbe dato la vita per entrambe, ma doveva ammettere che nutriva una tenerezza particolare per Juliette. L'altra, Aurélia, era una ragazza molto conformista, che tendeva a fare la morale agli altri e aveva in questo la calda approvazione del padre; ma a lei, Marie, il moralismo non piaceva.

Juliette e il padre non s'intendevano. Lui aveva disapprovato che la sua primogenita si fosse iscritta a lettere classiche, una facoltà priva di sbocchi concreti. Si era anche opposto con violenza alla sua idea di frequentare la scuola di arte drammatica e, ancora di più, al trasferimento negli Stati Uniti. Avrebbe tanto voluto che Juliette scegliesse una "carriera solida", iscrivendosi a ingegneria o diventando perito contabile come la figlia dei vicini, che aveva appena conseguito il diploma con voti brillanti.

Marie, invece, aveva sempre difeso Juliette, perché capiva che non cercava tanto di "sistemarsi", quanto di realizzarsi come persona. Una cosa era certa: la ragazza aveva carattere e coraggio. Aveva sempre rifiutato la mediocrità e Marie l'ammirava per questo, per quanto sapesse bene che, dietro un'apparenza spavalda, era fragile. Nel corso delle telefonate, aveva colto più volte accenti di delusione nella sua voce. Anche se la figlia non si era mai lamentata, Marie capiva che gli anni americani non erano stati rose e fiori. Per aiutarla, le aveva mandato spesso dei soldi di nascosto al marito. Ma soprattutto la rattristava che Juliette non avesse ancora trovato l'anima gemella, come la si chiamava quando era giovane lei. Benché i giornali non facessero che esaltare i "nuovi celibi" e le gioie dei single, ogni essere umano ha bisogno di qualcuno da amare. E, per quanto a volte fingesse di non avere quella necessità, Juliette non faceva eccezione alla regola.

Marie infilò il raccordo autostradale che conduceva al terminal 2F. Come mai sentiva accrescere, anziché diminuire, l'inquietudine provocata dall'incubo notturno? Aumentò un poco il riscaldamento, poi guardò l'orologio digitale sul cruscotto: sarebbe arrivata in perfetto orario, sempre ammesso che l'aereo fosse stato a sua volta puntuale.

Imboccò una delle carreggiate da cui si accedeva ai parcheggi aeroportuali. Nonostante l'ora antelucana, ferveva in zona una strana attività. Passò davanti a un furgoncino della TF1 e a un altro di France Télévisions. Più lontano, un cameraman stava riprendendo il terminal, mentre un radiocronista intervistava membri del personale di volo. Allora ebbe un brutto presentimento e decise di fare ciò che inconsciamente si era rifiutata di fare al risveglio: accendere l'autoradio.

Qui Radio Europe 1, *buon giorno. Ecco i titoli del notiziario delle 6,30: terribile catastrofe aerea sopra l'Atlantico...*

Alle 17.06 ora locale, l'apparecchio aveva decollato normalmente dall'aeroporto Kennedy di New York. Aveva centocinquantadue passeggeri e dodici membri dell'equipaggio a bordo e stava effettuando un volo di routine con destinazione Parigi. Ne era al comando il pilota Michel Blanchard, un uomo con diciott'anni di servizio alle spalle. Era un veterano, non uno di quei ragazzotti che solo dopo parecchi tentativi riescono a trovare la rotta e la quota giuste. Aveva compiuto il volo New York-Parigi innumerevoli volte, senza incontrare mai problemi. Era solito tenere i passeggeri al corrente delle condizioni in cui volavano e segnalare loro i paesaggi più belli.

Le persone a bordo erano un campione abbastanza rappresentativo della società: famiglie, uomini d'affari, gruppi di pensionati, coppie giovani e meno giovani che si erano regalate un weekend romantico. Si sentiva parlare sia francese sia inglese.

Tra i passeggeri c'era la trentottenne Carly Fiorentino, addetto stampa di un celebre gruppo rock che avrebbe iniziato il giorno dopo una tournée europea. Carly era una donna dall'aria elegante, con una bella testa di capelli lisci come spaghetti e un paio di occhiali da sole firmati che non si toglieva quasi mai. Aveva sempre avuto una terribile paura di volare, che aveva tentato invano di vincere con metodi come i tranquillanti e gli esercizi di respirazione. Quel giorno stava sperimentando un metodo nuovo: poco prima di lasciare l'albergo aveva svuotato mezzo minibar ed era arrivata a bordo già parecchio brilla. Contava sui vapori dell'alcool per superare la paura.

L'aereo arrivò in fondo alla pista, si fermò, poi iniziò l'accelerazione.

Maude Goddard, una commerciante in pensione di settant'anni, strinse la mano del marito. Avevano visitato New York per la prima volta. Erano andati a trovare il nipote, che aveva sposato un'americana e impiantato un allevamento di anatre e agnellini da latte nella valle dell'Hudson. Maude aveva una paura tremenda. Si sforzò di sorridere al marito perché non si preoccupasse, ma lui intuì la sua angoscia e la baciò sugli occhi. Maude pensò allora che, se fosse morta quel giorno, se non altro sarebbe morta tra le braccia di lui e quell'idea un po' folle la tranquillizzò.

Il decollo fu impeccabile. Nel momento in cui l'aereo si sollevò da terra, Antoine Rambert si stupì di avvertire un lieve senso di disagio. Consumato reporter, aveva viaggiato in tutto il mondo, occupandosi tra l'altro dei conflitti in Kosovo, Cecenia, Afghanistan e Iraq. Si era trovato più volte in pericolo e addirittura in mezzo a sparatorie, ma non aveva mai avuto paura della morte. Non era certo un comune viaggio su un aereo di linea a poterlo turbare; tuttavia da quando, qualche mese prima, era nato suo figlio, si era scoperto più vulnerabile e doveva ammettere che non era più immune dalla paura.

È curioso, pensò, *avere un figlio ti rende più forte e nel contempo più debole*. Non se lo sarebbe mai immaginato.

Poco dopo aver lasciato la zona di New York, l'apparecchio passò sotto il controllo della torre di Boston. Su invito del comandante, tutti ammirarono le infinite sfumature di colore del cielo, che ardeva al tramonto come le fiamme di un caminetto.

Mentre preparava i vassoi con gli spuntini, l'hostess Marine pensava al fidanzato, che sarebbe venuto a prenderla all'aeroporto. Jean-Christophe prendeva sempre il lunedì di riposo concesso dalla legge delle trentacinque ore e di solito le preparava una magnifica colazione con succo d'arancia, ananas e kiwi. Poi facevano l'amore e dormivano fino a mezzogiorno. Marine, che non vedeva l'ora di arrivare, si mise a canticchiare *Le lundi au soleil* di Claude François.

Alle 17.24, meno di mezz'ora dopo il decollo, mentre l'aereo stava volando a trentamila piedi di altezza, il copilota sentì per primo un odore insolito: una zaffata acre e pungente che si stava diffondendo nella cabina di pilotaggio.

Due minuti dopo, comparve un filo di fumo.

Cazzo, pensarono all'unisono tutti i membri dell'equipaggio.

Rapidamente com'era apparso, il fumo sembrò sparire e la tensione calò.

"C'è un problema nel sistema di condizionamento d'aria", disse il comandante Blanchard, inviando con voce calma l'allarme "pan-pan", che in gergo aeronautico indica una situazione grave, ma non disperata.

Carly cercò due pillole nella borsa. Tutto l'alcool bevuto le aveva provocato il mal di testa: sentiva, intorno, i rumori amplificati e ogni cosa la faceva trasalire. Per giunta, aveva forti crampi al ventre e il ragazzino seduto al suo fianco, con quel suo sorriso beato, cominciava a darle ai nervi. Aspettò che si spegnesse la scritta *Fasten your seat belts*, poi andò alla toilette prima che si formasse la fila.

Con l'iPod premuto sulle orecchie, il quattordicenne Mike si alzò per far passare la vicina di posto, una vecchia di almeno trentacinque anni, e approfittò della sua assenza per incollare gli occhi all'oblò. Adorava l'aereo e ogni volta che vi saliva sopra gli pareva di dominare il mondo. Ah, che gioia! In cuor suo sperava ci fosse qualche turbolenza lungo il tragitto. Aumentò il volume dell'iPod, augurandosi che i sussulti provocati dai vuoti d'aria arrivassero al momento del rapper Snoop Doggy Dogg.

Signore e signori, è il comandante Michel Blanchard che vi parla. A causa di un problema tecnico non grave, siamo costretti ad atterrare a Boston per effettuare un controllo. Per vostra tranquillità e sicurezza, vi preghiamo di infilare il tavolinetto nel retrò del sedile davanti, allacciarvi la cintura e restare seduti finché non si sarà spento il segnale luminoso.

L'aereo cominciò a perdere quota, preparandosi all'atterraggio. Dopo aver parlato alla radio con il controllo del traffico, il comandante aveva ricevuto l'autorizzazione a dirottare l'apparecchio sul Logan International Airport di Boston. Purtroppo, però, nella cabina di pilotaggio riapparve il fumo.

L'equipaggio comprese allora che sopra il soffitto della

cabina era scoppiato un incendio e che questo si stava pian piano propagando.

Come stabilito dal regolamento, prima del volo l'apparecchio era stato minuziosamente esaminato da personale qualificato. Aveva meno di otto anni e aveva affrontato tutti i rigidi controlli e gli esami obbligatori cui sono sottoposti gli aerei: il check A, che si effettua in media ogni trecento ore di volo, il check C, che è previsto ogni quattromila, e infine la grande ispezione che ha luogo ogni ventiquattromila, ossia ogni sei anni circa. In quell'occasione l'aereo era rimasto fermo sei settimane, e i meccanici e gli ingegneri l'avevano controllato pezzo per pezzo.

Non era un charter noleggiato da un'aerolinea da strapazzo, ma una grande compagnia occidentale, una delle più sicure al mondo. Ognuno aveva fatto con coscienza il suo lavoro; non c'erano state negligenze e non si era cercato di risparmiare sulla manutenzione.

Eppure, chissà perché, era scoppiato un incendio sopra il soffitto della cabina di pilotaggio. Per motivi ignoti, il rilevatore elettronico di incendi non aveva funzionato, sicché quando l'equipaggio si era accorto di quanto stava accadendo, ormai le fiamme si erano propagate in maniera incontrollabile.

Carly si chiuse la porta alle spalle e guardò la minuscola toilette.

E pensare che c'è chi afferma di avere scopato qui dentro, pensò perplessa. *Vorrei proprio vedere come hanno fatto.*

Si sciacquò il viso con l'acqua fresca e decise: non sarebbe mai più salita su un aereo. Era insopportabile non avere il controllo del proprio destino. Al limite, se ci fosse stata costretta avrebbe cambiato mestiere. Già, diceva ogni volta così.

Su una parete della toilette, qualcuno aveva lasciato una scritta microscopica che la incuriosì. Si avvicinò per decifrarla e lesse "*Men plan, God laughs*": l'uomo propone, Dio dispone. Stava riflettendo su quella massima, quando all'improvviso cominciò a lampeggiare tremulo sulla sua testa il segnale "*Return to your seats*".

Nello stesso momento, in un quartiere del Queens, la madre di Billy depose una scodella di brodo sulla mensola ingombra di CD che fungeva da comodino.

"Cerca di riposarti, tesoro", disse al figlio, baciandolo sulla fronte. "Non ti dispiace troppo esserti perso la gita scolastica in Francia?"

Sdraiato a letto con un impacco sulla testa, Billy negò.

Appena sua madre se ne fu andata, si alzò di scatto e gettò il brodo fuori della finestra. Gli faceva schifo, il brodo. Quella mattina era venuto il medico, ma Billy lo aveva ingannato simulando un febbrone.

Era stato costretto a farlo. Il giorno prima aveva avuto di nuovo un incubo orribile e particolareggiato, nel quale aveva visto l'aereo in fiamme e sentito le urla dei passeggeri che bruciavano.

In un primo tempo aveva cercato di avvertire gli altri, ma presto aveva desistito, perché nessuno credeva alle sue visioni.

Si rinfilò sotto le coperte e, togliendo l'audio, accese il monitor della Playstation che all'occorrenza fungeva da televisore. In quel momento l'attenzione generale era concentrata su una partita di football, ma Billy sapeva che presto la trasmissione sarebbe stata interrotta.

Nonostante fosse sicuro di avere ragione, pregò con tutto il cuore di essersi sbagliato.

Alle 17.32 il comandante Blanchard lanciò il *Mayday*. Segnalò che l'aereo era in grave e immediato pericolo e annunciò l'intenzione di tentare un atterraggio di emergenza a Boston.

Alla stessa ora, in una delle camere del Waldorf Astoria il venticinquenne Bruce Booker aprì gli occhi e, soffocando uno sbadiglio, si accorse di avere perso l'aereo. Troppo alcool e troppa cocaina; per non parlare delle due call-girl che gli avevano fatto compagnia fino alle prime ore del mattino. Aveva prenotato diverse settimane prima il volo 714: avrebbe dovuto passare qualche giorno a Parigi per poi raggiungere gli amici in una stazione sciistica svizzera.

Pazienza, ho perso l'aereo.

Si guardò allo specchio: era in uno stato pietoso. Bisognava che si decidesse a diventare adulto e a cambiare amicizie, valori, tutto quanto. Ma non ne aveva il coraggio. A volte pensava che forse, un giorno, un avvenimento cruciale gli avrebbe dato la forza di imboccare un'altra strada, inducendolo a diventare un uomo migliore, ma non sapeva immaginare che tipo di evento potesse sortire un simile effetto.

Si spogliò ed entrò con un sospiro sotto la doccia.

Di lì a pochi minuti avrebbe acceso la tivù e la sua vita sarebbe cambiata.

Nella cabina di pilotaggio, la situazione era sempre più grave. A causa del fumo e del calore i piloti non riuscivano a controllare il quadro comandi e, per la verità, non vedevano nemmeno più cosa accadesse all'esterno.

Alle 17.37, sui radar della torre di controllo l'apparecchio era ancora visibile.

Seguirono i terribili istanti in cui l'aereo, con i passeggeri urlanti a bordo, cominciò a vibrare tutto. Le maschere a ossigeno fuoriuscirono da sotto il sedile e le hostess spiegarono alla gente come gonfiare i giubbotti di salvataggio, pur sapendo che non sarebbero serviti a niente.

Sarebbe improprio affermare che tutto avvenne molto in fretta e che nessuno si rese conto di ciò che accadeva. Al contrario, tutti vedevano le fiamme divorare la cabina di pilotaggio e il panico generale durò abbastanza perché ognuno comprendesse quale sarebbe stato l'epilogo.

Da qualche minuto Mike, il ragazzino, aveva cambiato colore.

Succede solo agli altri, succede solo agli altri, si ripeté in preda al terrore.

Carly pensò che aveva sprecato la sua vita; poi rimpianse di non essere andata più spesso a trovare il padre. Nell'ultimo anno aveva sempre rimandato di fargli visita, spesso per futili motivi.

Si girò verso il vicino. Dunque sarebbe morta a fianco di un quattordicenne che fino a mezz'ora prima non aveva mai visto. Tuttavia gli tese la mano e lui gliela strinse piangendo.

Abbracciata al marito, Maude si disse che avevano vissuto una buona vita, ma che avrebbero volentieri continuato a viverla. Come ci si abitua alla felicità!

Nella reticella del suo sedile era infilato un dépliant che

minimizzava i pericoli del viaggio aereo. Tra una valanga di dati statistici, si leggeva che nel mondo volavano ogni giorno seimila apparecchi e che solo uno su un milione andava incontro a un incidente grave; per questo l'aereo era il mezzo di trasporto più sicuro che esistesse. E di fatto i dati erano esatti.

Alle 17.38 un radioamatore captò per caso le ultime parole del comandante Blanchard: "Precipitiamo! Precipitiamo!"

Poco dopo, l'aereo scomparve definitivamente dagli schermi radar della torre di controllo; e in quello stesso istante gli abitanti di Charley Cross, un paesino del New England, udirono una spaventosa esplosione.

Negli ultimi secondi di vita, Antoine Rambert, il giornalista di guerra, pensò a suo figlio. Lui che credeva di non essere un sentimentale, si ricordò anche del primo bacio, che aveva dato vent'anni prima a una sedicenne dalle labbra dolci, Clémence Laberge, nel cortile del liceo francese di Milano. Un attimo prima di precipitare nell'oceano, pensò che in fondo Georges Brassens non si era sbagliato quando aveva cantato: *Nella vita non si dimentica mai la prima ragazza che si è tenuta tra le braccia...*

Tremante e angosciata, Marie Beaumont entrò nel terminal dell'aeroporto come una bestia diretta al macello. Perché aveva detto al marito che non era il caso di accompagnarla? Da sola temeva di non reggere al colpo. Per lo spazio di un istante si lasciò prendere dalla folle speranza che Juliette avesse preso l'aereo successivo.

Forse esisteva quella probabilità. Una su diecimila,

una su centomila, una su un milione? Ma no, Marie sapeva che non era possibile: la figlia le aveva telefonato poche ore prima della partenza per confermarle tutti i dati del volo.

Si diresse all'area di sbarco dei viaggiatori provenienti da New York, già gremita di cameraman e poliziotti. Il ministro dei Trasporti, lì presente, disse ai giornalisti che al momento non si poteva escludere nessuna pista riguardo alle cause dell'incidente.

In cuor suo, Marie si rivolse a Dio, al destino e al caso. *Salvatela! Salvatela e farò tutto ciò che vorrete, tutto! Rendetemi mia figlia, la mia bambina! Non si può morire a ventott'anni, non al giorno d'oggi, non in questo modo!*

Oppressa dal senso di colpa, si rimproverava di averla lasciata partire, da sola, per quel Paese di matti. Perché non l'aveva trattenuta in Francia, a casa?

Due dipendenti dell'Aéroports de Paris, notando la sua faccia stravolta, le si avvicinarono e la indirizzarono con garbo verso la cellula di crisi e di sostegno psicologico creata apposta per le famiglie delle vittime.

Da qualche ora la dottoressa Nathalie Delerm, direttore sanitario dell'Aéroports de Paris, stava vivendo una delle giornate più faticose della sua carriera. Aveva già ricevuto una decina di famiglie e quello era solo l'inizio. L'équipe medica che dirigeva comprendeva due psicologi, tre psichiatri e cinque infermiere. Preso possesso della sala più tranquilla del terminal, la squadra stava cercando di informare le famiglie e alleviare la loro sofferenza. Nathalie aveva sottomano la lista passeggeri e seguiva sempre la stessa procedura. Una voce rotta dall'emozione chiedeva: "Mio fratello / mia sorella / i miei genitori /

i miei figli / la mia fidanzata / il mio compagno / mio marito / mia moglie / la mia famiglia / i miei amici erano sul volo 714?" e lei domandava il cognome e consultava l'elenco. Le bastavano pochi secondi per controllare, ma quei secondi erano atrocemente lunghi per il familiare di turno. Se Nathalie rispondeva "No", il familiare tirava un respiro di sollievo e rendeva grazie al cielo, giudicandolo il più bel giorno della sua vita; se invece lei rispondeva "Sì", aveva un crollo emotivo.

Era assai difficile prevedere in che modo le persone avrebbero reagito. Alcuni, schiantati dal dolore, restavano senza parole. Altri, invece, davano in escandescenze e le loro urla di dolore si mischiavano al sordo trambusto dell'aeroporto.

Nathalie sapeva che quella giornata l'avrebbe marchiata per sempre. Aveva fatto parte dell'équipe medica che si era mobilitata in occasione della sciagura aerea di Sharm-el-Sheik e non si era mai del tutto ripresa dall'esperienza. Eppure per nulla al mondo avrebbe voluto essere altrove: desiderava aiutare la gente a superare il primo choc, sfogare il proprio dolore e sopportare l'insopportabile.

"Sono la dottoressa Delerm", disse andando incontro a Marie Beaumont, che stava entrando in quel momento nella sala.

"Vorrei sapere qualcosa di mia figlia Juliette", disse Marie. "Doveva prendere questo volo..." Aveva ritrovato una calma apparente, benché la tempesta che sentiva in cuore avesse una potenza devastante.

Nathalie controllò la lista, poi si ricordò di una cosa.

Juliette Beaumont: aveva ricevuto ordini particolari riguardo a lei. Appena aveva preso servizio, gli uomini della sicurezza l'avevano pregata di segnalare subito chiunque fosse venuto a chiedere notizie di quella particolare passeggera.

"Ehm... un istante, signora", rispose impacciata, e si assentò un attimo.

Troppo tardi. Sommersa dall'emozione, convinta non vi fosse più speranza per la figlia, Marie si mise a piangere in silenzio.

Nathalie raggiunse i due poliziotti in divisa di guardia lì vicino e spiegò loro la situazione.

Subito, i due massicci uomini vestiti di blu circondarono Marie come una possente muraglia.

"La signora Beaumont?" dissero.

Con gli occhi bagnati di lacrime e senza capire che cosa stesse succedendo, lei annuì.

"Ci segua, per favore."

II

Finché si resta uniti alla società dei viventi c'è speranza:
meglio un cane vivo che un leone morto.

ECCLESIASTE, 9, 4

LUNEDÌ MATTINA, 21° DISTRETTO DI POLIZIA DI NEW YORK

"Può interrogarla, signore, è nella stanza."

"Arrivo", disse l'ispettore Frank Di Novi, alzandosi.

Prima di uscire dall'ufficio, si trattenne un attimo davanti al televisore, che era sintonizzato su un canale di notizie. Sullo sfondo delle ultime immagini dell'incidente aereo, il cronista aggiornava il pubblico sulla situazione.

Subito dopo il disastro è stata creata una zona di sicurezza. Le operazioni di ricerca proseguiranno, ma l'aereo è precipitato con tale violenza nell'oceano che è escluso vi siano superstiti. Per il momento sono stati ripescati solo una trentina di corpi.

L'area era pattugliata da navi militari e sorvolata da numerosi elicotteri. Avvicinandosi allo schermo, Di Novi vide galleggiare pezzi di carlinga, bagagli sventrati e giubbotti di salvataggio.

Ufficialmente, continuiamo a non sapere se si tratta di un incidente o di un'azione terroristica. In un appello anonimo giunto alla televisione araba Al Jazira, un uomo che dichiara di appartenere a un ignoto gruppo fondamentalista islamico ha affermato di avere collocato una bomba a bordo dell'aereo, ma la rivendicazione non è molto attendibile, come le stesse autorità hanno riconosciuto.

Intanto la polizia di New York starebbe interrogando una persona sospetta la cui identità non è stata ancora rivelata. Secondo alcune fonti, si tratterebbe di una giovane donna che sarebbe scesa all'improvviso dall'aereo pochi minuti prima del decollo...

Frank Di Novi premette con rabbia il tasto "off" del telecomando. La polizia aeroportuale aveva dato di nuovo informazioni ai giornalisti! Di lì a qualche ora tutti avrebbero saputo che avevano arrestato la francese.

Furibondo, entrò nella piccola camera attigua alla stanza degli interrogatori e premette il bottone che attivava il vetro a specchio. Su metà parete comparve l'immagine di una ragazza seduta in manette su uno sgabello. Pallida e stravolta, la donna guardava nel vuoto come se non capisse che cosa le era capitato. Di Novi la scrutò a lungo, poi consultò gli appunti. Si chiamava Juliette Beaumont e la polizia di New York l'aveva arrestata la sera prima, poco dopo il disastro aereo. Nel rapporto si leggeva che la ragazza aveva chiesto di scendere dall'aereo pochi minuti prima del decollo. Insospettiti dallo strano gesto, gli agenti della dogana e dell'immigrazione l'avevano fermata per uno dei controlli di routine che erano previsti dalle norme più rigide varate dopo l'11 settembre 2001, ma poiché la francese non aveva collaborato, la formalità si era trasformata in un vero e proprio interrogatorio. Sostenendo che doveva raggiungere al più presto un amico, la Beaumont aveva opposto viva resistenza quando le domande si erano fatte incalzanti e aveva addirittura inveito contro le forze dell'ordine. Se un simile comportamento era già grave per un cittadino americano, era del tutto inammissibile per un francese.

Ma non bastava: esaminando con più attenzione il suo passaporto, gli agenti avevano scoperto che la ragazza aveva raschiato la data del visto per contraffarla. Considerati tutti quegli elementi, avevano ritenuto opportuno condurla al 21° distretto, dove adesso era guardata a vista.

"Le tolgo le manette, ispettore?" domandò un agente in divisa.

"No, lasciagliele", rispose Di Novi.

"Ne è sicuro?"

"Sì."

Subito dopo l'incidente aereo, per paura di un attacco terroristico si era contemplata l'ipotesi di chiudere il metrò, i ponti e i tunnel, ma alla fine le autorità non avevano ceduto al panico e adesso nessuno sembrava più realmente credere alla pista dell'attentato.

Nemmeno Di Novi ci credeva più, ma, non sopportando quei traditori dei francesi, non intendeva privarsi del piacere di dare una piccola lezione alla Beaumont. Sapeva infatti per esperienza che un poliziotto esperto può indurre qualunque sospetto a confessare qualunque cosa. E lui era esperto. Senza contare che aveva libertà d'azione, perché il tenente Rodríguez, che dirigeva il 21° distretto, aveva preso qualche giorno di congedo per la morte della moglie, avvenuta dopo lunga malattia.

Mandò giù due pillole di betabloccanti, che servivano a

ridurre le palpitazioni, ed entrò nella stanza degli interrogatori.

"Buon giorno, signorina Beaumont. Spero per lei che ci intenderemo", disse con un sorriso forzato che gli stravolse i lineamenti.

Il fermo di polizia poteva durare fino a settantadue ore, e questo gli lasciava tutto il tempo di divertirsi. Per qualche ora la ragazza sarebbe stata in sua balia.

"Cominciamo dall'inizio", proseguì posando sul tavolo le mani aperte a ventaglio. "Perché ha abbandonato l'aereo pochi minuti prima del decollo?"

Juliette spalancò la bocca, ma non fiatò. Quasi non vedeva il poliziotto che, davanti a lei, le rivolgeva la solita domanda. In stato di choc, continuava a sentire in petto una voce che ripeteva, al ritmo del suo battito cardiaco, due parole:

Sono viva.

Sono viva.

Sono viva.

Ma un'altra voce gridava, di contro, che non avrebbe dovuto esserlo.

12

Tra noi e (...) il cielo c'è solo la vita, che (...)
è la cosa più fragile del mondo.
BLAISE PASCAL

LUNEDÌ POMERIGGIO, CENTRAL PARK NORTH

Sam Galloway stava percorrendo piano il viale di ghiaia che attraversava il parco.

Quella mattina, per la prima volta dalla morte della moglie, aveva chiamato l'ospedale per dire che non sarebbe andato al lavoro. Come un anno prima, era rimasto a casa, oppresso dal dolore e dal senso di colpa. Le due donne che aveva amato erano morte, in un certo modo per colpa sua. Aveva in testa un turbinio di ricordi e di pensieri contradditori che si intrecciavano e scontravano in un magma caotico. Benché la sua professione lo mettesse ogni giorno a contatto con la morte, era completamente disorientato dall'accaduto.

Si infilò il cappuccio della tuta sportiva per difendersi dal gelido vento pungente. Un'ora prima, quando a furia di rimuginare sul suo dolore aveva temuto di impazzire, era uscito a prendere una boccata d'aria pensando ingenuamente che correre gli avrebbe fatto bene.

Invece non era così.

Si fermò a riposare un attimo davanti al campo di basket, che, ancora parzialmente ghiacciato, era deserto: a quanto pareva, il freddo aveva scoraggiato gli emuli di Michael Jordan.

Aprì la porta del recinto e si lasciò cadere su una panchina. Gli era venuta una dolorosa contrazione muscolare a una coscia. Appena si fu seduto si nascose il viso tra le mani. Gli doleva tutto il corpo e si sentiva spossato: da quasi tre giorni non dormiva e aveva un capogiro che non prometteva niente di buono. Quando avvertì una fitta acuta al torace, si ricordò che da ventiquattr'ore non metteva niente sotto i denti e che lo stomaco stava girando a vuoto. Cercò di riprendere fiato, ma la respirazione era bloccata.

Soffoco!

L'aria fredda gli pungeva i polmoni e per un istante gli si annebbiò la vista. La porta del recinto cigolò in lontananza. Sam si protese in avanti come stesse per vomitare l'anima.

Devo bere subito qualcosa, pensò.

"Un sorso di caffè?"

Sam alzò gli occhi e vide un'atletica bruna vestita di jeans e giubbotto di pelle. Uno sguardo franco e deciso le illuminava l'ovale senza età, su cui spiccavano due grandi occhi a mandorla come quelli delle modelle di Modigliani.

Come aveva fatto a entrare lì senza che lui se ne accorgesse e come mai gli stava offrendo il caffè in un bicchiere di carta dello Starbucks?

"No, grazie", rispose tossendo forte.

"Su, forza, l'ho preso anche per lei", insistette la donna.

Di malavoglia, Sam accettò il caffè che gli tendeva la misteriosa mano caritatevole. Il liquido bollente gli fece bene, riscaldandolo e calmandogli la tosse.

Ma quando la sconosciuta si protese verso di lui, dai

lembi aperti della giubba egli intravide la fondina ascellare di una pistola.

Una poliziotta!

Li riconosceva subito, gli sbirri, istintivamente: non si passa l'infanzia in strada senza acquisire quella capacità. A Bedford-Stuyvesant, la gente li detestava. I loro interventi, spesso inopportuni, si concludevano quasi sempre con mosse balorde che, invece di risolvere i problemi, li aggravavano. Salendo nella scala sociale, Sam aveva conservato l'antica diffidenza e aveva sempre pensato che, se un giorno gli fosse capitato un guaio serio, la polizia sarebbe stata l'ultima a cui si sarebbe rivolto.

"Posso sedermi?" chiese la donna.

"Prego", le rispose lui con diffidenza.

Lei notò i suoi modi sospettosi e capì che aveva intravisto la pistola. Decise di non rimandare oltre le presentazioni.

"Mi chiamo Grace Costello e sono un detective del 36° distretto", disse mostrando il distintivo.

Un raggio di sole illuminò la targa di metallo, facendo scintillare per un attimo la sigla NYPD, New York Police Department.

"È di pattuglia qui in zona?" domandò con finta indifferenza Sam.

"No, stavo aspettando una persona", rispose Grace. Tacque per qualche secondo, poi aggiunse: "Un uomo".

"Mi dispiace di aver bevuto il caffè di questo signore", fece Sam alzando la mano che reggeva il bicchiere semivuoto.

"Oh, non credo che se la prenderà", replicò Grace Costello con una strana luce negli occhi.

Sam trovò inquietante quello sguardo e, temendo un pericolo imminente, si alzò dalla panchina per andarsene.

"Allora arrivederci. Spero che il suo amico non tardi ancora molto."

"A dire la verità è già qui e non è propriamente un amico."

In seguito, con il senno del poi, Sam avrebbe riflettuto sul fatto che la sua vita sarebbe stata completamente diversa se non si fosse seduto quel pomeriggio su quella panchina; ma avrebbe anche ammesso, in cuor suo, che Grace Costello lo avrebbe senza dubbio avvicinato altrove e che i successivi avvenimenti si sarebbero verificati nello stesso identico modo.

"Che cosa intende dire?"

"Che sono venuta qui per lei, *dottore.*"

Sam aggrottò la fronte. Come sapeva che...?

Per tutta risposta, Grace indicò il taschino della sua tuta, su cui era sobriamente ricamato lo stemma della squadra di baseball del St. Matthew's Hospital.

"Sì, sono il dottor Sam Galloway", fece lui, seccato di dover rivelare la propria identità. "Sono pediatra al St. Matthew."

Invece di rispondere "Piacere di conoscerla", Grace Costello disse, scandendo le parole: "Ha l'aria preoccupata, dottor Galloway".

"Sono solo stanco. E adesso, se vuole scusarmi, devo proprio andare."

Si allontanò di qualche passo. Aveva quasi raggiunto il cancello, quando Grace lo inchiodò con una nuova stoccata.

"È duro perdere una persona cara, vero?"

"Non capisco", replicò lui, girandosi a guardarla sempre più inquieto. Grace si alzò dalla panchina e lo raggiunse con passo sicuro, ma non privo di grazia femminile. Il sole aveva cominciato a calare sull'Hudson, tingendo il cielo di rosa.

"Senta, dottore, so che sta attraversando un momento difficile, ma sono costretta ad andare per le spicce. Ho due notizie da darle, una buona e una cattiva."

"Non ho nessuna voglia di giocare agli indovinelli", replicò secco lui.

"La buona notizia è che la sua amica è viva", continuò imperterrita Grace.

Stupefatto, Sam si stropicciò gli occhi.

"Quale amica?"

"Juliette non era sull'aereo e quindi è ancora viva", spiegò Grace.

"Lei mente!"

Per tutta risposta, Grace tirò fuori di tasca un articolo di giornale. Sam glielo strappò di mano e lesse in prima pagina uno strano titolo:

FERMATA GIOVANE FRANCESE DOPO IL DISASTRO DEL VOLO 714

Inspiegabilmente, il quotidiano aveva la data del giorno dopo.

"Come può avere il giornale di domani?" chiese incredulo.

Grace non rispose.

Agitatissimo, Sam lesse il resto dell'articolo.

"Se è uno scherzo..." minacciò.

"Non è uno scherzo. Juliette è viva."

"Allora perché il giornale ha la data di domani?"

Grace sospirò. Quell'uomo non le avrebbe facilitato il compito.

"Si calmi, Galloway."

Furioso, Sam riprese a correre. Grace Costello lo aveva profondamente turbato. Parlava senza dubbio a vanvera, ma gli aveva insinuato un dubbio. Mentre correva, non poté fare a meno di cominciare a sperare.

E se l'articolo avesse detto la verità e Juliette fosse stata ancora viva?

Giunto dall'altro lato del recinto, si girò un'ultima volta verso la donna, che lo guardò con uno strano misto di sfida e compassione. Senza che lo volesse, gli uscì di bocca una domanda.

"E la cattiva notizia qual è?"

13

Il destino guida chi lo segue di buona
voglia e trascina chi si ribella.
SENECA

LUNEDÌ SERA, 21° DISTRETTO

"Sicuro che è qui?"

"Gliel'ho già spiegato, signor Galloway: Juliette Beaumont è in stato di fermo. Per il momento non posso darle altre informazioni."

Sam non poteva crederci: Juliette era viva! Nelle mani della polizia, ma *viva*.

Era così emozionato che non riusciva a stare fermo. Continuò a insistere con l'agente in divisa, una giovane afroamericana dagli occhi verdi e dai capelli intrecciati meticolosamente: "Deve trattarsi di un malinteso. Conosco bene la signorina Beaumont: abbiamo passato il weekend insieme e le assicuro che non può essere minimamente implicata nell'incidente aereo".

La donna si spazientì.

"In attesa che qualcuno venga a sentire la sua deposizione, mi faccia il piacere di sedersi e stare tranquillo."

Sam uscì brontolando nell'atrio. Era corso al distretto ancora con la tuta addosso, senza cambiarsi. Non aveva con sé né il cellulare né uno spicciolo, ma, se voleva tirar fuori Juliette da quel pasticcio, doveva chiamare subito un avvocato.

Tornò dall'agente, che, come rivelava la targhetta di identificazione appuntata sulla divisa, aveva il dolce nome di Calista.

"Lei riderà, ma ho dimenticato a casa il portafoglio."

"Infatti lo trovo esilarante."

"Potrebbe prestarmi un dollaro?"

"Cos'altro?"

"Solo quello. Mi serve per fare una telefonata."

"Se dovessi dare un dollaro a tutti quelli che passano di qui..."

"La rimborserò."

"Come no."

Seccata, Calista tirò fuori quattro monete da venticinque centesimi, le posò sul tavolo e le fece scivolare verso di lui. Ringraziandola, Sam tornò nell'atrio e cercò un telefono pubblico.

Poiché, diversamente da molti suoi concittadini, non aveva un avvocato di fiducia, si rivolse a una consulente legale dell'ospedale con la quale aveva rapporti cordiali. Dopo aver ascoltato il suo problema, la donna gli suggerì il nome di un collega e Sam gli telefonò subito. Attratto senza dubbio dalla possibile risonanza mediatica della faccenda, l'avvocato accettò di raggiungerlo immediatamente.

Sam riagganciò, sollevato.

Tutto si sarebbe sistemato, pensò. I poliziotti di New York non erano molto svegli, tuttavia, sebbene la paranoia post 11 settembre non fosse ancora del tutto passata, presto avrebbero capito che Juliette non c'entrava niente con il disastro aereo.

Provò a sedersi, ma era troppo nervoso. Lo inquietava

Grace Costello, la poliziotta che a Central Park gli aveva fatto quello strano discorso sulla notizia buona e la notizia cattiva. La buona, aveva spiegato, era che Juliette era viva. Quando lui le aveva domandato quale fosse la cattiva, aveva risposto con una frase sibillina: "La cattiva è che ha solo pochi giorni di vita". Pensando fosse pazza, Sam era corso via senza cercare di saperne di più, ma ora se ne stava pentendo amaramente.

Perché si tormentava? Era assurdo: doveva invece gioire d'avere ritrovato Juliette. Come aveva sperato, la giovane non aveva preso l'aereo, ma era tornata indietro per lui. Per un istante valutò la portata di quel gesto e sentì rinascere la fiducia nella vita. Decise allora che le avrebbe detto quanto prima la verità. Le avrebbe confessato che non era sposato e forse lei gli avrebbe perdonato quella stupida bugia.

"Signor Galloway, sono l'ispettore Di Novi."

Distolto dalle sue fantasticherie, Sam alzò gli occhi a guardare il poliziotto, che lo invitò a seguirlo nel suo ufficio. Di Novi sembrava più un attore che un comune sbirro. Atletico, con una perfetta chiostra di denti bianchi e un'abbronzatura dovuta probabilmente a recenti vacanze al mare o a molte sedute di lettino UVA, indossava una giacca dal taglio impeccabile e una polo con la griffe di un grande stilista italiano.

Senza una ragione precisa, Sam diffidò di lui al primo sguardo. Nonostante tutto, gli uomini non sono molto complicati e la prima impressione che si ha di una persona è spesso quella giusta.

"La ascolto, signor Galloway."

In poche parole, Sam spiegò come aveva conosciuto Juliette e giurò che non l'aveva lasciata sola un minuto nelle ultime quarantott'ore. Di Novi accennò alla data falsificata sul passaporto e Sam replicò che non gli sembrava un elemento sufficiente a sospettare Juliette di terrorismo.

"Insomma, mi sta dicendo che la signorina Beaumont sarebbe scesa precipitosamente dall'aereo per venire da lei?"

"Sì, è così."

"Perché aveva deciso di trattenersi con lei a New York?"

"Suppongo di sì."

"Signor Galloway", sospirò Di Novi, "le confesso che non afferro bene il senso del suo gioco con la signorina Beaumont: 'Ti amo, ti lascio, ti amo, ti lascio...'"

"Nella vita spesso succedono proprio queste cose", replicò irritato Sam. "I rapporti tra uomini e donne sono tutt'altro che semplici. A quanto pare, lei non se n'è mai accorto."

Ignorando la frecciata, Di Novi continuò a far domande.

"Ha aiutato la signorina Beaumont a preparare le valigie?"

"No."

"Sa per caso se trasportasse oggetti o pacchi per conto terzi?"

"No."

"All'aeroporto ha lasciato i bagagli senza sorveglianza?"

"Non credo."

"La signorina Beaumont si droga?"

"No!"

"Come fa a esserne così sicuro?"

"Sono un medico e riconosco subito i drogati."

Di Novi espresse con una smorfia tutti i suoi dubbi.

"In America non sbattiamo le persone in galera perché si amano!" protestò Sam.

"Se permette, credo che la situazione non sia così semplice."

"Lasci almeno che parli con Juliette."

"Assolutamente no. Quando terminerà lo stato di fermo, glielo faremo sapere. Ma", aggiunse con una punta di sadismo, "non si aspetti che sia a brevissimo termine."

Consultò il bloc-notes, prima di rimettere il cappuccio alla Montblanc che teneva bene in vista.

"Un'ultima domanda, signor Galloway: come ha saputo che la signorina Beaumont non era morta nell'incidente?"

Sam esitò un attimo, poi, pensando non gli convenisse accennare allo strano incontro con Grace Costello, eluse la domanda e disse invece: "Lei sta commettendo un grosso errore, ispettore Di Novi".

"Faccio il mio lavoro."

"Se fossi in lei starei attento a non imboccare strade sbagliate. Juliette è un avvocato e saprà difendersi se..."

Di Novi aggrottò la fronte.

"*Chi* sarebbe un avvocato?"

"Juliette Beaumont."

"È stata lei a dirglielo?"

"Sì", rispose Sam senza capire che stava commettendo un errore.

Di Novi si alzò dalla sedia con una strana luce negli occhi. Quella francese non era pulita: falsificazione di passaporto, resistenza a pubblico ufficiale, usurpazione d'identità.

"Insomma, cosa c'è che non va?" chiese Sam.

"Juliette Beaumont non fa l'avvocato, ma la cameriera in un bar", rispose trionfante Di Novi.

Inquieto, Sam camminava su e giù per l'atrio del distretto di polizia. Aveva appena visto l'avvocato di Juliette, il quale gli aveva consigliato di tornare a casa: la polizia avrebbe potuto trattenere la ragazza ancora per due giorni e non aveva senso che lui perdesse tempo lì. Prima di seguire il consiglio, Sam voleva verificare un'ultima cosa.

Si presentò alla scrivania di Calista.

"Che ne dice di fare una buona azione per finire degnamente la giornata?"

"Mi spiace, ma ho terminato il mio turno", rispose la giovane nera scuotendo la testa e mettendosi a riordinare le sue cose.

"La prego. Avrei bisogno di informazioni su un'agente di un altro distretto. È una donna: Grace Costello, è una detective del 36°."

"Non posso aiutarla a questo riguardo."

"È molto importante."

"Forse per lei, ma non per me", replicò Calista con una alzata di spalle.

"La supplico, sia buona! Mi faccia un altro favore", disse Sam cercando di essere il più persuasivo possibile.

"Solo una domanda: perché viene sempre da me, mentre ci sono altre due scrivanie all'ingresso di questo fottuto distretto?"

"Forse per via di quella", rispose Sam indicando una piccola foto alle spalle della giovane donna. Era l'immagine di due bambine intente a giocare a campana su un marciapiedi di Bedford Avenue.

Calista aggrottò la fronte.

"Sono cresciuto anch'io a Bed-Stuy", spiegò Sam.

"Balle!"

"È la verità."

“Mi stupirebbe molto che lo fosse.”

“Perché?”

“Forse a causa di questa piccola differenza”, rispose la donna indicando prima il suo viso nero, poi quello bianco di Galloway; come a dire che a Bedford erano tutti neri.

“Elementari al Martin Luther King e secondarie al Charles Drew”, insistette lui per dimostrare che non stava scherzando.

“Conoscere il nome delle scuole non significa averle frequentate”, replicò diffidente lei.

Sam sospirò.

“Vuole una prova? Eccola.”

Si tirò giù la lampo della tuta, si tolse il golf e la T-shirt, restando a torso nudo.

“Le ricordo che ci troviamo in un distretto di polizia, dottor Galloway”, lo ammonì Calista, spaventata dall’improvviso strip-tease. “Non voglio grane.”

Sam le si avvicinò abbastanza da farle leggere la piccola scritta azzurrognola *Do something or die*, “Fa’ qualcosa o muori”, tatuata alla base della spalla. Era il motto di Bedford, il quartiere della sua infanzia.

Calista guardò prima il tatuaggio, poi lui. Alla fine allungò la mano verso il telefono, ma proprio in quel momento arrivò l’agente del turno successivo e si sedette dietro la scrivania.

“Come ha detto che si chiama la detective?”

“Grace Costello.”

“Aspetti un attimo qui.”

Sam la vide allontanarsi e attraversare la grande sala destinata al personale amministrativo. Calista trovò un ufficio libero nel corridoio dell’ammezzato soprastante. Da una porta a vetri, Sam la spiò fare diverse telefonate e poi ricevere un fax. Dalle occhiate furtive che la donna lanciava intorno, capì di averle chiesto una cosa al di fuori del suo raggio di competenze e di averla esposta a un rischio. La poliziotta aggrottò più volte la fronte, come davanti a qualcosa di incomprensibile.

Finalmente Calista tornò con un foglio in mano.

"Si prende gioco di me?" fece seccata.

"Assolutamente no", protestò lui. "Perché?"

Lei gli porse il fax che aveva appena ricevuto.

"Perché Grace Costello è morta dieci anni fa."

14

Quando colpiscono, colpiscono quelli che amiamo.

DAL FILM *IL PADRINO*,

DI FRANCIS FORD COPPOLA

Sam uscì turbato e incredulo dal distretto di polizia.

L'aria fredda gli fece bene. Percorse la strada di buon passo per riscaldarsi, guardando nel frattempo se non arrivasse un taxi libero. Era scesa la sera e sul marciapiedi restavano tracce di neve ghiacciata. Passando sotto un lampione, estrasse dalla tasca il fax con l'articolo del *New York Post* di dieci anni prima che Calista gli aveva dato, e lo rilesse un'altra volta:

Assassinata una detective a Brooklyn

Ieri notte Grace Costello, una detective del 36° distretto, è stata colpita da una pallottola in testa mentre era al volante della sua auto. Le circostanze della sua morte sono ancora oscure, tanto più che la donna non era di servizio al momento del delitto.

Grace Costello, trentotto anni, era nell'NYPD da quindici anni. Aveva iniziato come agente di pattuglia, poi era via via aumentata di grado. Promossa detective a ventisei anni, con la sua intelligenza e la sua concretezza aveva dato un contributo decisivo alla soluzione di molti casi importanti.

Diplomata alla New York University e all'FBI National Academy di Quantico, aveva una figlia di cinque anni ed era destinata a una brillante carriera in seno alla polizia: il mese prossimo sarebbe stata promossa al grado di tenente.

Corredavano l'articolo due foto di Grace: una ufficiale in cui indossava la divisa di agente in occasione dell'ingresso effettivo nell'NYPD, e un'altra personale in cui sorrideva con la figlia piccola in riva all'oceano.

Le foto erano abbastanza nitide da permettere a Sam di constatare che si trattava della stessa donna da lui incontrata poche ore prima a Central Park; una donna che si riteneva fosse morta da un decennio...

Finalmente vide svoltare all'angolo della strada un taxi con l'insegna "libero" e fece un passo avanti per fermarlo. Mentre il taxi si accostava, una macchina della polizia gli si affiancò sulla destra. Un agente di pattuglia sulla cinquantina abbassò il finestrino e lo apostrofò accigliato.

"Signor Galloway!"

"Sì?"

"Se non le dispiace, vorrei fare quattro chiacchiere con lei."

"Si dà il caso che mi dispiaccia: ho bisogno di un taxi, non di una scorta."

"Sono costretto a insistere."

"Sono costretto a rifiutare. Per oggi ho già visto abbastanza divise e poi i vostri modi non mi piacciono."

"Non mi obblighi a ricorrere all'altra opzione."

"Quale?"

"Scendere e spaccarle la faccia."

"Addirittura! Ci provi, se ne ha il coraggio."

"Ci provo sì."

L'auto salì sul marciapiedi, sbarrando la strada a Sam, che rimase senza parole per lo stupore. L'agente si precipitò fuori della macchina e gli si avvicinò. Era un uomo di media statura, tarchiato, muscoloso, ma con qualche chilo di troppo.

"Sono l'agente Mark Rutelli", disse toccando la pistola che teneva nella fondina appesa alla cintura. Fissò Sam con granitica determinazione: sembrava pronto a tutto pur di farsi seguire.

"Sarà meglio che si rilegga quello che è scritto sulla sua auto", fece Sam indicando la sigla CPR, che stava per "cortesia, professionalità e rispetto", il motto della polizia newyorchese.

"Senta, glielo chiedo un'ultima volta cortesemente", replicò Rutelli. "Desidero fare quattro chiacchiere con lei."

Capendo di non avere altra scelta che accettare l'invito di quel fanatico, Sam rispose in tono rassegnato: "Di che cosa vuole parlare?"

"Della mia ex collega Grace Costello."

Appena Sam fu salito in macchina, Rutelli si diresse a sud.

"Lei è medico, vero?" disse.

"Sì, sono pediatra, ma che senso ha questa..."

L'altro alzò la mano per interromperlo. "Mezz'ora fa, quando sono tornato a prendere le mie cose a fine turno, un uomo della centrale mi ha detto che una poliziotta del 21° distretto aveva chiesto informazioni su Grace Costello..."

"Sono stato io a pregarla di cercare notizie su di lei", spiegò Sam.

"... e che questa tizia credeva che Grace fosse ancora viva."

"Lo è davvero", confermò Sam.

"Che cosa glielo fa pensare?"

"Le ho parlato oggi pomeriggio."

Rutelli trasse un lungo sospiro. Aveva le mani che gli tremavano e, per evitare di esplodere, strinse forte il volante. Aprì il finestrino, aspirò una boccata d'aria e per parecchi minuti si limitò a guidare in silenzio, passando ogni tanto col rosso.

"Dove stiamo andando?" domandò Sam quando l'auto imboccò il ponte di Brooklyn.

"In un posto dove capirà che i fantasmi non esistono."

Arrivarono a Bensonhurst, che era rimasto l'ultimo vero quartiere italiano di New York da quando Little Italy era stata trasformata in attrazione turistica.

Rutelli girò più volte intorno a un isolato senza trovare il parcheggio. Per la verità c'era uno spazio di cinque o sei metri vuoto, lungo un marciapiedi, ma qualcuno vi aveva piantato un cartello minaccioso:

YOU TAKE MY SPACE
I BREAK YOUR FACE

"Se mi freghi il posto, ti spacco la faccia." Ma Rutelli non era tipo da farsi intimidire. Scese dall'auto, diede un calcio al cartello con aria sprezzante e parcheggiò nell'area libera.

Accompagnò quindi Sam in un piccolo caffè ristorante di cui aveva tutta l'aria di essere un habitué. La vecchia insegna al neon del locale recava la data di quarant'anni prima, un caso davvero eccezionale per una città in continua evoluzione come New York.

"Venga con me", disse.

Il medico lo seguì in una saletta pervasa da un buon

odore di pane fresco, olio d'oliva e focaccia. Le pareti erano tappezzate di foto di star americane e italiane: Frank Sinatra, Robert De Niro, John Travolta, Sylvester Stallone, Madonna, Luciano Pavarotti.

Si sedettero l'uno davanti all'altro su un sedile di finta pelle.

"Ciao, Marco", lo salutò il ristoratore posando davanti al poliziotto una bottiglia già cominciata di superalcolico.

"Ciao, Carmine", disse Rutelli versandosi un bicchiere. Lo mandò giù d'un fiato e subito le mani smisero di tremargli.

Calmatosi, chiese a Sam che cosa sapesse esattamente di Grace.

Il dottore gli raccontò tutta la storia, dall'incontro con Juliette al disastro aereo e alla comparsa di Grace in Central Park. Rutelli lo ascoltò fino in fondo, poi si versò un altro bicchiere e si stropicciò gli occhi senza riuscire a scacciare l'ombra di tristezza che li velava.

"Senta, Galloway, sono stato compagno di squadra di Grace per più di dieci anni. Siamo entrati alla omicidi circa alla stessa epoca e abbiamo lavorato alle stesse inchieste. Eravamo non solo una bella squadra, ma anche amici intimi..."

Mentre parlava, estrasse dal portafoglio una foto e gliela porse. Sam la guardò attentamente: ritraeva Rutelli e Grace, giovani e belli, sullo sfondo di un lago e una catena di montagne. Grace era radiosa e Rutelli era magro, sorridente e pieno di fiducia nel futuro: un uomo ben diverso da quello frustrato e arrabbiato che aveva di fronte.

"Permette una domanda?" disse Sam.

L'altro annuì.

"Se ha lavorato con Grace, avrà avuto anche lei il grado di detective..."

"Sì, e come lei stavo per essere promosso tenente."

"Allora come mai, dieci anni dopo, è un semplice agente di pattuglia?"

Rutelli tirò fuori di tasca le sigarette e ne accese una. Non era il tipo a cui ci si potesse azzardare di ricordare le norme antifumo.

"Dalla morte di Grace, niente è più stato lo stesso per me."

"Ha un problema con l'alcool, vero?"

"Un problema con l'alcool?"

"Non è un alcolista, Rutelli?"

"Ma che cazzo gliene frega, a lei?"

"Non la sto giudicando. Sono un medico e dico solo che potrebbe eventualmente farsi aiutare."

L'agente liquidò la proposta con un gesto della mano.

"La Alcolisti Anonimi e tutte quelle balle là? No, grazie, non fanno per me."

Stava per aggiungere qualcosa, ma si trattenne. Poi deglutì a vuoto e riprese il discorso.

"Grace mi conosceva bene, con le mie qualità e i miei difetti. Aveva la capacità di tirar fuori il meglio da me." Aspirò una lunga boccata e fece un gesto vago. "Vedeva sempre il bicchiere mezzo pieno. Credeva in tutte quelle cose..."

"Quali cose?"

Rutelli si mise a contemplare un punto lontano, al di là dalla vetrata.

"La felicità, l'avvenire, il lato buono delle cose e delle persone. Aveva fiducia nell'umanità." Fece una breve pausa, poi aggiunse: "Io non sono così".

Nemmeno io, pensò Sam in cuor suo.
"Senza di lei, questo lavoro diventò presto infernale per me. Non c'era più Grace a rabbonirmi, a tranquillizzarmi."
"E l'hanno retrocessa?"
Rutelli annuì. "Devo ammettere che ho passato il segno più volte, in questi ultimi anni."
"E come spiega il fatto che io abbia visto Grace questo stesso pomeriggio?"
A Rutelli ripresero a tremare le mani.
"Non era lei, Galloway", disse versandosi l'ennesimo bicchiere.
"Sarà, ma le assomigliava molto, anzi era così simile che non sembrava nemmeno invecchiata. Era identica a come appariva nella foto sul giornale."
"Si è beccata una pallottola, Galloway, una fottuta pallottola che le ha fatto esplodere la testa, lo vuol capire o no?"
"Forse però non è morta", azzardò Sam.
"Quando fu uccisa", s'infiammò il poliziotto, "fui io a riconoscere il cadavere in obitorio. L'ho vista in viso e ho pianto stringendola tra le braccia. Mi creda, non c'è dubbio che fosse lei."
Sam lo guardò negli occhi e capì che non mentiva.

Pochi minuti dopo, Rutelli lo riaccompagnò a casa. Quando arrivò davanti al piccolo stabile del Greenwich Village, si era abbastanza calmato.
"Piuttosto di lusso il suo quartiere, dottore."
"È una lunga storia", disse Sam.
Siccome fuori faceva freddo, fumarono un'ultima sigaretta in macchina. Il silenzio notturno era rotto solo dallo stormire dei ginkgo e dei glicini nel vento gelido. Per un lungo attimo nessuno dei due parlò.

Sam si immaginò Juliette isolata in una cella; Rutelli pensò a Grace, l'unica donna che avesse mai amato: ogni giorno di più rimpiangeva di non averle confessato i suoi sentimenti.

"Si sa chi ha ucciso Grace?" chiese Sam rompendo il silenzio.

Il poliziotto scosse la testa.

"Per oltre un anno ho condotto indagini serrate, rinunciando a vacanze e weekend. Ma non sono riuscito a scoprire una pista valida."

Spense la sigaretta e avviò il motore.

"Arrivederci, Galloway."

"Arrivederci, Rutelli", disse Sam aprendo la portiera. "Mi venga a trovare se un giorno vorrà smettere di bere. Una mia amica dice che 'non esistono problemi, ma solo soluzioni'."

"Anche Grace lo ripeteva sempre."

Stupito della strana complicità che era nata tra loro, il poliziotto gli tese d'istinto la mano.

"Certo che lei dev'essere un medico piuttosto singolare, Galloway."

"Così dicono alcuni", ammise Sam stringendogli calorosamente la mano.

Per qualche motivo, Rutelli aveva ritrovato un certo brio, e gli occhi gli brillavano come diamanti.

"Che cosa pensa di fare?" domandò Sam.

"In questa città c'è una donna che si spaccia per Grace Costello. Devo capire chi è e perché si comporta così."

"Sia prudente."

"Anche lei, dottore. Non si sa mai."

Il passeggero scese dall'auto e il guidatore si allontanò nella notte.

Oltre a non reggersi più sulle gambe, Sam aveva capogiri e mal di pancia. Ubriaco di sonno, aprì la porta dell'appartamento con un'unica meta in testa: il letto.

Presi dalla conversazione, né lui né Rutelli si erano accorti che un'ombra nascosta dall'altro lato della strada non aveva perso una parola del loro dialogo.

15

E quando attraversò il ponte, i fantasmi
gli andarono incontro.
SOTTOTITOLO DEL FILM *NOSFERATU*

Sam controllò i messaggi: sul cellulare e sul cercapersone erano arrivate molte chiamate dall'ospedale. Per tutto il pomeriggio avevano cercato di mettersi in contatto con lui.

Che cos'è successo?

Stava per comporre il numero della segreteria telefonica, quando sentì un rumore al primo piano.

Allarmato, salì le scale a quattro gradini alla volta, aprì la porta della camera da letto e fu investito da una corrente gelida. La finestra era aperta e contro lo sfondo blu della notte si stagliava la figura snella e felina di una donna seduta sul davanzale: Grace Costello.

"Come ha fatto a entrare in casa mia?"

"Non è stato molto difficile", rispose lei saltando dalla finestra sul parquet.

"Si rende conto che questa è proprietà privata? Ha un mandato o un'autorizzazione ufficiale?"

"Ma cosa crede, di essere in un film?" replicò Grace stringendosi nelle spalle.

"Adesso chiamo la polizia", minacciò lui precipitandosi al telefono.

Con mano ferma, Grace lo bloccò.

"Sono *io* la polizia."

Tutt'altro che intimidito, Sam l'afferrò per il bavero del giubbotto e ringhiò: "Anche se ha una pistola, non mi fa paura".

Grace alzò la testa a guardarlo e lui fu colpito dalla sua bellezza: aveva lineamenti delicati e grandi occhi profondi che splendevano nella penombra. Gli era così vicina, adesso, che ne sentiva l'alito sull'orecchio.

"Non voglio spaventarla, dottore", disse lei in tono più dolce. "Voglio solo parlarle."

"Di che?" chiese Sam lasciandola andare.

"Di Juliette."

"Come sapeva che era scesa dall'aereo?"

Grace si mise a vagare per la stanza guardando gli scaffali pieni di libri.

"Crede nell'aldilà, dottor Galloway?"

"No", rispose lui senza esitare.

"Crede almeno alla dimensione spirituale delle cose?"

"Mi spiace deluderla, ma il mio interesse per le questioni mistiche è meno di zero."

"Ugualmente", insistette lei, "quando le muore un paziente in ospedale non si domanda mai se c'è qualcosa dopo la morte?"

"Sì, mi è capitato di chiedermelo", ammise Sam e, per una frazione di secondo, vide con gli occhi della mente il volto di sua moglie.

Dov'è Federica adesso? Esiste un altrove in cui prima o poi andiamo tutti? Cercò di ricacciare indietro quei pensieri.

"Secondo lei chi decide l'ora della morte?" domandò Grace.

“Se si escludono gli omicidi e i suicidi, moriamo quando l’organismo ha esaurito le sue risorse”, rispose lui aggrottando la fronte.

“Bla bla bla...”

“È la verità. Abbiamo l’età delle nostre arterie. Lo stato di salute dipende dalla costituzione, dall’alimentazione e dallo stile di vita.”

“E in caso di incidente?”

“È quello che definiamo il ‘rischio di vivere’, no?” disse Sam alzando le spalle. “Un concorso di circostanze sfortunate fa sì che ci si trovi nel posto sbagliato al momento sbagliato.”

“Non le sembra una spiegazione un po’ banale?”

“No, non mi sembra banale e non capisco bene dove voglia arrivare.”

“Provi per un momento a supporre che l’ora e le circostanze della nostra morte siano programmate in anticipo”, disse Grace.

“Ho visto *Matrix* alla televisione, ma non ci ho capito quasi niente.”

“Parlo sul serio. Provi per un momento a supporre che una giovane donna sia destinata a morire in un incidente aereo...”

“Non esiste il destino: è una stupidaggine.”

“Supponiamo che, per motivi sentimentali, la ragazza scenda all’ultimo momento dall’aereo, mandando di colpo all’aria i piani della Morte.”

“Direi che la giovane ha avuto un’enorme fortuna. Buon per lei.”

“Ma non ci si può sottrarre a un appuntamento con la Morte.”

“Sembrerebbe invece di sì.”

Grace guardò Sam negli occhi.

"Sto cercando di farle capire che tutto ha un senso, Galloway. Anche se le passioni umane insidiano a volte la meccanica celeste, niente di quello che capita capita a caso."

"Che c'entra Juliette in tutto questo?"

"Juliette doveva morire nell'incidente aereo: faceva parte dell'*ordine delle cose* ed è per rimediare all'errore che sono stata mandata qui."

"Per rimediare all'errore?"

"Io sono un *emissario*, Galloway."

"E quale sarebbe la sua missione?"

"Credevo lo avesse ormai intuito: riportare Juliette indietro."

"Indietro dove?"

"Lassù", rispose Grace indicando il cielo.

Sam tacque a lungo: era come se, nell'esercizio delle sue funzioni di medico, stesse riflettendo sulla ricetta da prescrivere a un paziente.

"Se ho capito bene, lei sarebbe una sorta di funzionario addetto alla gestione dei decessi nell'aldilà?"

"Mettiamola pure così."

"Sa cosa mi spaventa di più?"

"Cosa?"

"Il fatto che lei sembra credere veramente a quello che dice."

"Posso ben capire che sia difficile accettarlo", ammise Grace.

"Lei è stata gravemente turbata da qualcosa, non so cosa, ma come medico potrei aiutarla a..."

"La pianti di offrire sempre il suo aiuto a destra e a manca!"

"Lo facevo per il suo bene."

"Me ne fotto altamente della sua compassione: sono morta e sepolta da dieci anni!"

"Insomma, basta!" sbottò Sam. "Se ne vada dalla mia casa!"

"Collaborare con lei non sarà una passeggiata", sospirò la donna, dirigendosi alla finestra da cui era entrata.

"Un'ultima cosa, dottore: la smetta di far domande su di me in giro. Lasci in pace Mark Rutelli e non parli con nessuno di tutto questo."

"Ma sentitela! Solo lei ha il diritto di mettere il naso nella vita altrui!"

"Segua il mio consiglio: quando si comincia a scavare nel passato, si va incontro a grossi guai."

"Bla, bla, bla..."

"L'ho avvertita."

D'un tratto il medico scrupoloso ebbe la meglio sull'uomo in collera e Sam pensò non fosse giusto abbandonare a se stessa una donna che aveva un evidente bisogno di cure psichiatriche.

"Se crede che possa servirle a risolvere il suo problema, passi da me al St. Matthew's durante l'orario delle visite", propose.

"Come no. Ci rivedremo, Galloway... Non si preoccupi, ci rivedremo."

All'ultimo momento, quando ormai stava per scavalcare il muretto da cui aveva guadagnato l'accesso alla finestra, la detective si fermò, si girò e tirò a Sam un'ultima bordata.

"Oh, dimenticavo. Non si preoccupi: sua moglie continua ad amarla nonostante quello che lei le ha confessato al cimitero, l'altra mattina."

A un tempo sconvolto e raggelato, Sam impiegò qualche secondo a reagire.

"Da quando mi sta spiando?" si mise a gridare, correndo alla finestra.

Ma Grace Costello era già scomparsa.

16

A medicina ci insegnano che
il viso del medico del pronto soccorso
sarà l'ultima immagine che molti pazienti
vedranno. E io non lo dimentico mai,
soprattutto quando vedo quegli occhi
impauriti che mi fissano.

DAL FILM *DRAGONFLY – IL SEGNO DELLA LIBELLULA*,
DI TOM SHADYAC

MARTEDÌ MATTINA, ST. MATTHEW'S HOSPITAL

"È in ritardo, dottor Galloway."

"Sì, sì, mi lasci il tempo di respirare", replicò Sam finendo di abbottonarsi il camice.

Janice Freeman, direttrice del pronto soccorso al St. Matthew's, stava organizzando l'agenda degli interventi della mattina. Afroamericana dal fisico imponente, apprezzava molto Sam, che ricambiava la stima.

"Le è esploso un candelotto di dinamite vicino alla testa, dottore?" domandò vedendo i suoi capelli arruffati.

"Ho avuto una notte insonne."

"Sono contenta per lei."

"Non è stata insonne per i motivi che pensa", si schermì lui.

"Oh, non deve certo giustificarsi."

"Allora, che cos'ha in serbo per me?"

"Prima devo parlarle."

Proprio mentre Janice stava per rivelargli qualcosa, una donna con un bambino in braccio entrò trafelata in ospedale.

"Un medico, presto!" gridò.

"Ci penso io", disse Sam.

"Vengo con lei", si offrì Janice.

"È suo figlio, signora?" domandò Sam deponendo il bambino su una barella.

"Sì, è mio figlio Miles", rispose la donna.

"Quanti anni ha?"

"Quattro."

"Che cosa gli è successo?"

"È stato punto sul collo da una vespa mentre lo accompagnavo all'asilo."

Una vespa nel cuore dell'inverno?

"È sicura che sia stata una vespa, signora?"

"Io... io credo."

Per la miseria, è proprio vero che non ci sono più le stagioni.

Sam tagliò il golfino a Miles ed esaminò la presunta puntura. In effetti il bambino aveva un vistoso rigonfiamento alla base del collo.

Cazzo.

"Un edema angioneurotico di Quincke?" disse Janice.

"Già."

"Bisogna fare presto, Sam, non respira più."

"Procedo alla tracheotomia."

Galloway si chinò sul bambino, gli praticò un'incisione subito sotto il pomo d'Adamo e gli infilò la sonda che gli avrebbe permesso di respirare.

"L'ho collegato al ventilatore", disse Janice.

"Gli somministri 300 mg di adrenalina e 400 mg di SoluMedrol", ordinò Sam a un'infermiera. Girandosi verso la madre di Miles, disse: "Stia tranquilla, signora, suo figlio è fuori pericolo".

In piedi davanti al distributore automatico, Sam gustò il primo caffè del mattino.

Aveva un sorriso radioso che gli illuminava la faccia. Era stato un inizio di giornata come meglio non poteva augurarsi: la diagnosi giusta, un intervento puntuale e, tac!, una vita salvata.

"Le piace sentirsi Dio, eh?" disse Janice, raggiungendolo.

"Le piace farmi domande stupide, eh?" replicò lui.

"In ogni caso ha fatto un ottimo lavoro."

"Grazie. Posso offrirle un caffè?"

"Ma sì, diamoci alle follie: un cappuccino."

"È stata lei a lasciarmi trentasei messaggi in segreteria, ieri?"

"Più che trentasei, saranno stati trentaseimila."

"Che cosa c'era di così urgente?" domandò Sam mettendo le monete nella macchina.

"Non sta a me insegnarglielo, ma la professione medica è fatta di grandi gioie e grandi dolori..."

"Vada al punto", la interruppe lui, d'un tratto inquieto.

"Angela è morta. È morta ieri mattina."

"È impossibile! Le sue condizioni erano stazionarie!"

"Nessuno ha capito che cosa sia successo. Forse un'infezione fulminante; qualcosa di molto raro, in ogni caso."

Sconvolto, Sam lasciò la sala di ristoro e imboccò il corridoio. Arrivato all'ascensore, premette come un pazzo il pulsante. Era deciso a verificare di persona.

"Aspetti, dottor Galloway!"

Sordo agli appelli di Janice, visto che l'ascensore non arrivava, corse su per la scala di servizio.

Aprì la porta della camera di Angela. Avevano già rifatto il letto e portato via gli effetti personali. Si sentì distrutto. Aveva creduto con tutto se stesso di poterla salvare.

Janice lo raggiunse.

"Ha lasciato questa per lei", disse porgendogli una cartella.

Sam l'aprì emozionato. Non conteneva messaggi scritti, ma solo un pacco di disegni: pastelli, acquerelli e collage fatti con cartoncino e sabbia. I soliti quadri enigmatici, dalla grana spessa, che gli ricordavano le tele di sua moglie. Le solite forme astratte, color sangue e terra bruciata, che si intrecciavano in spirali tormentate.

Avevano un significato? Come pediatra, era spesso ricorso al disegno per aiutare i bambini a esprimere le proprie angosce ed emozioni. In loro l'espressione grafica era più istintiva di quella verbale. A volte proponeva ai suoi giovani pazienti colpiti dal cancro o dalla leucemia di raffigurare la lotta tra la malattia e il sistema immunitario. Benché una simile "terapia" non fosse prevista dai protocolli scientifici, si era accorto che spesso il risultato degli sforzi artistici permetteva di prevedere con notevole precisione l'evoluzione della malattia.

Ma come interpretare i disegni di Angela?

Quando Janice lo invitò a uscire dalla stanza e a riprendere il lavoro, Sam si ricordò d'un tratto della conversazione che aveva avuto il giorno prima con Grace Costello.

"Le capita mai di chiederselo, Janice?"

"Di chiedermi cosa?"

"Dove vadano."

"Intende i pazienti che ci lasciano?"
"Sì."
Janice Freeman trasse un lungo sospiro.
"Non vanno da nessuna parte, Sam: sono morti."

Con un panino in una mano e il cellulare nell'altra, Sam camminava su e giù per il tetto a terrazza dell'ospedale. Era lì che atterravano gli elicotteri in occasione dei trasferimenti urgenti e delle consegne di organi per il trapianto. L'accesso era strettamente regolamentato e i medici non erano assolutamente autorizzati a trascorrere lì la pausa pranzo. Ma Sam adorava la terrazza, l'unico posto in cui potesse fumare in pace. Amava troppo quella piccola libertà per accettare di starsene davanti all'entrata del palazzo con gli altri fumatori irriducibili, esposti alla pubblica riprovazione come fossero chissà quali criminali. Gli Stati Uniti erano forse il Paese al mondo in cui era più facile procurarsi delle sigarette: l'unico problema era che non le si poteva fumare.

Sam approfittò della pausa per telefonare all'avvocato di Juliette, il quale non si mostrò molto ottimista riguardo alla possibilità che la sua cliente fosse liberata di lì a poche ore. Sam gli disse che, qualunque cosa fosse accaduta, avrebbe pagato, appena possibile, la cauzione. Per raccogliere altre informazioni chiamò il consolato di Francia, presentandosi come il *fiancé* di Juliette. Lo indirizzarono a una serie di uffici, poi, dopo un'attesa interminabile, si degnarono di passargli un funzionario che gli assicurò che il consolato aveva "preso tutti i provvedimenti necessari ad assicurare protezione alla signorina Beaumont".

Quando Sam chiese quali fossero i provvedimenti, si trovò davanti a un muro di gomma. Indignato per il trattamento riservato a Juliette, disse che trovava inammissibile che la Francia, cui piaceva tanto dare lezioni di democrazia, lasciasse in balia di se stessi i suoi cittadini residenti all'estero. Era inutile, lasciò capire al funzionario, nascondersi dietro pretesti assurdi. Tutti avevano capito che la storia dell'attentato non stava in piedi: in realtà, dopo il contrasto tra Stati Uniti e Francia riguardo alla guerra in Iraq, Parigi stava cercando di riavvicinarsi a Washington e non voleva trasformare quell'incidente in una causa ulteriore di attrito.

"La verità è che non vi fate scrupolo di rovinare la vita a uno dei vostri compatrioti pur di perseguire i vostri torbidi obiettivi politici!" esclamò con foga.

Mentre continuava a muovere rimproveri alle autorità francesi, la porta della terrazza si aprì di colpo e comparve Grace Costello. La detective lo ascoltò sbraitare, poi gli si avvicinò, gli strappò il cellulare di mano e pose termine alla conversazione.

"Me lo renda!" gridò Sam.

"Si calmi, dottor Galloway. La sua amica alla fine sarà liberata."

"Dio santo, non mancava che lei. Se continuerà a seguirmi, sarò costretto a..."

"È stato lei a farmi venire!"

Sam trasse un lungo respiro, reprimendo la voglia di accendersi un'altra sigaretta.

"Allora, Grace, o comunque si chiami, cosa mi annuncerà oggi, che è stata lei ad assassinare il presidente Kennedy?"

"Ha riflettuto sulla nostra conversazione di ieri sera?"

"Ho altre cose cui pensare, se lo vuol sapere."

"Non ha creduto a una sola parola di quello che le ho detto. Non è convinto che io sia un emissario, vero?"

Sam trasse un altro respiro. Grace si avvicinò ancora di più all'orlo del tetto e guardò giù per provare il brivido del vuoto.

Da lì si godeva una vista magnifica della città: le acque dell'East River, illuminate dal sole, brillavano di mille riflessi e il paesaggio colpiva per la varietà: da un lato lo splendore dei grattacieli e dall'altro, a ovest del Queens, i terreni industriali incolti.

"Niente male, vero?" disse Sam seguendo Grace. "Guardi che cielo! Ma già, lei dev'essere abituata a queste visioni aeree..."

"Ah, ah, che spiritoso! Ha mai pensato di scrivere sketch?"

Grace salì con agilità una scala di ghisa che conduceva a una stretta sporgenza su cui avevano installato un'antenna. Benché fosse un posto pericoloso cui era vietato l'accesso, Sam la raggiunse, in parte per sfida, in parte per salvarla se le fosse venuto in mente all'improvviso di gettarsi nel vuoto. Da quando era morta Federica, vedeva potenziali suicidi dappertutto.

"Sembra di cattivo umore, dottore", disse la detective. "Qualcosa non va?"

"Effettivamente alcune cose non vanno: la donna che amo è in prigione e ho appena perso una giovane paziente a cui tenevo molto."

Grace scosse leggermente la testa.

"La piccola Angela?"

"Come lo sa?"

"Comprendo il suo dolore. Lei è un giovane medico

competente e zelante, ma c'è un concetto che hanno dimenticato di insegnarle alla facoltà di medicina."

"Quale?"

Grace soppesò per qualche istante le parole.

"È inutile lottare contro l'*ordine delle cose*", rispose.

"L'ordine delle cose non esiste", ribatté Sam, guardandola con durezza. "Niente è mai scritto in anticipo."

"Non sto dicendo che si debba essere fatalisti", sospirò lei, "ma che a un certo punto bisogna saper rinunciare."

"Non conti su di me: rinunciare significa sottomettersi."

"Il giorno della morte è *deciso* per noi tutti", replicò secca Grace. "Questo è indiscutibile."

"Che ne sa?" fece Sam, continuando a guardarla torvo.

"Perché sono già morta", rispose lei con sguardo ancora più torvo.

"Questo è delirio!"

Sam si pentì subito di avere usato termini così forti. In fondo, quella donna aveva perso la ragione: non bisognava insultarla, ma trattarla come una malata.

"Senta, qui siamo in ospedale. Perché non ne approfitta per riposare un po'?"

"Non sono stanca."

"Le potrei fare assegnare una camera nel reparto psichiatrico. Abbiamo degli ottimi specialisti che..."

"Sì, mi tratti pure da matta, già che c'è. Guardi però che il fatto che sia morta non la autorizza a insultarmi!"

"No, certo. E tra un attimo mi dirà magari che gli extraterrestri hanno assunto il controllo del suo cervello."

"Mi sfotte di nuovo?"

"Come se non se la fosse cercata!"

Grace trasse un lungo sospiro.

"Di questo passo non approderemo mai a niente", osservò alzandosi. "Lei parla troppo e non ascolta abbastanza." Così dicendo tirò fuori la pistola che portava nella fondina e gliela puntò contro.

"Mi spiace, ma se l'è voluto, Galloway."

L'ufficio di Sam era una stanza sobria che dava sul fiume. Sulla scrivania campeggiavano un portatile metallizzato, una cornice senza foto, un berretto degli Yankees e una palla da baseball *vintage*, autografata. Al pannello di legno che copriva il muro davanti alla porta erano affissi disegni di bambini.

Grace si sedette sulla poltroncina del computer, mentre Sam, sempre sotto la minaccia della pistola, si accomodò su una sedia di fronte a lei.

"Adesso mi ascolti bene, risparmiandomi le critiche e il sarcasmo, chiaro?"

"Chiaro", rispose Sam, combattuto tra la curiosità e la paura.

"Per prima cosa, tutto quello che le ho detto ieri sera era vero: è vero che sono stata assassinata dieci anni fa e che, per un motivo a me ignoto, sono stata mandata qui in missione."

Sam si morse la lingua per impedirsi di replicare.

"Continua a non credermi?" fece lei.

"E come potrei?"

"In che modo, allora, spiega il fatto che Grace Costello, una donna morta e sepolta, si trovi qui davanti a lei?"

"Penso che non sia stata uccisa. Penso che abbia simulato la propria morte. Penso che la polizia le abbia fornito una nuova identità per proteggerla."

"Proteggermi da che, di grazia?"

"Non lo so: dalla mafia o da un gruppo criminale che lei aveva minacciato. Ho sentito una storia del genere alla televisione."

Grace levò gli occhi al cielo.

"Se pensa che le cose funzionino così..."

Si alzò dalla poltrona e si mise a camminare su e giù, cercando un'idea per convincere il medico. D'un tratto indicò, sulla scrivania, l'articolo del *New York Post* che parlava del suo assassinio.

"Secondo quell'articolo a che età sono morta?"

"A trentotto anni", rispose Sam senza verificare.

"E secondo lei la donna della foto sono io?"

"O lei o una che le assomiglia... potrebbe essere sua sorella."

"Non ho sorelle, come potrà constatare leggendo il dossier che mi riguarda." Gli si avvicinò con quella grazia innata che la distingueva e aggiunse: "Se ne intende un po'?"

"Di che?"

"Di donne?"

Sempre impugnando la pistola, si appoggiò con indolenza alla scrivania e si protese verso di lui. Trasudava una forte sensualità e la usava consapevolmente, tanto che Sam dovette lottare con un lieve turbamento.

"Che età mi dà?"

"Non lo so."

"Su, provi a indovinare."

"Fra i trenta e i quaranta."

"Grazie per i trenta. Di fatto, ho lo stesso esatto fisico che avevo al momento della morte, quasi che il tempo, per me, si fosse fermato dieci anni fa. Non lo trova strano?"

Lui non rispose.

"Invece che età dovrei avere a questo punto?"

"Quasi cinquant'anni."

"Secondo lei ho cinquant'anni?"

"Conosco donne di cinquant'anni che, grazie alla chirurgia plastica, potrebbero posare per *Playboy*."

Grace si avvicinò ancora, si scostò i capelli e gli mostrò la base del collo.

"Vede le cicatrici di un'operazione?"

"No", ammise Sam.

"Grazie per la sua sincerità", ribatté lei, visibilmente soddisfatta di avere segnato un punto.

"Questo però non significa che sia vero ciò che ha detto ieri sera, quando ha sostenuto che la vita di ciascuno è come lo svolgimento di un copione scritto da qualche parte in una sorta di..." e qui Sam disegnò delle virgolette nell'aria "... 'libro del destino'."

"È una versione parodistica delle cose, ma contiene del vero."

"Un'idea assurda e scoraggiante: chi mai crede ancora al destino, oggigiorno?"

"Con tutto il rispetto, sono quasi venti secoli che le religioni dibattono il problema, mentre lei pretende di liquidarlo in un pomeriggio", osservò Grace tornando a sedersi nella poltrona.

"Cerchiamo per un attimo di essere seri, dottore", proseguì. "Certo, è più comodo credere che siamo padroni degli eventi della nostra vita e del resto riusciamo a maturare quasi sempre questa convinzione. Ma ci sono anche cose che non possiamo assolutamente cambiare. Per quanto riguarda Juliette, doveva morire in quell'incidente aereo. Mi dispiace molto, ma ognuno è costretto a seguire la sola strada che gli è destinata."

"Si mette a sparare cazzate buddiste, adesso?"

"Il buddismo non c'entra proprio niente. Che le piaccia o no, porterò Juliette con me."

"E, scusi se sono indiscreto, ma con che mezzo di trasporto conta di raggiungere l'"aldilà'? Un disco volante?"

"A dire il vero, i mezzi non mancano. Utilizzeremo entrambe lo stesso."

Aprì il portatile, si collegò a Internet, digitò qualcosa sulla tastiera e girò il monitor verso Sam.

Si era collegata con il sito web di un quotidiano di informazione, il *New York Post*. Sulla parte superiore dello schermo si leggeva un titolo:

Tragedia in teleferica

Alle dodici e trenta di stamattina, una delle cabine della teleferica di Roosevelt Island è precipitata nel fiume con almeno due persone a bordo.

Sam non capiva. Un'ora prima aveva ascoltato il notiziario alla cafeteria e non gli risultava fosse caduta nessuna teleferica, a New York. Quella donna era proprio matta: arrivava a inventarsi notizie da prima pagina per suffragare le sue fumose teorie.

"L'incidente avverrà sabato prossimo", spiegò Grace. "Juliette e io saremo su quella cabina fino al momento in cui precipiterà."

Catturato dalla stranezza del racconto, Sam stava per replicare: "Non ve lo lascerò fare", quando si trattenne. Le rivolse invece un'altra domanda.

"Per quale esatto motivo mi dice tutto questo?"

Grace gli scoccò un'occhiata intensa e Sam capì allora che si accingeva a rivelargli la vera ragione della sua visita.

"Le dico tutto questo perché voglio che mi aiuti."

Sam fissò il monitor del portatile.

"L'incidente deve avvenire tra quattro giorni, a mezzogiorno e mezzo in punto", continuò Grace con aria grave. "Juliette si fida di lei. Cerchi di farla salire nella cabina, ma non la accompagni."

"Se pensa che collabori..."

"Temo che, in realtà, lei non abbia scelta."

"Mi minaccia?"

"Se vuole metterla così."

"Non solo è matta, ma è anche pericolosa!" sbottò lui battendo un pugno sulla scrivania.

La detective scosse la testa.

"Vedo che continua a non capire. Niente mi impedirà più di uccidere Juliette. È solo per compassione che ho deciso di concederle una proroga, perché so quanto sia difficile per lei..." Gli mostrò l'arma. "Ma se lei non mi aiuta, stia certo che non aspetterò sabato per eliminare la sua diletta e che non avrà nemmeno occasione di rivederla viva."

"Staremo a vedere!" esclamò lui alzandosi di scatto e scagliandosi come un pazzo contro di lei. Grace fece un salto indietro, schivandolo facilmente. Nel corso della sua vita professionale aveva tenuto testa a uomini ben più tosti, ma, presa da una sorta di stanchezza, si lasciò afferrare per un braccio e disarmare.

"Visto? I ruoli si sono invertiti", gongolò Sam con la pistola in mano. Tenendo d'occhio la detective, sollevò il ricevitore e disse: “Pronto, parlo con la sicurezza? Sono il dottor Galloway. Venite subito nel mio ufficio. Una donna si è introdotta nel palazzo con un’arma... Sono riuscito a neutralizzarla”. Poi riagganciò e disse trionfalmente: “Ora fa un po’ meno la gradassa, vero?”

“Cosa crede, che la pistola sia carica?”

Avendo trascorso l’infanzia in quartieri malfamati, Sam conosceva abbastanza bene le armi e gli bastò poco per accorgersi che il caricatore era vuoto.

Grace aveva già aperto la porta dell’ufficio. Sulla soglia si voltò verso Sam e gli lanciò una sorta di avvertimento.

“Glielo ripeto per l’ultima volta, dottor Galloway: *mi dia credito e mi aiuti*. È nell’interesse di entrambi.”

Poi si dileguò.

17

Quando la situazione lo richiedeva, egli
sapeva mostrarsi debole e in questa
debolezza stava la sua forza.
KIM WOZENCRAFT

“Mi dispiace, dottore, ci è sfuggita”, si giustificò, all’altro capo del filo, Skinner, il responsabile della sicurezza. “Ci ha preso per i fondelli”, spiegò con una punta di orgoglio ferito. “È entrata nell’ascensore al decimo piano, ma quando la porta si è aperta al pianterreno non c’era nessuno. Stiamo esaminando le videoregistrazioni. Purtroppo credo sia già lontana, ormai.”

“Pazienza”, brontolò Sam, per nulla stupito.

Cazzo, pensò riagganciando, *questa banda d’inetti non è nemmeno capace di fare il suo lavoro.*

Grace Costello era senza dubbio temibile. Per un attimo Sam rimase indeciso sul da farsi. Doveva avvisare la polizia? Era rischioso. Se fosse andato a dire che era perseguitato dal fantasma di una donna uccisa dieci anni prima, gli avrebbero riso in faccia. Ufficialmente, la Costello era morta e Rutelli ne aveva anche riconosciuto il cadavere. Per giunta, Sam non disponeva di testimoni, perché Grace si premurava sempre di apparirgli quando non c’era nessuno intorno.

Ma una prova ce l’ho, pensò d’un tratto ricordandosi del sito web.

Corse al computer per controllare l’elenco degli ultimi

siti consultati, ma, pur smanettando a lungo nell'archivio dei dati recenti, non riuscì a ritrovare la pagina del *New York Post* che riferiva dell'incidente alla teleferica previsto, secondo Grace, per il sabato successivo.

Certo, gli restava la pistola che le aveva strappato; ma che prova era? Nessuno sbirro avrebbe mai accettato di cercarvi le impronte e se anche avesse trovato quelle della Costello, che conclusione ne avrebbe mai tratto?

Ancora sotto choc, provvide in ogni caso a compilare il modulo per denunciare l'incidente: non voleva essere accusato di negligenza. Pensò anche all'assurdo discorso che gli aveva fatto la detective. Non credeva a una sola delle parole che le erano uscite di bocca. Chi poteva prendere per buone simili fesserie? Tuttavia era tormentato da alcuni interrogativi.

Aprì il bloc-notes del computer e riassunse i punti poco chiari:

- *Grace Costello è realmente morta dieci anni fa? Se sì, chi si spaccia per lei? Se invece non è morta, perché è tornata a Manhattan?*
- *Come ha fatto ad apprendere prima degli altri che Juliette non era morta nell'incidente aereo? E a sapere ciò che avevo detto davanti alla tomba di Federica, al cimitero?*
- *Che cosa c'è dietro lo strano discorso sul suo preteso ruolo di emissario?*
- *La Costello è pericolosa?*

Cercò per l'ennesima volta di tranquillizzarsi: in fondo, pensò, si trattava solo di coincidenze. Prese insieme apparivano sconcertanti, ma, se si analizzavano a una a una, erano spiegabili.

Tuttavia gli frullava in testa un'altra domanda: *Perché quella donna mi turba e perché ho l'impressione che non dica bugie?* Non riportò sul notes quest'ultima considerazione.

Doveva assolutamente riprendere il controllo di sé e mantenersi sul terreno della razionalità. Il problema andava affrontato dal punto di vista medico. Così accese il suo piccolo registratore a cassette e disse:

Dottor Sam Galloway. Diagnosi riguardante la paziente Grace Costello, esaminata oggi, 24 gennaio, durante la visita che ha preceduto la sua fuga.
Il soggetto manifesta diversi sintomi psicotici: idee deliranti a carattere mistico, incapacità di capire determinati aspetti della realtà, disturbi rilevanti del pensiero.
Perseguitata dalle proprie ossessioni, la paziente mostra segni di grave paranoia: crede infatti di essere influenzata da forze estranee alla sua personalità e, in particolare, di essere una pedina nel complotto organizzato da forze celesti dotate di poteri pressoché illimitati.
A quanto mi è dato constatare, non fa uso di droghe o alcool. Ha la battuta pronta e le idee fisse non le hanno alterato in maniera visibile l'intelligenza. Non presenta né atteggiamento apatico né sindrome catatonica.
Negando recisamente di essere malata, al momento non segue cure adeguate alla patologia, che è senza dubbio una schizofrenia paranoide recidivante.
Poiché non assume neurolettici, potrebbe compiere all'improvviso un atto inconsulto e questo fa di lei un soggetto potenzialmente pericoloso.

Grace Costello era uscita da una delle porte di servizio dell'ospedale e, al momento, si stava dirigendo a nord per la Quinta Avenue. Si sentiva protetta e anonima, tra la folla di turisti che fluiva accanto a grattacieli scintillanti e negozi di lusso. Certo, c'era sempre il rischio che da un momento all'altro gli ex colleghi la notassero, ma anche se un poliziotto l'avesse vista, non l'avrebbe ritenuta *lei*, bensì qualcuno che le somigliava.

Non aveva nulla di cui preoccuparsi. Per la prima volta da quando era "ritornata", si permise anche di contemplare il paesaggio.

Dio, quanto le era piaciuto abitare e lavorare in quella città! New York era il posto più vivo del mondo. Ne amava tutti i quartieri e tutti i particolari. Lì le cose non erano mai come altrove. Sulla Quinta Avenue l'atmosfera non era cambiata: la gente faceva come in passato la fila per visitare l'Empire State Building, i due leoni di marmo montavano sempre un'attenta guardia davanti alla Biblioteca comunale, le vetrine di Tiffany risplendevano come ai tempi di Audrey Hepburn, i turisti giapponesi sciamavano dappertutto e le borse Vuitton erano sempre care come il fuoco.

Eppure qualcosa, non sapeva dirsi cosa, le sembrava diverso. Manhattan era forse più pulita e più civile, ma si coglieva ovunque, nell'aria, un che di indefinibile, come se la città fosse stata amputata di una sua parte.

All'altezza della Quarantanovesima si diresse verso il Rockefeller Center e, attraversando la Promenade con le sei fontane, raggiunse la Lower Plaza. Il complesso art déco del Rockefeller era il più grande concentrato di grattacieli del mondo; con i suoi giardini, i suoi ristoranti, il suo *shopping mall* e le oltre cento opere d'arte ospitate nel suo museo, rappresentava da solo una vera e propria cittadina all'interno di Manhattan.

Grace girò intorno alla Tower Plaza ed entrò in un bar. Scelse un tavolo in fondo alla lunga vetrata, da cui si godeva una vista panoramica della pista di pattinaggio e del celebre Prometeo di bronzo dorato, che attizzava il suo fuoco ardente tra le bandiere multicolori e gli zampilli della fontana.

Quando le portarono il menù, Grace si rese conto di essere affamata come se non mangiasse da dieci anni, il che, in effetti, era vero. Girò con calma le pagine della lista, gustando la vasta scelta di dolci, focacce e pasticcini. Le faceva voglia tutto: *muffins*, tiramisù, *brownies*, cialde, paste alla cannella...

Alla fine scelse caffellatte e dolce alle tre cioccolate, ma sussultò leggendo il prezzo: sette dollari e cinquanta per una fetta di torta! In sua assenza, il mondo era proprio impazzito.

Era un bel pomeriggio d'inverno, freddo ma terso. I raggi del sole si riflettevano sul ghiaccio, illuminando la pista e facendo risplendere i palazzi. Per un lungo momento Grace osservò i bambini, che eseguivano varie figure sulla pista di pattinaggio, e si sentì stringere il cuore, perché le venne in mente sua figlia.

Ogni primo martedì di dicembre, portava Jodie a veder accendere le luci del gigantesco albero di Natale che il Comune installava nella Lower Plaza. Durante la cerimonia, quando la più grande star dell'anno schioccava le dita, oltre ventimila lampadine si illuminavano tutte insieme. Jodie amava talmente quello spettacolo fantasmagorico, che Grace aveva finito per considerarlo la più bella tradizione di New York.

Si frugò nella tasca del giaccone: il portafoglio era intatto e il contenuto lo stesso di dieci anni prima. Per la prima volta da quando era tornata, osò guardare la foto della sua bambina e le venne di colpo la pelle d'oca. Niente inganna più di una foto: si crede di immortalare un momento felice, mentre si crea solo nostalgia. Si spegne l'interruttore, e un attimo dopo la felicità è già scomparsa.

Le spuntarono le lacrime e si affrettò ad asciugarle con un tovagliolino di carta.

Su, dài, non è il caso che ti lasci andare così.

Non poteva cedere al rimpianto. L'avevano mandata lì a compiere una missione e l'avevano scelta proprio perché era forte, coscienziosa e disciplinata; perché era una poliziotta e i poliziotti sanno obbedire.

A meno di due chilometri dalla Lower Plaza, Mark Rutelli era di pattuglia in Central Park. Aveva parcheggiato sulla Novantasettesima Strada, nel punto in cui questa attraversava il parco, non lontano dai campi di basket e di tennis. A cominciare dalla mattina aveva interrogato oltre duecento persone, ma non era riuscito a trovare traccia della donna che si spacciava per Grace. Il colloquio del giorno prima con Sam Galloway lo aveva turbato al punto che si era svegliato più volte durante la notte, terrorizzato da spaventosi incubi: aveva sognato che la collega era ancora viva e gli chiedeva aiuto.

Certo, si rendeva conto che era tutta suggestione: Grace era morta e lui lo sapeva meglio di chiunque altro. Però era bastata una conversazione perché riaffiorassero sentimenti molto intensi, rimpianti e anche rancori.

Una storia complicata, la loro. Negli ultimi dieci anni

Mark si era spesso ripetuto che le cose sarebbero forse andate diversamente se avesse osato confessarle i suoi sentimenti.

Ma lei non li avrà intuiti?

Non che non ci sapesse fare, con le donne; all'epoca aveva un discreto successo. Passava per un uomo affascinante e sicuro di sé e il sabato, quando usciva con colleghi poliziotti o vigili del fuoco, non finiva quasi mai la serata da solo.

Con Grace era stato diverso: non aveva mai avuto il coraggio di confessarle il suo amore. Certi giorni aveva avuto l'impressione che lei lo amasse, ma non ne era mai stato certo. Gli riusciva insopportabile l'idea di essere rifiutato; l'amava troppo per poter reggere a un "no". Inoltre, temeva che Grace notasse la sua fragilità, quell'insicurezza che aveva e che mascherava con discorsi e atteggiamenti da duro. Così, a poco a poco, aveva assunto il ruolo di buon collega fidato e da quello non si era più scostato.

Un giorno, Grace si era stancata di aspettare e per qualche tempo aveva frequentato un tenente del 4° distretto. Mark aveva pensato che si comportasse in quel modo per ingelosirlo e costringerlo a dichiararsi, ma nonostante ciò non aveva compiuto alcun passo. Alla fine si era fatto da parte e così la loro complicità era venuta meno.

In realtà, Grace non aveva niente in comune con quel tenente, ma era rimasta incinta. Desiderava avere un figlio e non aveva paura di crescerlo da sola. Da quel momento Mark, che non aveva nessuna voglia di recitare la parte dell'uomo di seconda scelta davanti agli altri, si era sentito ancora meno di dichiararsi. Però non era più riuscito a innamorarsi e, anzi, la sera in cui Grace era stata assassinata sarebbe volentieri morto al posto suo. Perché la sua morte lo aveva distrutto. L'incrinatura che aveva sempre sentito dentro era diventata un crepaccio e da uomo di carattere si era trasformato in uomo rabbioso.

Certe sere di malinconia si consolava pensando che Grace non lo aveva mai conosciuto come un depresso; e quella era ormai l'unica cosa che lo confortasse e l'unica di cui fosse fiero.

Grace bevve un sorso di caffellatte e infilò la foto della figlia nel portafoglio, ripromettendosi di non guardarla più. Non doveva assolutamente mettersi in contatto con lei: era lì per rimediare a un errore, non per provocare casini.

Inoltre sapeva bene che, pur avendo lo stesso corpo, non era più la donna di un decennio prima. Tuttavia, dopo il "ritorno", aveva cominciato a poco a poco a ricordare la sua vita come emergendo da un lungo coma. Rammentava tutto, tranne i due o tre giorni precedenti la morte. Aveva letto con attenzione l'articolo di giornale recuperato da Sam Galloway, in cui erano riassunte brevemente le circostanze dell'assassinio, perché non si ricordava né come né perché fosse stata uccisa. Ma non era tornata per far luce sul mistero, bensì per una precisa missione dalla quale niente doveva distoglierla.

Di là dalla vetrata vide una ragazza di una quindicina d'anni che, appollaiata sui suoi roller, si divertiva a fare bolle di sapone. Alcune bolle, leggere e trasparenti, volarono nella sua direzione e scoppiarono a contatto con la vetrata. Grace le sorrise d'istinto. L'adolescente le sorrise di rimando, mostrando i denti imprigionati nell'apparecchio ortodontico.

Nonostante tutti i buoni propositi, Grace aveva una sola domanda che le frullava in testa: dov'era in quel momento Jodie e che persona era diventata?

Rutelli risalì in macchina e sbatté la portiera. Era in servizio ed era ancora presto, ma, Dio santo, che voglia di un bicchiere! Per la seconda volta nella giornata, ripensò alla conversazione avuta la sera prima con il giovane dottor Galloway. Smettere di bere? Come se fosse facile! Aveva provato una volta e gli erano venute le allucinazioni: vedeva lucertole, varani e iguane che gli strappavano le membra e divoravano le budella. Un autentico incubo.

Si diresse a sud lungo Central Park West e raggiunse Columbus Circle. Mentre guidava regolò lo specchietto retrovisore, che gli rimandò un'immagine appannata e sfocata del suo volto. Che cosa stava facendo della sua vita? Si sarebbe lasciato trascinare ogni giorno più in basso, fino alla completa distruzione? Aveva paura del futuro, perché non vedeva per quale miracolo le cose potessero migliorare.

Smettere di bere. Ma per chi, e perché?

Sapeva, però, di avere ancora una certa forza. Il fuoco della collera che gli ardeva dentro non era sempre e solo distruttore; tra la rabbia e la determinazione a volte non c'era che un passo. Come a voler dimostrare qualcosa a se stesso, decise di non bere alcool ancora per parecchie ore: per il momento, si sarebbe accontentato di un caffè. Poco prima di Times Square, si diresse d'istinto verso il Rockefeller Center. Accostò al marciapiedi, prese un caffè in un bicchiere di carta e andò a berlo sulla Tower Plaza. Da un'eternità non veniva in quel posto, che un tempo gli piaceva. Per diversi Natali di seguito si era recato al Rockefeller con Grace e la sua bambina ad ammirare le luci dell'albero. Raggiunse la pista di pattinaggio e per un lungo momento contemplò affascinato la gente allegra che vi si affollava. C'erano coppie che incoraggiavano i figli, filmandoli e scattando loro foto. C'erano persone che scherzavano, giocavano, si divertivano. Davanti a tanta felicità, sentì ancora più bruciante la propria solitudine.

Se si fosse voltato verso destra, in direzione dell'Harper Café, avrebbe forse visto la donna alla quale pensava ossessivamente; perché, in quel momento, Grace Costello era ad appena dieci metri da lui.

Ma Mark non lo avrebbe mai saputo.

Persa nei suoi pensieri, nemmeno Grace notò l'ex collega. Appena ebbe terminato lo spuntino, uscì dalla porta opposta, si abbottonò la giacca e s'incamminò lungo la strada. Cominciava a fare un gran freddo. Ebbe ancora una volta la strana impressione che qualcosa "mancasse" alla città, ma non seppe dirsi cosa. Si concentrò, guardando a nord e a sud, e riesaminò con gli occhi della mente le immagini degli ultimi due giorni.

D'un tratto capì cosa fosse. Le pareva impossibile che fossero... eppure erano proprio scomparse!

Avrebbe chiesto spiegazioni a Galloway la prossima volta che l'avesse visto.

Terminato il turno, Sam tornò in ufficio. Era scesa la sera, ma, per il momento, preferiva non accendere la luce e rimanere a contemplare dalla finestra il Manhattan Bridge.

Ripensò allo strano discorso che gli aveva fatto Grace e si disse che, quando perdeva il contatto con la realtà, la mente umana imboccava sovente vie incredibili.

D'un tratto gli parve di udire un respiro rauco. C'era qualcuno!

Accese il lume della biblioteca, che diffuse una luce tenue e fioca.

Nessuno.

Eppure avvertiva una presenza impalpabile. Su un angolo della scrivania erano posati i disegni di Angela e li esaminò di nuovo a uno a uno, senza sapere che cosa vi cercasse esattamente.

Quei disegni contenevano forse un messaggio nascosto?

Durante gli studi di medicina, era stato profondamente colpito dallo stage effettuato in un riformatorio, dove i disegni dei giovani detenuti evocavano solo morte e violenza. Aveva continuato a interessarsi al tema ed era divenuto uno dei pediatri più bravi a decifrare e analizzare i disegni dei bambini. Aveva anche pubblicato su una rivista medica un articolo sull'argomento e conosceva quasi tutte le opere specialistiche. Queste riportavano numerosi casi sconcertanti. Da certe immagini, per esempio, si capiva che l'autore sapeva con esattezza quando sarebbe morto. Attraverso il disegno il bambino rappresentava la sua scomparsa e inviava un ultimo messaggio ai familiari. Stranamente, il messaggio era spesso molto sereno, come se, al momento di avvicinarsi all'altra riva, il bambino si fosse già liberato del dolore e dell'angoscia. Ma la cosa più incredibile erano forse le immagini di farfalle incise dai giovanissimi prigionieri sui muri delle baracche dei campi di concentramento.

Sam ripensò a tutto questo quando, voltando i fogli,

notò minuscoli cerchi, triangoli e stelle ai quattro angoli di ciascuno.

Ne aveva già visti di analoghi nel primo disegno che gli aveva regalato Angela. Turbato, si frugò nella tasca del cappotto per guardare di nuovo il foglio e trovò sul retro un intreccio degli stessi, strani segni cabalistici.

E se fosse un codice? E se...

La porta dell'ufficio sbatté, facendolo sussultare. Si accorse allora che la stanza era diventata gelida e che, quando respirava, emetteva una nuvoletta di vapore. Cominciò ad attaccare i disegni al pannello di legno seguendo l'ordine suggerito dal primo. Quando li ebbe appesi tutti e venti, orientò la lampada in maniera da illuminare meglio l'insieme delle immagini. Era una "tela" affascinante, astratta ma in certo modo anche figurativa, perché si distinguevano qui e là delle forme nascoste, come animaletti mimetizzati all'interno di una foresta tropicale.

Ipnotizzato, fissò a lungo la composizione, camminando su e giù per esaminarne ogni particolare. Stavolta aveva la netta sensazione che vi fosse qualcosa da scoprire: un allarme, un appello o un messaggio.

Quando arrivò davanti alla finestra, gli esplose in testa un'imprecazione.

Porca puttana!

Si stropicciò gli occhi, si spostò in un altro punto, poi tornò dov'era prima. Possibile? O era lui, adesso, a vaneggiare?

Sempre più turbato, uscì nel corridoio e raggiunse la toilette del personale, dove si sciacquò il viso. Guardandosi nello specchio sopra il lavandino, si accorse di essere molto pallido e di avere le mani tremanti. Tornò in ufficio con un misto di apprensione ed eccitazione. Si rimise nella stessa posizione, incollato al davanzale della finestra, e guardò di nuovo la composizione.

Visti da quella angolazione, i venti disegni disposti in un ordine determinato esprimevano un concetto per anamorfosi.

Erano lettere che formavano una frase molto semplice, ma dal significato inquietante:

GRACE DICE LA VERITÀ

18

Una volta cominciato, non è più possibile
vivere senza la droga; ma è una schifosa vita da schiavi.
Eppure come sono contenta di farla!
Felice, felicissima. Ieri sera è stato il non plus ultra.
L'ultima è sempre la migliore.

L'HERBE BLEUE

DIARIO ANONIMO DI UNA GIOVANE DROGATA

SOUTH BRONX, QUARTIERE DI HYDE PIERCE

Quando la quindicenne Jodie Costello aprì gli occhi, sentì che le lenzuola erano bagnate. Aveva la febbre, la pelle d'oca e il corpo scosso da brividi. Tutta tremante, si alzò a fatica e andò alla finestra.

Che cazzo ci sono venuta a fare in questo tugurio?

Tutte le guide turistiche di New York raccomandavano di evitare quel quartiere, che sebbene fosse a pochi chilometri dagli splendori di Manhattan, era malfamato. Hyde Pierce consisteva solo di un dedalo di casermoni imbrattati di graffiti, senza nessun negozio all'orizzonte. Intorno si stendevano terreni incolti disseminati di auto bruciate che nessuno avrebbe mai portato via.

Jodie era in crisi di astinenza. Aveva male dappertutto: crampi alle gambe, articolazioni che crocchiavano, ossa che parevano in procinto di sbriciolarsi.

Cristo, devo trovare la roba!

Il battito cardiaco accelerò in palpitazioni. Jodie sudava e sentiva ora caldo ora freddo. Aveva atroci spasmi al ventre e un dolore lancinante alle reni, come se una sbarra di ferro le stesse trapassando la schiena.

Merda!

Sollevò la camicia da notte, corse in bagno e si sedette sul water. Lo specchio rotto appeso alla porta le rimandò un'immagine che non aveva nessuna voglia di vedere.

Da bambina le dicevano spesso che era bella, con quei capelli biondi e gli occhi verdi, ma adesso sapeva di non essere più niente di speciale.

Sei solo una pappamolla divorata dalla droga.

Aveva un corpo così scheletrico da far paura, il viso seminascosto dai capelli tinti di un giallo screziato da lunghe mèche rosse e blu, due spesse occhiaie nerastre che parevano fatte di mascara sciolto. Scostò dal viso qualche ciocca impigliatasi nel piercing che ornava una narice. Ne aveva un altro nell'ombelico, che minacciava di infettarsi.

Si piegò in due, dilaniata da un crampo alla pancia.

Ahi!

Non aveva più la forza di fare niente, mentre un tempo era stata molto sportiva. Giocava bene a pallacanestro, grazie anche all'altezza. Era una stangona, sì, ma dentro si sentiva ancora piccola e fragile come un neonato.

Perché c'era sempre quella ferita aperta, dentro di lei.

La morte di sua madre, quando aveva appena cinque anni, l'aveva messa precocemente a confronto con un mondo di angoscia e terrore.

Era uscita distrutta dalla prova. Era così legata a sua madre; legata come può esserlo una bambina di quell'età che non ha avuto un padre. Ma non cercava di giustificare le sue scelte adducendo come scusa il passato.

All'inizio era stata data in affido, ma non aveva funzionato. Dicevano che era insopportabile e senza dubbio era vero. Era sempre molto tormentata, sempre perseguitata da un senso di insicurezza che, dopo la morte della madre, non l'aveva più abbandonata.

A dieci anni aveva cominciato a inalare un solvente che aveva trovato in bagno, poi aveva regolarmente svuotato l'armadietto dei medicinali alla ricerca di benzodiazepine. Da quel momento, la famiglia affidataria non aveva più voluto saperne di lei e Jodie era tornata a vivere in una casa famiglia. Aveva fatto dei furtarelli da poco: qualche vestito e qualche gioiello qui e là. Ma si era fatta pizzicare e aveva passato sei mesi in un riformatorio giudiziario.

In seguito aveva scoperto altri prodotti più efficaci del solvente. In pratica prendeva tutto quello che le capitava per le mani: speed, crack, eroina, erba, pasticche. Da qualche tempo viveva solo per la droga.

Non faceva che cercare lo sballo con cui placare la paura. La prima volta che si era fatta una pera le era talmente piaciuto che aveva voluto riprovare più volte quello stato di benessere. Anche se dopo viene l'inferno, come negare che la prima volta è stupenda?

Insomma, la droga aveva alleviato il suo insopportabile dolore e le aveva anche permesso di nascondere sensibilità ed emozioni. Tutti credevano che fosse una dura, ma non era vero. Aveva un costante terrore della vita, della quotidianità, di tutto.

Purtroppo era divenuta presto tossicodipendente. Perché mentire? Da un pezzo non riusciva più a dominarsi e adesso una sola cosa sapeva fare: aumentare le dosi e abbreviare l'intervallo tra un buco e l'altro.

Aveva passato due mesi in strada prima di rifugiarsi in

quella catapecchia, presso una ragazza che aveva conosciuto facendo qualche "consegna" nel quartiere. Da quando era uscita dall'istituto di correzione, non aveva più messo piede a scuola. Eppure era stata una brava alunna: molti professori la giudicavano intelligente e più matura dei coetanei. In effetti amava molto leggere, ma i libri non difendono dalla paura. I libri non rendono più forti o, se lo fanno, voleva dire che lei li aveva letti male.

Da molto tempo non aveva più alcuna fiducia negli adulti. Tutto quello che gli educatori e gli sbirri avevano saputo dirle era che sarebbe finita male: ma certo, grazie, non ne dubitava. Si rendeva conto che stava scivolando pian piano verso la morte. Anzi, una volta aveva ingoiato un intero tubetto di sonniferi per fare il salto nel buio. Ma siccome i farmaci non erano abbastanza potenti, era rimasta una settimana in stato semicomatoso. Avrebbe fatto meglio a tagliarsi le vene. Un giorno, forse...

Nel frattempo, doveva trovare la roba e per trovarla doveva andare da Cyrus.

Si alzò e tirò l'acqua. I crampi al ventre si erano attenuati, adesso però provava un senso di nausea e di vertigini. Puzzava, ma non aveva nemmeno la forza di farsi la doccia. Si infilò un paio di jeans luridi, un pullover e una vecchia giubba militare.

Quanti soldi ho?

Tornò nella sua stanza. Il giorno prima aveva scippato una giapponese vicino a Park Slope. *Non è nemmeno autentica questa borsa Prada*, pensò frugando nel portafoglio e tirando fuori venticinque fottuti dollari.

Era poco, ma Cyrus avrebbe rimediato qualcosa per lei.

Si trascinò fuori dell'appartamento.

Sulla città scendeva una pioggia fine e ghiacciata. Jodie

si fece schermo con la mano per difendere gli occhi dal vento, dove mulinavano sacchetti di plastica rotti e le cartacce sollevatesi dai bidoni della spazzatura.

Una sola persona l'aveva aiutata e difesa, uno sbirro: Mark Rutelli, un ex collega di sua madre. Una volta aveva perfino cercato di coprirla dopo che aveva rubato delle ricette in un ambulatorio medico. La cosa era trapelata e Rutelli aveva rischiato di perdere il posto. Da allora Jodie lo evitava, perché non voleva creargli problemi e perché si vergognava. Le bruciava l'idea che la confrontassero con una persona in gamba come sua madre.

Si diresse verso un edificio le cui cassette delle lettere erano state tutte divelte ed entrò, aprendosi un passaggio tra un gruppo di ragazzi che stavano trafficando nel sottoscala.

Salì al piano di Cyrus e suonò più volte, ma non rispose nessuno. Incollando l'orecchio alla porta, udì distintamente un rumore di radio o televisione e allora si mise a bussare.

"Apri, Cyrus!"

Dopo un attimo un omone nero poco più che adolescente, ma con due spalle impressionanti, si presentò alla porta.

"Ciao, *babe-o-rama*."

"Fammi entrare."

Cyrus l'afferrò per un braccio e la spinse dentro.

Teneva il volume del televisore così alto che non aveva sentito il campanello. Il misero appartamento era immerso nella penombra: c'erano resti di cibo rancido sparsi dappertutto e l'ambiente era intriso di quel puzzo tremendo. Cyrus andò nella stanza che fungeva da salotto, si sedette su una poltrona sfondata e abbassò il volume di un televisore al plasma ultimo modello.

Sarebbe stato il caso di scostare le tende, aprire le finestre e far entrare luce e aria, ma Jodie non era lì per aerare l'ambiente.

"C'è qualcosa per me?" chiese.

"Dipende. Quanti soldi hai?"

"Venticinque."

"Venticinque? Certo che non sei Bill Gates!"

Cyrus si frugò in tasca e tirò fuori un sacchetto di plastica che le agitò sotto il naso.

Jodie si avvicinò e guardò la merce con disprezzo.

"Non hai qualcos'altro?"

Lo spacciatore fece un gran sorriso.

"Per l'altra ci vorrebbe un piccolo extra", rispose, aprendosi la patta e muovendo la lingua in maniera oscena.

"Non ci contare."

"Su, dài, vieni qui, tesoro."

"Vaffanculo!" sbottò lei, facendo un passo indietro.

Fino a quel momento si era sempre rifiutata di farsi scopare per procurarsi i soldi della droga. Era l'unico residuo di dignità che le era rimasto; tuttavia sapeva che un giorno sarebbe venuta in quello stesso appartamento in preda a una crisi d'astinenza, senza un soldo in tasca, e che allora le sarebbe stato pressoché impossibile resistere alle avance.

Gettò i venticinque dollari in faccia a Cyrus. Lui le tirò il sacchetto e lei lo afferrò al volo.

"Divertiti, *babe-o-rama*", disse lo spacciatore tornando ad alzare il volume del televisore e ripetendo a memoria le parole del rap che stavano trasmettendo.

Jodie sbatté la porta e corse giù dalle scale.

Intirizzita, si mise a correre tra i casermoni e, mentre correva, fu assalita da pensieri atroci. Ancora qualche metro e si sarebbe potuta iniettare quella merda; alla peggio, si sarebbe bucata nello spiazzo del parcheggio, in mezzo ai ragazzini che giravano sugli skate tra i bidoni della spazzatura. Una sola cosa desiderava nella vita: essere drogata, scoppiata e fuori di testa per non pensare più a niente e per scendere a un livello di incoscienza dove, almeno per qualche istante, non esistesse più la paura.

Salì le scale alla velocità della luce, sbatté la porta con un calcio e si chiuse in bagno.

Tremando, strappò l'involucro di plastica e afferrò la pallottola scura al suo interno. Siccome la roba non bastava per una canna, decise di spararsela in vena. Certo, c'erano dei rischi, perché quel cretino di Cyrus era capace di averla tagliata con merda come talco, cacao, compresse sbriciolate o magari anche topicida. Tanto peggio: avrebbe corso il rischio, sperando di non morire di overdose.

Aprì l'armadietto dei medicinali sopra il lavandino e prese l'armamentario. In una lattina di Coca-Cola dal bordo frastagliato mise la pallina, aggiungendovi acqua e qualche goccia di limone. Con l'accendino scaldò il fondo del barattolo, poi filtrò il liquido con un pezzo di cotone. Aveva conservato, per precauzione, una siringa che risaliva al suo ultimo trip. Conficcò l'ago nel cotone e aspirò tutto il liquido; si tastò per trovare una vena nel braccio. Avvicinò l'ago alla vena, ve lo conficcò, chiuse gli occhi, trasse un respiro profondo e si iniettò la roba.

Un'ondata di calore le invase l'intero corpo, sciogliendo la tensione che la attanagliava. Si sdraiò per terra appoggiando la testa alla vasca e sentì che stava partendo; allontanandosi da una parte di sé, stava entrando in una sorta di bolla.

Il suo unico conforto era che sua madre non l'avrebbe

mai vista ridotta così. Senza dubbio, Grace era morta pensando che un avvenire radioso fatto di amore e felicità attendesse la figlia.

Mi spiace, mamma, ma non sono che una fottuta tossicodipendente.

In effetti, l'unico vantaggio di essere orfani era che non si rischiava più di deludere i genitori.

Dal portafoglio le uscì l'unica foto che le restava della madre. Jodie doveva avere tre o quattro anni e Grace la teneva in braccio sullo sfondo dell'oceano. Doveva essere stato Rutelli a scattare l'istantanea.

Mentre sprofondava a poco a poco nell'anticamera di un inferno ovattato, Jodie canticchiò il verso di una canzone che soleva cantarle la mamma, un'aria di Gershwin che Grace aveva trasformato in ninnananna: *Someone to watch over me*, "qualcuno che vegli su di me".

Fuori, le nubi si erano dissipate e qualche raggio di sole era spuntato sopra i casermoni. Ma Jodie non lo vedeva.

19

Un soffio sono i miei giorni.
LIBRO DI GIOBBE, 7, 16

Quando Sam aprì la porta della camera 808, Leonard McQueen stava terminando una partita a scacchi con il computer.

"Allora, chi ha vinto?" gli chiese lanciando un'occhiata alla sua cartella clinica.

"L'ho lasciato vincere", rispose McQueen.

"Ha lasciato vincere una *macchina*?"

"Sì, avevo voglia di fare un gesto caritatevole. Mi capita, quando sono di buon umore. Lei, invece, non mi sembra molto in forma."

"No, ma resto pur sempre il medico."

"E io il malato di cancro."

Aveva appena pronunciato quella parola che fu colto da un lungo accesso di tosse.

Lo sguardo di Sam si velò d'inquietudine, ma McQueen lo rassicurò alla sua maniera.

"Non si preoccupi", disse. "Non morirò oggi."

"Ne sono molto lieto."

"Sa cosa mi farebbe piacere?"

Sam finse di riflettere. "Non so. Un avana? Una spogliarellista? Una bottiglia di vodka?"

"Mi piacerebbe andare a bere un bicchiere con lei."
"Senti senti!"
"Non sto scherzando. Una birretta tra uomini. C'è un caffè qui vicino, il Portobello."
"Se lo scordi, Leonard."
"Chi mi impedisce di andarci?"
"Il regolamento dell'ospedale."
Alzando le spalle, McQueen tornò alla carica.
"Su, dottore, mi conceda di bere un ultimo bicchiere con lei in un vero bar, con il fumo di sigarette e la musica di sottofondo."
"Ma se non sta nemmeno in piedi, Leonard!"
"Stasera mi sento bene. Nell'armadio ho giacca e cappotto. Me li passa, per favore?"
Sam scosse la testa.
McQueen era il tipico imprenditore. Per quarant'anni aveva fondato e gestito società. Aveva fatto fortuna da giovane, poi si era rovinato e infine aveva risalito la china. Amava il rischio e, soprattutto, possedeva una dote rara: sapeva sempre convincere gli altri, anche adesso che stava per morire di cancro in un letto d'ospedale.
"Su, la prego! Non più di un'oretta. Mi dica un solo motivo per rifiutare."
"Gliene potrei trovare facilmente un centinaio", resistette Sam, "e il primo è che rischierei di essere licenziato."
"Oh, è un peccato così veniale. Le prometto di non creparle tra le braccia."
"No, i rischi sono troppi."
"Però accetterà, vero? Perché è una brava persona."
Sam non poté fare a meno di sorridere e McQueen capì di avere vinto.

Comunicato stampa – Ambasciata di Francia

Juliette Beaumont, una nostra giovane connazionale, comparirà nelle prossime ore davanti alla Terza corte del Queens, che molto probabilmente la proscioglierà. Come la polizia di New York ha da poco accertato, infatti, la giovane non è implicata nel terribile disastro aereo avvenuto negli Stati Uniti pochi giorni fa.
Ci rallegriamo per l'esito che promette di avere questa vicenda, per la quale il nostro consolato generale a New York e la nostra ambasciata a Washington si sono fortemente mobilitati.

Sam e Leonard si sedettero in un angolo tranquillo del Portobello, vicino alla parete. La lampada al centro del tavolino emanava una luce soffusa. Lieto di trovarsi al bar, Leonard gustava la birra a piccoli sorsi, mentre Sam stava bevendo l'ennesimo caffè della giornata.

"Allora, dottore, un uccellino mi dice che c'è una nuova donna nella sua vita."

"Che cosa glielo fa pensare?"

"Sono cose che si intuiscono."

"Perché non cambiamo argomento?"

"Come vuole", disse McQueen. "Non si è ancora deciso a fare una capatina nella mia casa del Connecticut, vedo."

"Ci andrò uno di questi giorni", promise Sam.

"Ci vada con la sua amica. Le piacerà."

"Insomma, Leonard!"

"E va bene, come non detto. Ma mi raccomando, quando ci andrà, perlustri bene la cantina."

"Per gustare i suoi famosi vini?"

"Certo. In particolare, c'è un bordeaux cheval-blanc del 1982 che ho conservato come una reliquia: un vino eccellente, un tripudio di aromi."

"Cheval-blanc", ripeté Sam con forte accento americano.

"*White horse*, cavallo bianco", tradusse Leonard bevendo un sorso di birra.

"Ma *White Horse* non era una marca di whisky?"

McQueen alzò gli occhi al cielo.

"Lasci perdere, è evidente che non è un intenditore."

"No, non lo sono", riconobbe l'altro.

"Si gusti comunque il vino con la sua amica."

"È una ragazza francese", gli confidò Sam.

"Allora lo apprezzerà."

Per qualche minuto rimasero in silenzio. D'istinto, pur sapendo che non avrebbe potuto fumare, Sam si tastò la tasca della giacca dove teneva il pacchetto di sigarette.

"Come mai stasera non è uscito con lei?" domandò alla fine McQueen.

"Non potevo, Leonard."

"Crede di avere tutto il tempo, vero? Nella vita diciamo sempre che c'è tempo, ma..."

"È in prigione."

Sbalordito, il vecchio interruppe la ramanzina. "Sta scherzando?"

Sam scosse la testa. "Ora le spiego."

E con molto pudore gli raccontò la storia del suo colpo di fulmine, il giorno della tormenta di neve. Parlò del magico weekend passato con Juliette e del loro goffo colloquio all'aeroporto. Infine disse di non aver capito perché si fosse comportata in quel modo.

"Non so proprio perché si sia finta avvocato."

“Via, non sia così ingenuo”, osservò McQueen. “Non le ha detto che faceva la cameriera in un bar per non recitare la parte della sempliciotta che cadeva in deliquio davanti a un ricco e brillante medico.”

“Non sono ricco e nemmeno brillante”, replicò Sam. “Sono solo competente, a quanto dicono.”

“Uhm. Non certo competente in psicologia femminile...”

Sam si finse offeso, poi ammise: “Juliette non è stata la sola a mentire: io, per esempio, le ho detto che ero sposato”.

“Sempre dietro a pensare alla sua Federica...” sospirò McQueen.

Sam alzò la mano per interromperlo.

“Posso confidarle una cosa?”

E, per la prima volta in vita sua, svelò al vecchio alcune delle vicissitudini che aveva vissuto con la moglie. L’altro lo ascoltò attentamente, in un primo tempo solo incuriosito, poi animato da sincera compassione. Benché per natura fosse poco espansivo, Sam parlò senza remore. Non conosceva Leonard da molto, ma qualcosa, in lui, gli ispirava fiducia: lo toccava profondamente che, accettata l’idea di morire, affrontasse la prova con saggezza e serenità.

Quando terminò la sua storia, era ormai tardi e in strada il traffico si era fatto meno intenso. Il locale stava per chiudere e la sala si andava vuotando. I due tornarono in ospedale in silenzio. Leonard era stanco. Sam lo riaccompagnò nella sua stanza, aiutandolo senza darlo troppo a vedere. Quando stavano per congedarsi, McQueen indicò il piccolo registratore che Sam usava per registrare le diagnosi e che teneva sempre nella tasca della giacca.

“Credo che dovrebbe raccontare a Juliette quello che mi ha appena detto.”

Nella sua cella, Juliette stava seduta sul letto con le spalle al muro e la testa tra le mani. Provata dalla stanchezza e dalla paura, si tormentava con una serie di domande.

Da cosa dipende la vita? Da cosa dipendono la fortuna e la sfortuna? Quanta libertà di scelta ha l'essere umano? A decidere il gioco è il caso o il destino?

Per farle confessare chissà quale crimine, l'ispettore Di Novi aveva minacciato di sbatterla a La Barge, la prigione galleggiante che sorgeva davanti a Hunts Point, nel Bronx. Lei però aveva tenuto duro. Nelle altre celle le carcerate, per lo più nere e ispaniche, la chiamavano *the French girl* senza capire bene che cosa ci facesse lì.

Juliette aveva ammesso di aver falsificato la data del visto, ma questo non faceva di lei una terrorista. Aveva commesso quell'atto per un uomo, un uomo che l'aveva guardata come nessun altro prima, un uomo che l'aveva fatta sentire diversa, interessante, importante. E, se fosse potuta tornare indietro, avrebbe rifatto la stessa cosa.

Pensò ai genitori e alla sorella: anche ammesso che sarebbe stata liberata e rimandata in Francia, le sarebbe toccato ritornare in famiglia. Era evidente che, qualunque cosa facesse, i risultati non erano mai all'altezza delle sue ambizioni. Aspirava a essere una star del cinema e si era ritrovata cameriera; desiderava piacere a un uomo e l'avevano sbattuta in prigione. Non era che un'idiota.

La porta della cella si aprì e un secondino introdusse il vassoio della cena. Juliette si trascinò verso lo spioncino come un uccello dalle ali spezzate. Sentendo la gola secca, aprì la bottiglietta di acqua minerale e ne bevve la metà.

Guardando il riflesso della sua faccia nel vassoio di metallo, notò il pallore, i lineamenti tirati, le pupille dilatate per la mancanza di sonno. Pensò con ironia a tutte le ore che aveva passato a migliorarsi il viso. Quanto tempo speso per conformarsi ai canoni estetici del momento!

Perché si crede che dietro a un bel volto si nasconda necessariamente una bella anima? Perché viviamo in un'epoca in cui tutti vogliono essere giovani e scattanti, mentre dopo una certa età la battaglia è persa in partenza?

Siccome era in vena di buoni propositi, si ripromise di dar più retta alla natura che alla dittatura dell'apparenza. Se proprio doveva somigliare a qualcuno, che somigliasse a se stessa.

Suonò la sirena che annunciava lo spegnimento delle luci. Mentre la lampada della cella mandava un bagliore sempre più fioco e alla fine si smorzava, Juliette tornò a letto.

Al buio ebbe a un tratto l'impressione che larve vischiose le corressero sul ventre. Provò una stretta al cuore e dopo poco sentì le lacrime colarle silenziose sulle guance. Paralizzata dalla paura e dal freddo, sapeva che non sarebbe riuscita a dormire. Quando si spegnevano le luci, pensava sempre alla gente che era perita nell'incidente aereo. Si ricordava con precisione certi volti che aveva visto solo per un istante prima di scendere e, ogniqualvolta si assopiva, era tormentata da voci che la chiamavano nel sonno.

Voci d'oltretomba, cariche di dolore e di angoscia.

Voci che le rinfacciavano di essere ancora viva.

Voci che le dicevano che sarebbe dovuta morire.

Sam stava per uscire dall'ospedale, quando lo chiamò l'infermiera addetta a classificare le priorità degli interventi.

"Dottor Galloway, c'è una donna che la sta aspettando", disse indicando una figura all'altro capo della sala.

"Una paziente?"

"Non credo."

Sam attraversò il lungo atrio, temendo una nuova visita di Grace Costello.

Una giovane lo attendeva guardando, dalla vetrata, il paesaggio notturno. Era di spalle a lui e aveva capelli arruffati che le scendevano sulla sciarpa Burberry e sul bavero del cappotto diritto.

Quei vestiti, quella capigliatura...

"Juliette!" esclamò Sam, avvicinandosi.

La ragazza si girò con un sussulto: indossava lo stesso tailleur e lo stesso cappotto, ma non era Juliette.

"Sono Colleen Parker, la coinquilina di Juliette, dottor Galloway."

Imbarazzato per l'equivoco, Sam la salutò. Colleen lo scrutò con cura; lui la osservò a sua volta, notandone i lineamenti delicati e gli occhi verdazzurri. Era una bella ragazza e sapeva di esserlo.

"Ho letto il giornale stamattina e non credevo ai miei occhi", disse. "Juliette sospettata di aver messo una bomba su un aereo? Ma se non sa nemmeno accendere un forno a microonde!"

Sam le rivolse un garbato sorriso.

"Il suo avvocato mi ha spiegato tutto quello che lei ha fatto per favorirne la liberazione, dottore", continuò la ragazza. "È stato lui a dirmi dove potevo trovarla."

"Credo che verrà rilasciata domani."

Colleen scosse la testa. Sam immaginò che morisse dalla voglia di fargli una certa domanda e infatti, poco dopo, la domanda arrivò puntuale.

“Conosce Juliette da molto?”

“No.”

“Qualche mese?”

“Qualche giorno.”

Di nuovo lei lo scrutò con cura. Più lo ascoltava, più capiva ciò che aveva affascinato Juliette: un raro miscuglio di determinazione e dolcezza, una luce sensuale negli occhi.

“Posso farle una domanda?” chiese dopo un attimo di esitazione.

Sam l’autorizzò con un gesto.

“Che cosa l’ha spinta ad aiutare una donna di cui appena una settimana fa ignorava l’esistenza?”

“È una storia a un tempo molto semplice e molto complicata”, fu la risposta.

Colleen rimase zitta un istante. “Conosco una sola cosa che sia a un tempo molto semplice e molto complicata”, disse poi.

“Cosa?”

“L’amore.”

Qualche ora dopo, nel cuore della notte newyorchese, una figura snella si introdusse in un edificio di mattoni di Harlem. Era in quel vasto ufficio amministrativo, non lontano dal palazzo in cui Clinton si era insediato dopo aver lasciato la Casa Bianca, che erano conservati i referti autoptici e le pratiche archiviate o risolte.

Grace Costello entrò nell’atrio: era tutto tranquillo. Guardando l’orologio, vide che erano passate da poco le tre del mattino. Come aveva previsto, la squadra del turno di notte era composta da poche persone.

"Salve", disse avvicinandosi a un impiegato che sbadigliava dietro il banco dell'atrio.

"Salve. Fa freddo fuori, eh?"

"Un freddo cane", confermò lei consegnando, come imponeva il regolamento, il distintivo e la targa di identificazione.

Sapeva che in quello stesso momento le telecamere della sorveglianza stavano filmando tutte le sue mosse, ma accettava il rischio. Era convinta che nessuno esaminasse mai le videocassette, o per lo meno nessuno che la potesse riconoscere.

"Se mi offrisse un caffè, non direi di no", disse fregandosi le mani.

"C'è un distributore, là", replicò l'impiegato indicando la macchina in fondo al corridoio.

Grace sfoggiò uno di quei sorrisi irresistibili che riuscivano ad affascinare anche gli uomini più indifferenti. Sapeva che erano la sua arma migliore e che in certo modo erano un'arma disonesta, ma a volte bisogna ricorrere all'inganno per avere successo; e in quella particolare circostanza l'inganno era necessario.

"Aspetti, vado a prenderglielo io."

"Che gentile!"

"Mi chiamo Robby."

"Piacere, Robby."

L'uomo si allontanò dalla scrivania e Grace ne approfittò per sedersi davanti al suo computer. Digitò il proprio nome e sul monitor apparvero le informazioni desiderate:

Grace Lauren Costello
Dossier n° 1060-674

Scarabocchiò le cifre su un post-it, aspettò che tornasse Robby e gli chiese l'incartamento fornendogli il numero di registrazione, ma non il nome della vittima.

"Non l'ho mai vista, qui", osservò lui.

"Ho avuto dei problemi di salute negli ultimi anni", spiegò lei.

"Eppure ha un ottimo aspetto."

Robby tornò dopo pochi minuti e le consegnò un grosso faldone. Per fortuna, non aveva notato che il nome sul documento era uguale a quello sulla targhetta.

Dopo averlo ringraziato, Grace si sedette in una stanzetta in disparte e studiò il dossier, conscia di vivere una delle esperienze più incredibili che si potessero immaginare: quella di consultare il proprio referto autoptico.

Benché si sforzasse di mantenere la calma, non poté fare a meno di tremare mentre apriva la prima pagina del documento.

DATI GENERALI

Grace Lauren Costello
Sesso: femminile – Razza: bianca – Età: 38 anni
Altezza: m 1,79 – Peso: kg 66

Sessantasei chili! Se avessi saputo che cosa mi aspettava, non avrei mai cominciato quella dieta, si disse cercando di buttarla sul ridere.

Continuò a leggere nella speranza di trovare un elemento che le ricordasse le circostanze della sua morte. Secondo il rapporto, il corpo era stato rinvenuto alle cinque del mattino a bordo dell'auto, che era parcheggiata in una stradina non lontana dal Manhattan Bridge.

Ma questo non spiega che cosa ci facessi lì.

Dentro una busta erano infilate diverse foto polaroid che Grace non aveva nessuna voglia di guardare. Benché il fegato non le mancasse, non era facile reggere a una situazione così surreale. Alla fine si decise a esaminare il proprio cadavere e vide che era stata uccisa da un proiettile in testa. Sparata da dietro, la pallottola le aveva fatto esplodere la parte sinistra della scatola cranica prima di conficcarsi nell'emisfero superiore destro del cervello. Nelle immagini, la parte posteriore del cranio era una poltiglia sanguinolenta.

Il resto del corpo recava un solo segno di violenza, un ematoma molto netto su uno zigomo, ma non c'erano tracce di sevizie, stupro o segni di colluttazione. Non aveva avuto nemmeno il tempo di dibattersi o proteggersi, perché l'assassino le aveva sparato alle spalle.

Ritenendo di non potervi trovare niente di interessante, fu tentata di tralasciare le ultime due pagine con il rapporto tossicologico. Quando alla fine le lesse, dovette rileggerle tre volte. Era infatti difficile credere a ciò che dicevano: le analisi effettuate su un campione di sangue avevano rilevato tracce di eroina.

Si agitò sulla sedia. Era un colpo duro da incassare. Eppure qualcosa non quadrava: non si era mai drogata in vita sua! Ancora incredula, si alzò e restituì il dossier a Robby.

Appena uscì in strada, si sentì pungere in viso dal freddo intenso e tagliente, ma non vi badò. Nella sua testa strisciavano, come serpenti velenosi, tre domande. Chi l'aveva uccisa? Come mai le avevano trovato eroina nel sangue? E tutto ciò era connesso in qualche modo con la strana missione che le avevano assegnato a dieci anni di distanza?

Mercoledì mattina

Alle nove e mezzo, Juliette Beaumont fu condotta davanti alla Terza corte di giustizia del Queens. Entrando in aula, cercò disperatamente un viso conosciuto, ma le udienze non erano pubbliche e né Colleen né Sam avevano potuto presenziare.

Su consiglio dell'avvocato, si dichiarò colpevole di resistenza alle forze dell'ordine e di violazione delle leggi sull'immigrazione.

Poiché la polizia newyorchese non era riuscita a trovare alcuna prova della sua connessione con il disastro aereo, la corte cassò tutte le accuse formulate contro di lei a quel riguardo e, dopo aver negoziato con il procuratore, le comminò solo una multa di millecinquecento dollari.

Recuperati gli effetti personali presso il distretto di polizia, Juliette fu accompagnata all'ufficio immigrazione, che doveva avviare la procedura d'espulsione. Pensava di essere rimandata subito in Francia, quando un'oscura commissione d'inchiesta sulla sicurezza interna, istituita dopo l'11 settembre 2001, chiese di punto in bianco di interrogarla in settimana. Così, a mezzogiorno, la procedura di espulsione fu sospesa e, paradossalmente, Juliette uscì dal palazzo con il permesso di soggiorno rinnovato: un timbro speciale nel passaporto le permetteva di restare negli Stati Uniti fino al giorno successivo alla convocazione.

Colleen era venuta a prenderla. Le due amiche si abbracciarono e si baciarono piangendo e, per un lungo momento, si sentirono profondamente vicine. Tornarono in taxi al loro appartamento. Era una bella giornata asciutta e a Juliette la luce del giorno non era mai parsa così vivificante.

Appena arrivata, riempì la vasca di acqua bollente, trasformando il bagno in una sauna. Si spogliò, si infilò dentro e lasciò che l'acqua profumata arrivasse quasi all'orlo; poi vi mise la testa sotto e ve la tenne più di un minuto, cercando di non pensare ad altro che a riprendere le forze.

Essere arrestata e incarcerata era una prova che non aveva mai creduto di dover affrontare e che non avrebbe dimenticato. Sperava solo che la vicenda non lasciasse tracce durevoli sulla sua psiche; per il momento desiderava solo dimenticarla ed era grata a Colleen per non averla tormentata di domande.

Riemerse per respirare. Si sentiva come nuova, a un tempo esausta e vigorosa: avrebbe dormito volentieri per tre giorni o anche corso per dieci chilometri in Central Park.

Si infilò l'accappatoio e raggiunse Colleen in salotto.

"Sei stata molto cara a venirmi a prendere", le disse.

L'amica indicò una vecchia borsa da viaggio posata sul divano.

"Ti ho trovato dei vestiti di ricambio che avevi lasciato in fondo all'armadio a muro."

Juliette frugò nella borsa con gusto, come fosse un baule contenente un tesoro. Quasi tutti gli abiti risalivano al periodo dell'università e alcuni a quello dell'adolescenza.

"È molto preoccupato per te, sai", osservò Colleen con noncuranza.

"Chi?"

"Secondo te, chi?"

"Non lo so. Il signor Andrew, il nostro vicino novantenne?"

"Posso ben capire perché ti sia presa una cotta", continuò Colleen abbozzando un sorriso. "È davvero... come dire? *Bello* non è l'aggettivo giusto e *carino* nemmeno. In ogni caso, è fichissimo."

"Ma di chi stai parlando?"

"Va be', ho capito, lasciamo perdere."

Juliette continuò a frugare tra i vestiti di dieci anni prima, cercando qualcosa di "indossabile". Trovò un golf a maglia grossa ornato di perline e strass, una camicetta con fiori ricamati che poteva fare ancora la sua figura e dei pantaloni délavé, pieni di tasche e strappi, che si ricordava di aver comprato al Forum des Halles quando aveva conseguito il diploma di maturità.

Fingendo di stupirsi davanti a quei tesori, non smetteva di rimuginare su quanto le aveva appena detto Colleen. Si era già pentita di aver eluso il discorso e aveva una domanda sulla punta della lingua: come faceva la sua coinquilina a conoscere Sam Galloway?

"Senti..."

"Cosa?"

"Che intendevi dire esattamente con 'è molto preoccupato per te'?"

Colleen finse di non capire.

"Niente di niente, mia cara. Tu conservi i tuoi segreti e io conservo i miei."

"Dài, smettila di tormentarmi!"

Soddisfatta, Colleen alzò gli occhi dal monitor del computer.

"E va bene, ho avuto una breve conversazione con Sam Galloway e sono convinta che tenga davvero a te."

"È tutto così complicato. Galloway è un medico ed è sposato, e non penso che mi possa amare per quella che sono."

"Io invece penso il contrario", replicò Colleen porgendole un piccolo registratore.

Juliette la guardò con aria interrogativa, ma l'amica non le diede spiegazioni.

"Bene, ti lascio. Ora che sono tranquilla riguardo alla tua sorte, posso andare a fare compere. Ho visto un abitino da Saks e credo che me ne lascerò tentare."

Quando l'amica, con molta discrezione, se ne fu andata, Juliette premette il bottone *play* e sentì risuonare nella stanza la voce di Sam, lontana e vicina a un tempo.

Cara Juliette...

20

Tutto ciò che ho imparato si riassume in poche
parole: il giorno in cui qualcuno
ci ama è bellissimo; non so dirlo meglio,
ma è bellissimo.

JEAN GABIN

Cara Juliette,

anche se sei arrabbiata con me, ti prego di trovare il tempo di ascoltarmi.

So che gli ultimi giorni sono stati molto difficili e, credimi, non ho smesso un solo istante di pensare a te.

So anche che non ti sarebbe successo niente se all'aeroporto, invece di lasciarti salire su quel maledetto aereo, avessi avuto il coraggio di chiederti di restare. Non era tanto il desiderio di averti con me che mi mancava, quanto la fiducia nella vita; inoltre, non mi ispirava l'idea che la nostra storia avesse come base una menzogna.

Senza immaginare ciò che Sam stava per rivelarle, Juliette si sedette sul divano e piegò le gambe contro il petto.

Perché ti ho mentito: non sono sposato. Lo sono stato, ma mia moglie è morta un anno fa.

Si chiamava Federica e la conoscevo fin dall'infanzia. Siamo cresciuti nella stessa zona di Brooklyn, un quartiere difficile come se ne trovano in tutte le metropoli. Non ho mai conosciuto i miei genitori: mia nonna mi ha allevato come poteva. Quanto a Federica, la sua famiglia era composta da una madre che era drogata marcia dalla mattina alla sera. Ecco com'è stata la nostra infanzia. Perché ti faccia un'idea, ti dirò che negli ultimi anni, quando guardavamo le vecchie foto di classe, Federica e io constatavamo che la maggior parte degli ex compagni di scuola erano morti o in carcere.

Noi, invece, stavamo bene. Io medico, lei pittrice: vivevamo in un bell'appartamento e avevamo chiuso con quel miserabile passato.

Per lo meno, fu ciò che credetti fino a una terribile sera.

Eravamo a metà dicembre e mi ero lasciato prendere dall'euforia del clima natalizio. Un pomeriggio festeggiammo il Natale all'ospedale in un'atmosfera di grande cordialità. I bambini avevano fatto un bell'albero, decorandolo con origami confezionati da loro. Da quindici giorni non mi moriva un paziente. Federica era incinta e io ero al settimo cielo.

Quando uscii dall'ospedale, la sera, indugiai un poco davanti alle vetrine sontuose dei negozi, pensando ai regali: un libro su Raffaello per Federica, un burattino di legno dipinto e un elefante di peluche per la camera del bambino...

Una volta tanto il futuro mi appariva sereno, quasi roseo, e fu a cuor leggero che rientrai a casa. La porta era socchiusa. Sulla scala chiamai Federica, ma non ebbi risposta. Con una certa apprensione aprii la porta del bagno e mi trovai davanti a uno spettacolo terrificante. Le pareti e le piastrelle del pavimento erano tutte imbrattate di sangue e nella vasca, immerso in un'acqua rossastra, giaceva il corpo senza vita di mia moglie, con tagli profondi ai polsi e alle caviglie. Federica si era suicidata, uccidendo così anche la vita che portava dentro.

Sconvolta, Juliette si asciugò una lacrima. Uscì sulla terrazza per prendere una boccata d'aria e, con il registratore incollato all'orecchio, continuò ad ascoltare.

Qualunque cosa mi accada in futuro, sono sicuro che niente sarà mai così terribile come la morte di mia moglie.

Sai, Juliette, la medicina parte dal presupposto che la sofferenza non sia una fatalità. Tutti i giorni, durante le visite, vedo bambini colpiti dalla violenza, dal lutto e dalle malattie, e il mio lavoro consiste nel convincerli che possono superare i traumi. In effetti riesco quasi sempre a risolvere i loro problemi. In parte è proprio per questo che ho scelto la professione medica, perché so che si può vivere anche dopo l'orrore. Curare una persona vuol dire non solo cercare la causa della sua malattia, ma anche darle la speranza che domani sarà meglio di ieri.

Tuttavia non sono mai riuscito a convincere Federica. La donna che amavo era oppressa da un'angoscia da cui non ero capace di liberarla. Vivevamo fianco a fianco, ma, più che una vera coppia, eravamo due single *che stavano insieme.*

Credo si possa aiutare qualcuno solo se quel qualcuno accetta il nostro aiuto; ma Federica si apriva sempre meno, con me. Non si era mai veramente affrancata dal passato. Aveva perso la voglia di lottare e l'aveva persa in una misura che non immaginavo. Bisogna essere completamente privi di speranza per suicidarsi nel momento in cui si aspetta un figlio.

Nei mesi che seguirono provai indifferenza per tutto. Niente mi toccava: né la gioia né il dolore. Non mi faceva più paura nemmeno la mia stessa morte; anzi, certi giorni l'aspettavo come una liberazione.

Solo la professione continuava a destare il mio interesse, ma la esercitavo con minor convinzione. Non speravo più in niente e vivevo come un automa.

Fino a quando non ho conosciuto te.

Quante probabilità pensi che avessimo di conoscerci? Da qualche parte ho letto che oltre un milione e mezzo di persone si incrociano ogni giorno a Times Square. Un milione e mezzo, ti rendi conto?

C'è mancato poco che non ci conoscessimo affatto. Quanto poco? Un secondo o una frazione di secondo? Certo non più di un secondo.

Se tu avessi attraversato la strada un secondo prima, non ci saremmo mai incontrati. Se io avessi cambiato fila un secondo più tardi, non ci saremmo mai incontrati.

Tutta la nostra storia è racchiusa in quel secondo.

Un secondo prima o un secondo dopo, e non avrei mai visto il tuo volto.

Un piccolo secondo e non avresti mai saputo della mia esistenza.

Un piccolo secondo e non saresti scesa dall'aereo.

Un piccolo secondo e sarei morta, rifletté Juliette sulla terrazza.

E se quel secondo fosse il nostro *secondo, la nostra insperata scintilla, la chance che potrebbe cambiare per sempre la nostra vita? Pensaci!*

È vero, ti ho mentito e, credimi, me ne pento.

So anche che non sei avvocato, ma non credere che la cosa mi disturbi, anzi. Cameriera o attrice, che m'importa? Non cerco né ricchezza né gloria. I soldi non sono mai stati fondamentali. Non ho capitali e non possiedo niente, nemmeno un appartamento: solo una professione che è tutta la mia vita.

E una speranza che non ti dico ma che forse indovinerai.

Con le lacrime agli occhi, Juliette spense il registratore. Si tolse l'accappatoio e, senza stare nemmeno a truccarsi, indossò in fretta uno degli abiti che aveva appena finito di guardare. Completò la mise con una lunga sciarpa dai colori vivaci e una giacca di velluto a coste foderata di pelliccia.

Pochi istanti dopo era fuori di casa. Non tardò però a tornarci: nella fretta era uscita a piedi nudi. Frugò nella borsa da viaggio e si imbatté nel suo fedele paio di Kickers bicolori scamosciate dalle suole di gomma.

Davanti allo specchio dell'ascensore si diede una sistemata. In fondo non era male: i vecchi abiti le conferivano un'aria *bohémienne*. Certo, non era il massimo dello chic, ma se non altro si sentiva se stessa.

Raggiunse Sam all'ospedale ed entrambi decisero di fare, nel pomeriggio, una fuga dalla città. Capitava a proposito che Leonard McQueen avesse di nuovo offerto a Sam la sua casa nel New England: stavolta l'invito non fu rifiutato.

Lasciatisi alle spalle New York, imboccarono l'Interstate 95 senza mai staccarsi l'uno dall'altra. Era una mano con dieci dita che ingranava le marce e quando il semaforo era rosso si baciavano, stupendosi ogni volta che i loro baci sapessero di primavera. Subito dopo New Haven, abbandonarono la 95 per godersi fino in fondo la bellezza del paesaggio. La costa che si stendeva a nordest era punteggiata di baie, cale e porti. Al termine, poco prima del confine tra il Connecticut e il Rhode Island, giunsero al piccolo villaggio di pescatori in cui McQueen aveva la casa.

D'estate, grazie alle gallerie d'arte e ai negozi artigianali, la località attirava parecchi turisti e navigatori per diporto, mentre in quel periodo era pressoché deserta e mostrava il suo volto più autentico.

Parcheggiata l'auto, passeggiarono per la strada principale fiancheggiata di vecchie case di marinai, poi si diressero verso il lungomare. Era una giornata di cielo terso e temperatura molto mite, quasi fosse scoppiata un'estate fuori stagione nel cuore dell'inverno. Il mutamento climatico del pianeta era ogni giorno più evidente. Mano nella mano, camminarono lungo il molo sotto la luce dorata del sole. Stavano ammirando le barche, quando Juliette disse scherzosamente: "Se fossimo in un film e io fossi un'attrice famosa e tu, metti, Kevin Costner, saliremmo a bordo di una di queste barche a vela e prenderemmo il largo".

"Non ci crederai, ma McQueen mi ha detto di avere una barca a vela ormeggiata qui."

"Davvero? Come si chiama?"

"*Jasmine*", rispose Sam guardando i documenti nautici che il vecchio gli aveva fornito.

Dopo qualche minuto di ricerca, arrivarono davanti a una splendida barca di nove metri, tutta rifinita in legno verniciato.

"Sai pilotarla?" domandò Juliette saltando sul ponte.

"Frequentando medicina a Harvard hai il vantaggio di essere invitato qualche volta a passare un weekend sullo yacht dei WASP del luogo", rispose lui raggiungendola.

"Pensi sul serio di andare a fare un giro?"

"Dovrò pur essere all'altezza dei tuoi parametri cinematografici!"

"Ma non ci vuole una patente nautica per pilotare una barca così?"

"Non preoccuparti: se ci arrestano, stavolta sono io a finire dentro."

Spiegò le vele e preparò la barca. Trovata la chiave giusta nel mazzo che gli aveva dato McQueen, accese il piccolo fuoribordo, che si mise subito in moto.

"Mollate gli ormeggi!" esclamò. "Non direbbe così, Kevin Costner?"

"Non è degno di allacciarti neanche le scarpe", replicò lei baciandolo; poi saltò con grazia sulla parte soprelevata del ponte, da dove guardò le rondini di mare volteggiare basse nel cielo.

Appena ebbe individuato un vento favorevole, Sam spense il motore, issò la vela e la bordò. A poco a poco l'imbarcazione guadagnò velocità e filò verso il largo. Il sole aveva cominciato a calare e tingeva il cielo di riflessi arancioni. Juliette raggiunse Sam al timone e si strinse a lui. Il vento della sera li aveva coloriti in volto e li avvolgeva come un velo invisibile. Gustarono in silenzio la loro intimità e, cullati dal dondolio delle onde, si abbandonarono all'attimo fuggente, che pareva aprire nuovi orizzonti a una vita d'un tratto rischiarata dalla luce.

Tornarono in porto mezz'ora dopo. Juliette entrò in un piccolo ristorante del paese per riscaldarsi con una tazza di tè, mentre Sam riportò la barca al suo ormeggio. Quando ebbe terminato, ripercorse il lungo molo di legno che costeggiava il mare. Si sentiva leggero ed euforico. La vita assumeva una dimensione completamente nuova quando si era innamorati e la sua sembrava avere riacquistato un senso.

Stava per raggiungere Juliette, quando gli squilli di un telefono gli rovinarono il momento di gioia. Non era né il cellulare né il cercapersone, ma uno degli apparecchi pubblici di una cabina all'aperto. Uno scherzo? Si guardò intorno: il lungomare era deserto. All'inizio decise di non badarci, poi l'istinto del medico ebbe il sopravvento: e se fosse stato qualcuno bisognoso di aiuto? Non si poteva rischiare di ignorare un SOS.

"Pronto", disse afferrando il ricevitore.

All'altro capo del filo, la persona che aveva meno voglia di sentire gli ricordò ciò che gli aveva detto poco tempo prima.

"Non si dimentichi il nostro accordo, Galloway: la storia si ferma sabato a mezzogiorno."

"Che cosa vuole ancora da me, Grace Costello? E dove si trova?"

"Sa benissimo che cosa voglio", replicò lei.

"Non posso fare questo alla donna che amo!"

"Temo non abbia scelta."

"Perché mi perseguita? Sono già stato colpito da un grave lutto; ho già avuto la mia parte di sofferenza."

"Lo so, Sam, ma non sono io a decidere."

"E allora chi è che decide?" gridò lui. "Chi?"

Grace riappese.

Furioso, Sam sbatté il ricevitore contro il gancio.

21

La vita va vissuta guardando avanti, ma
si comprende solo guardando indietro.
SØREN KIERKEGAARD

GIOVEDÌ MATTINA

Sam si girò verso Juliette. Dal piumone emergevano solo un lembo di spalla nuda e alcune ciocche dorate che si allungavano come raggi di sole sul guanciale. Era riuscito a dormire qualche ora, ma, nonostante la presenza della donna che amava, era stato costantemente tormentato da un'angoscia sorda. Ormai sveglio, buttò un'occhiata all'orologio, che segnava le cinque e quattro minuti, e decise di alzarsi nonostante l'ora antelucana.

Non poteva più raccontarsi favole: era minacciato da un pericolo che non sapeva come affrontare. Era sconcertato, gli pareva di essere uno dei personaggi della serie televisiva di cui era appassionato da bambino, *Ai confini della realtà*. Come quegli uomini costretti a varcare una soglia di cui non immaginavano l'esistenza, si stava accorgendo con terrore che c'era una faglia nella realtà. Scese da letto senza far rumore. Sul parquet erano sparpagliati i resti dell'appassionato abbraccio della sera prima: un gilet, un golf colorato, una camicia Arrow, alcuni indumenti intimi...

Andò in bagno e aprì il rubinetto della doccia. L'acqua calda fece vibrare le tubature e riempì la stanza di vapore acqueo. Continuando a rimuginare sulla strana situazione in cui si trovava, si mise sotto il getto bollente. Gli pareva che il controllo degli eventi gli stesse sfuggendo e, soprattutto, si sentiva solo con le sue domande. A chi poteva parlare della storia di Grace Costello senza suscitare l'incredulità generale? A chi poteva rivolgersi?

Ci sarebbe qualcuno, ma è passato troppo tempo, pensò d'un tratto.

Senza soffermarsi sull'idea, uscì dalla doccia e si asciugò vigorosamente. Tornato nella stanza e vestitosi in fretta, scrisse un biglietto per Juliette che posò in bella vista sul guanciale. Accanto le lasciò anche le chiavi del proprio appartamento di Manhattan.

In cucina cercò come un disperato un avanzo di caffè, senza trovarlo.

Proprio stamattina che avrei avuto bisogno di dieci tazze.

Prima di andarsene guardò un'ultima volta Juliette, poi uscì sulla scala esterna, dove fu accolto da un vento gelido e dal fragore delle onde. Assorto nei suoi pensieri, scese qualche gradino fregandosi le mani per riscaldarle. Nonostante il freddo, il fuoristrada si mise subito in moto.

Poiché di mattina presto il traffico era scarso, arrivò a New York in meno di un'ora. Stava per svoltare a est in direzione del St. Matthew's, quando di colpo cambiò idea e sterzò per tornare indietro, verso Brooklyn.

"Cazzooo!" gridò, frenando di botto per non investire il furgone di un fiorista che era appena ripartito dopo una consegna. Gli pneumatici slittarono sulla carreggiata, stridendo. I freni funzionarono a dovere, ma la Land Rover tamponò ugualmente il camioncino, anche se il colpo fu leggero.

Sam mise la retromarcia, sterzò e si affiancò al veicolo. Il guidatore, un giovane ispanico vendicativo, non era ferito; anzi, lo accolse con gestacci, lo coprì di improperi e gli agitò il pugno contro.

Sam non scese dall'auto. Prese uno dei biglietti da visita che teneva sempre nel portafoglio e lo allungò all'uomo attraverso il finestrino.

"Pagherò tutti i danni", disse ripartendo.

Era pronto ad assumersi le sue responsabilità, ma, al momento, aveva impegni più pressanti.

Doveva vedere una persona. Una persona a cui si era già rivolto altre volte, quando si era trovato nell'incapacità di dare un senso alle cose.

Parcheggiò accanto al marciapiedi. Erano passati dieci anni da quando aveva lasciato Bed-Stuy; aveva giurato a se stesso che non ci avrebbe più rimesso piede e, fino a quel momento, aveva mantenuto la promessa.

Si stupì di vedere il quartiere molto imborghesito. Davanti all'impennata del mercato immobiliare, buona parte della classe media era fuggita da Manhattan ed era corsa a comprare a basso prezzo i piccoli stabili di mattoni scuri che un tempo erano occupati abusivamente dal sottoproletariato.

Più avanti una macchina della polizia procedeva tranquilla nel suo giro di routine. Bed-Stuy appariva fin troppo rispettabile, come se in pochi anni la "piccola Beirut" si fosse trasformata in un quieto sobborgo residenziale.

Poco dopo, però, Sam sentì, come ai vecchi tempi, un

brivido lungo la schiena. Capì allora che chiunque fosse vissuto lì negli anni difficili sarebbe stato sempre perseguitato dallo spettro minaccioso degli *squatter* e degli spacciatori di crack.

Percorse la strada a piedi. La piccola chiesa era sempre stretta tra il campo di basket e un magazzino destinato alla demolizione. Salì i pochi gradini e si fermò davanti all'ingresso. Un tempo padre Hathaway lasciava sempre aperta la "casa del Signore", *nel caso che*; poi però padre Hathaway era morto e gli era succeduto un nuovo prete. Quando spinse il massiccio portone di legno, questo si aprì cigolando. Finalmente qualcosa che non era cambiato!

Anche l'arredo chiassoso era sempre lo stesso. Ornamenti assai eterogenei coabitavano in una strana armonia, un po' come nelle chiese sudamericane. Le pareti erano decorate con tessuti dorati e una miriade di minuscoli specchi. Sopra l'altare, una statua della Vergine alata tendeva le mani ai visitatori, mentre un affresco dai colori audaci poneva l'accento sulla sofferenza di Cristo.

Piuttosto emozionato, Sam si incamminò lungo la navata. Da bambino si era rifugiato spesso in chiesa. Padre Hathaway gli aveva riservato un angolo della sacrestia perché potesse fare i compiti. Sam non aveva mai avuto una gran fede, ma nel quartiere i posti adatti allo studio erano così pochi che non era il caso di fare gli schizzinosi.

Si avvicinò a una nicchia illuminata da una luce soffusa. Un bruciaprofumi sospeso a due catenelle svolgeva funzioni di turibolo e intorno ardevano decine di ceri. Infilò qualche dollaro nella cassetta delle elemosine e accese tre candele: una per Federica, una per Angela e una per Juliette.

La chiesa era impregnata di un curioso odore, un misto di pepe e vaniglia che, riportandolo di colpo a dieci anni prima, gli fece l'effetto di una macchina del tempo.

In fondo al cuore, non aspettava che quello. Per un pezzo aveva creduto di essere riuscito a superare le difficoltà dell'infanzia e dell'adolescenza. Non era vero. Da dieci anni viveva come un automa, studiando e curando pazienti senza concedersi una tregua. Si era detto stupidamente che, se fosse riuscito a salvare un certo numero di persone, sarebbe guarito dalle sue angosce e avrebbe trovato la serenità, purtroppo non era così che funzionavano le cose: anche se i lividi erano scomparsi, le ferite c'erano sempre e lui non sapeva come curarle. Il suicidio di Federica avrebbe dovuto spingerlo a fare i conti con il passato e a liberarsi una buona volta del fardello. Ma invece di affrontare la realtà, si era irrigidito nel ruolo di vedovo inconsolabile; finché non aveva incrociato uno sguardo di donna e ritrovato la speranza. Sull'incontro insperato con Juliette gravava però il peso della sua bugia e delle allarmanti profezie di Grace Costello.

Sedette su una delle rozze panche disposte in due file ai lati della navata centrale e, nella luce confortante della chiesa, si lasciò andare ai ricordi.

Frammenti di passato, da troppo tempo rinchiusi nel baule della memoria, riaffiorarono per riportarlo al mese d'agosto del 1994.

All'estate in cui le loro due vite erano state sconvolte.

Nel 1994 avevano diciannove anni. Fino a quel momento, Federica e lui erano riusciti, alla meno peggio, a tenersi alla larga dal turbine della violenza urbana.

A scuola Sam se l'era cavata bene e da un anno studiava con successo scienze all'università. Passava tutto il tempo sui libri e i suoi sforzi stavano dando frutti: era il primo del suo corso e, se avesse continuato di quel passo, avrebbe potuto essere ammesso a una delle migliori *medical schools* della costa est. Aveva però bisogno di soldi. Al momento godeva di una piccola borsa di studio, ma poiché questa durava solo un anno, aveva chiesto e ottenuto un prestito per studenti. Nemmeno quello bastava, tuttavia. Dall'età di quattordici anni aveva lavorato tutte le estati, risparmiando in segreto ogni centesimo, nella speranza di mettere da parte qualcosa. Nell'estate del 1994 aveva trovato lavoro come bagnino ad Atlantic City, in uno dei lussuosi alberghi affacciati sull'oceano. Siccome la "città del gioco" si trovava a due ore e mezzo da New York, Sam dormiva lì e tornava da Federica solo ogni due settimane, quando aveva il giorno di riposo.

Federica aveva imboccato una strada più precaria. Si era diplomata all'istituto agrario mentre lavorava part-time per un apicultore del Massachusetts che aveva installato decine di alveari nei giardini e nei parchi di Manhattan. Nel frattempo, anche se non si era mai drogata, continuava a spacciare in maniera discontinua per pagare droga e cure a sua madre, la cui salute andava progressivamente peggiorando.

Sam si era offerto di prestarle dei soldi, ma lei aveva rifiutato con tale veemenza da scoraggiarlo. Aveva anche cercato di parlarle. L'aveva avvertita che se avesse continuato così sarebbe finita male e le aveva fatto persino la morale, dicendo che spacciare droga significava mettere a repentaglio la vita degli altri e rendersi complici dei trafficanti. Non era servito a niente. "Non chiedermi di lasciar morire mia madre", aveva risposto lei, e la discussione era finita lì.

Per un pezzo si era accontentata di consegnare qualche bustina qui e là, lungo l'itinerario che la portava da un alveare all'altro. Poi, all'inizio dell'estate del 1994, le condizioni di sua madre si erano aggravate: bisognava operarla al più presto e l'operazione costava una grossa somma.

E proprio in quel momento Dustface era entrato con violenza nella loro vita. Spacciatore irascibile e brutale, controllava una parte del quartiere e aveva messo gli occhi su Federica dal primo momento in cui l'aveva vista. Lei possedeva quella misteriosa aura che hanno alcune sudamericane anche quando vivono in mezzo alla miseria: un misto di dignità e distinzione che spiegava la ragione per cui, durante le sue frequenti incursioni, la polizia non la prendesse mai di mira. Notando l'insolita qualità, Dustface ebbe un'idea: utilizzare Federica come "traghettatrice" per importare cocaina negli Stati Uniti.

Se avesse saputo del piano, Sam vi si sarebbe opposto anche con la forza pur di proteggere l'amica. Purtroppo era il periodo in cui lavorava ad Atlantic City. Senza dirgli una parola, Federica salì su un aereo per Caracas e, poco prima di prendere il volo di ritorno per gli Stati Uniti, ingerì trenta "pallottole" di cocaina. Fu uno dei momenti più terribili della sua breve esistenza. Pregò per tutto il viaggio, dilaniata dalla paura che il latex dell'involucro si lacerasse e che la droga le si diffondesse nello stomaco.

Terminato finalmente quell'incubo, si ripromise di non farsi più prendere all'amo, ma Dustface tornò alla carica, proponendole una missione meno rischiosa e una provvigione cospicua. Stavolta si trattava di andare in Messico e da lì portare negli Stati Uniti un'auto nei cui pneumatici era stata soffiata cocaina.

Federica non seppe dire di no. Volò dunque in Messico, dove le affidarono una Toyota imbottita di "neve". Dopo aver superato il posto di confine di Tijuana senza subire controlli, si diresse a New York percorrendo le strade meno frequentate e rispettando i limiti di velocità. Fino a quel momento tutto era filato liscio, ma sapeva di dover fare attenzione, perché la fortuna non resta mai a lungo allo stesso indirizzo.

Sulla strada per Baton Rouge, si fermò in un distributore per fare il pieno e andare alla toilette. Quando uscì dal bagno, l'auto era sparita. Sfortuna o trappola? Per lei le conseguenze sarebbero state le stesse: non avrebbe mai potuto rimborsare una somma così ingente e un bruto come Dustface sarebbe stato capace di torturarla, ridurla in schiavitù e anche ammazzarla.

Non potendo tornare a Brooklyn, salì su un pullman per Atlantic City e si rifugiò tra le braccia di Sam, confessandogli tutto.

Sam cadde dalle nuvole ascoltando la storia. Disperata, Federica gli disse che intendeva lasciare per sempre New York. Lui cercò di farla ragionare: non potevano abbandonare tutto dall'oggi al domani; inoltre, se avessero cominciato a fuggire non avrebbero più smesso. In quella situazione disperata, Sam non pensò neanche per un attimo di lasciarla. Era sempre stato convinto che i loro destini fossero intrecciati e che o sarebbero morti o si sarebbero salvati insieme. Si rimproverò di non aver saputo prevedere la catastrofe, ma non si tende in fondo a sorvolare su ciò che si ha paura di vedere? Tutta la notte Federica lo supplicò di perdonarla per averlo trascinato in quella storia, ma ormai era troppo tardi per fare marcia indietro.

Alla fine Sam decise di tornare a New York da solo. Pensava ingenuamente che le cose a un certo punto si sarebbero sistemate. Scese dal pullman Greyhound al calar della sera. Andò subito a casa e lì si preparò ad affrontare di persona Dustface. Tirò fuori dal suo nascondiglio la cassetta di ferro in cui teneva i risparmi, in tutto seimila dollari; avrebbe offerto allo spacciatore quei soldi in cambio della promessa di lasciare in pace Federica. Prima però andò a trovare il suo amico Shake Powell. Shake non c'era e forse era meglio così. Sam si arrampicò su per la parete della casa, raggiunse il tetto e, puntellandosi a quello, si introdusse nella stanza dell'amico attraverso la finestra. Dietro un mattone mobile trovò la pistola che il fratello di Shake aveva lasciato in "deposito" a Shake prima di andare in vacanza a Rykers Island.* Verificò che fosse carica, poi se la infilò nella tasca interna del giubbotto. Si era sempre tenuto lontano dalle armi, ma capiva che stavolta era più prudente averne una a portata di mano.

Il che dimostrava come in fondo non fosse così ingenuo.

"Ecco il figliol prodigo, sempre immerso nelle sue fantasticherie!"

Sentendo quella voce squillante, Sam tornò di colpo alla realtà e trasalì come se fosse stato colto in fallo. Alzò gli

* Carcere che sorge su un'isola tra il Queens e Manhattan, noto per gli episodi di estrema violenza. [*N.d.A.*]

occhi: Shake Powell era appena entrato in chiesa dalla porta della sacrestia.

"Shake!"

"Ciao, Sam."

Benché avesse dell'incredibile, Shake si era fatto prete e aveva preso il posto di padre Hathaway. Era rimasto scioccato dalla morte del fratello, che si era suicidato in prigione, ed evidentemente aveva trovato nella fede il conforto di cui aveva bisogno.

Come ai vecchi tempi, si strinsero la mano – seguendo un complicato codice – prima di abbracciarsi con calore. Il gigante nero era sempre massiccio come un *catcher*. Portava un paio di jeans slavati e la giacca di una tuta sportiva che conteneva a stento la sua massa muscolare. La barba ossigenata e tagliata cortissima spiccava sulla pelle nera e opaca. Shake era una forza della natura, un concentrato di potenza e tante volte, in passato, aveva difeso Sam dalla violenza dei bulli metropolitani.

"Come stai?"

"Meglio dell'ultima volta."

Non si vedevano da dieci anni, anche se ogni tanto si erano sentiti. Come Shake gli aveva consigliato dopo quella terribile notte, Sam aveva troncato tutti i contatti con il quartiere, anche se gli era costato molto non poter più vedere neanche da lontano il solo amico che gli fosse stato davvero vicino.

"Sembra ieri", disse, dominando a stento l'emozione.

"A me è parsa un'eternità. L'ultima volta eravamo ancora ragazzini, mentre tu oggi indossi questo abito da uomo d'affari e lavori in un grande ospedale."

"Un po' lo devo anche a te."

"Non dire sciocchezze."

Tacquero per qualche istante, poi Shake ruppe il silenzio.

"Ho saputo di Federica e ti ho telefonato più volte..."

"Sì, ho ricevuto i tuoi messaggi e, anche se non ti ho richiamato, mi hanno fatto bene allo spirito."

"Hai qualche grana, amico?" chiese Shake come guidato da un sesto senso.

"Chi non ne ha?"

"Parlamene davanti a una tazza di caffè. Sarà la casa del Signore, ma fa un freddo cane, qui."

Shake abitava in un appartamentino pulito e ben tenuto subito dietro la chiesa. Fece sedere Sam su uno sgabello del soggiorno, poi andò ai fornelli a preparare due espressi con una logora moka cromata che non avrebbe sfigurato in un vecchio bar italiano. Sugli scaffali aveva ammucchiato i molti trofei conquistati nei tornei di boxe. Ma, perché la gente non lo giudicasse un sostenitore della violenza, aveva incorniciato e appeso al muro un verso di Shakespeare: "*Il sangue non si lava col sangue, ma con l'acqua*".

"Prova a sentire questo, prima di raccontarmi le novità", disse posando davanti all'amico una tazza di caffè cremoso.

"È colombiano?"

"Giamaicano: il Blue Mountain. Famoso, no?"

Sam annuì.

"Guarda, ho conservato l'articolo che il *New York Times* ha pubblicato su di te", fece Shake indicando un ritaglio di giornale attaccato con le puntine a una trave di legno.

"Oh, parlava più dell'ospedale che di me", si schermì Sam.

"Sempre a fare il modesto, eh?"

Sam si strinse nelle spalle.

"Ho ricevuto anche i tuoi vaglia", continuò Shake. "Cinquemila dollari ogni Natale per le opere pie della parrocchia."

"Mi fido di te: sono sicuro che usi bene i soldi."

"Sì, ma perché mandarmi cifre così grosse?"

"È un modo di saldare i miei debiti. Quando me ne andai di qui con Federica, padre Hathaway ci prestò dei soldi."

"Lo so. Una volta mi disse che era stato il migliore investimento della sua vita."

"Ma erano soldi destinati ai poveri!"

Shake abbozzò un sorriso. "Non hai mai pensato che all'epoca i poveri eravamo noi?"

Sam rifletté un attimo su quella verità, dopo di che tornò a guardare l'amico.

"Mi è capitata una cosa completamente folle, Shake..."

E gli raccontò gli strani avvenimenti che gli erano accaduti negli ultimi giorni. Rievocò prima l'incontro provvidenziale con Juliette e l'inedita sensazione di gioia e benessere che lo aveva invaso, restituendogli la speranza nell'amore e nell'idea di famiglia. Poi confessò i timori e le ansie che gli avevano impedito di trattenere la ragazza negli Stati Uniti e avevano in certo modo causato il pasticcio giudiziario susseguente al disastro aereo. Infine, con qualche remora, parlò dell'incredibile battibecco con la poliziotta che sosteneva di essere un *emissario* sceso dal cielo per compiere una macabra missione.

Shake Powell era un prete molto concreto che aveva deciso di dedicare la vita alle famiglie svantaggiate e ai loro figli in difficoltà. La metafisica non era il suo forte ed egli lasciava le questioni teologiche agli altri. Non era nemmeno troppo sensibile al richiamo del soprannaturale, ma ascoltò con grande attenzione le rivelazioni dell'amico. Sapeva che Sam non era né un esaltato né un ingenuo. Personalmente, nella sua vita di uomo di chiesa si era trovato una o due volte di fronte a fenomeni inspiegabili e, in quei casi, si era inchinato con umiltà a un *qualcosa* che andava oltre la sua comprensione. A volte bisogna arrendersi al fatto che non tutto è comprensibile. Shake sperava che le risposte gli sarebbero state fornite in seguito.

A mano a mano che Sam procedeva nel racconto, si sentì però sempre più turbato e provò un'inquietudine ancora maggiore quando seppe dell'orribile "contratto" che l'emissario aveva proposto al suo amico.

Per un lungo momento nessuno dei due parlò; finalmente Shake rivolse a Sam una domanda che riteneva d'obbligo, ma di cui già intuiva la risposta.

"Tu non sei più credente, vero?"

"No", ammise Sam. "Non mi pare giusto mentirti."

"Sai, a volte Dio..."

"Lascia perdere Dio, per favore", lo interruppe Sam non gradendo la piega che stava prendendo il discorso.

Si alzò dal divano e andò a sedersi sul davanzale della finestra, da dove vedeva il campo di basket su cui aveva giocato tante volte. Serbava ricordi contrastanti delle partite: certi giorni si era molto divertito, altri era stato riempito di botte dai più grandi, forti e tosti. Però non aveva mai pianto davanti a loro, e già quello costituiva una forma di vittoria...

"Secondo te che cosa dovrei fare?" domandò girandosi verso l'amico.

"Quello che mi hai raccontato è inquietante", sospirò Shake, "ma non devi cedere al ricatto della sconosciuta che afferma di essere un emissario."

“Però ci minaccia.”

“Allora affrontala senza coinvolgere nella faccenda Juliette. Proteggi la donna che ami, Sam.”

“Non sono sicuro di esserne capace.”

“Perché ti sottovaluti sempre?”

“Dico sul serio. Non so che cosa fare.”

“Lascia che le parli io”, disse Shake picchiandosi il pugno sul palmo. “Lascia che le metta un po’ di paura.”

“No, non funzionerebbe. Credo che quella donna non tema proprio nulla.”

“Ti assicuro che non esiste persona al mondo che non abbia paura di qualcosa.”

Shake accompagnò Sam all’auto. Il quartiere si stava pian piano svegliando: la drogheria coreana aprì i battenti, un autobus scolastico percorse lentamente la strada e da Frisco cominciò a fervere l’attività.

“Sai, non passa giorno che non pensi a quella sera di dieci anni fa in cui...” disse Sam.

“Sì, lo so”, lo interruppe Shake. “Se può consolarti, anch’io ci penso sempre.”

“Sei sicuro che allora abbiamo preso la decisione giusta?”

Un’ombra di malinconia velò per un attimo gli occhi del prete. “Non si può essere mai sicuri di avere preso la decisione giusta. È questo a dare sapore alla libertà che Dio ci ha dato.”

Sam mise in moto, abbassò il finestrino e disse: “Ciao, Shake”.

“Tienimi al corrente e non esitare a chiedermi aiuto se hai bisogno. E non aspettare dieci anni prima di tornare! Tutto si è sistemato, ormai, e non hai niente da temere a Bed-Stuy.”

Sam non ne era del tutto convinto. Lo salutò con la mano e partì.

Si era spesso chiesto che cosa sarebbe successo se non fosse andato da Dustface con un'arma nel giubbotto. Aveva davvero salvato Federica, quella famosa sera, o non aveva fatto altro che ritardare un epilogo ineluttabile?

In ogni caso, da quel giorno aveva imparato che gli uomini si dividono in due categorie: quelli che hanno ucciso qualcuno e gli altri.

Lui rientrava nella prima.

22

Ecco, io mando un angelo davanti a te per
custodirti sul cammino e per farti entrare
nel luogo che ho preparato.
ESODO, 23, 20

Con la borsa a tracolla, Grace passeggiava per le strade dell'East Village. Agli inizi della carriera l'avevano mandata spesso a pattugliare in quel quartiere e se ne ricordava come di un posto assai vivace, dove i vecchi immigrati dell'Europa orientale vivevano gomito a gomito con punk, rasta e gotici. Come dappertutto a Manhattan, il quartiere si stava imborghesendo, anche se restavano sacche di povertà intorno ai casermoni popolari di Alphabet City.

Il freddo era intenso, ma il sole del mattino annunciava una bella giornata invernale. Grace si fermò in una delle pasticcerie del quartiere e ordinò un caffè da portar via e una fetta di torta al cioccolato. Certo che la vita umana era piena di tentazioni quasi irresistibili...

Diretta al Tomkins Square Park, Jodie Costello stava percorrendo la Prima Avenue, lungo i cui lati erano assiepati, a spina di pesce, venditori di cianfrusaglie. Nascosta dietro le bancarelle, guardò se non ci fossero in giro poliziotti. Quando scippava preferiva puntare sui turisti, perché in genere avevano più soldi, ma quella mattina aveva ripiegato su una zona meno turistica e meno sorvegliata dalla polizia. Non era in gran forma: tremava, aveva crampi alla pancia e si reggeva a malapena in piedi. Non era il caso di tentare un'azione troppo difficile, come derubare un uomo e rischiare che quello, in vena di fare l'eroe, le corresse dietro.

Adocchiò una donna che le girava le spalle: vestita di una giacca di pelle, sembrava ancora piuttosto giovane e aveva un'aria sportiva. Azione temeraria, sì, però la donna aveva le mani ingombre: reggeva da un lato un piattino con una fetta di torta e dall'altro un bicchiere di carta con il caffè. Jodie era attirata dalla sua borsa di pelle, che sembrava di buona qualità e faceva pensare a una certa agiatezza.

Soppesò i pro e i contro. *Lo faccio, non lo faccio, lo faccio, non lo faccio.* Dio, quanto detestava scippare! Si sentiva una miserabile e aveva una gran paura. *Lo faccio, non lo faccio.* Aveva un maledetto bisogno di soldi. Era di nuovo in astinenza e gocce di sudore le scivolavano lungo la schiena. *Lo faccio, non lo faccio.* D'un tratto decise. *Lo faccio.* E prese la rincorsa.

Grace si sentì spingere con violenza il braccio sinistro in avanti, come se all'improvviso la spalla le si fosse lussata. Il bicchiere di caffè ondeggiò prima di finire sul marciapiedi, mentre anche lei perdeva l'equilibrio e cadeva in terra. Per un istante scorse chi l'aveva scippata e fece in tempo a notare che si trattava di una donna, anzi, di una ragazza con un parka militare, le mèche scarlatte e le unghie smaltate di nero. Per un attimo i loro sguardi si incrociarono e negli occhi spenti di Jodie si accese un lampo, un misto di speranza e terrore cui fece subito seguito la più totale incredulità.

Fu solo un secondo, però in quel secondo tutto si svolse al rallentatore, fissandosi per sempre, come una scheggia di cristallo, nella memoria delle due donne.

Poi il tempo riprese il suo ritmo normale e Jodie corse stringendo al petto la borsa rubata. La gente, intorno, gridò di indignazione. Grace si rialzò in fretta e inseguì la ragazza. C'era in lei qualcosa, non capiva bene cosa, che l'aveva turbata. Jodie attraversò la strada rischiando di finire sotto una macchina. Si lanciò una rapida occhiata alle spalle e vide con disappunto che la donna scippata la stava inseguendo. Corse ancora più forte, a perdifiato, finché non sentì le gambe cedere.

Tra auto che suonavano furiose il clacson, Grace attraversò la strada a sua volta. Era un'ottima atleta e guadagnava qualche centimetro a ogni passo. Jodie fu colta da una forte nausea e, se avesse avuto qualcosa nello stomaco, lo avrebbe vomitato seduta stante, in mezzo al marciapiedi.

Grace, che stava inesorabilmente colmando la distanza tra loro, si sentiva sempre più turbata, anche se non capiva bene il motivo dell'inquietudine.

Jodie era senza fiato: ancora poco e sarebbe stata raggiunta. All'altezza della Quattordicesima, girò a sinistra. Non lontano da lì c'era una fermata della metropolitana: doveva resistere ancora qualche metro.

"È là!" gridò una voce maschile.

Jodie si girò e vide due poliziotti in divisa che si lanciavano al suo inseguimento.

Incrociando per la seconda volta lo sguardo della scippatrice, Grace sentì un brivido freddo correrle lungo la schiena. Comprese allora che cosa l'avesse tanto turbata nella ragazza, ma era un fatto talmente incredibile che la mente si rifiutava di accettarlo.

In preda al panico, Jodie corse verso l'entrata del metrò e scese a precipizio le scale. Raccogliendo tutte le sue forze, scavalcò la barriera per seminare la donna che aveva scippato e i due poliziotti che le stavano alle calcagna. Decisa a non mollare la presa, Grace urtò diversi passeggeri, scese una scala mobile che andava in senso contrario e alla fine raggiunse la banchina. Quando rivide la ragazza, il suo cuore parlò al posto della ragione.

"Jodie, Jodie!" gridò.

La ragazza si fermò all'improvviso, come colpita da una scarica elettrica. Si girò lentamente e lasciò andare la borsa che teneva in mano; in petto sentiva un tumulto incredibile, come se una granata le fosse scoppiata dentro producendo migliaia di schegge.

Quella voce, quel volto...

Paralizzate e interdette, le due donne si guardarono a distanza di pochi metri.

"Mam...?" balbettò Jodie, e la voce le si spezzò.

Aprì di nuovo la bocca, ma invece di parlare si abbandonò a singhiozzi incontrollabili che la scossero tutta. Il tempo rallentò di nuovo, condensandosi nel *loro* momento: un momento rarefatto in cui si conobbero e riconobbero, fuori da ogni dimensione temporale e razionale.

D'un tratto arrivò il treno, spostando l'aria come un ciclone.

Quando le leggi di gravitazione ripresero a funzionare, Jodie fece un altro passo verso Grace, ma proprio in quell'istante arrivarono i due poliziotti, il più robusto dei quali le piombò addosso con tutto il peso del corpo.

"L'ho presa!" gridò inchiodandola con violenza a terra. La immobilizzò facilmente, la mise a faccia in giù e le torse le braccia dietro la schiena per infilarle le manette.

Le aveva già ammanettato un polso, quando un tremendo calcio su un fianco lo lasciò senza respiro. Non capendo cosa stesse accadendo, si girò verso Grace proprio nel momento in cui questa gli assestava un colpo al viso che lo mandò definitivamente al tappeto.

"Sali sul treno!" gridò la madre alla figlia mentre il secondo poliziotto estraeva lo sfollagente per difendere il collega.

Paralizzata dallo choc, Jodie rimase incollata dov'era, senza capire bene cosa stesse succedendo.

"Sali sul treno!" ripeté Grace sentendo il segnale acustico della chiusura delle porte.

Due colpi di sfollagente le si abbatterono sulla nuca a poca distanza l'uno dall'altro.

Un istante prima di svenire, la detective vide sua figlia saltare su un vagone.

Quando il treno partì, Jodie, con il viso incollato al finestrino, guardò gli agenti trascinare sua madre su per le scale.

Shake Powell era inquieto. Aveva cercato di nascondere il proprio turbamento a Sam, ma la storia dell'emissario l'aveva scosso e in testa gli frullava una domanda.

Chiamò il servizio informazioni e chiese che lo mettessero in contatto con il St. Matthew's Hospital. Appena ebbe la comunicazione, domandò del dottor Galloway.

"Ciao, Shake", disse Sam.

"Ciao, vecchio mio. Mi sai dire come si chiama la donna di cui mi hai parlato poco fa?"

"Grace Costello. Il nome ti dice niente?"

"No", mentì il prete. "Scusa il disturbo."

Si affrettò a riagganciare per paura che l'amico gli facesse altre domande.

Grace Costello, ripeté, come fosse un'eco. Era proprio il nome che temeva di sentire. I ricordi riaffiorarono di colpo e il cuore cominciò a battergli forte. Aveva bisogno di aria. Quasi barcollando, scese le scale di casa e raggiunse il campo di basket.

Grace Costello! Doveva informare Sam? Si chiese se fosse il caso, ma non sapeva darsi una risposta. Quasi rassegnato, entrò in chiesa e si fece il segno della croce. In tutti quegli anni, per riuscire a conservare la fede, aveva sempre *scommesso* sull'esistenza di un Dio comprensivo e misericordioso. Ma in fondo che cosa sapeva realmente della natura del cielo? Certo, il Dio con cui aveva intrattenuto un dialogo interiore era benevolo e generoso.

E se fosse esistito solo nella sua mente?

Juliette si svegliò in un letto ben più comodo della cuccetta in cui aveva dormito per tre notti, in cella. Si rincantucciò di nuovo sotto il piumone caldo e confortevole, poi guardò l'orologio e si spaventò: erano già le otto e mezzo e l'ufficio immigrazione le aveva fissato per le dieci la visita medica cui doveva sottoporsi per una faccenda di vaccini non aggiornati. Senza quella, non le avrebbero prolungato il visto.

Si alzò di scatto, chiamò un'agenzia di taxi e consultò l'orario dei treni. Ce l'avrebbe fatta ad arrivare in tempo, ma doveva correre.

Stava per precipitarsi sotto la doccia, quando scorse il biglietto di Sam sul guanciale. Lo lesse con vivo piacere una, due, tre volte.

Avvolta in una coperta, uscì in spiaggia, dove fu accolta dal cielo, dall'oceano e dal vento. Assaporò per qualche istante la sua nuova felicità, ripensando con euforica gioia al film delle loro ultime ore.

L'aria era abbastanza fredda, ma non tanto da impedirle di fare più volte la ruota sulla sabbia.

Si sentiva bella e leggera. La vita era meravigliosa.

Quando aprì gli occhi, Grace era ammanettata alla portiera posteriore della macchina della polizia.

"Ehi, andateci piano, ragazzi! Sono una vostra collega!" esclamò.

L'agente che sedeva accanto al guidatore, e che si stava premendo un fazzoletto insanguinato contro il naso, si girò e le lanciò un'occhiataccia.

"State facendo una grossa sciocchezza. Sono una detective del 36° distretto."

"Sì, e mia madre è Britney Spears!" replicò il poliziotto al volante.

"Guardate nella mia tasca interna."

Per scrupolo, l'agente con il naso ammaccato frugò nella giacca di Grace e trovò il distintivo dell'NYPD.

"Porca puttana!" imprecò quello che l'aveva colpita, adesso al volante, mentre schiacciava il pedale del freno. Poi accostò e parcheggiò in doppia fila lungo Lexington Avenue.

"Ma allora quella ragazza?" chiese, non del tutto convinto.

"Era uno dei miei informatori", spiegò Grace.

"Eppure l'ha scippata!"

"Era una finta."

"Una finta?"

"Sentite, ragazzi, non cercate di capire tutto, eh?"

"E aveva bisogno di massacrarci così?" protestò l'altro agente. "Mi ha quasi rotto il naso!"

Grace si strinse nelle spalle.

"Mi è toccato fare un po' di scena per rimediare alle vostre cazzate."

"Abbiamo solo compiuto il nostro dovere", si giustificò il poliziotto al volante, liberandola dalle manette. "Ammetterà che le apparenze erano contro di lei."

"Va bene, va bene, ma intanto rendetevi utili e accompagnatemi dove devo andare."

"Dove sarebbe?"

"Al St. Matthew's Hospital", rispose Grace sfregandosi i polsi.

Il centro medico John Kennedy sorgeva in una torre di vetro e acciaio all'angolo tra Park Avenue e la Cinquantaduesima Strada. Juliette entrò di corsa nel palazzo: era in ritardo di un quarto d'ora all'appuntamento, ma non pensava di essere rispedita in galera per quello.

Anche se qui in America non si sa mai...

Mentre aspettava l'ascensore, guardò ammirata la volta bizantina dell'atrio, coperta di mosaici e foglie d'oro. Era, quella, la caratteristica che più amava di New York: anche quando si viveva lì da anni, non passava giorno che non ci si imbattesse in una nuova meraviglia.

Salì al trentatreesimo piano, ripromettendosi di tornare a contemplare la volta con comodo appena terminata la visita.

All'accettazione presentò il modulo dell'appuntamento

medico. La fecero aspettare qualche istante, quindi la indirizzarono verso un corridoio pervaso dall'odore di ospedale.

Era sempre immersa nella sua nuvola di euforia e nemmeno i colori pallidi, austeri e sideralmente freddi dell'ambiente riuscirono a buttarle giù il morale. Certo, avrebbe preferito trovarsi altrove. "Se vuoi mantenerti sana, sta' alla larga dai medici", ripeteva sempre la sua bisnonna, che aveva appena varcato in ottima salute la soglia dei novantacinque anni; e, fino a quel momento, Juliette aveva sempre seguito il suo consiglio.

"Chi è la signorina Beaumont?" chiese un uomo in camice bianco.

"Sono io", rispose Juliette.

"Sono il dottor Goldwyn. Se è pronta, cominciamo."

La giovane lo seguì in una stanza lunga, stretta e anonima. La visita consistette, in sostanza, in un rapido checkup. Le fecero il richiamo dei vaccini e un prelievo di sangue, quindi le chiesero quali problemi di salute avessero eventualmente avuto lei e i suoi familiari. Alla fine il medico la auscultò.

"Niente cancro oggi, per favore: sono innamorata", scherzò Juliette per allentare la tensione.

Ma il dottor Goldwyn non abbozzò neanche un sorriso. Cliniche e ospedali curano le persone come alla catena di montaggio e il calore umano è consigliabile cercarlo altrove.

"Ho finito, signorina", disse.

"Posso andarmene?"

"Sì. Ci lasci il suo indirizzo e le faremo avere tutti i risultati. A meno che non preferisca attendere qui."

"Ci vuole molto?"

"Circa mezz'ora."

"Allora attendo", decise Juliette.

Meglio chiudere una volta per tutte con quella storia di test e visite mediche. La introdussero in una sala d'aspetto asettica, dove prese un caffè al distributore e contemplò dalla finestra i riflessi dei grattacieli di Park Avenue. Come nel gioco degli specchi, ogni prisma di vetro rifletteva il cielo e i palazzi vicini. Juliette trovava quello spettacolo insieme splendido e terrificante, forse perché si sentiva piccola, fragile e mortale.

Il caffè le procurò un senso di nausea. Schiacciò il bicchiere di carta tra le dita, pensando d'un tratto di avere qualcosa che non andava.

Ma erano timori assurdi: si sentiva in gran forma. Se le avessero chiesto di farlo, avrebbe corso la maratona di New York o salito con un solo piede i settemila gradini dell'Empire State Building. Allontanò i timori pensando a cose belle. Appena uscita di lì sarebbe andata da Sam durante la pausa pranzo. Lo avrebbe baciato e magari avrebbero fatto insieme una distensiva passeggiata al Bryant Park.

La porta della sala si aprì e apparve un'infermiera.

"Signorina Beaumont, il dottor Goldwyn ha i risultati delle analisi. Mi segua, prego."

Jodie tenne la fronte incollata al finestrino per tutta la durata del viaggio. Le pareti della galleria del metrò le scorrevano davanti a una velocità incredibile. Combattuta tra lo stupore e l'abbattimento, non sapeva cosa pensare. Doveva essere impazzita. In quale altro modo poteva spiegarsi il fatto d'aver creduto di incontrare sua madre?

Oh, non si faceva illusioni. Sapeva bene che Grace era morta e sepolta da dieci anni. Quanto le era appena accaduto non era che l'effetto collaterale di quella merda di droga: una sorta di allucinazione che le offuscava la mente.

Eppure le era parso tutto così reale. Sua madre era esattamente come se la ricordava: la stessa età, gli stessi modi, la stessa voce calda e rassicurante. Nella sua testa le immagini dello straordinario incontro si susseguivano come al rallentatore, mentre una domanda sempre più insistente la assillava: perché quella donna conosceva il suo nome e perché l'aveva difesa dai poliziotti? Jodie non ne aveva idea e, a dire il vero, non era nemmeno più tanto sicura di ciò che aveva visto, perché, da quando la droga era entrata nella sua vita, aveva perso ogni certezza.

Scese a Union Square e prese la linea diretta a nord. Sul treno che la conduceva nel Bronx, qualcuno notò le manette che le pendevano da un polso. Jodie infilò la mano in tasca per nasconderle.

D'un tratto le colarono lungo le guance lacrime che non riuscì a trattenere. Non si era mai sentita così sola e vulnerabile.

Juliette aprì la porta dell'ufficio del dottor Goldwyn.

"Si sieda, signorina Beaumont."

Lei gli si sedette davanti. Goldwyn aveva la tipica aria del medico che si sente superiore e potente perché sa del paziente qualcosa che questo ignora.

"Allora?" domandò Juliette per togliergli dalla faccia quell'espressione compiaciuta.

Lui le porse un semplice foglio di carta: i risultati delle

analisi del sangue. Lei guardò il foglio, ma vide solo una serie di cifre che le ballavano davanti agli occhi.

"Morirò presto?" chiese tra il serio e il faceto.

"No, al contrario."

"*Al contrario?*"

"Noi facciamo l'analisi di gravidanza a tutte le pazienti in età fertile..."

"E...?"

"E lei è incinta, signorina Beaumont."

23

Siamo fatti di quelli che amiamo
e di nient'altro.
CHRISTIAN BOBIN

ST. MATTHEW'S HOSPITAL

"Non può venire da questa parte, signora!"

Al pronto soccorso, Grace Costello aveva girato intorno al banco dell'accettazione e stava guardando il registro dei turni e delle visite per cercare il nome di Sam.

"Questo posto è riservato al personale", l'avvertirono i due energumeni della sicurezza, piombandole addosso.

Stavano per agguantarla, quando lei mostrò il distintivo e se lo appuntò sul risvolto della giacca.

"Polizia", disse. "Ho urgente bisogno di vedere il dottor Galloway."

Connie, l'impiegata, consultò il registro e disse: "Secondo piano, ambulatorio 203".

Grace salì i gradini due alla volta ed entrò nella stanza in cui Sam stava finendo di bendare un bambino che aveva voluto imitare una sequenza di *Jackass.**

Vedendola, Sam alzò gli occhi al cielo, ma la detective non gli lasciò il tempo di sfogare la rabbia.

* Serie televisiva di MTV in cui quattro amici compiono pericolose bravate in un contesto quotidiano. [*N.d.A.*]

"Ho bisogno del suo aiuto, Galloway."
Stupito della richiesta, Sam la guardò meglio.
"Che cosa le è successo?" chiese indicando le ecchimosi prodotte dallo sfollagente.
"Niente di grave."
"Ehi, ma lei sanguina!"
Meravigliata, Grace si toccò le sopracciglia e sentì un filo di sangue colarle lungo una tempia. Lottando con i due agenti aveva sbattuto la testa in terra, ma non si era accorta di essersi ferita.
"Si sieda. Le medico il taglio", disse Sam finendo di bendare il piccolo paziente.
Grace si tolse il giubbotto e si sedette su una sedia. Sam prese una compressa di garza e cominciò a disinfettare la ferita.
"Chi l'ha ridotta così?"
"Due sbirri, ma avrebbe dovuto vedere come li ho conciati io!"
Sam si ritrovò a sorridere davanti al moto d'orgoglio della donna. In quel momento comprese meglio Rutelli, che non aveva mai osato confessarle i propri sentimenti: Grace era così fiera da mettere quasi in soggezione.
"Non è il caso che reciti la parte della dura con me, Costello."
"Tanto meglio, perché ho bisogno di lei e non vorrei doverla supplicare in ginocchio."
"Ha bisogno del mio aiuto per cosa?"
"Per ritrovare mia figlia", rispose lei con una sfumatura di vulnerabilità nella voce.
"Ha rivisto sua figlia?"
"È stato casuale: ha tentato di scipparmi mezz'ora fa."
"Accidenti, che famiglia!" sospirò Sam.

Grace lo guardò con aria di rimprovero.

“È una faccenda seria, Galloway. Sono molto preoccupata. Aveva negli occhi quel...”

“Quel cosa?”

“Quello sguardo cupo e inquietante che hanno a volte i drogati.”

“Ma come ha fatto a incontrarla per caso?”

Grace gli raccontò per filo e per segno in che circostanze aveva rivisto Jodie e come l’incontro fosse stato troncato sul nascere; Sam non poté fare a meno di provare una certa commozione.

“Perché non cerca di parlarle?” le chiese.

“Perché sono morta, Galloway. Credevo che col tempo avrebbe finito per capirlo.”

“Per essere morta ha una bella ferita”, ribatté lui esaminando il taglio che aveva appena disinfettato. “Sarà meglio che le dia due punti di sutura.”

Mentre Sam preparava il materiale, Grace disse: “Voglio che mi aiuti a ritrovare Jodie e che le parli”.

“E cosa dovrei dirle?”

“Sono sicura che troverà le parole giuste.”

“Perché proprio io?”

“Perché Jodie ha bisogno di cure e lei è medico. E poi...”

“Poi?”

“... perché non ho che lei, Sam. Per tutti quanti sono morta e morta devo restare. Non posso assolutamente intervenire nella vita delle persone.”

Alzò la testa e lo guardò. Nei suoi occhi si leggevano sia la speranza sia la paura di un rifiuto. Per qualche istante, in lei la donna prese il sopravvento sulla poliziotta e Sam fu colpito da quel suo misto di forza e femminilità.

Ma Grace non gli lasciò il tempo di turbarsi.

"Ahi, ci vada piano! Lo fa apposta o che?" brontolò sussultando per il dolore.

"Sì, mi piace vederla soffrire."

"Bene, lieta di averle procurato il piccolo piacere della giornata. Ora aspetto una risposta: mi aiuta o no?"

"Dove abita sua figlia in questo momento?" domandò Sam senza impegnarsi.

"Se lo sapessi, farei a meno dei suoi servigi."

"Non è lei il poliziotto? Io sono solo un medico."

Grace restò zitta.

"Se vogliamo ritrovare Jodie, credo che dovremo chiedere aiuto a qualcuno..." fece lui dopo aver riflettuto un attimo.

Grace aggrottò la fronte. Sam estrasse dal portafoglio il biglietto da visita che gli aveva dato Rutelli e glielo mostrò.

"Lasci Mark fuori da questa storia, per favore!" esclamò lei con veemenza.

"Senta, mi ha detto che Jodie aveva un paio di manette al polso. È un particolare che non passa inosservato: se qualcuno l'ha segnalato alla polizia, Rutelli lo verrà a sapere."

"Non è detto. Sa che è stato retrocesso ad agente di pattuglia."

"Se lo informiamo della faccenda, sono sicuro che ci aiuterà in qualche modo", insistette Sam. "Era un bravo poliziotto, no?"

"Il migliore", rispose convinta Grace.

"Allora lasci che gli telefoni. Questo non ci impedirà di seguire a nostra volta una pista."

Grace era ancora esitante.

"Quell'uomo è pazzo di lei, ma immagino che il particolare non le fosse sfuggito, vero?" la incalzò Sam.

La detective non rispose. Una luce le brillò negli occhi. Non una lacrima: solo un'ombra struggente di nostalgia e di rimpianto.

"Dopo la sua morte, qualcosa si è spento per sempre nel cuore di Rutelli", continuò lui.

"E crede che non me ne renda conto? Non rigiri il coltello nella piaga per farmi sentire in colpa, per favore. Le ricordo che sono stata assassinata e che non ho scelto io di morire."

Sam la guardò con compassione. Per la prima volta gli sembrò umana; alla fin fine non era molto diversa da lui e, se si fossero incontrati in altre circostanze, forse sarebbero diventati amici. Fu allora che gli attraversò la mente una domanda.

"Chi l'ha uccisa, Grace? Lo sa?"

L'interrogativo restò sospeso per qualche istante nell'atmosfera ovattata dell'ospedale. Poi la porta si aprì e nell'ambulatorio entrò Janice Freeman con un paziente.

"Credevo che fosse libero..."

"Ho finito", rispose Sam, "ma dovrebbe concedermi una giornata di libertà."

"Neanche per sogno", replicò la donna. "La sala d'aspetto è piena come un uovo e le ricordo che si è già preso un pomeriggio libero non più tardi di ieri."

"Ma se nei due anni da che lavoro qui non le ho mai chiesto neanche un giorno di ferie!"

"Be', continui a non chiederlo."

"È importante", insistette Sam.

"Le ho detto di no, Galloway: ho un servizio medico da gestire."

Grace si spazientì. Abituata a metodi sbrigativi, si intromise tra i due dottori.

"Polizia di New York", disse squadrando l'imponente direttrice del pronto soccorso. "Stiamo conducendo un'indagine delicata e requisiamo il dottor Galloway perché ci aiuti."

Jodie scese sulla banchina di una fermata del South Bronx. Le tremavano le labbra. La fronte scottava. Si sentiva molto debole e, anche se sapeva benissimo che era un errore, decise di andare subito da Cyrus. Non aveva soldi e avrebbe quindi dovuto tener testa alle sue avance.

Succede quando sei in astinenza: non sei più padrone di te stesso, bensì schiavo di un demone interno che ti divora il ventre e ti tortura senza tregua. È un fenomeno in cui la volontà e la ragione non hanno parte.

Attraversò il cortile su cui si affacciavano case fatiscenti e imbrattate di graffiti, poi tagliò per un terreno incolto recintato con filo spinato. Da qualche anno certe aree erano state risanate con i fondi pubblici, ma non Hyde Pierce. Sui giornali era di moda esaltare lo spirito creativo del quartiere e i lodevoli sforzi che gli abitanti facevano per riportarvi un minimo di sicurezza, ma il South Bronx restava pur sempre uno degli angoli più poveri del Paese. I residenti non avevano quasi mai scelto di viverci e, se per caso si aveva voglia di fare una passeggiata, era molto meglio andare altrove.

Come teleguidata da una forza maligna, Jodie arrivò davanti al casermone di Cyrus. Sulla facciata, un triste graffito raffigurava un carcerato che, da dietro le sbarre, guardava una colomba volare via. Sotto, una scritta diceva: “L’inferno è quando non si ha più speranza”. Un bello slogan che non aveva mai impedito a nessuno di drogarsi.

Quando entrò nell’atrio, Jodie incrociò una cliente di Cyrus, una figura diafana, scheletrica e coperta di piaghe, che un tempo era stata una donna ma ora non aveva quasi più nulla di umano.

Fai ancora in tempo a non salire, sai, le sussurrò una voce interna.

Era una voce odiosa, un ghigno malvagio e incontrollabile che gioiva della sua sofferenza. Ma era così: anche il senso di colpa faceva parte della tortura.

Hai paura, vero? disse la voce. *So che hai paura.*

Jodie si sforzò di non ascoltarla. Salì le scale come un automa, cercando di non pensare a niente. Non aveva più la forza di lottare. Sentiva freddo, così freddo che avrebbe voluto avvolgersi in una coperta e addormentarsi per sempre.

Ma la voce non le lasciava tregua.

Sei una schiava, sai? Una fottuta schiava della droga.

Arrivata davanti all’appartamento di Cyrus, udì la solita musica insopportabile, a volume così alto che la porta quasi tremava.

Credi di avere sofferto molto, ma se varcherai questa porta farai un salto nel buio, soffrendo ancora di più.

Si fermò qualche istante, come per convincersi che era ancora padrona del suo destino.

Su, entra, la incitò la voce, *ma sarà ancora peggio di quanto immagini, te lo assicuro.*

Jodie avrebbe voluto premere un bottone e porre fine alla sofferenza. Con le gambe molli per la paura, fece uno sforzo supremo e bussò.

"Sono io, Cyrus!"

Si udì il rumore del chiavistello che veniva tolto, poi la porta si aprì e Jodie fu inghiottita dall'appartamento come da un abisso.

Fianco a fianco, Sam e Grace percorrevano la strada che costeggiava l'ospedale. Con il cellulare incollato all'orecchio, Sam stava chiedendo a Rutelli se avesse avuto di recente notizie di Jodie.

"Che le importa?" domandò con diffidenza l'agente.

"Mi importa perché credo che la ragazza sia in pericolo."

"Sono dieci anni che è in pericolo: da quando ha perduto sua madre."

Lo sguardo di Grace, che stava seguendo la conversazione con l'auricolare, si velò di tristezza.

"Sa dove abita?" chiese Sam.

"È scappata sei mesi fa da un riformatorio giudiziario e da allora se ne è persa ogni traccia", spiegò il poliziotto. "Ultimamente l'hanno notata nel South Bronx, ma non ho l'indirizzo preciso ed è difficile pattugliare quella zona a casaccio."

"Senta, Jodie per un pelo non si è fatta arrestare da due poliziotti, stamattina."

"Dove?"

"Nell'East Village. È riuscita a scappare, anche se uno dei due le aveva già infilato le manette a un polso."

"Cazzo, e lei come lo sa?"

"Non importa, Rutelli."

"L'ha rivista, vero?"

"Chi?"

"La donna che si fa passare per Grace. L'ha rivista?"

Sam interrogò Grace con lo sguardo, ma lei scosse la testa e lo invitò con un gesto a troncare il colloquio.

"Sono costretto a salutarla, Rutelli. Se sa qualcosa mi chiami."

Il taxi era intrappolato in un ingorgo. Spazientita, Juliette pregò il tassista di lasciarla all'altezza di Murray Hill; avrebbe fatto più in fretta a piedi e l'aria fredda l'avrebbe forse aiutata a schiarirsi le idee.

Ancora sbigottita per la notizia della gravidanza, non riusciva a placare l'eccitazione. Se il cuore le diceva di assaporare fino in fondo la felicità, la ragione le consigliava di non farsi prendere dall'entusiasmo.

Ripensò a quello che aveva vissuto negli ultimi giorni. C'erano, nella vita, dei periodi in cui tutto sembrava accelerato. Aveva concepito il bambino una settimana prima, una sera di tormenta di neve, con un uomo che aveva conosciuto da poche ore.

Cercò di riordinare le idee. Era il momento giusto per avere un figlio? Assolutamente no. Ma c'era un momento giusto? In teoria si era sempre detta che avrebbe messo al mondo un bambino quando avesse avuto un lavoro stabile, un appartamento suo e un compagno fisso. E perché non aspettare anche che fosse debellata la fame in Africa o apparisse un nuovo Messia?

Certo, era squattrinata e la sua vita non era un modello di stabilità. E, certo, il mondo era caotico e il pianeta stava andando in malora per l'inquinamento; ma che senso aveva una vita senza figli?

Al momento le frullavano in testa due domande. Doveva dire a Sam che era incinta? E, se gliel'avesse detto, come avrebbe reagito lui?

Un guidatore che, strombazzando, cercava di aprirsi un varco nell'ingorgo, se la trovò nel mezzo e la coprì di improperi. Per evitare di farsi investire, Juliette frugò nella borsa e prese gli occhiali. Li aveva appena inforcati, che vide Sam sull'altro lato della strada.

Le batté forte il cuore. Stava per chiamarlo e fargli segno con la mano, quando si accorse che era in compagnia di una donna. In un primo tempo non la distinse bene, perché, accecata dal sole di mezzogiorno, vedeva la strada in controluce. Si spostò per osservarla meglio. Era una bruna alta e slanciata, che calzava stivali coi tacchi. Le gambe affusolate inguainate nei jeans e la giacca di pelle attillata le conferivano un'aria a un tempo disinvolta e seducente.

Per non farsi scorgere, Juliette rinunciò ad attraversare la strada e si nascose voltandosi a guardare la vetrina di un negozio di *bagel.*

Chi era quella donna? Una collega di lavoro? Un'amica? Un'amante?

In un attimo, tutta la gioia legata alla gravidanza sparì, cedendo di colpo il posto alla malinconia.

Pur sforzandosi di farlo, non riusciva a staccare gli occhi da quella che considerava già una rivale. Sam e la sconosciuta, che stavano parlando animatamente, parevano legati da una strana complicità. A un certo punto la donna gli posò una mano su un braccio, invitandolo a entrare in un caffè. Poiché si sedettero a un tavolino vicino all'entrata, Juliette poté continuare a spiarli dalla vetrina.

Era strana la luminosità che quella donna emanava: pareva avere quasi un'aura. C'era in lei un che di irraggiungibile. Aveva un'aria alla Catherine Zeta-Jones, ma anche qualcosa della ragazza della porta accanto, e ispirava fiducia. In ogni caso, pensò Juliette, era una vera newyorchese. Se la immaginava forte e carismatica: il tipo di donna padrona del proprio destino.

Si chiese perché si sentisse così arrabbiata e frustrata. Senza dubbio perché la sconosciuta era "meglio di lei": più alta, più bella, più disinvolta. Vederla con Sam risvegliò in lei tutti i dubbi sulla sua capacità di seduzione.

Era gelosia? Qualunque cosa fosse, la faceva soffrire. Avrebbe tanto voluto aver fiducia in Sam, ma sapeva benissimo che era in se stessa che non l'aveva.

Per tranquillizzarsi, pensò alla confessione che lui le aveva fatto al registratore, al biglietto che le aveva lasciato quella mattina, alle ore piene di passione che avevano trascorso insieme fino a poco prima.

Non servì a lenire il dolore.

Seduti a un tavolino vicino alla vetrina, Sam e Grace stavano riflettendo sul modo di rintracciare Jodie.

"Se sua figlia si droga, sarà stata sicuramente in qualche clinica od ospedale."

"Lei crede?"

"Tra quelli che si fanno un'overdose e quelli che assumono il metadone, accogliamo un sacco di tossici al pronto soccorso. Potrei consultare le cartelle dell'accettazione per vedere se recano traccia del passaggio di Jodie."

"È autorizzato a farlo?"

"In teoria no, ma in pratica posso provare a chiamare un po' di gente. Conosco medici nella maggior parte degli ospedali, uomini e donne che ho incontrato durante missioni umanitarie in Africa e nei Balcani: in quelle circostanze si creano dei legami forti e, se insisto, non mi diranno di no."

"Bene, ma bisogna procedere con ordine. Mark ha detto che Jodie è stata vista nel South Bronx."

"Chiamo subito il centralino per farmi dare i numeri degli ospedali della zona."

"No? Nessuna traccia di Jodie Costello? Sei sicuro? Pazienza, Alex, grazie."

Sam chiuse il cellulare dopo la quinta telefonata infruttuosa, quella in cui sperava di più. Alex Stiple, un medico che aveva conosciuto in Nigeria in occasione dell'ultima campagna di vaccinazione contro la poliomielite, era infatti direttore del pronto soccorso al Mount Crown, il più grande ospedale del Bronx, e quindi la persona più adatta a dargli indicazioni utili.

Leggendo una profonda delusione sul viso di Grace, cercò di rassicurarla.

"Ci riusciremo", disse. "Sono sicuro che alla fine la troveremo."

Per mostrarle il suo impegno si accinse a comporre un altro numero, quando gli squillò il cellulare.

"Galloway", disse dopo aver premuto il tasto verde.

"Sam, sono Juliette."

"Volevo chiamarti, ma non avevo il tuo numero. Com'è andata la visita medica?"

"Abbastanza bene."

"Dove ti trovi?"

"A Park Avenue. Passo a trovarti? Potremmo pranzare insieme."

"Mi piacerebbe, sai, ma non è possibile. Con questa epidemia di influenza siamo sommersi dai pazienti. La gente sente parlare alla televisione dell'influenza aviaria e perde la testa. Bisogna tranquillizzarla. Sono bloccato al pronto soccorso fino alle due del pomeriggio, poi inizio le visite."

"Dove ti trovi?"

Sam esitò. Non avrebbe voluto mentire, però non era il momento di parlarle di Grace Costello. Le avrebbe raccontato tutto, ma in seguito, appena fosse stato sicuro che la situazione era sotto controllo.

"Dove vuoi che sia? Al lavoro."

"In ospedale?"

"Sì, in ospedale", rispose lui, a disagio.

Grace gli lanciò una strana occhiata, come per metterlo in guardia da qualcosa.

"Che cosa stavi facendo quando ti ho chiamato?" continuò Juliette.

"Ero con una paziente, una bambina di sei mesi", rispose Sam.

"Che cos'aveva?"

"Una bronchiolite. È una bronchite che colpisce i lattanti e che..."

"So cos'è. Come si chiama la tua paziente?"

"Ehm... Maya. Ma... hai uno strano tono, Juliette. Qualcosa non va?"

"In effetti, qualcosa non va."

"Perché?"

"Perché menti."

"Non è vero", si difese Sam.

"TU MENTI!" gridò lei, picchiando due volte col palmo della mano sulla vetrina del bar.

Tutti i clienti trasalirono e, come Sam, alzarono gli occhi verso la vetrata.

Juliette era lì, in piedi dietro il vetro. Sam la fissò inebetito.

Lei lo guardò e mormorò qualcosa che lui capì dal movimento delle labbra.

Non ho più fiducia in te.

Sam si alzò e uscì di corsa dal caffè. Ma Juliette scappò via.

"Aspetta, aspetta. Ti prego!" gridò lui, tentando di trattenerla.

Juliette era scesa dal marciapiedi in strada e stava cercando di bloccare un taxi.

"Juliette, ascoltami, ti supplico! Lasciami almeno la possibilità di spiegarmi!"

Si fermò un taxi, e lei vi salì sopra senza voltarsi indietro. Sam raggiunse l'auto e batté inutilmente il pugno contro il finestrino. Il taxi acquistò velocità e si unì al flusso delle altre macchine.

"Cazzo!" fece Sam, stizzito.

Quando tornò indietro, Grace lo accolse allargando le braccia in un gesto di impotenza.

"Mi dispiace, Galloway."

"Basta, non ne posso più di lei!"

Stava per aggiungere qualcosa, quando squillò il cellulare. Rispose subito, convinto che fosse Juliette.

"Posso spiegarti tutto, tesoro. Credimi, le cose non stanno assolutamente come pensi tu..."

"Non ne dubito, ma forse non è a me che devi dirlo", rispose Alex Stiple.

"Alex! Scusa, amico mio, ti avevo preso per... per un'altra persona."

"Ah, le donne!" sospirò Stiple. "Una volta o l'altra ci faranno la pelle, eh?"

"Sante parole", disse Sam scoccando a Grace un'occhiata torva.

"In ogni caso, se ti interessa ancora, abbiamo rintracciato Jodie Costello."

"Davvero?" disse Sam alzando il pollice in direzione di Grace.

"C'è voluto un po' di tempo, perché non abbiamo curato lei, ma un'altra. Tre mesi fa la Costello ha accompagnato in ospedale un'amica che aveva fatto un brutto 'viaggio'. Ho un indirizzo, se vuoi."

"Dammelo", rispose Sam prendendo la penna dalla tasca interna della giacca. E, come un collegiale, si segnò sul palmo della mano i dati.

Sam ringraziò Stiple e chiuse la comunicazione. Aveva ritrovato un po' di buonumore.

"Andiamo", disse a Grace girandosi a guardarla. "Ho la macchina abbastanza vicino, ma con questo traffico è meglio sbrigarsi."

Si diresse in fretta al parcheggio dell'ospedale. Era più avanti di Grace di oltre una decina di metri quando lei gli gridò: "Una piccola precisazione, Galloway!"

"Cioè?"

"Apprezzo molto il suo aiuto, mi creda, ma non ci sarà nessuno scambio di favori."

"Che cosa intende dire?" domandò lui aggrottando la fronte.

"Sono qui per condurre Juliette con me e lo farò. Chiaro?"

Per qualche istante Sam non rispose: faceva fatica a credere a quella storia nonostante molti elementi inquietanti deponessero a favore della sua veridicità. Grace lo guardò interdetta, come affascinata dalla sua energia; Sam aveva qualcosa di commovente nella sua ostinazione a fare il bene.

"Su, forza, andiamo a cercare sua figlia", disse lui, sollevando il braccio sinistro e indicandole l'orologio per farle capire che avevano i minuti contati.

Un sorriso sadico illuminò il viso di Cyrus. Jodie lo stava supplicando di darle qualcosa, qualsiasi cosa: pillole, crack, eroina... Non aveva soldi, ma avrebbe pagato *in altro modo.*

Lo spacciatore esultò. Aveva sempre saputo che un giorno l'avrebbe avuta alla sua mercé. Era così con i drogati: all'inizio le ragazze arrivavano da lui con aria arrogante, poi, quando cadevano nel vortice della droga, gli strisciavano ai piedi e, buttata alle ortiche la dignità, si dichiaravano pronte a fare qualsiasi cosa.

Tra l'altro la piccola Jodie era molto ben fatta; forse un po' magra a causa di tutte le porcherie che ingurgitava, ma molto ben fatta.

Poche volte era stato così eccitato. Non provava né pietà né compassione per quella ragazza smarrita; d'altronde, viveva in un mondo in cui esistevano solo rapporti di forza. Prima di passare alle cose serie, però, si sarebbe divertito un po' con lei. Le ordinò di sedersi sul divano e di togliersi il parka. Quando lei obbedì fiaccamente, le si strinse contro e le tirò la scollatura a V fino a stracciarle il pullover.

"Mostrami il tuo piccolo piercing!"

Davanti all'aggressione, Jodie si scosse di colpo dal suo

torpore e, con un grido, cercò di liberarsi. Ma Cyrus le fu addosso e la strinse alla gola con le mani d'acciaio.

"Non così in fretta, *babe-o-rama.*"

Sentendosi soffocare, la ragazza si dibatté, ma Cyrus le stringeva saldamente il pollice e il medio intorno alla gola, impedendole tanto di scappare quanto di respirare. Il sangue le pulsava nelle orecchie. Lo spacciatore strinse ancora più forte e lei si sentì prossima a svenire. Cyrus ne approfittò per buttarla in terra, inchiodarla al pavimento e mettersi a cavalcioni sulla sua schiena. Fu invaso di nuovo da un'ondata di desiderio, ma la ragazza si dimenava talmente che dovette impegnarsi a domarla.

"Buona, stai buona!"

Le piantò un ginocchio sulla spina dorsale e, pesando il doppio di lei, la immobilizzò senza fatica; poi le torse un braccio dietro la schiena. Qualcosa scricchiolò e Jodie cacciò un grido di dolore.

"Piantala di muoverti!" le urlò lui mollandole un ceffone che avrebbe stordito un *catcher.*

Jodie sbatté la testa contro il pavimento e cadde come in catalessi; le si irrigidirono le membra e le si contrassero tutti i muscoli. Cyrus ne approfittò per togliersi la bandana dalla testa e ficcargliela in bocca. Gli sarebbe piaciuto continuare il suo giochetto, ma aveva altri progetti per lei.

Quando riprese conoscenza, Jodie era legata e imbavagliata. Cyrus se l'era caricata in spalla e la stava portando giù per le scale come un sacco di cemento. Arrivato in cortile, aprì il bagagliaio della sua Lexus ultimo modello, vi scaricò dentro la ragazza e si mise al volante.

Mentre guidava, tirò fuori di tasca un cellulare cromato e compose un numero.

"Hai quello che ti ho chiesto?" domandò una voce.

"Sì, signore, sto arrivando", rispose lui, e chiuse la comunicazione.

Muovendo una mano, contrasse il viso in una smorfia di dolore. Quella piccola stupida gli aveva lacerato la pelle, facendogli un graffio di una decina di centimetri. Avrebbe dovuto picchiarla a sangue e poi ammazzarla: solo quello si meritava.

Se si era trattenuto, non era per compassione, ma solo perché l'aveva destinata ai sollazzi di qualcun altro.

In ogni caso, Jodie avrebbe avuto lo stesso quel che si meritava, perché ben poche ragazze erano tornate dal posto in cui la stava portando.

24

Il male che gli uomini compiono si
prolunga oltre la loro vita, mentre il bene
viene spesso sepolto con le loro ossa.
WILLIAM SHAKESPEARE, *GIULIO CESARE*

Al volante del suo bolide, Cyrus correva a tutta velocità tra i casermoni di Hyde Pierce. Voleva sbrigare quella faccenda al più presto. Se avesse potuto scegliere, avrebbe preferito trovarsi altrove, ma quando l'Avvoltoio chiedeva un "piacere", se si voleva continuare a vivere conveniva farglielo subito.

L'Avvoltoio si chiamava in realtà Clarence Sterling. Gestiva buona parte del traffico di droga del South Bronx e quasi tutta la roba che Cyrus rifilava ai clienti proveniva dalle sue riserve. In origine era stato solo un killer prezzolato che si offriva a chi lo pagava di più; poi, però, aveva approfittato del sanguinoso regolamento di conti tra due bande rivali per mettersi in affari.

Col tempo, la crudeltà e l'abitudine di eliminare spietatamente i nemici gli erano valsi il soprannome di Avvoltoio, che nessuno osava pronunciare al suo cospetto. Certo, la violenza era parte integrante di quel genere di affari, ma Sterling vi aggiungeva una dose supplementare di brutalità.

Di fatto, gli *piaceva* veder soffrire la gente. Si era conquistato la sua fama di crudeltà crocifiggendo al tavolo da biliardo uno spacciatore che aveva tentato di soppiantarlo: gli aveva conficcato due bulini nei polsi e spezzato le caviglie con altri due. Non era l'unico episodio di sadismo di cui era stato protagonista. Secondo testimoni oculari, si era più volte dilettato di torturare e mutilare quando, per sistemare la faccenda, sarebbe bastata una "semplice" pallottola in testa.

Negli ultimi tempi il suo gusto per la violenza si era accentuato. Si mormorava in giro che fosse malato e che non avesse più la testa a posto (se mai era esistito un equilibrio in una mente così contorta).

Qualche giorno prima, quando Cyrus aveva preso in consegna una nuova partita di eroina, Sterling gli aveva chiesto di cercargli una ragazza per "qualcosa di speciale". Che cosa l'Avvoltoio intendesse con quell'espressione, Cyrus preferiva non saperlo e si era ben guardato dal rivolgergli domande in proposito. Quando, alla fine della visita, l'ex killer aveva rinnovato la richiesta, lo spacciatore aveva subito pensato a Jodie.

Cyrus fece marcia indietro e si infilò in un vicolo che conduceva alla fila di magazzini recentemente ristrutturati in cui l'Avvoltoio aveva stabilito il suo quartier generale. Si fermò davanti a un garage, suonò il clacson per segnalare che era arrivato e rivolse un cenno all'obiettivo della telecamera posta sopra l'entrata.

Non vedo l'ora di sbrigare questa faccenda e andarmene, pensò sentendo Jodie dare calci al bagagliaio. Dopo pochi secondi la porta automatica del garage si sollevò e la Lexus infilò la rampa di cemento che conduceva al piano inferiore.

Cyrus eseguì gli ordini che aveva ricevuto. Aprì il bagagliaio, afferrò Jodie per i capelli e la costrinse a seguirlo.

"Cyrus, ti prego, non..."

"Chiudi il becco!"

La ragazza cercò di liberarsi, ma poiché si era fratturata la clavicola ogni movimento brusco le procurava una fitta di dolore.

Dopo avere attraversato un piccolo parcheggio male illuminato, entrarono in una stanza lunga e stretta, dove Cyrus la costrinse a sedersi in una poltrona inclinata simile a quelle dei dentisti, e le legò i polsi ai braccioli dopo averla imbavagliata con del nastro isolante.

Terminato il compito, si diresse a testa bassa alla porta.

Al momento di spegnere la luce, buttò un ultimo sguardo alla ragazzina, convinto che non l'avrebbe mai più vista.

Mark Rutelli fermò l'auto davanti all'entrata principale degli uffici dell'NYPD.

"Non può parcheggiare qui", lo ammonì un giovane agente in divisa.

"Sai una cosa, figliolo? Non solo lascerò qui la macchina, ma tu me la guarderai anche."

"Badi che gliela farò rimuovere", disse quello.

Rutelli, che aveva salito già qualche gradino, si fermò di colpo, tornò sui suoi passi e gli si piantò davanti. Il giovane, più alto di lui di una spanna, era una di quelle reclute belle e aitanti che gli parevano più simili a un attore che a un vero poliziotto.

"Tu non fai rimuovere un bel niente, figliolo."

"È una minaccia, agente?"

"Oh, sì", rispose Rutelli prendendolo per il collo e stringendo forte. "Se quando esco trovo la macchina spostata anche solo di due millimetri, ti sbatto il musetto sul mio cofano fino a spappolarlo e a raccogliere abbastanza sangue da ridipingere di rosso tutto il palazzo. È abbastanza chiara come minaccia?"

"Grrrg... credo... credo di sì."

"*Credi?*" fece Mark stringendogli ancora di più il collo.

"È... chiarissima", balbettò il giovane sotto gli occhi sbigottiti dei passanti.

Rutelli mollò di colpo la presa.

"Vedo che ci siamo capiti."

Entrò nel palazzo amministrativo senza voltarsi indietro. Non aveva l'uniforme, ma l'esperienza gli permetteva di evitare i controlli in portineria. Invece di prendere l'ascensore salì le scale di corsa e alla fine arrivò al piano in cui si trovava l'ufficio di Jay Delgadillo, il direttore delle pattuglie dell'NYPD.

Rutelli l'aveva conosciuto bene in passato. All'inizio della carriera erano stati entrambi giovani e brillanti detective. Poi le loro strade si erano divise: lui era sprofondato in una vita di solitudine e alcolismo, mentre Delgadillo aveva salito con gran rapidità tutti i gradini della gerarchia. Animato da una forte ambizione politica, non faceva mistero dell'intenzione di diventare il primo sindaco ispanico di New York.

Come investito di una missione, Mark superò ogni barriera e raggiunse l'ufficio del suo ex amico.

JAY DELGADILLO
CHIEF OF PATROL

"No, signore, non può!" disse una segretaria cercando di respingerlo, ma lui entrò di forza senza farsi annunciare.

Delgadillo stava parlando con due persone. Seccato dell'intrusione, reagì bruscamente.

"Non puoi piombare così nel mio ufficio, Mark. Esci subito!"

"Dammi tre minuti, Jay, è importante."

In altre circostanze Delgadillo avrebbe chiamato immediatamente la sicurezza, ma aveva paura delle reazioni imprevedibili di Rutelli e preferì non correre rischi.

"Vogliate scusarmi un attimo, signori", disse ai suoi ospiti.

Rimasti soli, i due ebbero un'accesa discussione.

"Cosa vuoi, ancora, Mark?"

In poche parole, Rutelli gli spiegò che stava cercando Jodie Costello e gli chiese di informarlo subito se qualcuno riferiva alla polizia di avere visto una ragazza con un paio di manette al polso destro.

"Non ci penso nemmeno", rispose secco Delgadillo. "Ormai sei solo un agente di pattuglia, Mark, e dopo le sciocchezze che hai combinato l'anno scorso, non sei più nella posizione di chiedere alcunché." Fece una breve pausa, poi aggiunse: "Se vuoi saperlo, è già molto che tu abbia conservato il posto".

Rutelli sospirò. Per un attimo fu tentato di scagliarsi contro Jay e sferrargli un pugno in faccia, poi pensò a Jodie e si trattenne.

"Il colloquio è terminato", decretò Delgadillo indicandogli la porta.

Invece di obbedire all'ordine, Mark si avvicinò ancora di più alla scrivania del suo superiore.

"Senti, Jay, nella vita non c'è solo la politica. Anche tu conoscevi bene Grace e, se ben ricordo, eravamo amici, noi due."

"È vero, eravamo amici", riconobbe Delgadillo, "ma è stato prima che tu diventassi uno smidollato."

"Piantala, Jay."

"Vedi, Mark, tu sei un *debole* e io non posso più sopportare i tipi come te. Siete la vergogna della polizia e, quando decideranno di fare un bel repulisti, sarai il primo a essere cacciato."

Rutelli si sforzò ancora una volta di mantenere il controllo. Sospettava che Delgadillo stesse cercando di provocarlo fino a farlo esplodere. Così, invece di reagire, andò alla grande finestra che dava sulla strada.

"Vedi quella casa di marmo rosa, laggiù?"

"Sì."

"Dietro c'è un cortiletto con un campo di basket asfaltato dove giocano i ragazzini."

"E allora?" fece irritato Delgadillo.

"E allora", rispose Rutelli guardandolo negli occhi, "se deponessimo pistola e distintivo e andassimo a chiarirci le cose da uomo a uomo in quel cortiletto, sai benissimo chi risulterebbe *forte* e chi *debole*..."

"Fare a botte in un cortile! Chiarirsi le cose 'da uomo a uomo'!" lo derise Delgadillo. "Sveglia, Mark, credi di essere in un film? Non usano più quelle spacconate. Hai fatto il tuo tempo."

Rutelli scosse la testa.

"Tu *credi* che non usino più perché non fai più il lavoro sul campo, porti completi Armani e ti senti un pezzo grosso", replicò.

"Mi fai pena."

"Ti faccio pena? Benissimo. Ma ti ricordi quando ci chiamarono d'urgenza per quel furto con scasso da un gioielliere di Broadway?"

"Capisco dove vuoi arrivare..."

"Ricordi cosa provasti quando uno dei due rapinatori ti puntò la pistola alla nuca? Sono sicuro di sì. Sono anche sicuro che te lo sogni ancora la notte, quel momento, e che in quel momento fosti ben contento di essere in squadra con me."

"D'accordo", ammise Delgadillo, "quindici anni fa mi salvasti la vita accoppando il rapinatore, ma non facesti altro che il tuo dovere. Vuoi sapere una cosa? Se non fosse stato per me, ti avrebbero già cacciato da un pezzo. Quindi penso di avere già saldato il mio debito."

"Ti resta una rata", insistette Rutelli. "E, parola mia, è l'ultima: se mi aiuti in questa circostanza, non ti chiederò mai più niente."

Delgadillo intrecciò le mani e si mosse sulla sedia, sospirando. Rifletté una decina di secondi, poi prese la cornetta in mano e disse: "Va bene, darò gli ordini che vuoi. Se una pattuglia viene a sapere qualcosa su Jodie Costello, sarai avvertito prima di chiunque altro e sarai libero di agire".

"Grazie, Jay."

"Ti pongo però una condizione: lunedì mattina voglio le tue dimissioni qui, sulla mia scrivania. Prendere o lasciare."

Rutelli non si aspettava quell'ultima mazzata. Le sue dimissioni! Che cosa ne sarebbe stato di lui se, dopo avere perso quasi tutto, avesse perso anche il lavoro? Tuttavia incassò il colpo senza battere ciglio.

"Benissimo, le avrai."

"Le tue dimissioni, la tua pistola e il tuo distintivo", specificò Delgadillo.

Sam lasciò East Harlem e imboccò il Triborough Bridge per raggiungere il Bronx.

"Se ritroviamo Jodie, non deve assolutamente parlarle di me, capito?" lo mise in guardia Grace.

"Sarà difficile."

"Lo so, ma cerchi da solo una scusa per visitarla e per convincerla a disintossicarsi."

Sam scosse la testa.

"E come giustificherò il mio intervento? Jodie è un'adolescente ribelle che non accetterà mai che uno sconosciuto irrompa all'improvviso nella sua vita per farle la morale."

"Se sarà lei a fargliela, funzionerà. Sa ispirare fiducia nella gente e lo sa."

Fuori il sole aveva ceduto il posto alle nuvole e sul parabrezza cadevano ogni tanto fiocchi di neve. Grace premette sul bracciolo il pulsante con cui si accendeva il riscaldamento del sedile. L'interno del fuoristrada le ricordava uno yacht di lusso, con quel misto di legno, pelle e cruscotto high-tech. Rilesse per l'ennesima volta con apprensione il presunto indirizzo della figlia.

"Senta, Galloway, qui dice Hyde Pierce. È una zona potenzialmente pericolosa, per cui la prego di prendere questa con sé."

Sam staccò un attimo gli occhi dalla strada e vide che gli porgeva la sua Glock.

"Credevo di averle sequestrato la pistola", si stupì.

"Un buon poliziotto ne ha sempre una di riserva. Su, la prenda."

"Odio le armi", disse lui, scuotendo la testa.

"La pianti con i sermoni: quando è usata bene, un'arma può salvare la vita."

“Non speri di convincermi. L’ultima volta che ne ho preso una con me, è finita male.”

“Cioè?”

“Ho ucciso un uomo.”

Grace ebbe un moto di sorpresa. Dopo un istante di silenzio, capì che Sam aveva detto la verità.

“Quando è stato?”

“Una decina d’anni fa, a Bedford-Stuyvesant.”

“Conosco il quartiere.”

“Sono cresciuto lì, con Federica. Lei doveva dei soldi a uno spacciatore del posto, un certo Dustface che riceveva la gente in una vecchia *crack-house.*”

“E alla fine all’appuntamento ci andò lei...” disse Grace, tirando a indovinare.

“Avevo racimolato una parte della somma e credevo che questo l’avrebbe fatto stare buono per un po’, ma avevo preso in prestito la pistola di un amico, nel caso che...”

“Ha ammazzato lo spacciatore?” lo interruppe Grace.

“No.”

“Eppure mi aveva detto che...”

“Non ho ucciso lui.”

“Chi, allora?”

Sam mise la freccia e tacque per qualche secondo. D’un tratto si sentiva nervoso e agitato, come se stesse rivivendo la scena fisicamente.

“Quando entrai in quella *crack-house*, nessuno mi aspettava. Dustface stava litigando con un cliente. I toni si fecero molto accesi e Dustface estrasse la pistola.”

“E lei cosa fece?”

“Sapevo che avrebbe sparato. Allora, per intimidirlo, lo minacciai con la mia arma. La tensione era enorme.

Chiusi gli occhi e partì un colpo. Non so nemmeno più se ho realmente premuto il grilletto; so solo che, quando riaprii gli occhi, non era morto Dustface ma l'altro, che lui aveva usato come scudo umano."

"Che brutta storia", sospirò Grace.

"Non passa giorno che non ci ripensi. Quell'atto mi ha rovinato la vita. Non riuscirò mai a venire a patti con un omicidio." Abbassò il finestrino per prendere una boccata d'aria e aggiunse: "Ecco perché non voglio la sua pistola".

"Capisco, Sam, capisco."

Immersa in un buio terrificante, Jodie tremava di paura. Provò a liberarsi, ma Cyrus l'aveva legata con un filo di ferro che, appena lei accennava un movimento, le penetrava nella carne. Il bavaglio le toglieva il respiro e le impediva di gridare. E poi, se anche avesse potuto urlare, chi l'avrebbe udita?

Stava cercando di prendere il respiro, quando distinse un rumore di passi e cominciò a tremare in tutto il corpo. I passi, come di qualcuno che scendesse una scala di metallo, si fecero sempre più vicini.

Jodie pregò con tutte le sue forze che la porta non si aprisse, perché sapeva che chiunque fosse entrato le avrebbe fatto del male.

Una saracinesca si alzò con clangore metallico e la stanza venne illuminata dalla pallida luce proveniente da un globo di vetro impolverato.

Jodie si sentì gelare il sangue. L'uomo avanzò verso di lei. Nonostante la magrezza, aveva un corpo sodo e muscoloso. La testa era rasata, la pelle chiarissima e un tatuaggio colorato gli attraversava il collo lungo e glabro che gli era valso il suo triste soprannome.

Clarence Sterling, l'Avvoltoio.

Come la maggior parte degli abitanti del quartiere, Jodie lo conosceva di fama, ma non aveva mai pensato che le loro strade si sarebbero incrociate. Che cosa voleva farle l'Avvoltoio? Come un animale braccato si guardò intorno alla ricerca di un nascondiglio, ma a parte la poltrona a cui era legata, nella stanza non c'erano altri mobili che un tavolo.

Sterling aveva con sé una valigetta d'acciaio che posò sul tavolo. Si avvicinò alla ragazza e la guardò come uno zombie.

La sua pelle lattiginosa, venata di grigio, brillava come madreperla e gli conferiva un che di etereo.

Jodie avrebbe voluto urlare, ma non riuscì a emettere alcun suono. Allora, imprevedibilmente, l'Avvoltoio le tolse il bavaglio.

"Su, piangi e grida finché vuoi: mi piace."

Lei distolse gli occhi e si lasciò sfuggire un lungo singulto.

Clarence aprì la valigetta e ne esaminò il contenuto: un assortimento di siringhe, flaconi e bisturi di ogni misura. Indugiò un minuto per fare la sua scelta e, quando si girò verso di lei, aveva in mano una siringa piena di un liquido giallastro.

Jodie si dibatté sulla poltrona nel tentativo di sottrarsi all'iniezione, ma fu inutile. Senza difficoltà, l'Avvoltoio le immobilizzò un polso e le introdusse l'ago nella vena più visibile.

"Volevi la droga?" disse con voce spettrale. "Bene, l'avrai." E con un colpo secco spinse lo stantuffo.

Jodie sentì ogni resistenza cedere all'istante e capì che non disponeva più di se stessa. Un dolore tremendo, come di ustione, le si irradiò nel petto, vicino al cuore. Gettò la testa indietro e il soffitto le girò attorno a una velocità spaventosa.

Poi fu inghiottita da un buco nero.

25

I vampiri sono fortunati a nutrirsi degli altri.
Noi invece siamo costretti a divorarci da soli.
DAL FILM *IL CATTIVO TENENTE*, DI ABEL FERRARA

Jodie aprì gli occhi a fatica. In un primo tempo distinse solo una sorta di polvere di fuoco, abbagliante e accecante, che le mulinava intorno. Udì anche un frastuono di bambini che gridavano come facessero ricreazione in cortile. Per proteggersi dalla luce si coprì gli occhi con le mani, poi aprì lentamente le dita e intravide l'arco di Washington Square.

Com'era finita lì, su una panchina solitaria nel bel mezzo del Greenwich Village? Guardò l'orologio: non era trascorsa nemmeno mezz'ora da quando era stata aggredita da Sterling. Cercò di alzarsi, ma desistette subito. Aveva una specie di busto che le stringeva il torace e sentiva le vertebre cervicali tutte indolenzite.

Provò a girare la testa, ma non ci riuscì, perché un dolore paralizzante le si irradiò dal collo alla spalla. Soffocò un grido. Fu scossa da un brivido gelido e sentì le ossa scricchiolare come cristallo. Si posò una mano tremante sul torso: perché aveva l'impressione di avere cinque o sei costole sfondate?

Si aprì pian piano la chiusura lampo del parka e si accorse che una specie di giubbotto di salvataggio le stringeva la vita e il petto. Perché le avevano infilato quell'aggeggio? Solo dopo un lungo momento comprese. Solo quando si infilò le mani in tasca e trovò un biglietto da visita con la scritta:

Una mossa e SALTI IN ARIA
Una parola e SALTI IN ARIA
Non dimenticare mai che TI STO GUARDANDO

Esaminò di nuovo l'aggeggio che le imprigionava il torace, sotto il parka: non era un giubbotto di salvataggio, ma una cintura imbottita di esplosivo.

Ecco, finalmente ha capito!

Seduto davanti al monitor, l'Avvoltoio era al settimo cielo. Grazie alla rete di webcam installate nel parco, poteva osservare in tempo reale sul computer tutto quanto accadeva in Washington Square. Lo schermo era diviso in quattro rettangoli: tre vedute del parco da tre angolazioni diverse e un primo piano di Jodie.

Sfiorò delicatamente con l'indice il pulsante arancione del detonatore collegato al portatile. Bastò il contatto a farlo fremere.

Godeva al pensiero che sarebbe saltato in aria tutto. L'ordigno che aveva legato alla vita di Jodie conteneva oltre un chilo di tritolo mischiato a frammenti metallici. La deflagrazione avrebbe provocato un massacro, seminando il panico. Il mese prima, un kamikaze si era fatto esplodere nel metrò di Mosca. Da lì gli era venuta l'idea. In televisione avevano parlato di venti morti e oltre sessanta feriti, ma Clarence sperava di provocarne di più. Entro una ventina di minuti, davanti alla fontana alcuni studenti avrebbero messo in scena una pièce teatrale. Lo facevano ogni settimana e la rappresentazione richiamava sempre molta gente. Gente da trasformare in polpette...

Col suo cervello bacato, Sterling aveva sempre pensato che distruggere fosse il modo migliore per ottenere il possesso assoluto di una cosa. Doveva far esplodere tutto al più presto, naturalmente, ma voleva aspettare ancora un poco per gustarsi fino in fondo la scena e provocare il maggior numero di vittime. Gli piaceva molto la fase preliminare, il breve momento di calma in cui, prima dell'esplosione, poteva immaginarsi il successivo caos apocalittico.

Con due o tre clic del mouse zumò sul viso di Jodie e si divertì a vedere il suo sgomento. Era affascinato dalla fragilità della ragazza e dagli sforzi che faceva per non affondare. Capì, però, che stava per cedere. Per il momento era filato tutto liscio, ma si rendeva conto che occorreva prudenza. Passò di nuovo l'indice sul detonatore.

Non doveva indugiare troppo.

Nel corridoio del piano qualche vandalo si era divertito a spaccare tutti i campanelli e Sam fu costretto a bussare alla porta dell'appartamento. Sentì dei passi, poi un lieve rumore metallico e immaginò che lo stessero guardando dallo spioncino.

"Se ne vada!" gridò una voce femminile da dietro la porta.

Sam esaminò con attenzione la serratura e notò segni di scasso.

"Non sono un ladro", disse, cercando di tranquillizzare la donna, "e non sono nemmeno della polizia."

Alla fine il catenaccio fu tolto e nel vano della porta apparve il viso imbronciato di Birdie, la coinquilina di Jodie. La ragazza era vestita in maniera succinta: un baby-doll e una maglietta rosa confetto che lasciava scoperto l'ombelico.

"Che cosa vuole?"

"Mi chiamo Sam Galloway, sono un medico e devo assolutamente vedere Jodie."

"Non è in casa", rispose Birdie, già pentita di avergli aperto.

"La prego, è molto importante", disse lui infilando un piede nel vano della porta.

"Che cosa vuole da lei?"

"Solo aiutarla."

"Non ha bisogno del suo aiuto."

"Credo di sì."

"È nei guai?"

"Si droga, no?"

"Un po'..."

Sam la guardò: Birdie aveva occhi tristi, vitrei, con sbaffi di mascara sciolto.

"Senta, so che lei è stata ricoverata per un'overdose e che è stata Jodie a portarla in ospedale. Jodie l'ha soccorsa quando ne ha avuto bisogno: ora tocca a lei aiutarla. Mi dica solo dove posso trovarla."

"In questo periodo va spesso da Cyrus."

"Cyrus?"

"È il nostro *fornitore*. Le scrivo il suo indirizzo, ma non gli dica che sono stata io a..."

"Promesso."

Birdie scarabocchiò qualcosa sul retro di un buono sconto. Sam la ringraziò e le porse un biglietto da visita con il suo numero e l'indirizzo dell'ospedale.

“Se un giorno avesse voglia di disintossicarsi, venga da me, la aiuterò.”

Birdie non prese il biglietto.

“Piuttosto, non ha per caso venti dollari?”

“No, mi spiace”, rispose Sam, deluso della sua reazione.

Ogni volta che vedeva persone misere e infelici, si sentiva in colpa se non poteva aiutarle. Benché sapesse che non era possibile, avrebbe voluto salvare tutti. Stava già scendendo le scale, quando tornò d’impulso indietro.

“Ecco”, disse. Piegò due biglietti da dieci dollari e vi infilò dentro il biglietto da visita, in modo che, prendendo i soldi, Birdie si ritrovasse in mano anche quello.

La ragazza afferrò le banconote e sbatté la porta senza dire una parola.

Si diresse verso il salotto per riprendere la sua occupazione preferita – guardare videoclip alla tivù – ma prima passò dalla cucina per gettare il biglietto da visita nella spazzatura. Infilò i soldi sotto l’elastico delle mutande. Con quei dollari avrebbe potuto comprarsi due o tre pillole e fare un bel trip.

Sam intanto aveva raggiunto Grace, che lo aveva aspettato appoggiata al cofano dell’auto, tenendosi pronta a intervenire in caso di pericolo.

“Allora?” gli domandò lei, ansiosa.

“Jodie non era in casa, ma ho un indirizzo”, rispose lui. “Su, salga in auto, che le racconto...”

Stesa sul divano, Birdie si godeva la musica. D’un tratto, in un misterioso lampo di lucidità, tornò in cucina, frugò nella spazzatura, trovò il biglietto da visita di Sam e lo attaccò con le puntine al pannello di legno a fianco del frigo.

Un giorno, chissà...

Terrorizzata all'idea di fare il minimo movimento, Jodie sentiva il cuore battere contro l'esplosivo. Con le ginocchia tremanti e un terribile senso di vuoto al ventre, aveva l'impressione di fluttuare in un baratro infinito.

Fino a poche ore prima, la vita le era parsa inutile e deprimente e aveva visto più volte la morte come una liberazione. Ora invece una sola cosa sapeva per certo: non voleva morire. L'idea che tutto finisse così all'improvviso in quel pomeriggio d'inverno la terrorizzava. Febbrilmente, gettò la testa indietro e si inebriò dell'immensità del cielo. Un soffice fiocco di neve le cadde sulla guancia, trasformandosi in lacrima cocente.

Si guardò intorno senza spostarsi dalla panchina. Spaventata com'era, percepiva tutto con maggiore intensità e si sentiva in qualche modo partecipe della vita di ogni persona presente.

Washington Square si trovava in uno dei quartieri più belli di Manhattan, dove i grattacieli cedevano il posto a eleganti casette di mattoni rossi. Natale non era lontano e, su alberi e balconi, ghirlande di lampadine elettriche disegnavano i contorni di angeli e stelle.

Nonostante la neve, una fauna eterogenea gremiva i viali. Era uno dei posti prediletti dagli studenti della New York University, i cui edifici occupavano diversi isolati intorno al parco. Alcuni di quegli studenti recitavano brani teatrali, altri giocavano a frisbee, altri ancora correvano con i roller o facevano giochi di destrezza.

Ma la cosa più bella era che, nonostante il freddo, molti avessero portato gli strumenti musicali e suonassero per i passanti. Era molto meglio eseguire un pezzo lì che tra le quattro mura di un monolocale. Sul lato di ponente del parco, panchine e tavoli di legno accoglievano giocatori di scacchi e alcuni appassionati stavano seguendo una combattuta partita tra un vecchio ebreo con la kippah in testa e un Bobby Fisher in erba.

Qui e là, madri di famiglia mettevano la sciarpa ai figli o calcavano loro in testa il berretto di lana prima di lasciarli correre dietro agli scoiattoli.

Era il vero spirito di New York. Della New York multietnica e multiculturale in cui, per qualche istante, si poteva quasi credere all'utopia di un mondo affratellato.

Jodie guardò lo scenario con un senso di empatia che non aveva mai provato prima. Su una panchina al suo fianco, una coppia di innamorati si divideva, sbaciucchiandosi, una cialda. Li guardò con emozione; lei, pensò, sarebbe morta senza aver mai conosciuto l'amore.

D'un tratto, accanto alla fontana centrale, alcuni studenti che attendevano l'inizio della pièce teatrale si misero a cantare in coro *Hallelujah*, di Leonard Cohen, alla maniera di Jeff Buckley. Colpiti dalla bellezza del canto, diversi passanti si fermarono ad ascoltare e, per un breve attimo, il parco fu pervaso da un senso di grazia e purezza.

Poi un predicatore, Bibbia alla mano, fermò gli astanti per annunciare loro l'imminenza di una catastrofe.

Ma nessuno gli badò.

Mark Rutelli era di pattuglia a *midtown* e aspettava senza troppa convinzione che una chiamata radio lo mettesse sulle tracce di Jodie. Era tutta la mattina che non toccava alcool. Delgadillo sarebbe stato troppo contento di vederlo ubriaco e lui non voleva dargli quella soddisfazione. Questione di dignità.

Da qualche minuto, però, sentiva un tremito sempre più forte alle mani. Istintivamente frenò all'altezza di uno spaccio di alcolici. Inutile farsi illusioni: non sarebbe stato quello il giorno in cui avrebbe smesso di bere.

Entrò nel negozio e ne uscì con una bottiglietta di vodka nascosta in un sacchetto marrone. Aspettò di risalire in macchina per bere il primo sorso. Il liquore gli bruciò la lingua, il palato e la gola, prima di riscaldare con la sua confortante fiamma l'esofago e il resto del corpo. Mark sapeva benissimo che il conforto era solo un'illusione, ma, almeno per un breve periodo, il veleno gli permetteva di essere attivo ed efficiente. Con l'animo pieno di tristezza e senso di colpa, trangugiò un altro sorso e constatò con sollievo che non gli tremavano più le mani.

Si sentiva scisso dentro e ammaccato fuori. Lo credevano forte e virile, ma era tutto l'opposto. Più s'impegnava nel suo mestiere, più era sopraffatto da un carico di emotività che non riusciva a controllare.

I poliziotti non vedevano certo il meglio del genere umano. Sempre più spesso pensava che la realtà fosse profondamente ingiusta; e allora beveva. Beveva per poter guardare il mondo con distacco e sopportare la miseria e l'infelicità che scorgeva intorno a sé.

All'epoca in cui era viva Grace, la vita gli era parsa più bella, perché la loro complicità gli aveva permesso di accettare di più i lati penosi della professione. Grace sapeva rendere luminoso il quotidiano e trovare un senso a ogni cosa, mentre lui si portava addosso una malinconia profonda che, a distanza di anni, era divenuta sua costante compagna.

Non c'era giorno che Grace non gli mancasse. A volte, quando era ubriaco fradicio, arrivava perfino a convincersi che fosse ancora viva. Ma la sensazione non durava mai molto e il ritorno alla ragione era ogni volta più doloroso.

Stava rimuginando su queste cose, quando la radio lo riportò alla realtà gracchiando: "Agente Rutelli!"

"Sì?"

"Credo che abbiamo trovato Jodie Costello."

Sam fermò l'auto davanti all'ingresso dei casermoni popolari e lasciò il motore acceso. La neve, che ora scendeva fitta, aveva svuotato le strade e conferiva al quartiere un'aria da città fantasma. Grace gli raccomandò per l'ultima volta di usare prudenza, ma lui si strinse nelle spalle.

"Senta, Galloway, siamo nel cuore del Bronx e si accinge a interrogare uno spacciatore", insistette lei. "È pericoloso."

"Lo so."

"Allora non faccia il furbo con quel Cyrus, capito?"

"*Yes, sir.*"

Dopo un istante di riflessione, la detective aggiunse: "Mi chiedevo una cosa..."

"Cosa?"

"Lo spacciatore di sua moglie, quel Dustface, è morto?"

"Sì."

"Come?"

Sam aprì la portiera e una folata d'aria gelida entrò nell'abitacolo della Land Rover.

"È una vecchia storia e non di quelle che si raccontano alla fine di un pranzo in famiglia."

Scese dall'auto senza aggiungere altro. Pensierosa, Grace lo guardò allontanarsi sotto la neve, poi lo raggiunse qualche metro più in là.

"Aspetti, Sam."

Tirò fuori la pistola, estrasse il caricatore e gliela diede.

"È scarica. Con questa non rischia di ucciderlo, ma potrebbe intimidir..."

Sam la interruppe.

"Non insista", replicò. "A ciascuno il suo metodo."

"Benissimo, si faccia uccidere se così le piace", disse piccata lei.

Sam entrò nel primo casermone per cercare di orientarsi, ma ne uscì quasi subito, perché nel sottoscala alcuni coinquilini stavano litigando furiosamente. In fondo Grace non aveva tutti i torti: era assurdo fare gli eroi e rischiare di morire assassinati da una coltellata in quel postaccio squallido.

Impiegò qualche istante a trovare l'ubicazione esatta dell'appartamento di Cyrus, perché le cassette della posta erano state divelte. Non chiese indicazioni a nessuno: aveva passato l'infanzia in un quartiere come quello e sapeva di poter contare solo su se stesso. Arrivato davanti alla porta giusta, suonò più volte. Nonostante la musica assordante che proveniva dall'appartamento, nessuno venne ad aprire. Bussò, e finalmente un giovane nero comparve e gli lanciò un'occhiata torva.

"Cosa vuoi, amico?"

"Sei Cyrus?"

"Può darsi."

"Cerco Jodie Costello. È lì con te?"

"Non la conosco", tagliò corto Cyrus.

"Non prendermi per il culo. So benissimo che le rifili la tua merda."

"Vattene o ti spacco la faccia, amico. Non la conosco, la tua Jodie."

Stava per chiudere la porta, quando Sam tentò di nuovo il trucco del piede.

"Dimmi solo dov'è, Cyrus."

Ma lo spacciatore non intendeva collaborare. Prendendo la spinta, alzò la gamba destra, ruotò il piede e sferrò a Sam un calcio che lo scaraventò contro la parete del corridoio.

"Cazzo! Vaffanculo, amico!" lo insultò, lieto di aver potuto utilizzare le mosse apprese durante gli allenamenti di *kick boxing*. Poi si sbatté la porta alle spalle.

Sam si rialzò, malconcio e umiliato. Era stato colpito al fegato e gli mancava l'aria. Udì un rumore di passi sulla scala.

"Ho l'impressione che i suoi metodi abbiano dei limiti, a volte", ironizzò Grace.

"Non sempre funzionano", ammise Sam spolverandosi il cappotto.

"Siccome abbiamo fretta, useremo i *miei*, se non le spiace."

"Nessuna obiezione."

"Mi scuso fin d'ora se sono un po' rozzi", disse lei estraendo la pistola dalla fondina.

Si piazzò davanti all'ingresso e sparò due colpi che fecero saltare la serratura. Sam aprì la porta con un calcio ed entrò nell'appartamento dietro a lei.

26

Brucerò all'inferno per proteggerti.

DAL FILM *IL PADRINO*, DI FRANCIS FORD COPPOLA

Jodie era raggelata. Il parka, inzuppato di sudore freddo, era troppo leggero per difenderla dal freddo e i jeans le stavano appiccicati alla pelle perché, quando aveva visto arrivare l'Avvoltoio, se l'era fatta addosso. Tremava e si sentiva sciogliere dalla paura.

"Ciao, Jodie."

La ragazza alzò gli occhi spaventata: mani nelle tasche, Mark Rutelli stava venendo nella sua direzione. Avrebbe voluto metterlo in guardia, dirgli di non avvicinarsi e soprattutto di non parlarle.

Perché l'Avvoltoio li stava spiando.

Perché sarebbe saltato tutto quanto in aria.

Per non farla fuggire, Rutelli si sedette sulla panchina a fianco alla sua. Si accorse subito che la ragazza si trovava in uno stato terribile.

"Che cosa fai di bello?" le domandò, per intavolare una conversazione.

"Di bello proprio niente", balbettò Jodie con una voce così flebile e tremula che pareva la fiamma di una candela incalzata dal vento.

"Sei nei guai?"

In un primo tempo lei restò immobile; poi, piangendo, annuì.

"Posso aiutarti, Jo?"

Tra un singhiozzo soffocato e l'altro, Jodie riuscì a rispondere: "Credo... di avere una bomba..."

"Una bomba?"

"Legata al corpo."

"Ma che dici?"

"Intorno alla vita."

Rutelli scosse la testa.

"Fammi dare un'occhiata", disse, alzandosi.

Stava per avvicinarsi alla panchina, quando lei assunse un'espressione terrorizzata. Sconcertato, lui capì di dover stare alla larga e tornò a sedersi.

Cercò di riordinare le idee. La storia della bomba era assurda; era evidente che Jodie delirava, forse perché, come molti dei tossici che aveva conosciuto nel corso della carriera, si era fatta un'overdose. Se voleva aiutarla, l'unica cosa sensata da fare era chiamare un'ambulanza. Stava per lanciare un appello via radio, quando la guardò negli occhi. In genere evitava di guardarla negli occhi, perché aveva lo stesso sguardo di Grace e questo lo faceva soffrire.

Gli occhi chiari di Jodie erano arrossati e sembravano un mare in fiamme. In quel rossore si mischiavano paura, lacrime, droga e mancanza di sonno. Ma soprattutto quegli occhi dicevano disperatamente: *Salvami!*

In preda all'ira, l'Avvoltoio batté un pugno sul tavolo. Chi era il tizio che stava parlando con Jodie? Per la miseria, perché non le aveva messo addosso un microfono in maniera da poterla ascoltare? Sovreccitato com'era, aveva agito troppo in fretta, dimenticandosi le regole fondamentali. Digitò rabbiosamente sulla tastiera per regolare la telecamera che stava filmando la ragazza e distinse, in secondo piano, la sagoma di Rutelli. Aggrottò la fronte e socchiuse gli occhi. Jodie conosceva quell'uomo? No, Clarence sentiva di poterlo escludere. Senza dubbio si trattava di uno di quei pervertiti che rimorchiavano le bambine nei parchi.

Tuttavia la loro conversazione sembrava prolungarsi oltre il ragionevole. Sterling esitò e guardò le altre inquadrature. La rappresentazione teatrale stava per cominciare e sempre più gente si stava radunando intorno alla fontana.

Ancora due minuti, decise stringendo con mano tremante il detonatore.

"Credi che ci stia guardando?"

Jodie fece un lievissimo cenno di assenso.

Parlando per sottintesi, gli aveva raccontato quello che le era accaduto nelle ultime ore: che era stata rapita dal suo spacciatore e consegnata all'Avvoltoio.

"Credi che si trovi da queste parti?"

Jodie scosse la testa.

"Allora come fa a vederci?" chiese Rutelli, senza capire.

"Con le telecamere."

Mark si guardò intorno.

"Quali telecamere? Non ne vedo nessuna."

"Sono webcam", spiegò Jodie.

Lui fece un grugnito. Non sapeva esattamente che cos'era una webcam: da dieci anni non seguiva l'evoluzione tecnologica. Cellulari, palmari, e-mail, WiFi non avevano posto nella sua vita. Ricordò i rimproveri di Delgadillo poco prima e pensò che aveva avuto ragione, in fondo, a dirgli che "aveva fatto il suo tempo".

Quella constatazione lo rattristò ancora di più.

"Scusi", disse Jodie di punto in bianco, trattenendo a stento le lacrime.

"Di che?" domandò Rutelli alzando la testa a guardarla.

"Scusi se in precedenza non ho avuto fiducia in lei."

Il poliziotto provò una stretta al cuore. Anche lui era pieno di rammarico.

"La colpa non è tua, ma mia, Jodie. Non ho saputo proteggerti. Avrei dovuto essere più presente nella tua vita."

"Non gliene ho dato la possibilità", riconobbe lei.

I loro sguardi si incrociarono di nuovo e Rutelli si sentì di colpo pervadere da una forza sconosciuta.

"Ti tirerò fuori di qui", promise. "Ma prima di tutto devi dirmi dove si nasconde quel figlio di puttana. Sai dov'è la sua tana?"

Sgomenta, Jodie si rese conto di non sapere dove fosse il nascondiglio di Sterling.

Cyrus l'aveva trasportata nel bagagliaio dell'auto e poi l'aveva rinchiusa in una stanza buia e senza finestre. Provò a riflettere, ma era fisicamente e mentalmente esausta. Inoltre, le era venuta l'emicrania più atroce che avesse mai avuto.

"Non lo so", balbettò.

"Fa' uno sforzo", la incoraggiò Rutelli.

Capendo che la sua vita dipendeva forse da quell'informazione, Jodie si concentrò e, nonostante l'estrema debolezza, scoprì in sé risorse che non aveva mai immaginato di avere.

“Credo… credo che fosse dalle parti di Traverse Road, a ovest di Hyde Pierce.”

“Devi essere più precisa.”

“Non lo so… non me lo ricordo.”

Rutelli cercò di nascondere la propria delusione.

“Va bene”, disse alzandosi per tornare alla macchina. “Vedrò di farcela con queste poche indicazioni; ma bisogna che mi sbrighi.”

“Ho paura di stare da sola”, mormorò Jodie.

“Lo immagino. Non muoverti, mi raccomando. Torno presto.”

Non era mai stato molto bravo a consolare le persone e ancor meno le ragazzine nei guai. Fu quindi con stupore che si sentì uscire dalla bocca parole di conforto. “Sai una cosa? Mentre aspetti che io torni, fai l’elenco di tutte le cose che vorresti realizzare prima dei vent’anni. D’accordo?”

Jodie annuì timidamente.

“E, quando tutto sarà finito, ti aiuterò a recuperare il tempo perduto. Te lo prometto.”

“A destra”, indicò Cyrus con voce tremante.

Lo spacciatore era seduto sul sedile posteriore della Land Rover e aveva la pistola di Grace puntata alla tempia. Dopo un duro interrogatorio, la detective lo aveva convinto a condurla nella tana dell’Avvoltoio.

“E adesso?” domandò Sam.

“Sempre dritto, poi la seconda a sinistra.”

Sam attivò il tergicristallo per spazzar via la neve che si era accumulata sul parabrezza. Il fuoristrada imboccò un viale che costeggiava una fila di magazzini.

"È qui?" domandò Grace.

"Sì", confermò Cyrus. "Il garage all'estrema sinistra."

Mantenendosi a una certa distanza dai magazzini, Sam si diresse verso la saracinesca indicata.

"Ci vuole un codice", disse. "Lo conosci?"

"No", rispose Cyrus. "Mi apre lui quando sa che devo venire."

Grace sollevò la pistola e gliene infilò con decisione la canna in bocca

"Fuori il codice!"

Terrorizzato, lo spacciatore allargò le braccia in segno di impotenza.

"Hai tre secondi. Uno... due... tr..."

"Basta, non vede che dice la verità?" sbottò Sam.

"Lei cosa ne sa?"

"Sono anche psicologo e so quando uno mente."

"Non sono affatto convinta che stia dicendo la verità", replicò Grace togliendo la canna della pistola dalla bocca di Cyrus.

"Vieni con me", gli intimò.

Scese dalla macchina, trascinò fuori il giovane nero e lo inchiodò al cofano per cercargli addosso il cellulare.

"Qual è il numero dell'Avvoltoio?"

"Non lo so", mentì Cyrus. "È lui che mi avverte quando ha la roba."

Grace allungò il cellulare a Sam, che consultò in fretta la rubrica senza tuttavia riuscire a trovare traccia del numero di Sterling.

La detective gettò il telefonino in terra e lo pestò sotto i piedi.

"Smamma", intimò a Cyrus.

"Posso... posso andare?"

"Se provi ad avvertire l'Avvoltoio, ti trovo e ti ammazzo, capito?"

"Sissignora."

Ma Sam non era d'accordo.

"È uno spacciatore, non lo arrestiamo?"

"Lei non è un poliziotto, Galloway."

"Lei però sì, Grace."

"Lasci perdere: non siamo qui per questo."

Cyrus si dileguò senza dire una parola.

"I medici non possono salvare tutti e i poliziotti non possono arrestare tutti", soggiunse Grace. "Così è."

"Allora che cosa propone, adesso?"

Lei girò lentamente intorno alla macchina e la scrutò come se intendesse acquistarla. La Land Rover era un'auto di gran lusso, che coniugava una linea elegante con la solidità e la praticità delle jeep militari.

Studiò il grande, massiccio cofano, che scendeva quasi ad angolo retto tra i fari quadrati. Anche la larghezza degli pneumatici e l'altezza impressionante dei sedili davano un'idea di robustezza e aggressività, da macchina da guerra pronta all'arrembaggio.

"Quanto costa un affare così?" domandò.

"Molto", rispose Sam, "e, se vuol saperlo, devo ancora finire di pagarla."

"Curioso. Non avrei mai detto che uno come lei avesse un'auto del genere."

Per un attimo Sam parve turbato, poi, con voce incerta, confessò: "Ho ceduto al fascino del fuoristrada il giorno in cui Federica mi ha annunciato che era incinta. Ero così felice che mi sono precipitato nella prima concessionaria che ho visto, come se comprare una macchina grande significasse *ipso facto* avere una famiglia grande. Immaginavo già i weekend fuori città, le vacanze con i bambini nei parchi nazionali e così via. Che stupido, eh?"

"No", mormorò Grace, posandogli una mano sulla spalla in segno di solidarietà.

Guardando pensieroso la Land Rover, Sam disse: "So a cosa sta pensando, e sono d'accordo con lei che sia la mossa più opportuna".

"Bene. Allora non perdiamo tempo."

Risalirono in auto. Sam fece marcia indietro per prendere tutta la rincorsa possibile. Disponeva di un motore V8 4,4 litri, il più potente mai montato su una Land Rover.

"Si allacci la cintura", disse a Grace.

Con un comando sul cruscotto si selezionava il tipo di strada a cui l'auto doveva adattarsi. Lo spostò da "guida normale" a "guida su terreno accidentato" e subito il sistema passò alla taratura più idonea a quel terreno in termini di sospensioni, potenza e antislittamento.

"Me lo sentivo che, prima o poi, questo fuoristrada sarebbe servito a qualcosa", aggiunse prima di premere il pedale dell'acceleratore.

Come un possente ariete, la Land Rover da due tonnellate si lanciò a tutta velocità contro la saracinesca metallica.

L'Avvoltoio era affascinato dalle immagini che gli scorrevano davanti. Washington Square era una delle zone più vivaci della città e l'animazione incantava uno come lui, che non era mai riuscito a sentirsi vivo. Si inebriava della vita di tutta quella gente, compiacendosi di ogni particolare: il colore dei capelli di una studentessa, il sorriso di una madre al suo bambino, il passo di danza di due rapper...

Per un istante chiuse gli occhi e immaginò il seguito. L'esplosione, che sarebbe stata udita a molti chilometri di distanza, avrebbe provocato caos e orrore. Innanzitutto volti inebetiti si sarebbero guardati intorno senza capire come la guerra fosse potuta irrompere all'improvviso nella loro esistenza, poi il terreno si sarebbe riempito di corpi dilaniati. Da ogni parte si sarebbero levate urla laceranti. La gente sarebbe fuggita in ogni direzione con il viso insanguinato e il ventre squarciato.

Con gli occhi della mente, Sterling vedeva immagini frammentarie della terribile carneficina, come se la bomba fosse già esplosa.

Era tutto così reale. Una bambina, intrappolata sotto una panchina, urlava: "Mamma, mamma!" Un uomo ancora giovane che era stato scaraventato contro la fontana si stava rialzando con la testa ridotta a una poltiglia sanguinolenta. Scossa dai singhiozzi, una donna guardava terrificata il braccio che l'esplosione le aveva amputato.

In ogni angolo c'erano solo morti, feriti. Devastazione. Un caos indescrivibile e una desolazione assoluta. Dappertutto erano sparpagliati corpi immersi in pozzanghere di sangue.

Nell'intera piazza l'orrore sarebbe stato così sconvolgente che nessuno avrebbe mai potuto dimenticarlo.

Era un atto folle? Sì, certo, ma che importava? Dopo avere meditato a lungo sul problema, Clarence era giunto alla conclusione che la società aveva bisogno di persone come lui. L'umanità ha bisogno dei grandi criminali, se non altro per comprendere che cos'è il Male; solo il Male, infatti, permette al Bene di esistere. Perché, a ben riflettere, senza malattia non c'è medico, senza incendio non c'è pompiere, senza nemico non c'è soldato.

Sì, pensò, *è il Male e solo il Male ad aprire la porta al Bene.*

Sam ripeté più volte la manovra prima che la saracinesca cedesse. Al terzo tentativo, i cardini della porta di metallo finalmente si ruppero e la Land Rover si aprì un varco.

L'Avvoltoio trasalì udendo un gran fragore sotto di lui. La polizia? E come aveva fatto a trovarlo? Guardando il monitor del sistema di sicurezza ebbe la conferma che qualcuno era entrato nell'edificio, ma con molto sollievo constatò che si trattava di un'unica auto, e non della polizia.

Seccato di essere stato interrotto, tirò fuori da un cassetto una pistola automatica. Chiunque fosse l'intruso, si sarebbe pentito di avere fatto irruzione lì.

Sam scese la rampa di cemento e arrivò in un parcheggio sotterraneo completamente buio. Stava per accendere i fari, quando Grace lo dissuase dal farlo, dicendo che in quel modo sarebbero stati più visibili. Appena ebbe spento il motore, una raffica di proiettili si abbatté sul parabrezza, che esplose in migliaia di frammenti.

"Giù la testa!" gridò Grace tirandolo per un braccio.

I proiettili fischiavano e rimbalzavano dappertutto, lacerando l'aria con un rumore assordante.

La Land Rover era sempre ferma in mezzo al parcheggio. Grace guardò Sam, che era terreo.

"Resti qui", disse.

Si erano raggomitolati entrambi sotto i sedili. Con la pistola in pugno, lei aprì piano la portiera e rotolò in terra.

Una nuova raffica di pallottole crivellò il fuoristrada.

Grace riuscì a infilarsi in una nicchia nel muro e, inchiodata alla parete, rispose al fuoco. Per un attimo nel parcheggio regnò un silenzio carico di tensione, poi si udirono dei passi sul cemento. Grace si arrischiò a sbirciare fuori della nicchia e intravide la sagoma dell'Avvoltoio che fuggiva lungo il corridoio. Puntò la pistola e gli sparò, ma lo mancò; allora uscì dal riparo e imboccò anche lei il corridoio, avanzando con prudenza. Lì c'era una penombra dai riflessi arancioni, che lasciava vagamente intravedere un sottile raggio di luce dietro una porta.

A bordo della Land Rover, Sam torse il busto per afferrare il cappotto sul sedile posteriore, frugò nella tasca interna e tirò fuori il cellulare. Doveva chiamare subito la polizia. Siccome al buio non vedeva i numeri, premette un tasto per illuminare lo schermo. Non successe niente. Cazzo, si era dimenticato di ricaricare il cellulare! Si era accorto che era scarico il giorno prima, a casa di Leonard McQueen, ma non aveva potuto fare niente perché si era scordato di portarsi dietro il caricabatteria. Perché non si erano tenuti il telefonino di Cyrus, anziché pestarlo stupidamente sotto i piedi, pochi minuti prima?

Scese dalla macchina chiedendosi come aiutare Grace. Strinse gli occhi e la scorse a una ventina di metri di distanza. Con grande coraggio, si era infilata da sola tra le tenebre del corridoio per andare a controllare se dietro la porta socchiusa non fosse tenuta prigioniera Jodie.

Sam si domandò preoccupato se Grace non corresse troppi rischi procedendo così allo scoperto. Molto probabilmente l'Avvoltoio la stava aspettando dietro la porta, pronto a scaricarle addosso una nuova raffica di colpi. Era una battaglia impari. Quel delinquente usava un'arma molto sofisticata, mentre lei aveva solo la pistola di servizio.

D'un tratto distinse una sagoma scura che si muoveva alle spalle di Grace ed ebbe un tuffo al cuore: l'Avvoltoio si era nascosto in una nicchia nel muro e Grace lo aveva superato senza vederlo, cadendo in trappola. Aprì la bocca per avvertirla, ma non gli uscì nessun suono.

"Cerchi me?" chiese l'Avvoltoio a Grace.

Colta di sorpresa, la donna rimase per un istante raggelata, poi si girò più in fretta che poté. Troppo tardi. L'altro premette il grilletto e lei, con il corpo crivellato di proiettili, fu scagliata a molti metri di distanza.

"No!" urlò Sam avventandosi contro l'assassino.

Approfittando dell'effetto sorpresa, gli sferrò un potente gancio che lo scaraventò a terra. Stordito, il criminale lasciò andare la pistola.

Sam lo afferrò per la nuca per dargli una ginocchiata, ma l'altro si liberò della stretta e, senza rialzarsi, lo sbilanciò con abile mossa, facendolo cadere a sua volta in terra. I due si rialzarono nello stesso istante e si guardarono, pronti a picchiarsi a sangue. Sam aveva dimenticato la paura e ribolliva di rabbia. Ai suoi piedi, Grace giaceva supina, senza più vita.

Non faceva a botte da un'eternità, ma, animato dalla collera, attaccò per primo, tirando molti pugni all'Avvoltoio, che li parò e lo colpì con una gomitata alla tempia. Sam rispose con un calcio che andò a segno. L'altro fece la finta di piegarsi in due e presentargli il dorso come se si trovasse in una posizione vulnerabile. Sam allora abbassò imprudentemente la guardia e l'Avvoltoio lo colpì con il piede, facendogli perdere l'equilibrio; quindi, approfittando del vantaggio, piegò la gamba destra e gli sferrò un calcio tremendo alla tibia.

Sam cadde in terra urlando come se gli avessero rotto

un osso. Una gomitata dell'avversario gli ammaccò la spalla e lo mandò KO.

"Efficace, vero?" disse il criminale riprendendosi la pistola. "I giapponesi lo chiamano *fumikomi.* È un colpo molto adatto anche a fracassare un ginocchio o una caviglia."

Steso al suolo, Sam si premeva le mani sulla tibia per cercare di contenere il dolore. Nel parcheggio sotterraneo ancora in penombra, l'Avvoltoio azionò un interruttore per guardare la sua vittima in viso prima di ucciderla. Giudicava molto importante *vedere* il Male nel momento in cui lo compiva.

D'un tratto l'area fu illuminata da una luce accecante. Sam chiuse gli occhi, terrorizzato. Sarebbe dunque morto così, da solo, con un proiettile in testa tiratogli da un bruto in uno squallido garage del Bronx? Che tristezza! Non era preparato.

La mattina si era svegliato a fianco di Juliette e mai al mondo avrebbe pensato che quello fosse l'ultimo giorno della sua vita. Certo, non sarebbe stato il primo a essere falciato nel fiore degli anni, ma era una magra consolazione. Era così spaventato che gli sembrava che il cuore dal petto gli fosse risalito in gola.

Ma come mai l'Avvoltoio non si decideva a sparare?

Con un estremo atto di coraggio, Sam aprì gli occhi: tanto valeva guardare la morte in faccia. Per la prima volta, vide chiaramente il viso del suo aggressore e constatò incredulo che lo conosceva.

"Clarence Sterling!"

Poco prima, quando aveva nominato l'uomo a cui aveva consegnato Jodie, Cyrus non l'aveva chiamato con il suo vero nome, ma soltanto con il suo macabro soprannome.

Come Sam riconobbe Sterling, così Sterling riconobbe lui.

"Galloway! Ah, ah, ah!"

Sam si rialzò pian piano, mentre nella mente gli riaffioravano i ricordi. Aveva visto Clarence Sterling solo una volta nella vita, dieci anni prima, ma non l'aveva mai dimenticato.

"Noi ci conosciamo!" disse il criminale dopo il primo istante di stupore.

Clarence Sterling era il killer che Sam aveva pagato per sbarazzarsi di Dustface; all'epoca non era che un teppistello di quartiere, anche se era già temuto per la sua crudeltà.

"Allora non ho neppure bisogno di ucciderti", continuò l'Avvoltoio. "Su, alzati e seguimi."

Sam ubbidì e, sotto la minaccia della pistola, s'incamminò lungo il corridoio.

Quando aveva mancato di uccidere Dustface, aveva capito che lo spacciatore avrebbe braccato lui e Federica finché non li avesse tolti di mezzo. Così, dopo averci rimuginato su infinite volte, si era arreso all'evidenza: l'unico modo per ricominciare una nuova vita era eliminare lui prima che lui eliminasse loro. In città si mormoravano dei nomi di "operatori" capaci di compiere la missione e Sam, presi i seimila dollari destinati agli studi universitari, li aveva offerti a uno dei killer sul mercato: Clarence Sterling. Due giorni dopo, Dustface era morto. Nessuno – né Shake Powell né Federica – aveva mai saputo che dietro l'assassinio c'era lui, Sam. La decisione e la responsabilità erano state tutte sue e ogni mattina, quando radendosi si guardava allo specchio, continuava a pagarne il prezzo.

Il prezzo del sangue.

Arrivarono in fondo al corridoio e scesero la scala di metallo che conduceva a una sorta di ufficio. Sam era convinto di trovare Jodie legata in un angolo, invece c'era solo un computer con diversi monitor. Sterling si accomodò sulla sua sedia e gli fece segno di sedersi in un angolo.

"Siamo nei palchi di prim'ordine", disse. "Apri gli occhi e guarda. Ci divertiremo."

Sullo schermo principale, Sam vide Jodie seduta su una panchina sullo sfondo di Washington Square. Lì per lì non capì che cosa stesse succedendo.

Poi si accorse che Sterling stringeva il detonatore tra le dita e comprese che si accingeva a compiere una carneficina.

"Ora zero!" esclamò l'Avvoltoio.

Con uno sforzo supremo, Sam gli si avventò contro, ma, impedito dalla ferita, non fu abbastanza rapido.

Poiché aveva avuto tutto il tempo di vederlo avvicinarsi, Sterling afferrò la pistola che aveva tenuto a portata di mano e gliela puntò addosso.

"Peggio per te!"

Premette il grilletto e il silenzio della stanza fu rotto da un primo colpo, cui ne seguì subito un altro che sembrò quasi un'eco del primo.

Sam sentì esplodergli la spalla. Una pioggia di sangue gli bagnò il viso, ma quando vide Clarence crollare ai suoi piedi, capì che il sangue non era il suo.

Piegato in due per il male, sgranò gli occhi, tenendosi la mano premuta contro la ferita.

Nel vano della porta, Mark Rutelli si guardò la destra con cui impugnava la pistola.

Non tremava.

Fece qualche passo avanti e si assicurò che Sam non fosse ferito gravemente, poi si avvicinò al cadavere dell'Avvoltoio e gli sparò altre due pallottole, quasi a volersi liberare, con quel gesto, di anni di sofferenza e tormenti.

In lontananza si udirono le sirene delle ambulanze e delle auto della polizia.

Rutelli andò alla scrivania e scoprì l'arsenale informatico che permetteva a Sterling di guardare le sue vittime. Nel monitor principale vide Jodie che, in primo piano, pareva fissarlo. Si avvicinò allo schermo e mormorò: "È finita. Andrà tutto bene, adesso".

27

Ognuno difende l'altro dal resto
del mondo, ognuno rappresenta per
l'altro il resto del mondo.
PHILIP ROTH

ST. MATTHEW'S HOSPITAL – PRONTO SOCCORSO, ORE 20.46

"Stia fermo, dottor Galloway!"

Claire Giuliani, una giovane interna del pronto soccorso, stava finendo di fasciare con bende voluminose la spalla di Sam, il quale per l'occasione aveva indossato il pigiama regolamentare di tutti i pazienti. A quelle parole, lui smise di dimenarsi nel letto e chiuse gli occhi. Alla furiosa tensione della sparatoria era succeduta la calma dell'ospedale.

Pochi istanti dopo la morte dell'Avvoltoio, un esercito di poliziotti e paramedici aveva invaso lo stabile e, senza che nessuno domandasse il suo parere, Sam era stato condotto al St. Matthew's per essere sottoposto a una serie di analisi e radiografie.

"È stato fortunato", continuò Claire. "La pallottola ha attraversato il trapezio senza toccare l'osso. Invece tra qualche giorno bisognerà fare le analisi per verificare la presenza di un'eventuale infezione: il tessuto muscolare è stato lacerato e..."

"Sì, sì. Non dimentichi che sono anch'io un medico. Come va la caviglia?"

Claire gli porse il risultato delle radiografie.

"Non è rotta, è solo una brutta storta. E il fatto che *anche lei* sia medico non la dispensa da un riposo obbligato di una quindicina di giorni. Se sarà bravo, forse le farò una bella fasciatura compressiva."

Sam arricciò il naso e girò la testa dall'altra parte. La cannula di plastica della fleboclisi gli limitava i movimenti, non tanto da impedirgli di notare il colosso in abito scuro che montava la guardia davanti alla porta socchiusa.

"Posso chiederle un piacere, Claire?"

"Che cosa mi dà in cambio?" domandò la giovane dottoressa togliendogli la borsa del ghiaccio dalla caviglia.

"Un grazie di cuore."

"Più una cena da Jean-Georges.* Dicono che i dolci siano favolosi."

"Vada per la cena."

Sam indicò col dito l'agente dell'FBI proprio nel momento in cui un'infermiera gli portava le stampelle. Il federale approfittò del fatto che la donna entrasse per infilarsi nella stanza a sua volta.

Era un omone che, come molti suoi colleghi, portava i capelli tagliati a spazzola. Si avvicinò a Sam e, mostrando le proprie credenziali, gli disse che era autorizzato a fargli visita.

"Buona sera, signor Galloway, sono l'agente Hunter", si presentò. "So che è un brutto momento per lei, ma vorrei rivolgerle qualche domanda."

* Celebre ristorante francese di Central Park. [*N.d.A.*]

"A sua disposizione", fece Sam, fingendosi collaborativo.

Claire, che aveva intuito che cosa il collega si aspettasse da lei, recitò la sua parte.

"No, niente interrogatori", intervenne severa. "A causa della gravità delle ferite, il paziente ha bisogno di riposo assoluto."

"Farò più in fretta che posso", promise Hunter. "Solo qualche chiarimento per confermare la versione dell'agente Rutelli."

"Mi spiace, ma non posso concederle l'autorizzazione", disse lei spingendolo verso la porta.

Hunter, però, non aveva alcuna intenzione di battere in ritirata.

"Mi dia un quarto d'ora."

"Tutto quello che posso darle è l'ordine di sloggiare."

"Che cosa fa, minaccia un agente federale?"

"Proprio così", replicò lei senza battere ciglio. "Il signor Galloway è affidato alle mie cure e per il momento non è in condizioni tali da poter sopportare un interrogatorio. La prego di non insistere."

"E va bene, tornerò domattina", disse Hunter, seccato di essere messo alla porta da quel donnino.

"Sì, e mi avverta quando viene, così la accolgo con dei fiori!"

L'agente Hunter uscì soffocando una bestemmia e rimpiangendo l'epoca neanche tanto lontana in cui le donne sapevano stare al loro posto.

Appena il federale se ne fu andato, Sam tirò indietro le coperte, si sedette sull'orlo del letto e si sfilò dal braccio la cannula della fleboclisi.

"Posso sapere che cosa diavolo sta facendo?" domandò Claire.

"Torno a casa."

"Si rimetta subito giù!" gli ordinò. "Chi si crede di essere, Jack Bauer? Non può assolutamente lasciare l'ospedale."

Sam allontanò con la gamba il carrello su cui erano posati gli strumenti medici e prese i suoi vestiti.

"Le firmo tutte le carte che vuole per esonerarla dalla responsabilità, se questo la rassicura", disse.

"Non è questione di esonero dalle responsabilità, ma di buon senso", replicò spazientita Claire. "Lei ha rischiato di morire, ha la spalla e la caviglia in pessime condizioni, sono le nove di sera e fuori ci sono dieci gradi sottozero. Cos'altro vuole fare, se non restare a letto?"

"Devo assolutamente ritrovare una donna", replicò lui, alzandosi.

"Una donna?" ripeté stupita Claire. "E pensa che questa donna la giudicherà irresistibile con le stampelle e la fasciatura?"

"Non ha importanza."

"E chi è?"

"La cosa non la riguarda."

"Mi riguarda sì, invece!"

"È una francese", disse Sam.

"Ci mancava solo questa", scherzò Claire. "Per una volta che l'avevo per un'intera notte tutto per me, mi tradisce con una francese!"

Sam rispose con un sorriso al suo sorriso e si trascinò zoppicando verso la porta.

"Grazie di tutto, Claire."

Lei lo accompagnò lungo il corridoio e aspettò che si infilasse nell'ascensore prima di dirgli: "Mi spieghi una cosa, Sam".

"Cosa?"

I loro sguardi si incrociarono, un attimo prima che la porta dell'ascensore si chiudesse.

"Perché la fortuna capita sempre a certe donne e mai ad altre?"

L'ascensore si aprì sull'atrio dell'ospedale. Le pareti erano tutte a vetri e l'ambiente era ornato di piante verdi come un giardino d'inverno.

Sam attraversò zoppicando il patio per raggiungere il reparto in cui era ricoverata Jodie. Prima di ritrovare Juliette, voleva assicurarsi che la ragazza fosse in buone mani.

Si fermò un istante a guardare, fuori, la neve. Gli piaceva l'ospedale di notte, quando tutto il fermento della giornata si era placato. Lo conosceva a memoria, quel palazzo: era il *suo* spazio, forse il solo al mondo in cui si sentisse utile e al suo posto.

In fondo al corridoio, aprì piano la porta della camera che gli aveva indicato un'infermiera.

Jodie dormiva di un sonno leggero. In piedi accanto a una sedia, Mark Rutelli vegliava su di lei con le braccia conserte. Aveva l'occhio vigile di chi è sempre all'erta, ed era pronto a scattare al minimo segno di pericolo per la sua pupilla.

Accolse Sam con un silenzioso abbraccio. I due non si erano più parlati dalla fine della sparatoria, ma erano ormai legati da una singolare complicità. Il poliziotto aggrottò la fronte e indicò con un cenno interrogativo la ferita alla spalla, ma il medico scosse la testa, come a dire che aveva visto ben altro.

Poi Sam si avvicinò alla ragazza, che emergeva dalle coperte protettive solo con il volto pallido.

Sul comodino un lume da notte diffondeva una luce tenue. D'istinto Sam verificò che le flebo fossero a posto e consultò la cartella clinica ai piedi del letto.

"Bisogna trovare il modo di farla disintossicare per bene, altrimenti prima o poi ci lascerà le penne", bisbigliò Rutelli.

Sam aveva già riflettuto sul problema.

"Me ne occuperò io", promise. "Conosco un centro specializzato, nel Connecticut, dove fanno un ottimo lavoro. Siccome i posti disponibili sono pochi, telefonerò di persona domani."

Rutelli bofonchiò qualcosa in segno di ringraziamento. Poi, dopo una pausa in cui si lasciarono avvolgere dal silenzio notturno, disse: "Vada a letto, adesso. Anche gli eroi devono dormire. Sa che è pallido come un cadavere?"

"Mai come lei", rispose Sam. E se ne andò.

Juliette camminava su e giù per l'appartamento come un leone in gabbia. Dopo il litigio con Sam a ora di pranzo, non aveva più avuto notizie di lui. Poiché ogni volta che aveva cercato di telefonargli sul cellulare aveva trovato la segreteria, aveva deciso di andare ad aspettarlo a casa sua.

Incollando la fronte al vetro freddo della finestra, guardò le luci che brillavano lontane. Anche se la loro storia si fosse interrotta a quel punto, sentiva il bisogno di parlargli un'ultima volta e mettere le cose in chiaro. Non sapeva che pensare riguardo all'"altra donna", ma una cosa era certa: non gli perdonava di averle mentito.

In salotto accese qualche candela, la cui luce soffusa le ricordò la loro prima notte d'amore. Piena di tristezza, ricacciò indietro le immagini: non era il caso di ricadere nel vecchio vizio di sognare. Si pentiva amaramente di aver creduto nell'amore, quando in fondo ne conosceva bene le trappole e gli inganni. Amante della letteratura com'era, avrebbe dovuto ascoltare gli ammonimenti di Kant e Stendhal: l'amore tormenta e fa soffrire; l'amore non è che un sole illusorio, una droga che ci impedisce di vedere la realtà.

Crediamo sempre di amare qualcuno per quello che è, ma, attraverso quella persona, in realtà amiamo solo l'idea dell'amore.

Per distendersi, accese la televisione e si sintonizzò su un canale di notizie. Sulla striscia rossa dei titoli in sovrimpressione che scorrevano sotto il petto della giornalista di turno, una procace bruna sul genere Monica Lewinsky, lesse *Allarme terrorismo a New York*. Era il principale argomento del giorno: la polizia aveva appena sventato un attentato in Washington Square. Il reportage, montato come il trailer di un film d'azione, parlava dell'incredibile disavventura di una ragazzina di quindici anni che uno psicopatico aveva trasformata in bomba umana. Con il pretesto di un invito alla prudenza, la giornalista snocciolò per l'ennesima volta terribili parole come "Al Qaeda", "gas sarin", "bombe sporche", "carbonchio".

Vivendo a New York, Juliette si era abituata alla continua spettacolarizzazione delle informazioni. Stanca di quelle litanie, spense la tivù con il telecomando.

Nell'atrio dell'ospedale, accanto ai distributori automatici, c'era una fila di telefoni pubblici. Sam si frugò in tasca alla ricerca di qualche spicciolo: doveva assolutamente mettersi in contatto con Juliette. Sperando di trovarla al vecchio indirizzo, chiamò Colleen, ma lei non sapeva dove fosse l'amica e Sam si rammaricò di averle dato motivo di preoccuparsi.

Seccato, uscì nel grande parcheggio e s'infilò in uno dei tanti taxi che accompagnavano a casa i malati dimessi dall'ospedale. Tremava, perché aveva lasciato il cappotto sulla Land Rover. A causa della ferita alla spalla, aveva dovuto tenersi addosso la casacca del pigiama e sopra quella aveva soltanto la giacca del vestito, che non bastava a proteggerlo dal freddo.

"Qualcosa non va, signore?" domandò il tassista guardandolo dallo specchietto retrovisore.

"No, tutto a posto", rispose Sam rannicchiandosi contro il sedile.

L'auto partì. Alla radio stavano trasmettendo una dolce canzone di Cesaria Evora.

Sam si toccò la fronte e si accorse di avere la febbre. Era spossato. Era stata una delle giornate più faticose della sua vita. La morte di Grace l'aveva profondamente turbato e non capiva bene il senso di ciò che aveva vissuto nelle ultime ore.

Cullato dalla voce della cantante capoverdiana, chiuse gli occhi e cedette a un sonno inquieto.

Una finestra chiusa male, una corrente d'aria, una porta sbattuta, e Juliette rabbrividì.

Era venuta lì per informare Sam del suo stato. Doveva

dirgli la verità, ma, qualunque fosse stata la sua reazione, avrebbe tenuto il bambino. Ci aveva riflettuto per tutto il pomeriggio: aveva constatato con grande stupore che la decisione le si era imposta quasi naturalmente, e adesso capiva di avere sempre saputo che un giorno sarebbe stata madre.

Nonostante le incertezze del domani.

Nonostante le sofferenze del mondo e la follia degli uomini.

Intirizzita, cercò di aumentare il riscaldamento, ma non ci riuscì. Per difendersi dal freddo si infilò la giacca che Sam aveva posato sul bracciolo di una poltrona e, così vestita, si rannicchiò sul fondo del divano. Sentendo sull'indumento l'odore di Sam, provò una stretta al cuore. L'emozione le fece venire la pelle d'oca e irrigidire le membra come se avesse ingerito un liquido gelido.

Con la manica si asciugò una lacrima che le colava lungo la guancia.

Cazzo, come ci si può ridurre così per un uomo?

Di là dal velo di lacrime, scorse un foglio spiegazzato che spuntava da una tasca. Lo spiegò incuriosita: era la fotocopia di un articolo di giornale che parlava di un fatto di cronaca nera risalente a dieci anni prima:

Ieri notte Grace Costello, una detective del 36° distretto, è stata assassinata con una pallottola in testa mentre era al volante della sua auto. Le circostanze della sua morte restano per il momento oscure...

Lesse distrattamente le prime righe, poi guardò le due foto che accompagnavano l'articolo e riconobbe la donna che aveva visto nel primo pomeriggio in compagnia di

Sam. Si stropicciò gli occhi, incredula, ma non c'erano dubbi: era proprio lei.

Come mai non le era venuta una ruga in tutti quegli anni? E soprattutto, come mai circolava per le strade di Manhattan se era morta da un decennio?

Juliette si stava facendo quelle domande, quando la porta d'ingresso si aprì. Scese di corsa la scala ed ebbe un moto di stupore quando vide Sam con le stampelle e una spalla fasciata. D'un tratto tutta la collera che aveva accumulato nei suoi confronti si tramutò in ansia.

"Cosa ti è successo?"

Sam la attirò a sé e le seppellì la testa nel collo. L'odore dei suoi capelli fu per lui la prima cosa bella della giornata. Juliette si liberò dall'abbraccio e lo guardò spaventata: aveva le labbra livide e tremanti per il freddo.

"Hai la febbre alta", mormorò toccandogli una guancia.

"Passerà", la rassicurò lui.

Lei lo aiutò a salire le scale. Appena arrivò al primo piano, Sam vide sul tavolo l'articolo di giornale.

"Chi è quella donna?" chiese Juliette con un groppo in gola.

"Un'ex poliziotta", spiegò lui, che pur desiderando essere sincero si rendeva conto di come la verità fosse inaccettabile. "Un'amica che mi ha chiesto di aiutarla a ritrovare sua figlia."

"Ma è morta da dieci anni!"

"No, è morta oggi."

Sam fece per abbracciarla di nuovo, ma lei lo respinse. "Non capisco."

"Senti, non posso dirti di più: ti supplico solo di avere fiducia in me. Ti giuro che quella donna non è la mia amante, se è questo che temi."

"Lo temo sì!"

Sam capiva di doverle dare una spiegazione franca. Le raccontò a grandi linee la storia di Jodie e del suo rapimento da parte di Sterling, e disse che Grace era stata uccisa e che lui stesso era stato salvato in extremis da Mark Rutelli. Per giustificare l'articolo di giornale con la notizia della morte della detective, fu costretto però a inventarsi una bugia: dieci anni prima, spiegò, Grace aveva assunto una nuova identità nell'ambito di un programma di protezione dei testimoni.

"Hai rischiato di morire!" esclamò alla fine Juliette.

"Sì. Nel momento in cui quello psicopatico mi ha puntato la pistola contro, ho creduto che fosse finita e ho pensato che..."

Si interruppe, le si avvicinò e le sfiorò il viso con le mani.

"A cosa hai pensato?" domandò lei.

"Che finalmente avevo trovato una donna da amare e non avevo avuto il tempo di dirglielo."

Juliette alzò gli occhi a guardarlo, lo baciò dolcemente e si abbandonò al suo abbraccio.

Tra un bacio appassionato e l'altro, Sam riuscì a dire: "Volevo domandarti una cosa..."

"Sì?" fece lei mordendogli le labbra.

"Mi prenderai sicuramente per matto, ma..."

"Dillo lo stesso."

"E se facessimo un figlio?"

Un'ora dopo

Stretti l'uno all'altra sul divano, con le gambe intrecciate, Sam e Juliette erano completamente rilassati.

Avevano alzato il riscaldamento al massimo e stappato una bottiglia di vino. Dallo stereo arrivavano a tutto volume le note di *Angie*, dei Rolling Stones.

Sam guardò Juliette e vide che si era addormentata con la testa sul suo petto. Una lunga ciocca di capelli biondi le incorniciava una guancia. Con la punta delle dita le accarezzò il seno, che si alzava e abbassava in un respiro tranquillo e regolare. In sua presenza sentiva in cuore una serenità quasi magica. Non si mosse per non svegliarla; solo, le posò la mano sul ventre. Un bambino! Avrebbero avuto un bambino!

Quando Juliette glielo aveva detto, Sam aveva pianto di gioia. Era davvero la giornata più imprevedibile e anche più intensa della sua vita. Però non era ancora riuscito a distendersi del tutto, perché in fondo all'animo diffidava della felicità.

Quando va tutto troppo bene, in genere non dura molto, si disse. D'un tratto lo distolse dai suoi pensieri il trillo aggressivo del citofono.

Juliette si svegliò di soprassalto, si avvolse in una coperta e ritrovò subito tutto il suo dinamismo e la sua vitalità.

"Rispondo io?" propose.

"Sì, grazie", disse Sam, che faceva fatica ad alzarsi a causa della ferita. Afferrò il telecomando dello stereo, premette un tasto e chiuse la bocca a Mick Jagger.

"È il tuo vicino", annunciò Juliette rientrando nella stanza. "Dice che hai parcheggiato la Land Rover sul suo posto macchina."

Sam aggrottò la fronte.

Quale vicino?

E come poteva il fuoristrada essere lì, visto che era rimasto nel parcheggio di Sterling?

Gli nacque dentro un'inquietudine che si fece via via più forte.

"Vado a vedere", disse infilandosi la vestaglia e il cappotto.

Scese la scala e uscì in strada. La notte era fredda e tersa.

"C'è qualcuno?" gridò.

Non rispose nessuno.

All'improvviso sull'intero isolato calò una coltre di nebbia. Sam fece qualche passo al buio, quasi a tentoni.

"Galloway..."

Si girò sbalordito sentendo quel timbro di voce. Appoggiata a un lampione, Grace Costello lo guardava con aria triste. Il suo viso, illuminato dalla luce bianca, luccicava come porcellana.

"Grace?"

Incredulo, le si avvicinò.

Possibile? Aveva visto il suo corpo in terra, crivellato di proiettili, e l'Avvoltoio non era tipo da sbagliare mira, come dimostravano la sua spalla e il parabrezza della Land Rover.

"Non... non capisco."

Come medico aveva assistito qualche volta a guarigioni incredibili se non addirittura miracolose, ma nessuno poteva essere vivo e vegeto poche ore dopo essere stato investito da una raffica di proiettili.

"Non può essere lei!"

Grace si aprì la giacca e staccò le due strisce di velcro con cui, su ciascun lato, era fissato il giubbotto antiproiettile. Si tolse la pesante protezione che le comprimeva il petto e gliela gettò ai piedi.

"Mi dispiace, Sam."

Qualcosa gli si incrinò, dentro. Mai la sua ragione aveva vacillato tanto. Avvertì nella testa e nel corpo un cocktail esplosivo di emozioni: il dolore e il senso di colpa che lo avevano tormentato dalla morte di Federica in poi; lo choc di avere rischiato la vita tra le grinfie di Sterling; i terribili ricordi del passato che aveva cercato di scacciare e che continuavano a perseguitarlo; la gioia profonda che aveva provato quando aveva saputo che Juliette era incinta; la ricomparsa, adesso, di una Grace creduta morta.

Si lasciò cadere sulla scala coperta di neve e, prendendosi la testa tra le mani, pianse di paura, rabbia e sgomento.

"Mi dispiace", ripeté Grace, "ma l'avevo avvertita: mi tratterrò qui finché non avrò compiuto la mia missione. Non posso 'rientrare' che con Juliette."

"Non adesso", la supplicò lui. "Non me la può togliere adesso!"

"La scadenza è sempre la stessa: dopodomani sulla teleferica di Roosevelt Island."

Sam si rialzò a fatica. Il dolore alla spalla si stava irradiando ad altre parti del corpo, ma in quel momento gli sembrava irrilevante.

"Questa missione non dipende dalla mia volontà", si giustificò lei, allontanandosi.

"Non le permetterò di strapparmi Juliette", disse lui, affranto.

"Ne riparleremo, ma non adesso."

"Quando?"

"Domattina. Vediamoci a Battery Park."

Nonostante il battibecco, Sam colse una nota di viva compassione nel suo tono, quasi fosse lui il malato e lei il medico. Era poi così strano, quel che stava accadendo? In fondo al cuore, non aveva forse sempre pensato che la sua felicità non sarebbe durata a lungo e che fosse perseguitato da una sorta di maledizione di cui non comprendeva il senso?

"Avrei preferito non tornare", disse Grace prima di scomparire nella notte. "Avrei voluto che tutto questo finisse in un altro modo."

E Sam capì che era sincera.

28

Niente è più sicuro della morte,
niente è meno sicuro della sua ora.
AMBROISE PARÉ

VENERDÌ, 8.12

Grace si alzò il bavero della giacca. Il vento soffiava a raffiche su Battery Park. Quel piccolo parco della punta sud di Manhattan era un isolotto verde incuneato tra il mare e i grattacieli di Wall Street. Grace lo superò e sboccò sulla lunga passeggiata che costeggiava il fiume e offriva un panorama mozzafiato. Nonostante il freddo e l'ora mattutina, i turisti e i jogger erano già numerosi. Si sedette su una panchina e contemplò per un attimo la baia, le cui acque erano agitate dall'andirivieni di rimorchiatori e ferry-boat.

L'aria fredda e frizzante le fece lacrimare gli occhi. Rabbrividendo, pensò che da quando era tornata percepiva i minimi particolari del mondo intorno a lei con una sensibilità più intensa: il colore del cielo, le grida dei gabbiani, il vento tra i capelli. Sapeva che il soggiorno lì stava per finire e che presto avrebbe dovuto rinunciare a tutto ciò che dava all'esistenza il suo sapore; ma da quando aveva rivisto sua figlia aveva ripreso gusto alla vita ed era quindi più fragile e vulnerabile.

Più umana.

Si rendeva perfettamente conto di non potersi sottrarre al compito, ma l'idea stessa di doverlo eseguire le era divenuta insopportabile ed era tormentata da tante domande. Perché non le riusciva di ricordare i giorni che avevano preceduto la sua morte? Perché l'autopsia aveva rilevato tracce di droga nel suo organismo? E soprattutto, perché avevano scelto lei per compiere quella strana missione di cui non comprendeva il senso?

Quando Sam aprì gli occhi, Juliette non c'era più. Erano rimasti svegli fino a tarda notte, poi alle prime luci dell'alba, dopo avere preso un antidolorifico, lui si era addormentato di un sonno leggero. Spaventato, si alzò in fretta, ma un biglietto in bella vista sul guanciale lo rassicurò:

Amore mio,
devo tornare al consolato per regolarizzare la mia posizione. Ci vediamo più tardi. Abbi cura di te.
Ti amo.

Juliette.

P.S.
Comincia a pensare al nome da dare al bambino.
A me piacerebbero Matteo se fosse un maschio e Alice se fosse una femmina.
Ma anche Jimmy e Violette non sono male, ti pare?

Quasi con un senso di sofferenza, Sam tornò a posare la testa sul guanciale per cercarvi l'odore della donna amata. Poi andò in bagno, dove lesse sullo specchio un messaggio scritto col rossetto:

Che ne dici di Adriano e Céleste?
E di Mathis e Angèle?

E se sono due gemelli? pensò a un tratto, lasciandosi prendere dal gioco.

In cucina le calamite sul frigorifero, lettere a forma di bestie feroci, erano state spostate in modo da formare nuove parole. Decifrando Guilermo e, più in basso, Claire-Lise, si domandò come si pronunciassero in francese.

Si vestì come la ferita alla spalla gli permise di fare e uscì. Siccome era ancora presto, trovò subito un taxi.

"Battery Park", disse al tassista.

Scese davanti alle torri di Lower Manhattan. Sentendo un vuoto allo stomaco, si rese conto che non mangiava niente da oltre ventiquattr'ore e si fermò al primo Starbucks per ordinare una colazione newyorchese: un *bagel* con un caffè lungo che bevve camminando per la strada.

Durante il tragitto sentì un breve squillo al cellulare: il segnale di un messaggio. Era la voce di Juliette che diceva: "*Che ne pensi di Manon, Emma o Lucie? E di Hugo, Clément, Valentin, Garance, Tony, Susan, Constance, Adèle?*"

Sam fece una smorfia di disappunto; gli dispiaceva non potersi gustare quello che avrebbe dovuto essere un momento di gioia e complicità.

Procedendo a fatica, girò intorno a Castle Clinton, il fortino che, al centro del parco, era stato trasformato in biglietteria dei ferry-boat. Aveva voluto lasciare a casa le stampelle, ma se ne era pentito amaramente.

Mentre percorreva la bella curva che conduceva all'imbarcadero, vide Grace che veniva all'appuntamento.

Ancora una volta si stupì che fosse sopravvissuta. Svegliandosi la mattina si era quasi augurato che l'incontro della sera prima fosse avvenuto solo nella sua immaginazione. Dopotutto, aveva la febbre e nel sonno aveva delirato.

Inutile illudersi.

Con un certo imbarazzo, Grace gli posò una mano sul braccio e mormorò impacciata: "Spero che le ferite non le facciano troppo male".

"Come vede, sono in gran forma", ribatté lui tra il cinico e l'aggressivo. "Pronta a giocare con me una partita a squash?"

"Glielo ripeto, Sam: mi dispiace molto."

"E la pianti di dire che le dispiace!" esplose lui. "Troppo facile! Lei irrompe nella mia vita annunciandomi che la donna che amo morirà e pretenderebbe anche che ballassi la samba per la gioia?"

"Ha ragione", riconobbe lei.

Erano entrambi intirizziti. Per scaldarsi, si unirono alla fila di passeggeri diretti alla stazione dei ferry-boat di Staten Island. Sam si sforzò di camminare normalmente, ma questo non impedì a Grace di notare le sue difficoltà e di offrirgli un aiuto che lui rifiutò.

Un ferry-boat aveva attraccato e si accingeva a ripartire. Senza dire una parola, vi salirono; la traversata era breve e gratuita e l'ambiente, dentro, riscaldato.

Il ferry-boat era molto affollato. Nonostante il freddo, Sam si sedette sul ponte posteriore. Grace lo raggiunse dopo poco e, come in occasione del loro primo incontro, gli porse un bicchiere di caffè.

"Credo sia il peggiore di New York: gorgoglia tutto il giorno dentro quei grossi contenitori di metallo..."

Sam lo prese e ne bevve un sorso.

"Sì, sono curiosi, quei contenitori", disse con una smorfia.

Il caffè era pessimo, ma aveva almeno il merito di scaldare le mani.

Bevvero in silenzio, fianco a fianco, con lo sguardo perso nella luce azzurrina dell'orizzonte. Grace fissava Ellis Island e i *docks* di Brooklyn come se li vedesse per la prima volta; Sam si accese una sigaretta e tirò una lunga boccata. A sei o settecento metri, la statua della Libertà levava la sua torcia al vento.

Dopo qualche minuto, Grace provò a riprendere il dialogo.

"Vede, Sam, se anche mi rifiutassi di condurre a buon fine la missione, invierebbero qualcun altro."

"Qualcun altro?"

"Un altro *emissario*, per rimediare all'errore."

"Rimediare all'errore! Le faccio presente che sta parlando della mia vita e di quella di Juliette."

"Lo so, ma gliel'ho già spiegato: Juliette deve morire ed è per questo che mi hanno mandata qui. Non ho chiesto io questa missione e, mi creda, non la compio certo con piacere."

Sam cercò per l'ennesima volta di perorare la causa della donna che amava.

"Non sopporto questa idea di predestinazione. È tutta la vita che lotto per sottrarmi alla trappola dei determinismi. Sono nato in uno dei peggiori quartieri della città e tutto lasciava presagire per me un destino di delinquenza; ma mi sono sforzato di non diventare un delinquente e sono riuscito a uscire dalla fogna."

"Ne abbiamo già parlato. Non ho mai detto che le azioni umane siano previste nei minimi dettagli né che la vita sia solo lo svolgimento di un copione già scritto in partenza." Lo guardò negli occhi e aggiunse: "Ribadisco soltanto che ci sono cose alle quali non si può sfuggire".

Sam aveva esaurito gli argomenti. La sera prima, quando aveva rivisto Grace dopo la sparatoria, aveva capito che la battaglia era persa in partenza. Tuttavia disse una frase che gli sgorgò dal cuore.

"Ma io l'amo!"

La detective lo guardò con indulgenza.

"Sa benissimo che l'amore non difende dalla morte. Io amavo mia figlia e amavo Mark Rutelli, questo però non mi ha impedito di beccarmi una pallottola in testa."

Rimase un attimo pensierosa, poi riprese a parlare, come fra sé.

"Il mio più grande rimpianto è di essere morta senza avergli confessato il mio amore, dieci anni fa."

Sam si era acceso un'altra sigaretta, che lasciò consumare senza tirare boccate, tanto era preso dal discorso. A poco a poco il ferry-boat si avvicinò a Staten Island, ma la maggior parte dei passeggeri restò a bordo per tornare a Manhattan.

Ora che era stato costretto ad accettare l'incredibile storia di Grace, non faceva che porsi domande sulla natura della vita e della morte. Ci aveva riflettuto per buona parte della notte, ma il pensiero tornava costante, a volte inquietandolo, altre stimolandolo. La vita umana aveva uno scopo o era solo un meccanismo biologico? E la morte era priva di senso o apriva un passaggio verso un'altra vita, un altrove in cui andavano tutti?

Da quando aveva sparato a un uomo in gioventù, non era più riuscito ad accettare la morte altrui e, nonostante la professione di medico, ogniqualvolta si trovava di fronte al mistero della fine si sentiva sempre più impotente. Anche se aveva provato a negarla, la morte lo aveva sempre riacciuffato. Rivedeva con gli occhi della mente il volto di Federica, la moglie che non era riuscito a salvare, e quello di Angela, la piccola paziente che aveva perso da poco. Pensò anche a Sterling, perché l'immagine della sua tragica fine continuava a perseguitarlo. Dov'erano tutte quelle persone, adesso?

Aveva parlato con diversi pazienti asiatici, i quali erano convinti che qualcosa nell'uomo non morisse mai e che il ciclo vitale proseguisse sotto un'altra forma. Talvolta lo aveva turbato il racconto di chi era stato quasi in punto di morte: il tunnel di luce, la sensazione di benessere, l'incontro con i parenti scomparsi. Ma non lo avevano convinto né quello né le belle parole di padre Hathaway, che quando lui era piccolo, lo aveva esortato a "scommettere" sull'esistenza di Dio.

Ora, però, avere incontrato Grace gli apriva nuovi orizzonti di conoscenza. Poiché era passata *sull'altra riva*, la detective avrebbe potuto rivelargli il grande segreto.

Con un misto di curiosità e apprensione chiese: "Che cosa accade dopo, Grace?"

"Dopo cosa?"

"Sa benissimo che cosa intendo dire."

Lei non rispose subito. Sapeva a cosa Sam si riferiva e d'altronde aveva previsto che prima o poi sarebbe stato toccato l'argomento.

"Dopo la morte? Mi spiace deluderla, ma non ricordo niente."

"Stento a crederle."

"Eppure è la verità."

"Non ricorda niente degli ultimi dieci anni?"

"Nella mia testa, è come se questi dieci anni non fossero mai esistiti."

"Allora la morte è un enorme buco nero?"

"No, assolutamente. Il fatto che io non mi ricordi niente non significa che non ci sia niente: se non ci fosse niente, non sarei qui. Penso semmai che, quando gli *emissari* sono inviati sulla terra, il mistero della morte debba restare intatto anche per loro. Finché sono vivi, infatti, gli uomini non possono assolutamente avere accesso al 'dopo'. So soltanto che non siamo sulla Terra a caso."

Vedendo lo sgomento di Sam, aggiunse con dolcezza: "Mi creda, anch'io sono turbata. Mi sento disarmata e impotente e, se proprio vuol saperlo, ho paura di ritornare da dove sono venuta. So però che ho una missione da compiere e che, al di fuori di questa, non posso interferire nella vita della gente".

"Ma quando si è trattato di salvare sua figlia, non si è fatta scrupolo di interferire."

"È vero", ammise lei. "Cercando di salvare Jodie, sono già in parte venuta meno al mio compito."

Sam si strinse nelle spalle. Quando il ferry-boat fece manovra per rientrare in porto, gli squillò il cellulare.

"Sì?" disse, premendo il tasto verde.

Era Juliette. La ricezione era pessima e la sua voce suonava lontana. Sul ponte il vento soffiava forte, ma Sam colse alcune parole sparse: "Ho fretta di... ti amo... non prendere freddo" e una serie di nuovi nomi: "Jorge, Margaux e Apolline". Poi la comunicazione si interruppe, come se in qualche modo Juliette gli stesse già sfuggendo.

Appena i passeggeri cominciarono a sbarcare, Sam decise di giocare l'ultima carta. Pur faticando ad ammetterlo, negli ultimi giorni aveva spesso riflettuto su quell'eventualità.

Dalla sera in cui aveva decifrato il messaggio espresso per anamorfosi dai disegni di Angela, aveva compreso che non sarebbe uscito indenne dall'incontro con Grace Costello. Benché si fosse sempre rifiutato di credere al soprannaturale, aveva considerato tutte le possibilità di salvare Juliette e l'unica che gli era sembrata concreta dipendeva dalla risposta che Grace avrebbe dato alla sua imminente domanda.

"Se deve proprio condurre qualcuno nel regno dei morti, se deve proprio rispettare questo 'ordine di cose'..."

"Sì?"

"Perché non prende *me* al posto suo? Accetti che sia io, invece di Juliette, a salire sulla teleferica con lei."

Grace lo guardò negli occhi con una strana dolcezza, come se non fosse del tutto stupita della proposta.

Per qualche istante nessuno dei due parlò. Sam stava per aggiungere qualcosa, ma si trattenne.

"Si tratta della sua vita", rispose infine Grace. "Non deve prendere una simile decisione alla leggera: all'ultimo momento potrebbe pentirsene."

"Ci ho riflettuto su abbastanza. In passato ho commesso un crimine per amore di Federica, e alla fine non solo non sono riuscito a salvarla, ma mi sono smarrito io stesso. Oggi so che per salvare Juliette non ho altra scelta che dare la vita per lei. La prenda!"

"D'accordo, sarà lei a venire in teleferica."

All'improvviso si alzò un forte vento. Sam cercò di nascondere l'emozione; gli tremavano le gambe.

"La teleferica di Roosevelt Island?" chiese.

"Sì, domani alle tredici", specificò Grace.

"E se volessi mettermi in contatto con lei tra oggi e domani?"

“La troverò io.”

“No, Grace”, disse Sam tirando fuori il cellulare. “Adesso lei non è più l’unica a stabilire le regole.”

Prima che la detective avesse il tempo di rifiutare, le infilò con decisione il telefonino nella tasca della giacca e scese dal ferry-boat.

Grace restò sul ponte ancora per qualche minuto e, dall’alto del suo osservatorio, guardò il medico allontanarsi.

Per il momento tutto si era svolto esattamente come aveva previsto.

29

Si vorrebbe tornare alla pagina in cui si ama,
mentre abbiamo già tra le dita la pagina in cui si muore.
LAMARTINE

PRIMO POMERIGGIO, ST. MATTHEW'S HOSPITAL

La cameretta di Jodie Costello era immersa nella penombra. La porta si aprì piano e Grace fece capolino dentro. Dopo aver controllato che la figlia fosse addormentata, si avvicinò in silenzio al letto e, con dolcezza, le posò la mano tremante sulla fronte. Turbata, restò immobile al suo fianco, mentre lacrime silenziose le colavano lungo le guance. Non aveva mai provato un simile sentimento: la gioia profonda di rivedere finalmente Jodie, mista all'immenso dolore di non poterle parlare. Per un istante ebbe la forte tentazione di svegliarla e dirle che le voleva un bene immenso e le dispiaceva per tutto quanto era accaduto; ma sapeva che non ne aveva il diritto e che non sarebbe stato un bene. Jodie aveva bisogno di serenità, non di nuove scosse emotive. Così si accontentò di mormorarle: "Perdonami per averti abbandonato in tutti questi anni".

Le prese la mano.

"Spero che adesso le cose andranno meglio, per te."

Jodie, che dormiva di un sonno leggero, si agitò nel letto e borbottò parole incomprensibili. Sul comodino, Grace riconobbe la foto che lei stessa portava sempre nel portafoglio.

Si ricordava bene il giorno in cui era stata scattata, all'inizio degli anni Novanta.

Era una bella domenica di autunno, e Grace e Mark avevano deciso di godersi il sole sull'isola di Nantucket, a sud di Boston. Si erano fermati a Madaket, la spiaggia preferita dai surfisti, e avevano piantato le tende davanti all'oceano. Accanto a loro, Jodie, che aveva festeggiato da poco il primo anno di età, si divertiva con la sabbia sgranocchiando un biscotto.

Una vecchia radio trasmetteva una canzone di Simon e Garfunkel che parlava della forza degli affetti sinceri, e Grace l'ascoltava a occhi chiusi. Come stava bene! Cullata dal mormorio delle onde e accarezzata da un residuo di brezza estiva, si sentiva serena.

Avevano pranzato all'aria aperta: panini al pesce spada, pasticcio di pollo e, per far piacere a Jodie, *pancake* ai mirtilli e allo sciroppo d'acero.

A un certo punto si erano messi a discutere del loro avvenire nella polizia. Un ex collega aveva creato una propria agenzia di sicurezza proponendo loro un lavoro meglio remunerato e meno pericoloso di quello che svolgevano al momento. Rutelli, già provato dalla durezza della vita di poliziotto, era tentato di accettare, mentre Grace non ne voleva sentir parlare.

"Mi piace il mio mestiere, Marco", gli aveva detto. "Mi piace il lavoro sul campo."

"Ti piace davvero avere uno stipendio da fame, correre su una schifosa bagnarola e vivere in un appartamento pulcioso?"

"Non esagerare. E poi il mio appartamento non è affatto pulcioso!"

"Questo lavoro è troppo pericoloso. Troppo. Soprattutto per una donna."

"Le solite scuse maschiliste!"

"Non sono maschilista."

"A me piace questo mestiere. Non voglio un lavoro tranquillo. Sono più che disposta a rischiare la vita per salvarne altre."

"Corri troppi pericoli, Grace. Ora hai una figlia, devi pensare anche a lei."

"Confido nella mia buona stella."

"E se un giorno la fortuna non ti assistesse più?"

"Quando non mi assisterà più, pazienza. D'altronde, può benissimo investirmi una macchina mentre faccio shopping."

Rutelli aveva preso la macchina fotografica e l'aveva immortalata con Jodie sullo sfondo dell'oceano.

"Non lascerò mai questo lavoro", aveva concluso Grace prendendo sua figlia in braccio.

"Ciò non toglie che dovresti essere più prudente", aveva replicato lui. "Si vive una volta sola."

Stringendosi nelle spalle, Grace l'aveva guardato con il suo sorriso irresistibile.

"Ne siamo sicuri, Marco? Ne siamo davvero sicuri?"

Il cigolio della porta riportò bruscamente Grace al presente. L'infermiera che entrò si limitò a controllare che andasse tutto bene e uscì senza accorgersi di lei.

Grace emise un sospiro di sollievo, ma capiva che stava correndo troppi rischi. Non poteva restare lì.

Jodie si agitò di nuovo nel sonno e, come aveva fatto tante volte in passato, la madre le cantò quell'aria di Gershwin che era come una ninnananna e che aveva un titolo adatto alle circostanze: *Someone to watch over me.*

Si chinò sul letto e si congedò dalla figlia sussurrando: "Non so dove vado, non so che cosa mi accadrà, ma spero che un po' di me resti con te, anche se non puoi né vedermi né sentirmi".

Stavolta Jodie si svegliò di soprassalto.

C'era qualcuno nella stanza!

Aprì gli occhi e accese l'abat-jour.

Ma Grace era già scomparsa.

Chelsea, 151 W Trentaquattresima Strada

Con i suoi centomila metri quadrati e i suoi dieci piani, il grande magazzino Macy's occupava un intero isolato della Settima Avenue. Fu in quel tempio dello shopping, "il più grande del mondo", che Sam e Juliette decisero di terminare il pomeriggio. Tra una passeggiata a SoHo e una crema gelata al Serendipity, avevano trascorso le ore a fare progetti per i successivi cinquant'anni. Si erano messi d'accordo sul nome dei tre potenziali figli, il colore delle persiane di casa, la marca della futura auto e le località in cui sarebbero andati in vacanza.

Juliette era raggiante di felicità, e percorreva leggera i corridoi di Macy's guardando culle, peluche e tutine. Sam cercava di mostrarsi a sua volta entusiasta, anche se in cuor suo era non solo distaccato, ma addirittura distrutto. Per l'intero pomeriggio aveva dovuto parlare di una felicità che non avrebbe conosciuto mai, dato che stava vivendo gli ultimi istanti di vita. L'indomani, a quella stessa ora, non sarebbe più stato al mondo e la cosa lo terrorizzava; eppure neanche per un momento si era pentito di avere proposto a Grace lo scambio di persona. Avrebbe salvato Juliette e il solo pensiero lo compensava di tutto.

Perché era inutile illudersi: era responsabile della morte di due uomini e, benché si trattasse di spacciatori, da allora il senso di colpa gli aveva rovinato la vita. Poteva anche raccontarsi balle, ma aveva sempre saputo che un giorno avrebbe dovuto saldare un debito che la morte di Federica non era bastata a estinguere. Per quello aveva mentito a Juliette la prima sera; perché il peso della colpa era così forte da precludergli l'idea di felicità.

"Sam!"

Juliette gli indicò con gesti insistenti un dinosauro di peluche che superava i cinque metri di altezza. Sam le sorrise, anche se aveva la testa altrove.

Come se fosse già morto.

Cazzo, era fuori di sé dalla paura! Eppure aveva accompagnato innumerevoli pazienti alle soglie della morte, tenendo la mano a uomini e donne senza famiglia e cercando di trovare parole rassicuranti che li confortassero. Ma era così diverso adesso che si trattava della *sua* fine...

Era molto triste, non solo perché temeva la morte, ma anche perché si struggeva al pensiero di non poter conoscere suo figlio. Sarebbe stato un maschio o una femmina? Nemmeno quello avrebbe saputo.

Pensare che da anni desiderava farsi una famiglia! Non ne aveva mai avuta una e ne aveva sofferto. Voleva dei figli per mettere radici. In un mondo sempre più ostile e disumano, aspirava a creare legami profondi e a costruirsi un nucleo di sicurezza affettiva.

Invece non avrebbe avuto niente di tutto quello, perché l'indomani sarebbe morto. Juliette con tutta probabilità sarebbe tornata in Francia e avrebbe ripreso la sua solita vita. Forse il bambino non avrebbe mai neanche sentito parlare di lui. Dopotutto, che eredità gli avrebbe lasciato? Non aveva beni materiali, capitali, testimonianze concrete del suo passaggio sulla terra. Certo, aveva curato e guarito centinaia di persone, ma chi se ne sarebbe ricordato?

D'un tratto ebbe un'idea: sposare Juliette prima di morire. Sarebbe equivalso a riconoscere ufficialmente il bambino. Ci pensò un istante, poi prese il cellulare che si era fatto prestare da Juliette e chiamò il municipio per informarsi delle pratiche necessarie. Potevano sposarsi in giornata o l'indomani mattina? Gli risposero che New York non era Las Vegas, che per sposarsi nello Stato di New York occorreva procurarsi una *wedding license* e che la domanda andava presentata almeno ventiquattr'ore prima della cerimonia. Era naturale: cercavano di scoraggiare eventuali colpi di testa. Deluso, Sam chiuse la comunicazione. Aveva meno di ventiquattr'ore di tempo.

"Mi amerai sempre?"

Assorto nei suoi pensieri, alzò la testa e vide Juliette che, in punta di piedi davanti a lui, gli porgeva le labbra.

"Sempre", rispose baciandola.

Avrebbe tanto voluto che fosse vero, ma, come gli aveva detto Grace Costello, nella vita ci sono cose alle quali non si può sfuggire.

Quando Juliette salì per prima a bordo del taxi, a Sam, sul marciapiedi, venne un'altra idea.

"Ti spiace rientrare senza di me?" le disse. "Dovrei fare una scappata all'ospedale."

“Contavo di passare la serata con te.”

“Dammi solo due ore, per favore. È importante.”

Juliette fece una smorfia di delusione.

“Solo due brevi ore”, promise Sam chiudendo la portiera e mandandole un bacio.

Rimasto solo, guardò l’orologio. Non era troppo tardi. Se si fosse sbrigato, avrebbe forse fatto ancora in tempo. Senza aspettare un altro taxi, raggiunse la più vicina fermata del metrò e, contrariamente a quanto aveva detto a Juliette, non andò in ospedale, bensì in banca.

“Di norma i nostri consulenti finanziari ricevono solo su appuntamento”, gli spiegò un impiegato, “ma può darsi che qualcuno di loro abbia un minuto da dedicarle. Mi informo subito.”

Seduto in una sala d’attesa, Sam sfogliò i dépliant messi a disposizione del pubblico. Così, quando gli si fece incontro l’*investment counselor* Ed Zick jr., aveva avuto il tempo di chiarirsi le idee.

“Che cosa posso fare per lei, signore?” chiese Zick.

“Vorrei sottoscrivere una polizza di assicurazione sulla vita”, fu la risposta.

“Abbiamo una formula eccellente per assicurare l’avvenire dei suoi cari”, disse il bancario. “Semplice ed economica.”

Sam lo invitò con un cenno a proseguire.

“Saprà come funziona questo tipo di assicurazioni, immagino. Ogni mese lei versa una quota. Se non le capiterà niente, come spero vivamente, pagherà la quota in perdita, ma, in caso di decesso prematuro, verseremo un capitale al beneficiario da lei designato, sia questo la moglie, i figli o qualcun altro. E senza diritti di successione da pagare.”

"È proprio quello che voglio."

In meno di mezz'ora, i due si misero d'accordo sull'ammontare del premio, il periodo di sottoscrizione, il livello di copertura (settecentocinquantamila dollari) e la beneficiaria (Juliette Beaumont).

Sam compilò un questionario medico e accettò di sottoporsi, a partire dal giorno dopo, a una visita e un'analisi del sangue. Considerata l'età, le formalità furono relativamente brevi. Ed Zick gli fornì l'elenco degli ospedali e delle cliniche in cui poteva effettuare visita e analisi e, per fortuna, Sam vide che vi era compreso il St. Matthew's: avrebbe potuto sbrigare la formalità l'indomani mattina. Un altro colpo di fortuna era che Zick lavorava il sabato e avrebbe convalidato la pratica appena ricevuto il fax con i risultati.

Quando Sam stava per firmare, il bancario gli suggerì in tono confidenziale una garanzia supplementare: il raddoppio del capitale in caso di morte accidentale.

Aggrottando la fronte, Sam finse di riflettere. Aveva seguito un corso di economia medica e conosceva quel trucco da marketing. Statisticamente, solo un decesso su dodici o tredici era di natura accidentale. Gli assicuratori non correvano quindi grossi rischi, mentre l'aumento dei contributi gonfiava il loro margine di guadagno.

"D'accordo", disse pensando all'incidente di teleferica in cui sarebbe rimasto ucciso.

Con un gran sorriso sulle labbra, Ed Zick gli strinse la mano, convinto di avere fatto cadere in una facile trappola un cliente ideale.

Riderai meno domani, pensò Sam prendendo congedo. Ma era una magra consolazione.

Quando uscì in strada, il freddo era pungente. Stava scendendo la sera e in cielo erano spuntate le prime stelle.

Trasse un sospiro di sollievo. Se non altro, l'avvenire materiale di Juliette e del bambino era assicurato.

Però sapeva che i soldi sono spesso una falsa soluzione.

SOUTH BROOKLYN, QUARTIERE DI BENSONHURST.
INIZIO SERATA

Mark Rutelli salì i due piani del piccolo stabile di mattoni scuri dove abitava, aprì la porta del suo appartamento e non accese subito la luce. Le tapparelle erano alzate e la luna piena inondava le stanze di una placida luce azzurrognola. Contrariamente a quanto si sarebbe potuto supporre, l'appartamento, pur se modesto e impersonale, era pulito e ben tenuto.

Mark non rientrava da due giorni: aveva passato la notte prima all'ospedale ed era stato di servizio tutto il giorno. Finché aveva lavorato si era sentito in forma, ma ora aveva paura di ritrovarsi solo. Accese lo stereo e mise su il CD di una sinfonia di Prokofiev. Amava molto la musica classica. Le persone che lo conoscevano da poco lo giudicavano quasi sempre un cafone avvinazzato e lui non faceva nulla per convincerle del contrario. Ma chi lo frequentava da tempo sapeva che era un uomo colto e sensibile.

Andò in bagno, fece la doccia, si rasò e si infilò vestiti puliti: un paio di jeans neri e un pullover blu scuro che gli aveva regalato Grace molto tempo prima e che non portava da anni. Per la prima volta dopo mesi, osò guardarsi allo specchio. Di solito non si piaceva, ma, da quando aveva salvato Jodie, sentiva che qualcosa era cambiato in lui e fissò senza smorfie di disgusto la sua immagine riflessa.

Andò in cucina, aprì il frigorifero e tirò fuori una confezione da sei di Budweiser. Era la sua razione, la sua dose, l'unico mezzo che gli consentiva di dormire. Sapeva benissimo cosa sarebbe successo: avrebbe bevuto finché, abbrutito dall'alcool, avrebbe ceduto a un sonno agitato che sarebbe durato fino alle tre di notte. A quel punto si sarebbe alzato inquieto e tremante e, per riaddormentarsi fino al mattino, avrebbe dovuto anche, con senso di colpa, ingollare un intero bicchiere di vodka.

Depose le sei bottigliette di birra sul tavolo, ma non ne toccò nessuna.

Chi vuoi prendere in giro? Sai benissimo che finirai per fartele tutte.

Aprì la prima, ma non ne bevve neanche un sorso.

Ti piace illuderti che sia solo questione di volontà, vero?

Versò nel lavello il contenuto della prima, della seconda, della terza, della quarta e della quinta bottiglia.

Ecco, adesso non ne resta che una. Cosa ne vogliamo fare?

Aveva una voglia pazza di bere, eppure nonostante questo vuotò anche la sesta e aprì il rubinetto dell'acqua per eliminare l'odore.

Si accese una sigaretta e uscì in terrazza. L'indomani avrebbe chiesto aiuto a Sam Galloway e, se necessario, avrebbe iniziato la cura disintossicante. Per la prima volta gli pareva che ne valesse la pena. Avrebbe smesso di bere per sé e per Jodie.

Si soffiò sulle mani per riscaldarle. Il freddo era intenso e pungente. Stava per tornare dentro, quando sentì un rumore di passi alle sue spalle.

"Ciao, Marco."

Si girò di scatto, stupito di sentire quella voce.

Grace era lì, a tre metri da lui, luminosa e rassicurante come se la ricordava.

Gli si annebbiarono gli occhi. Era un'emozione troppo forte.

Cazzo, non bevo un goccio d'alcool da due giorni...

Evidentemente era fuori di testa. Fece un passo verso di lei e aprì la bocca per parlare.

"Non... non capisco", balbettò.

"Credo non ci sia molto da capire", disse Grace posandogli l'indice sulla bocca.

Lo abbracciò e Mark si abbandonò alla gioia del momento.

Rimasero a lungo stretti l'uno all'altra. Mark si inebriò dell'odore di latte e vaniglia della sua pelle, che era così particolare e che non aveva mai dimenticato.

"Quanto mi sei mancata", mormorò.

"Anche tu sei mancato a me. Tanto."

Mark aveva il batticuore per l'eccitazione e l'angoscia: teneva Grace per la manica, perché temeva che se l'avesse lasciata andare sarebbe scomparsa di nuovo.

"Sei davvero tu?"

Lei lo guardò negli occhi e lo accarezzò sulla guancia.

"Sì, Marco", rispose commossa. "Ma non sono qui per restare."

D'un tratto lo sguardo speranzoso di Rutelli si intristì. Grace gli posò la testa sulla spalla.

"Ti spiegherò tutto", promise.

Un'ora dopo, gli aveva raccontato un'incredibile storia. Mark aveva alzato spesso le sopracciglia per lo stupore, ma le aveva creduto sulla parola. Benché sentisse vacillare tutte le sue certezze, sapeva che Grace diceva la verità. Felice di averla ritrovata, non si pose domande che intuiva essere senza risposta.

Paradossalmente, fu lei a chiedergli qualcosa.

"Forse mi puoi aiutare", disse porgendogli un fascio di documenti.

Mark spiegò il primo foglio e vide che era il suo referto autoptico. L'aveva già letto più volte, ma lo esaminò ancora, attentamente.

"Non ci trovi niente di strano?" domandò Grace.

"Che cosa?"

"Le tracce di eroina, Mark. Come mai? Non mi drogavo!"

Rutelli sospirò, imbarazzato. "Non ti ricordi?"

"No."

D'un tratto Grace ebbe paura di ciò che l'amico stava per dirle. Non era più sicura di nulla. Chi era lei, realmente? In vita aveva forse avuto dei segreti?

"All'epoca la narco ti aveva proposto il ruolo di infiltrata."

"Ero un'infiltrata?"

Mark annuì.

"Quando ti assassinarono, stavi cercando di entrare a far parte di un gruppo di spacciatori."

"Ecco spiegate le tracce di droga."

"Già. Conosci l'ambiguità di quel tipo di lavoro..."

Grace scosse il capo. A poco a poco i ricordi riaffiorarono. Per farsi accettare dagli spacciatori, gli infiltrati dovevano spesso bucarsi davanti a loro per dimostrare la propria buonafede e non perdere la copertura. Grace sapeva che molti diventavano a loro volta tossicodipendenti e passavano al nemico.

"Ti assicuro che avevo cercato in tutti i modi di dissuaderti dall'accettare la missione", disse Mark. "Ma tu eri una giovane detective intrepida e grintosa, che credeva profondamente nel suo lavoro."

"Volevo rendermi utile alla società e far vivere mia figlia in un mondo più sicuro."

"Già. Soprattutto, eri testarda e sappiamo dove ti ha condotto la tua testardaggine."

"La vita è spesso crudele", osservò Grace pensando a quello che era accaduto a Jodie dopo la sua morte.

"Sì", confermò Mark. "Breve e crudele."

Un velo di tristezza li avvolse. Grace se ne accorse e si rammaricò di avere guastato la gioia del loro incontro.

"Non sciupiamo questa serata, Marco. Mi porti a mangiar fuori?" disse per reintrodurre una nota di allegria.

"Dove vuoi andare?"

"Al nostro solito ristorante", scherzò lei.

Si diressero in auto a nord e dopo pochi minuti parcheggiarono a Brooklyn Heights, a due passi dal River Café. Dal famoso ristorante, conosciuto in tutto il mondo, si godeva una magnifica veduta panoramica di Manhattan e del Brooklyn Bridge. In passato, quando erano stati di pattuglia nel quartiere, Grace e Mark si erano spesso detti che un giorno, se avessero avuto i soldi, si sarebbero concessi un pranzo al lussuoso River; e intanto compravano la pizza da Grimaldi's e se la mangiavano in macchina. La pizza in macchina era "il loro solito ristorante", alternativa economica al River Café. Certo era meno chic, ma anche da lì si godeva una bella vista.

Grace rimase in auto mentre Mark entrava in pizzeria.

Dopo poco lui le bussò sul finestrino con la scatola di cartone in mano.

"Pizza alla marinara, se ben ricordo."

"Hai buona memoria."

Come ai bei tempi, mangiarono ascoltando la musica e contemplando il lato opposto del ponte di Brooklyn. Dallo stereo arrivava la voce di Neil Young, che suonava alla chitarra i begli accordi di *Harvest Moon*. Da lì si vedevano tutti i grattacieli di Lower Manhattan e, come in passato, Grace e Mark avevano l'impressione che la città fosse loro. Quante volte, in quello stesso posto, avevano discusso, scherzato e rifatto il mondo.

Dopo pochi istanti, Mark le rivolse una domanda che meditava da un po'.

"Non puoi trattenerti ancora per qualche tempo?"

Grace scosse lentamente la testa.

"No, Marco, mi sto già comportando in maniera abbastanza irresponsabile."

"Quando e come *ripartirai*?"

Lei gli spiegò ciò che sarebbe dovuto accadere l'indomani sulla teleferica di Roosevelt Island e lui si sentì profondamente abbattuto.

"Devi smettere di idealizzarmi", disse Grace, cercando di farlo ragionare. "Impara a vivere senza di me."

"Non posso."

"Sì che puoi. Sei ancora giovane e hai tante qualità. Rifatti una vita, metti su famiglia e sii felice. Di una cosa ti supplico: veglia su Jodie."

Mark si girò a guardarla con la fronte aggrottata.

"E... e tu?"

"Io sono già morta", rispose lei con infinita dolcezza.

Lui non poteva accettarlo.

"Sarei dovuto morire con te, la sera in cui ti assassinarono. Non avrei dovuto abbandonarti al tuo destino, ma starti accanto e proteggerti."

"No, no, Marco, tu non hai nulla da rimproverarti. Così va la vita."

"Sarebbe andato tutto diversamente se fossi stato al tuo fianco", insistette lui.

Per un lungo momento rimasero in silenzio, assorti nei loro pensieri; poi Grace gli passò una mano tra i capelli.

"Devi deciderti a elaborare il lutto", mormorò.

Rutelli scosse il capo.

"Fallo per me", continuò Grace. "Abbatti il muro di solitudine e di dipendenza dall'alcool che ti sei costruito intorno."

"Se sapessi come mi manchi, Grace", sussurrò lui con voce rotta. Era talmente commosso che voltò la testa dall'altra parte per non farsi vedere piangere.

"Anche tu mi manchi", disse Grace protendendosi verso di lui.

E allora, dimentichi di tutto, per la prima volta si baciarono.

Tornarono a Bensonhurst poco dopo mezzanotte. Arrivato davanti a casa sua, Mark pensò che fosse già ora di separarsi e provò una stretta al cuore.

"Grace, voglio che tu sappia che..."

"Lo so, Marco, lo so", lo interruppe dolcemente lei. Era emozionata e, per dominare i sentimenti, la buttò sullo scherzo. "Non mi inviti a prendere un ultimo bicchiere? Credevo ci sapessi fare con le donne."

Salirono le scale con un certo imbarazzo, ma appena si furono chiusi la porta alle spalle, gettarono alle ortiche la timidezza e si abbandonarono al vortice della passione. Sapevano che sarebbe stata la *loro* notte e che sarebbe stata anche l'ultima.

Assaporarono ogni attimo fino all'ultima goccia. Il tempo scomparve, lasciando solo due esseri perdutamente innamorati l'uno dell'altra, che si amarono come non dovessero lasciarsi mai più.

Poco prima dell'alba, Mark fu svegliato dal richiamo delle tortore e degli storni. L'appartamento era pervaso da una luce azzurrina. Si girò subito verso il guanciale vicino e vide che non era accaduto il miracolo: Grace non era più al suo fianco e non sarebbe tornata.

Si alzò e guardò dalla finestra il giorno nascente.

Rifletté a lungo su tutto quanto gli aveva detto lei e alla fine ebbe un'idea semplice e chiara. Ne analizzò tutte le conseguenze, poi prese la decisione.

Quando chiuse la finestra, sentì il cuore colmo di una strana serenità.

30

Quando penso a tutto ciò che mi è accaduto, non posso togliermi dalla testa l'idea che un destino misterioso tessa i fili della nostra vita con una visione chiara del futuro in cui i nostri desideri e progetti non hanno spazio.

MATILDE ASENSI

SABATO MATTINA

"Vado, amore."

Sam si svegliò di soprassalto. Juliette, bella e fresca, lo baciò sul collo e posò il vassoio della prima colazione al centro del letto.

Lui si tirò subito su, preoccupato di vederla pronta a uscire. "Dove?" chiese.

"A dare una mano alla mia amica Colleen, che oggi trasloca."

Sam si alzò in gran fretta, stupito e seccato di non essersi svegliato prima. Come aveva potuto dormire di un sonno così pesante, con tutta l'angoscia che aveva nel cuore?

"Credevo che avremmo passato la mattina insieme", protestò.

"Ne avrò solo per poche ore. Possiamo pranzare insieme verso l'una."

Verso l'una io sarò morto.

Juliette gli porse un *bagel* che aveva spalmato di marmellata. Sam non riusciva a staccare gli occhi da lei, che lo guardò sorridente, lieta di essere l'oggetto di tanta attenzione. Tutto, in lei, sprizzava gioia: lo yogurt le aveva disegnato dei sottili baffi bianchi che si era dimenticata di pulire e il sole del mattino le tingeva d'oro i capelli.

Qualcuno suonò il clacson sotto la loro finestra.

"È Colleen", disse Juliette guardando fuori. "L'avevo pregata di venirmi a prendere."

Si abbottonò il cappotto e afferrò la sciarpa colorata.

"Aspetta ancora un attimo", la supplicò Sam, raggiungendola sulla porta e afferrandole la mano. Juliette lo baciò e lui le seppellì la testa nel collo, respirando il suo odore di fiori e albicocca.

"Sto via solo quattro ore, amore", fece lei, prendendolo dolcemente in giro per la sua sollecitudine.

Io invece starò via per sempre...

Juliette gli stava già sfuggendo. Non l'avrebbe vista mai più. Non aveva pensato che il tempo sarebbe stato così poco. Che ricordo avrebbe conservato di lui? Erano stati insieme solo pochi giorni. Sam avrebbe voluto dirle tante cose, conoscerla meglio, fare...

Ma forse per lei sarebbe stato meno duro così.

Rassegnato, le lasciò andare la mano.

Lei aprì la porta e scese le scale. Sam la seguì fino in strada e la guardò salire sulla vecchia Chevrolet di Colleen. L'auto partì e svoltò all'angolo. Dal finestrino, Juliette agitò la mano che stringeva il cellulare e Sam fece in tempo a leggerle sulle labbra due frasi.

La prima era "Ti chiamo".

La seconda "Ti amo".

Dopo essersi lavato e vestito, corse all'ospedale per sottoporsi alla visita e alle analisi previste dal contratto di assicurazione sulla vita. Il giorno prima aveva avvisato Janice Freeman e tutto fu sbrigato in meno di un'ora. Faxando i risultati al signor Zick, ebbe l'amara soddisfazione di constatare che sarebbe morto in perfetta salute.

Fosse stato per lui, sarebbe rimasto lì a lavorare e avrebbe impiegato le ultime ore di vita in maniera utile. Da quando si era alzato, provava un'angoscia così sorda e tenace che aveva paura di restare da solo; ma Janice Freeman, ignara dei suoi tormenti, lo sbatté fuori raccomandandogli di godersi le vacanze forzate.

Fuori, la città innevata brillava vivida nel riverbero del sole. Mentre camminava sul marciapiedi, Sam si lasciò sfiorare apposta dalla gente. Si sentiva come una goccia d'acqua in un'onda: un uomo tra i suoi simili. Quella tacita comunione lo rasserenò e, in mezzo alla folla, sentì a poco a poco la paura diminuire.

Procedeva in fretta per avere meno freddo, lieto dello scricchiolio che la neve produceva sotto le scarpe. Si fermò al Portobello Café, sedette a un tavolo e ordinò un cappuccino.

Prima di "andarsene", aveva ancora una cosa importante da fare: mantenere una promessa. Compose al cellulare il numero del Butterfly Center di Hartford, un centro di disintossicazione che si rivolgeva in particolare agli adolescenti. Come aveva previsto, nella lista d'attesa c'era posto solo di lì a sei mesi e il costo superava i diecimila dollari. Perorò appassionatamente la causa di Jodie, insistendo sul trauma che la ragazza aveva appena subito e sulla necessità di accoglierla d'urgenza nella struttura. Dopo venti minuti, la sua pazienza fu ricompensata e il Butterfly accettò di curare l'adolescente a condizione che l'intero importo della terapia fosse saldato in giornata. Sam telefonò subito alla sua banca e chiese quale fosse il suo saldo sul conto corrente. Come medico di un ospedale pubblico, guadagnava una miseria rispetto a ciò che gli avrebbe fruttato un posto analogo in una struttura privata; inoltre, aveva appena finito di rimborsare il prestito che aveva chiesto a suo tempo per mantenersi agli studi.

"Le restano undicimilatrecentoventi dollari", gli dissero in banca.

Senza esitare, ordinò che versassero la somma sul conto corrente del Butterfly Center e informò l'amministrazione dell'ospedale dell'avvenuto bonifico.

Questo è il mio ultimo atto da medico, pensò con una stretta al cuore.

Cercò comunque di non soffermarsi su quel pensiero e si guardò intorno nel caffè.

Era tutta la mattina che non si stancava di osservare la gente. Gli sarebbe piaciuto fermarsi a scambiare qualche parola con tutti. I minimi dettagli gli parevano carichi di significato e bellezza: i raggi del sole che penetravano dalle vetrate, le risate dei clienti ai tavoli, l'odore di caffè e di paste. Perché si aspetta di essere alle soglie della morte per apprezzare le piccole cose che danno sapore alla vita?

Alzò gli occhi verso l'orologio a muro, inquieto davanti alla rapidità con cui si sgranavano i secondi. Era dunque già tutto finito? Che cosa aveva goduto della vita? Non tanto. Pensò ai Paesi in cui non era mai stato, alle pagine che non aveva voltato, a tutti i progetti rimandati a *dopo*. Lasciò il bar in preda alla malinconia. Nella sua mente si susseguirono, accelerate, le immagini degli ultimi giorni. Cercò invano di dare un senso a quegli avvenimenti. Perché aveva l'impressione che gli sfuggisse qualcosa d'importante?

Riflettendoci sopra, si ricordò di un piccolo episodio che lo aveva turbato e a cui non aveva forse prestato la sufficiente attenzione. Arrivato all'incrocio della Seconda Avenue con la Trentaquattresima Strada, vide diversi taxi girare in attesa di clienti e ne fermò uno.

Doveva fare un'ultima visita a Shake Powell.

Quando vide Sam scendere dal taxi, Shake non si meravigliò. Da due giorni attendeva e insieme temeva la sua visita. Era davanti alla chiesa e, con l'aiuto di un volontario, stava caricando casse di alimenti sul furgoncino di un centro per i senzatetto newyorchesi.

"Vuoi una mano?" chiese Sam.

"Non è un lavoro per mezze cartucce", lo avvertì Shake.

"Guarda cosa fa, la mezza cartuccia!" disse Sam sollevando la cassa più pesante.

I tre lavorarono in silenzio e presto tutte le casse di vettovaglie furono caricate. Prima di chiudere il portellone, Shake aggiunse delle coperte e uno zaino pieno di prodotti da toilette.

"Vacci piano, Chuckie", gridò guardando partire il camioncino, un vecchio pick-up che doveva essere scassato già ai tempi di Ronald Reagan.

Il volontario rispose alle raccomandazioni con due colpi di clacson. Non del tutto rassicurato, Shake si girò verso Sam.

"Che c'è, amico? Hai la faccia dei giorni peggiori."

"Mi offri un caffè?"

Salirono nell'appartamento. Mentre Shake riempiva la vecchia moka, Sam guardò pensieroso il crocifisso che il prete aveva tatuato sull'avambraccio.

"Non l'ho mai visto", disse con una punta di rabbia.

"Chi?" chiese l'altro portando le tazzine.

"Il tuo fottuto Dio. Non l'ho mai visto né a Bed-Stuy quando ero bambino, né al St. Matthew's, né in alcuno dei Paesi in guerra che ho visitato."

"Però c'è", replicò Powell aprendo la finestra. "Perché non impari a guardare meglio?"

Sam diede un'occhiata fuori.

Un bambino e una bambina di meno di dieci anni, lui nero e lei orientale, giocano sul campo di basket. Lei sta segnando con il gessetto le caselle del gioco della campana; lui si allena a tirare la palla nel canestro. Tra poco ragazzini più grandi e più forti li cacceranno e prenderanno possesso del campo, ma ancora per qualche istante il territorio appartiene solo a loro. Il bambino è grassoccio e così basso che la palla sembra enorme nelle sue mani. Nonostante tutti gli sforzi, a ogni tiro non riesce neanche a toccare il canestro, il che non impedisce alla piccola amica di dirgli affettuose parole di incoraggiamento. Dopo qualche minuto di quella ginnastica, il bambino ritiene di potersi concedere un po' di conforto. Nonostante il freddo, si siede sul muretto di recinzione, tira fuori dallo zaino un *muffin* al cioccolato e ne dà la metà alla bambina, che ride beata.

Sam si girò verso Shake.

"È una bella scena, ma non mi basta."

"Non ti basta?"

"No", disse Sam.

La risposta era secca e categorica. Shake sospirò.

"Che vuoi di più?"

"Capire."
"Capire cosa?"
"Il senso di tutto: le guerre assurde, le malattie incurabili, gli attentati che ammazzano innocenti..."
"Non rompere, Sam. Dio non è Superman. Tu che ami tanto la libertà, dovresti essere lieto di poter scegliere. Che cosa diresti se una forza esterna intervenisse continuamente nella tua vita, influenzando le tue azioni?"
Sam alzò le spalle, come a far capire che il ragionamento non lo convinceva per niente.
"Siamo liberi nel bene e nel male", continuò l'altro. "È vero che più libertà si ha, più le scelte sono complesse, ma se la libertà ha un prezzo, la colpa non è di Dio."
Si alzò e si accese un *cigarillo*. Sentendo quell'odore particolare, Sam capì che non conteneva solo tabacco.
"Che cosa c'è che non va?" chiese Shake.
"Ho paura."
"Perché?"
"Perché morirò."
"E piantala di dire sciocchezze!"
La finestra sbatté per una folata di vento. Sam si alzò per andare a chiuderla. Il sole era scomparso e nubi scure si stavano dirigendo rapide a nord. La stanza si rabbuiò di colpo; Shake provò ad accendere la luce, ma la lampadina si fulminò.
"Devo andare", sospirò Sam avviandosi verso la scala.
"Aspetta", lo fermò l'amico trattenendolo per la manica.
"Cosa c'è?"
"L'altra volta non ti ho detto tutto."
Sam si sedette sulla scala. Benché temesse le rivelazioni di Shake, fece lui il primo passo.

"La conosci, vero? È per questo che mi hai telefonato in ospedale."

"Grace Costello? Sì, l'ho vista."

"Quando?"

"Dieci anni fa."

"L'anno della sua morte?"

Shake annuì in silenzio.

"All'epoca dello scontro a fuoco con Dustface, tu credesti di avere ucciso un suo cliente, vero?"

"Sì", rispose Sam. "Era buio e lo vidi solo di spalle, ma ricordo che era un uomo con un berretto in testa."

"Non era un uomo."

"Che cosa vuoi dire?" fece Sam, rifiutandosi di capire.

"Pochi secondi dopo che tu sparasti, Dustface scappò sentendo il rombo di un'auto. Credeva fosse la polizia, invece ero io. Federica era preoccupata per te e mi aveva telefonato."

"Questo lo so."

Come un flash, l'immagine di Dustface e dell'altro uomo gli tornò in mente con assoluta precisione. Riandando a quella terribile sera, ne rivisse il clima e lo scenario e ricordò perfino l'odore della propria paura.

"Entrando nella stanza, capii subito che la situazione era degenerata", riprese Shake, "e volevo proteggerti, Sam."

"Mi dicesti di scappare con la tua macchina. Non volevo farlo, ma tu sbraitasti talmente che finii per darti retta", rammentò Sam con un tormentoso, ossessivo senso di colpa.

"Era giusto così", disse Shake. "Sarebbe stato terribile se uno come te fosse finito in galera a vent'anni. Dovevi terminare gli studi: era un'assoluta necessità. Dovevi farlo per te, per Federica e per tutti noi."

"Immagino di sì."

"Rimasi da solo in quella stanza", continuò Shake. "Anch'io avevo una certa paura, ma sapevo di poter affrontare la situazione. Bastava far sparire il corpo. Mi inginocchiai accanto al cadavere che giaceva a faccia in giù e lo girai. Era quello di una donna."

Sam rimase di sasso.

"Le frugai in tasca: non aveva portafoglio, ma trovai le chiavi della macchina. Uscii dalla *crack-house* e individuai in fretta la sua auto. Non dovevo lasciarla in strada, l'auto, altrimenti gli agenti avrebbero indagato a Bedford. Portai la donna sulla sua macchina e guidai fino a una zona lontana per assicurarmi che la polizia non risalisse in alcun modo a te."

Sam era sempre impietrito, incapace di articolare parola.

"Solo quando lessi il giornale, due giorni dopo, seppi chi era", concluse Shake. "Si chiamava Grace Costello ed era una poliziotta. Ne dedussi che doveva essersi infiltrata tra i drogati per incastrare quei porci di trafficanti."

Shake aveva i lineamenti tirati, come se rievocare quegli eventi lo avesse invecchiato di parecchi anni.

Sam era scosso da un tremito violento e aveva il batticuore. L'altro gli posò una mano sulla spalla.

"Sai perché ho ritagliato l'articolo del *New York Times* che parlava di te? Per mostrarlo ai bambini del quartiere e dire loro: 'Vedete questo medico? È nato qui, come voi, in questa merda di quartiere. Non aveva padre e la madre è morta quando è nato. Tuttavia ha avuto successo. Ha avuto successo perché si è mantenuto agli studi e perché non ha ascoltato i piccoli stupidi che volevano distoglierlo dalla sua strada. Quest'uomo si chiama Sam Galloway ed è mio amico'."

"Grazie", disse Sam.

"Noi due abbiamo fatto quello che pensavamo di dover fare", dichiarò Shake, convinto, "e non vedo a chi dobbiamo rendere conto delle nostre azioni, su questa terra."

"A lei, Shake. A Grace Costello."

Pronunciandola, Sam sentì quella frase quasi come un richiamo all'ordine. Guardò l'orologio: Grace gli aveva dato appuntamento all'una ed era quasi mezzogiorno.

"Devo andare", disse di punto in bianco, e corse in strada.

Shake cercò di trattenerlo. "Dove?" chiese. "A un appuntamento con lei, vero?"

Per fortuna, Sam aveva pregato il tassista di aspettarlo. Salì in auto.

"Vengo con te", decise l'amico.

"No, Shake. Stavolta vado da solo."

Sbatté la portiera; aprì il finestrino e, cercando di sembrare rassicurante, aggiunse: "Non preoccuparti. Ti darò un segno".

Il taxi partì in quarta verso Manhattan, lasciando Powell a domandarsi, sui gradini della chiesa, che cosa significassero quelle ultime, enigmatiche parole.

31

L'universo mi sconcerta e non posso pensare
che un simile orologio esista senza che esista l'orologiaio.
VOLTAIRE

ORE 12.01

Il taxi procedeva piano all'entrata del ponte di Brooklyn.

"Vada più in fretta!" disse Sam.

Il tassista si strinse nelle spalle, indicando la fila di macchine che andavano a passo d'uomo per via del maltempo.

Per la seconda volta in una settimana, New York stava per affrontare una paurosa tormenta di neve. Il vento soffiava a raffiche e, guardando le nubi nere addensarsi sopra i grattacieli, si stentava a credere che di prima mattina ci fosse stato il sole.

Sul sedile di dietro, Sam si frugò in tasca alla ricerca delle sigarette. Non gliene restava che una.

L'ultima sigaretta del condannato, pensò accendendola.

Il tassista lo richiamò all'ordine indicando il cartello *No smoking*. "*Please, sir!*"

Sam abbassò il finestrino senza spegnere la sigaretta.

La confessione di Shake lo aveva alquanto scosso, ma gli aveva anche chiarito tutti i punti oscuri: era stato lui, Sam, a uccidere Grace e ora sarebbe morto a sua volta. La rivelazione lo addolorava profondamente, ma gli faceva anche capire che il prezzo da pagare era proporzionato al crimine. Dunque Grace era tornata per vendicarsi. Pareva plausibile, eppure c'era ancora qualcosa che non lo convinceva.

"Ha per caso un cellulare?" domandò al tassista.

"Cellulare?" ripeté questi, un pachistano, con l'aria di non aver capito.

"Sì, un telefono cellulare."

"No, signore."

Con un sospiro, Sam estrasse dal portafoglio un biglietto da venti dollari e lo incollò al vetro divisorio.

"Solo una telefonata!"

Il tassista afferrò la banconota e gli porse un cellulare cromato emerso come per miracolo dal vano portaoggetti.

Quando ti fai precedere dai soldi, ti aprono tutte le porte, pensò Sam prendendo l'apparecchio.

Compose il proprio numero e, come previsto, rispose Grace.

"Non avrà per caso dimenticato il nostro appuntamento, Sam?"

"No, stia tranquilla", fece lui senza nascondere la collera. "Ha sempre saputo che sarebbe finita così, vero?"

"Che cosa intende dire?"

"La storia di Juliette era un pretesto, un modo per attirarmi a sé. Fin dall'inizio è venuta per me, per vendicarsi."

"Vendicarmi di che?"

Turbato, Sam guardò fuori del finestrino. Il cielo era grigio come cenere e la neve aveva cominciato a cadere a grossi fiocchi. Grace si fingeva stupita o ignorava davvero che lui fosse il suo assassino?

"La smetta di recitare, sa benissimo perché hanno scelto *proprio lei* per questa missione."

"No", replicò decisa la detective.

Dalla forza di quel "no", Sam capì spaventato che non mentiva e che sarebbe toccato a lui svelarle la verità.

Ma non sapeva da che parte cominciare. Come faceva a spiegarle le cose così, per telefono? Avrebbe voluto guardarla in faccia, però non poteva permettersi di aspettare. Perciò, con voce tremante, disse: "L'uomo che le ha sparato dieci anni fa e che è responsabile della sua morte e di tutte le sfortune che sono toccate ai suoi cari..." S'interruppe un attimo, come per riprendere fiato, poi finì: "... sono io".

Grace non replicò.

"Volevo sparare a Dustface per salvarle la vita, ma lo mancai", continuò lui.

Sentì un respiro affannoso all'altro capo del filo.

"Mi dispiace, Grace. Mi dispiace per tutto quello che le è capitato."

Il respiro si fece ancora più affannoso, finché si trasformò in singhiozzi. Benché Grace tacesse, Sam intuì il suo sgomento. "Mi dispiace", ripeté.

Poi la comunicazione si interruppe.

12.07

A causa della neve, il taxi era bloccato all'ingresso di Manhattan. Tutte le auto procedevano come lumache in un concerto di clacson. Sam aveva provato a richiamare Grace, ma lei aveva spento il cellulare. Guardò l'orologio: mancavano ancora cinquantatré minuti all'una. Se il traffico non fosse migliorato, nella peggiore delle ipotesi sarebbe sceso a una delle fermate del metrò *downtown*.

Ma era tormentato da un altro pensiero: se Grace non era tornata per vendicarsi, come mai aveva accettato con tanta facilità la sua proposta di prendere lui al posto di Juliette?

Sentiva che gli mancava un tassello del puzzle, anche se non sapeva quale. Per giunta, da quando aveva lasciato Shake gli era venuta un'emicrania tremenda. Si prese la testa tra le mani, si chiuse le orecchie con i pollici e cercò di riflettere. Si suol dire che il diavolo stia nei particolari. Così, con pazienza, Sam passò in rassegna gli avvenimenti salienti degli ultimi giorni: il suo primo incontro con Grace a Central Park, l'articolo di giornale con la data dell'indomani in cui si diceva che Juliette era viva, la loro discussione sul destino implacabile contro il quale era vano lottare, il messaggio d'oltretomba trasmessogli da Angela attraverso i disegni, la notizia dell'incidente alla teleferica dato da un sito Internet fantasma, la frase su cui aveva insistito Grace: "Ci sono cose alle quali non si può sfuggire".

Era quello che lo disturbava: se non si poteva cambiare in alcun modo l'ordine delle cose, perché Grace aveva accettato di prendere lui al posto di Juliette? Qualcosa non quadrava.

D'un tratto gli tornò in mente un particolare. Quando Grace gli aveva mostrato la pagina web con la notizia dell'incidente alla teleferica, era quasi sicuro che l'ora menzionata fosse mezzogiorno e mezzo, mentre lei gli aveva fissato appuntamento per l'una.

Stavolta tutto quadrava. Grace lo aveva ingannato dicendogli apposta un'ora sbagliata. Siccome aveva capito che lui non avrebbe lasciato neanche per un secondo Juliette da sola e avrebbe fatto di tutto per salvarla dalla morte, nel tentativo di eludere la sua sorveglianza gli aveva lasciato credere che accettava il suo sacrificio. Sam si era fidato di lei, ma lei non aveva mantenuto la parola.

E adesso Juliette era in pericolo.

12.12

Se l'incidente doveva avvenire alle dodici e mezzo, gli restavano meno di venti minuti.

Si riappropriò con la forza del cellulare del tassista.

"Ehi, aveva detto che avrebbe fatto una sola telefonata!" protestò quello.

Sam compose il numero di Juliette.

Primo squillo.

Secondo squillo.

Terzo squillo.

"Buon giorno, questa è la segreteria telefonica di Juliette Beaumont, lasciate un messaggio e vi..."

Fottuta segreteria.

12.14

Guardò di nuovo l'orologio: troppo tardi. Anche prendendo il metrò, non sarebbe mai riuscito ad arrivare all'appuntamento in un quarto d'ora.

Il taxi era sempre intrappolato nell'ingorgo e a causa della neve sempre più fitta non aveva ancora superato Astor Place. Oppresso dalla paura e dall'impotenza, Sam non sapeva che fare. Allungò un biglietto da cinquanta dollari al tassista e scese. Diversi lampi accompagnati da tuoni ruppero d'un tratto l'uniformità del cielo. Alzò gli occhi incredulo; quando mai c'erano lampi e tuoni con la neve? Anche il clima era impazzito!

Si guardò intorno. Doveva tentare qualcosa, ma cosa? La sua attenzione fu attratta da una Suzuki fuoristrada che stava facendo lo slalom tra le auto. Senza riflettere, si gettò in mezzo alla strada e il motociclista inchiodò a un pelo da lui. La ruota posteriore slittò e la moto si bloccò e cadde.

"È matto?" urlò l'uomo.

Sam gli si avvicinò e, invece di aiutarlo, gli diede una spinta per disarcionarlo.

"Scusi tanto. Adesso non ho il tempo di spiegarle", disse.

Inforcò la moto e premette la frizione e l'acceleratore insieme, facendo imballare il motore.

"Razza di coglione, è ancora in rodaggio!" gridò il proprietario.

Ma Sam era già lontano.

12.17

Leggera e maneggevole, la moto si infilava a velocità impressionante nei pochi spazi liberi tra le macchine. Un'occhiata a destra, un'altra a sinistra: Sam si concentrò sulla strada per evitare incidenti.

A quel punto ogni secondo era importante. Mentre guidava, rifletté su quello che doveva fare. Se l'avesse ritrovata in tempo, avrebbe avuto ancora una possibilità di salvare Juliette.

12.19

Juliette gli aveva detto che sarebbe rimasta da Colleen fino al primo pomeriggio. Doveva dunque cercarla a casa dell'amica. Si ricordava l'indirizzo: un piccolo stabile in fondo a Morningside Park. Dopo aver guardato nello specchietto retrovisore, mise la freccia, accelerò e si diresse a nord, sorpassando diverse auto.

A sedici anni, Shake aveva comprato un vecchio 125 e Sam lo aveva aiutato a rimetterlo in sesto. Per tutta l'estate avevano corso in moto, cronometrandosi a vicenda nei loro giri del quartiere.

Pensava a quello quando, risalendo la Broadway, raggiunse Columbus Circle e Central Park West.

12.21

Appena arrivò a Morningside Park, trovò la casa di Colleen e, guardando i nomi sulle cassette delle lettere, vide che abitava al sesto piano. Era il caso di prendere l'ascensore? No, meglio andare a piedi. Nonostante la ferita, salì i gradini in un battibaleno, animato dalla speranza. Poi, arrivato davanti alla porta, bussò come un pazzo. Colleen, in T-shirt della Columbia University e salopette di jeans, gli aprì con un pennello in mano. Dal berretto da baseball che portava in testa spuntava una lunga treccia bionda.

"Dov'è Juliette?" gridò lui prendendola per le spalle.

La ragazza lo guardò atterrita.

"Ma che le succede, Sam?"

"DOV'È JULIETTE?" ripeté lui, scuotendola.

"Se n'è andata", rispose Colleen respingendo l'assalto.

"Quando?"
"Un quarto d'ora fa. È venuta a prenderla una persona."
"Chi?"
"Non lo so. Una donna. Juliette sembrava conoscerla e sono uscite insieme."
"Com'era questa donna?"
"Bruna, sui trentacinque, portava un giubbotto di pelle e..."
Grace!
"Dove sono andate?"
"Non ne ho la più pallida idea."
Cazzo!

12.24

Scese le scale ancora più in fretta di come le aveva salite, poi, senza fiato, inforcò la moto e si diresse alla teleferica.

I suoi timori erano fondati: Grace era venuta a prendere Juliette per condurla con sé.

Le braccia inchiodate al manubrio, corse come un pazzo. Si era tolto il cappotto e il freddo polare gli gelava le ossa. I fiocchi di neve gli si incollavano ai capelli e gli mulinavano davanti agli occhi. Più che vedere la strada, la intuiva a naso.

12.25

Girò intorno a Central Park North e ridiscese lungo la Quinta Strada. Appena superato il Museum of Modern Art, scalò la marcia per infilare quella che pensava fosse una scorciatoia e che si rivelò invece un senso unico. Percorse la strada contromano per qualche decina di metri, salendo più volte sul marciapiedi tra i furiosi colpi di clacson delle auto, poi riprese la sua corsa folle.

Il selciato era scivoloso come una pista di pattinaggio e Sam si augurò di non dover frenare.

12.26

Sboccò in Grand Army Plaza a più di cento all'ora e, pur sbandando a causa del vento, riuscì a mantenersi in sella. Un'auto della polizia si mise a inseguirlo, ma Sam non si fermò. Era quasi arrivato. Aveva appena girato verso est all'altezza della Trump Tower, quando una tempesta di grandine si abbatté sulla città. In meno di un minuto, una valanga di chicchi ghiacciati ammaccò carrozzerie, frantumò parabrezza, spaccò lampioni e vetrine, ammucchiandosi in terra.

In breve la strada si trasformò in una pista di pattinaggio e in quelle condizioni impossibili Sam non riuscì più a mantenersi in equilibrio. Quando provò a frenare, la moto sbandò e slittò per parecchi metri, prima di cozzare contro un'auto ferma.

12.27

Sam si rialzò.

Aveva i pantaloni lacerati, un gomito insanguinato e la spalla che gli faceva un male terribile. Ma riusciva ancora a camminare. Abbandonò la moto sul marciapiedi e percorse gli ultimi cento metri con la massima velocità consentitagli dalle gambe.

12.28

Si precipitò alla stazione di partenza della teleferica, all'incrocio tra la Seconda Avenue e la Sessantesima Strada.

In circostanze normali, la cabina collegava per via aerea Manhattan a Roosevelt Island, l'isola al centro dell'East River, ma, a causa della tempesta, era stato creato intorno alla stazione un cordone di sicurezza e un grande pannello giallo con un teschio nero scoraggiava il pubblico dall'avventurarsi fuori.

C'era però un'ultima cabina che si accingeva a fare un viaggio a vuoto.

E purtroppo c'erano dei passeggeri.

12.29

Dal punto in cui si trovava, Sam distinse nettamente la sagoma di due persone.

"Juliette! Grace!" gridò avvicinandosi.

Troppo tardi. Le porte automatiche si chiusero e la cabina acquistò quota.

"Bisogna fermarla!" gridò per coprire il rumore del vento e dei chicchi di grandine.

Ma non lo udì nessuno.

Impotente, si lasciò cadere in ginocchio, senza mai staccare gli occhi dalla cabina che saliva sempre più in alto nel cielo.

Di nuovo vide dei lampi seguiti da tuoni. Inspiegabilmente, la grandine si mischiava ai fiocchi di neve che continuavano a cadere fitti. La teleferica sorvolò l'East Side e arrivò a più di settanta metri sopra il palazzo delle Nazioni Unite.

Il cuore gli batteva all'impazzata. Per un attimo, cercò di trovare motivi di rassicurazione. *E se Grace si fosse inventata tutto? In fondo, perché la cabina dovrebbe avere un incidente? È assurdo. Nessuno può conoscere il futuro. Non succederà proprio niente...*

12.30

Stava facendo quelle riflessioni, quando una forte raffica di vento urtò violentemente la cabina, sbilanciandola. Le ruote metalliche furono sbalzate fuori del cavo portante e slittarono per parecchi metri, prima di sbattere contro un pilone con un rumore di ferraglia.

Sam vide una cascata di scintille. Le luci della teleferica sfrigolarono e si spensero. Per qualche istante la cabina restò immobile, ma una nuova raffica di vento finì di farla deragliare e la scaraventò nel fiume.

32

Questo mondo non è che un ponte.
Attraversalo, ma non costruirci la tua dimora.
VANGELI APOCRIFI

La neve che cadeva senza tregua aveva sepolto la città sotto una coltre di madreperla.

Sam camminava per le strade, oppresso dal peso dei rimorsi e della colpa. Di nuovo, non era riuscito a salvare la donna che amava e stavolta non aveva più nessuna scusa. La morte non era giunta all'improvviso; lui aveva avuto tutto il tempo di vederla arrivare.

Mentre si trascinava per Park Avenue, scorse il proprio riflesso in una vetrina e si spaventò: aveva i pantaloni strappati, la camicia insanguinata e il viso, illividito dal freddo, pareva una maschera terrea.

Scosso da un tremito incontrollabile, riprese la sua via crucis, ripensando alla sera in cui, appendendo i disegni di Angela, vi aveva letto la frase "*Grace dice la verità*".

Sì, Grace aveva detto la verità quando gli aveva comunicato che non se ne sarebbe andata senza Juliette. E aveva tenuto fede alla promessa.

Il freddo e la tempesta avevano svuotato le strade. In quello spazio immacolato, Sam si accorse di lasciarsi dietro una scia di sangue e si esaminò la ferita. Quando era caduto in moto, il braccio gli si era infilzato nella punta metallica del fermapiedi. Quello che all'inizio gli era parso un semplice taglio, era in realtà uno squarcio che gli aveva lacerato il muscolo fino all'osso.

Ma il corpo ferito non era niente in confronto al resto. Si sentiva completamente svuotato. Sapeva che non avrebbe superato quella nuova prova e che niente l'avrebbe più trattenuto lì.

Vicino a Union Square, passò davanti al piccolo caffè francese in cui lo aveva portato Juliette la mattina dopo la loro prima notte d'amore. In quella sala che conservava i colori del passato, avevano scherzato e mangiato tartine. Era stato allora che aveva capito di essere innamorato.

Guardandola ridere e canticchiare vecchie canzoni, aveva sentito che quella era la donna con cui avrebbe voluto vivere per sempre; la donna che avrebbe saputo proteggere e che lo avrebbe a sua volta protetto. Era come se il cielo gli avesse mandato un angelo per strapparlo ai suoi tormenti.

Ricordandosi quanto fossero stati felici quel weekend, fu assalito dall'angoscia. Perché il destino, dopo aver concesso loro tanta felicità, esigeva ora una così crudele contropartita?

Ma sapeva benissimo che non vi sarebbero state risposte a quella domanda. E allora, vinto ed esausto, depose le armi.

Si accasciò nella neve a pochi metri da casa sua e non tentò neppure di rialzarsi. Era ormai più morto che vivo.

Quanto tempo restò disteso nella neve?

Molto.

Finché non la vide, diafana e irreale, dall'altro lato della strada.

Era lei, Juliette. Juliette che, fatto qualche passo, sfidando il mulinello dei fiocchi corse verso di lui nel silenzio della neve.

Era come se il cielo gli avesse mandato un angelo per strapparlo ai suoi tormenti.

Epilogo

L'indomani...

Dopo avere infuriato per oltre ventiquattr'ore, la tempesta sparì con la stessa rapidità con cui era arrivata. Si alzò la foschia, poi nel tardo pomeriggio il sole illuminò con i suoi raggi lo *skyline* di New York.

In tutta la metropoli la vita aveva ripreso il suo corso. Gli spazzaneve sgombravano le strade, la gente toglieva col badile la neve dal vialetto di casa e molti bambini avevano tirato fuori lo snowboard.

Sbucato dal nulla, un uccello dalle piume argentate planò sopra *midtown*. Discese con le ali spiegate nella luce arancione che accendeva di fiamme i palazzi, quindi si posò sul davanzale di una finestra del St. Matthew's Hospital.

Nella stanza 606 Sam sonnecchiava, sdraiato a letto con una gamba ingessata e una massiccia fasciatura intorno alla spalla. Al suo fianco, raggomitolata su una poltrona, Juliette sorvegliava ogni suo respiro. Quando si svegliò, Sam sentì la radio sul comodino sciorinare quasi in sordina le ultime notizie.

... la violenta tempesta che ha colpito Manhattan pare essersi placata e la città ha ritrovato un minimo di tranquillità. I danni sono ingenti: a Central Park centinaia di alberi sono stati sradicati, le strade sono invase dai vetri rotti e molte auto sono state ammaccate...

Per qualche istante, si lasciò cullare dalla voce. Quando finalmente aprì gli occhi, vide Juliette che gli sorrideva.

Combattuto tra l'ansia e la speranza, sollevò la testa dal guanciale senza capire ancora bene che cosa gli fosse accaduto.

Juliette gli accarezzò una guancia e, protendendosi verso di lui, gli sfiorò le labbra.

Il notiziario, intanto, continuava:

... le ambulanze sono andate avanti e indietro tutto il giorno e gli ospedali sono stati presi d'assalto...

A Sam frullavano in testa varie domande.

"Non eri sulla teleferica?"

Juliette scosse la testa.

Era sollevato, ma non riusciva ancora a capire una cosa. Era sicuro di avere visto *due* persone nella cabina. Se Grace era ripartita senza Juliette, chi l'aveva seguita sulla teleferica?

La risposta arrivò dalle magiche onde radio:

... dopo il tragico incidente di ieri, la teleferica di Roosevelt Island resterà ferma per diverse settimane, durante le quali si procederà alle necessarie riparazioni. Secondo i testimoni, due passeggeri si trovavano nella cabina al momento della tragedia. I sommozzatori continuano a dragare il fiume, ma

per il momento i corpi non sono stati ancora ripescati. La cabina è stata recuperata, però al suo interno c'erano solo due distintivi della polizia. Il primo appartiene all'agente Mark Rutelli, del 21° distretto, e il secondo a una detective morta dieci anni fa...

Sam non riuscì a nascondere il rammarico. Dunque, in un estremo gesto d'amore, Rutelli aveva scelto di seguire Grace nella morte.

"Si tratta di Grace Costello, vero?" chiese Juliette, prendendogli la mano.

Sam la guardò sbalordito.

"Come lo sai?"

"È venuta a parlarmi, da Colleen, e mi ha lasciato questo per te."

Prese dal comodino una busta e tirò fuori una lettera che diede a Sam.

Sam,

quando le nostre strade si incrociarono la prima volta, dieci anni fa, per una serie di circostanze scoppiò un terribile dramma. Ma lei non ne ha colpa. Ho anzi l'impressione che, se il contesto fosse stato diverso, saremmo potuti diventare amici.

La ringrazio di avermi svelato il mistero della mia morte. Ora finalmente conosco la risposta a domande che mi tormentavano.

Tuttavia non sono più sicura del senso profondo della mia missione. E se fin dall'inizio mi fossi sbagliata su quello che si aspettavano da me? Volevano davvero che portassi via Juliette o mi hanno mandato qui per salvare mia figlia e risolvere il mio rapporto con lei? Non lo so.

Però una cosa so: non le strapperò la donna che ama.

Se qualche volta le capiterà di pensare a me, lo faccia senza provare né dolore né senso di colpa. Rifletta che forse non sono molto lontana e non si preoccupi troppo per me.

Si preoccupi invece della quindicenne che sta in una stanza del suo ospedale. Non ha avuto una vita facile. Ha già un corpo di donna, ma è ancora una bambina ed è ciò che ho di più caro al mondo. Lei, Sam, l'ha già salvata una volta; ha ancora bisogno del suo aiuto e di qualcuno in cui riporre la sua fiducia. Continui a vegliare su di lei, la prego.

Ora si è fatto tardi e devo andare.

Non so che cosa troverò sull'altra sponda e quali saranno le conseguenze dei miei atti. A dir la verità, ho una certa paura. Ma, al momento di andarmene, mi piace credere che mi abbiano lasciato libertà di scelta. Ho ascoltato il cuore, e il cuore mi ha detto di lasciarle Juliette.

Ho il diritto di prendere questa decisione? Non ne ho la più pallida idea, ma che importa. Dopotutto, il cielo può attendere.

Grace.

Ringraziamenti

A Suzy

Ai miei genitori e ai miei fratelli

A tutti i lettori di L'uomo che credeva di non avere più tempo *che mi hanno espresso il loro apprezzamento a voce o per iscritto*

A Bernard Fixot, Edith Leblond e Caroline Lépée.
Lavorare con voi è un privilegio

Finito di stampare nel mese di aprile 2008
presso il Nuovo Istituto Italiano d'Arti Grafiche - Bergamo
Printed in Italy

SUPERPOCKET

Periodico mensile, anno III, n. 12
Registrazione n. 707 del 30.11.1996 presso il Tribunale di Milano
Direttore responsabile: Stefano Mauri

Distribuzione per l'Italia: m-dis
via Cazzaniga, 1- 20132 Milano

BESTSELLER

ULTIMI VOLUMI PUBBLICATI

Michael Crichton, *Preda*
Sandro Veronesi, *La forza del passato*
Jostein Gaarder, *La ragazza delle arance*
Paolo Maurensig, *La variante di Lüneburg*
James Rollins, *La mappa di pietra*
Robert Ludlum, *Codice Altman*
Carl-Johan Vallgren, *Storia di un amore straordinario*
Tom Clancy, *Splinter Cell Barracuda*
Diana Gabaldon, *La straniera - L'anello d'argento*
Karen Essex, *I cigni di Leonardo*
Jonathan Safran Foer, *Ogni cosa è illuminata*
Diana Gabaldon, *La straniera - Lo spirito della sorgente*
Maria Venturi, *Butta la luna*
Nick Hornby, *Non buttiamoci giù*
Wilbur Smith, *Orizzonte*
Gian Antonio Stella, *Il maestro magro*
Charlotte Link, *La donna delle rose*
Matilde Asensi, *Iacobus*
Andrea Vitali, *La figlia del podestà*
James Rollins, *L'ordine del sole nero*
Gioconda Belli, *La pergamena della seduzione*
Clive Cussler, *Odissea*
Guillaume Musso, *La donna che non poteva essere qui*

B E S T   T H R I L L E R

ULTIMI VOLUMI PUBBLICATI

Michael Robotham, *Perduta*
Barry Eisler, *Pioggia nera su Tokyo*
Steve Martini, *Chiamata in giudizio*
Nicci French, *La terza porta*
Maxime Chattam, *L'anima del male*
Jeffery Deaver, *Sotto terra*
Steve Berry, *Il terzo segreto*
Kathy Reichs, *Ossario*
Håkan Nesser, *Il commissario e il silenzio*
John Connolly, *L'angelo delle ossa*
Lee Child, *A prova di killer*
Marco Vichi, *Il commissario Bordelli*
Sam Bourne, *Il codice dei giusti*
Henning Mankell, *Piramide*
Elizabeth George, *Agguato sull'isola*
Allan Folsom, *L'esule*
Nicci French, *Memory*
Maxime Chattam, *Il veleno del ragno*
Peter Robinson, *La fredda lama della notte*
Simon Beckett, *La chimica della morte*
Richard North Patterson, *I cinquantanove giorni*
Qiu Xiaolong, *Quando il rosso è nero*
Jennifer Lee Carrell, *W.*